本书获二〇二三年贵州省出版传媒事业发展专项资金资助

本书获贵州省孔学堂发展基金会资助

【阳明文库】

学术专著系列

社会心理学视域下的阳明心学研究

孔学堂书局

姚新中

王觅泉 著

本书获2023年贵州省出版传媒事业发展专项资金资助

本书获贵州省孔学堂发展基金会资助

图书在版编目（CIP）数据

社会心理学视域下的阳明心学研究 / 姚新中, 王觅泉著. — 贵阳：孔学堂书局, 2024. 7. —（阳明文库）.

ISBN 978-7-80770-543-7

Ⅰ. B248.25

中国国家版本馆CIP数据核字第2024WR3576号

阳明文库（学术专著系列）

社会心理学视域下的阳明心学研究   姚新中   王觅泉   著

SHEHUI XINLIXUE SHIYU XIA DE YANGMING XINXUE YANJIU

项目策划：苏　桦

项目执行：张发贤

责任编辑：黄文华　张基强

责任校对：陈　倩

书籍设计：曹琼德

出版发行：贵州日报当代融媒体集团

　　　　　孔学堂书局

地　　址：贵阳市乌当区大坡路 26 号

印　　刷：北京世纪恒宇印刷有限公司

开　　本：889mm×1194mm　　1/24

字　　数：390 千字

印　　张：16.5

版　　次：2024 年 7 月第 1 版

印　　次：2024 年 7 月第 1 次

书　　号：ISBN 978-7-80770-543-7

定　　价：118.00 元

阳明文库

作者简介

姚新中，1957年生，河南驻马店人，现为教育部人文社会科学重点研究基地中国人民大学伦理学与道德建设研究中心研究员，中国人民大学吴玉章高级讲席教授、博士生导师，曾任中国人民大学哲学院院长、伦敦国王学院中国研究院院长，曾入选教育部"长江学者奖励计划"讲座教授（2013），曾获北京市高校先进工作者（1988）、北京市高等教育教学成果奖一等奖（2017）、教育部国家级教学成果奖二等奖（2018），在《哲学研究》《北京大学学报》、*Philosophy East and West*、*Journal of Chinese Philosophy*等国际国内一流刊物发表学术论文近百篇，由中国人民大学出版社、中国社会科学出版社、Cambridge University Press（剑桥大学出版社）、Routledge（劳特利奇出版社）等出版中英文学术专著、编著20余种。

王觅泉，1986年生，先后毕业于武汉大学（2007）、北京师范大学（2010）、北京大学（2014），获哲学博士学位，现为中国政法大学马克思主义学院副教授，主要教学与研究领域为中国哲学、比较哲学等，在《中国哲学史》《孔子研究》《孔学堂》等学术期刊发表论文十数篇。

目录

第十章 结语

导 言

现代化在中国不仅仅是生产方式、科学技术、治理模式的变革过程，而且始终伴随着关于如何看待中国传统思想，如何继承和发展中国优秀思想遗产，如何引介西方文化，如何评价现代西方思想的争执与辩难。对中国传统文化的认同与否定以及如何认同或否定，引发了无数次的学术界、文化界和政治界的大论战，从20世纪早期的所谓"科学与玄学之争"开始，各种不同的学说、理论如"全盘西化说""疑古论""新儒学""新文化""文化革命"等，此起彼伏，经历了近一个世纪的演化，为21世纪提出并展开的中华文化全面复兴论和两创发展观（创造性转化与创新性发展中国优秀传统文化）做了必要的铺垫和准备。20世纪延至今日的那些看上去完全对立的理论和观点，在底层逻辑上却具有一个不容否认的共同性，即古与今、中与西之间已经具有千丝万缕的联系，不仅无法彻底分离，而且任何追求两者之间脱钩的做法都会带来严重的后果。正是在这一前提下，中国知识分子满怀热情地讨论、判断、确定中国传统、文化、思想、观念的现代意义和价值，而在极端情况下，某些极端人士甚至提出它们的全然无意义、无价值或论证其意义与价值的有限性。也只有在这样的大背景下，我们才能够理解多数中国学者对比较哲学、文明对话和当代中国哲学创新等议题所呈现出的广泛兴趣和深入探究。

本书属于中西思想比较和古今意义鉴别工作的一部分。然而，与一般意义上的比较研究不同，本书循着一条特殊的进路展开探索，宗旨是通过连接中国古代的阳明心学与当代西方的社会心理学这样两个表面上似乎完全不同但实际上可能具有深刻内在关联的领域，透视中国伦理文化与现代西方社会科学之间的一些重要节点，以求在两者之间构建一座可以支撑学术交流、探讨的桥梁。我们所期望达到的目标有三，即从比较的视角取得对双方较为完整的认识，以分析的方法厘清两者之间的基本差异并力图把握其中的相似性，透过当代社会心理学的特殊视域来重新审视、检查、解释阳明心学的主要观点和理论，力求在对双方获得新理解的基础上实现比较研究框架下1加1大于2的认识结果。聚焦于两者各自重要理论、见解及其可能的理论与实践关联，我们的研究进路是一个由浅入深、从基本方法到复杂原理、从"照着讲"到"接着讲"、从分散论点到学科整体进展的过程，由此形成一部具有自己的展开逻辑又相对系统的比较研究著作。

阳明心学的研究历史悠久，最近十几年更是特别受追捧，数十种以其为主题或内容的学术期刊、文集、文丛持续出版，各种形式的研究机构、系列公开课、国际会议、高端论坛、工作坊等纷纷出现，专题学术文章和著作也从不同方面、不同领域、不同视角对其进行了探讨，已经成为当今学术界、思想界蔚为大观的一股潮流。这一方面反映了现代理论发展的内在规律和现实政治文化的需要，另一方面也说明阳明心学作为中国优秀传统的重要内容，在新时代依然具有很大的探索空间与可能。如何能在林立的杰作之中获得一席之地，在众说纷纭之下成就一家之言，这对每一个研究阳明心学的学术项目来说都是非常重要的问题，需要从理论基础、研究方法、探索视角等方面给以认真的思考。

本书的研究侧重于在当代社会心理学视域下重新研判、解读和理解阳明心学，换句话说，我们要引入社会心理学的一些理论框架与实验成果作为特殊参照系，来反观传统阳明心学的一些主要命题和观点。在古往今来的阳明心学研究中，各种不同的认知框架和思维定式为我们提供了研究视角各异、维度各自不同的解读[1]。本书的特点在于既要参照现代社会心理学对阳明心学提出一些与已经提出的问题不同的问题，也要回应社会心理学的发现对传统阳明心学研究可能形成的挑战[2]。我们对这些问题和挑战所提出的理解、解释和解决，虽然也着重于哲学、伦理学、道德实践意义，但范围超出了——最起码在一定意义上超出了现有阳明心学探究所能完全包

---

[1] 关于阳明心学研究的学术论文也涉及方方面面，有些重在历史，有些着眼于文学，有些关注道德修养实践，有些则属于比较纯粹的哲学分析。阳明心学研究的多维度、多层次性在如下文章的标题中清楚地反映出来，如吴光的《从阳明心学到"力行"实学——论黄宗羲对王阳明、刘宗周哲学思想的批判继承与理论创新》，吴震《阳明心学与劝善运动》，何静《论致良知说在阳明心学中的作用和地位》，黄玉顺《儒家良知论——阳明心学与胡塞尔现象学比较研究》，陈国恩、朱华阳《阳明心学与梁启超的文学改良观》，朱汉民《由工夫以见本体——阳明心学的实践性品格分析》。

[2] 阳明心学是西方研究中国后期哲学所关注的重点之一，尽管这些研究不大可能进入大多数当代西方社会心理学家的视野。早在 1585 年西班牙的门多萨（Juan González de Mendoza）在其《中华大帝国史》中就有关于王阳明的记载，后来欧洲学界对阳明心学的关注则与传教士向欧洲介绍中国思想、文化密切相关。亨克（Frederick G. Henke）曾在 1916 年出版了王阳明著作的第一部重要英文译著 The Philosophy of Wang Yang-ming（London: Open Court Pubishing）。20 世纪 70 年代之后出现了一大批推动在西方研究阳明心学的学者，如秦家懿（Ching Julia）、陈荣捷（Chan Wing-tsit）、余英时（Yü Ying-shih）、杜维明（Tu Wei-ming）等华人学者和狄培理（William Theodore de Bary）、万白安（Bryan W. Van Norden）、安靖如（Stephen C. Angles）等西方汉学家。

容的范围。多数阳明心学的研究者所关注的是其心学所展现的超验性、直观性与简易性，我们承认这些特点在阳明心学中占据重要地位，也是解释阳明心学的有效途径，但本书的研究范围不限于对阳明心学的唯我、唯心的先验体验和内在功夫式理解，而是试图探讨出一条较为独特的进路，在社会心理学相关理论与实验的帮助下，寻找对阳明心学阐释度有限但不失有效的新立场和新方法，力图揭示出阳明心学研究中不怎么为人关注的性质与特征，在经验层面、认知层面与道德心理层面重新诠释其主要论题的历史与当代含义。比如，借助当代社会心理学的理论和方法，我们将论证阳明心学之"心"不仅具有形上学的先验含义以及决定个体道德世界指向的本真性质，而且具有心理学、道德心理学、社会心理学上的经验含义，可以而且应该在身心关系、人我关系、心物关系、个体与群体关系中去测试、检验、验证。如此的理解势必要求我们的研究不能囿于现有阳明心学一般研究中所着重强调的功夫、教化实践内涵与文化外延①，还要特别注重发掘其本体论、认识论、心理学的维度以及它们之间的相互联系与相互影响。

基于上述认识，本书将力图在当代社会心理学与阳明心学之间展开多方位、多层次的学术对话和比较研究，或者更确切地说是把阳明心学的主要观点放置在现代心理学的不同语境中进行重新建构，或透过社会心理学的视角来重新进行诠释，并以学术的方式来设想当代社会心理学的发现对于阳明心学的可能构成的挑战，对阳明心学如何回应这些挑战进行合理的探索，以期发现或释放出隐藏于其中的更深刻的意旨或更广泛的关联。换句话说，当代社会心理学所提出的挑战使得我们必须超越关于阳明心学研究所达成的传统共识，不再拘泥于那些已经广为接受的定式，而是要探索一些新的观点、新的解释和新的理论框架。

限于研究的范围和篇幅，我们也不可能全面审视当代社会心理学与阳明心学之间纷繁复杂的关系，而是要在对双方知识性和方法论的整体把握基础上，特别关注社会心理学中的一些经典理论和实

---

① 在这些方面，我们可以经常看到如下标题吸引着人们的注意：《阳明心学与人生境界修炼》《阳明心学与人生战略》《阳明心学与灵魂学说对比研究》《阳明心学与社会治理》《阳明心学与社会生活》《阳明心学与管理智慧》《阳明心学与情绪控制》《阳明心学与中国早期思想启蒙》，如此等等，不一而足。

验成果对我们理解阳明心学相关命题的启发或启示，具体包括如下几个方面：

1.符号互动论的"心灵发生学"把人类心灵视为一种自然和社会现象，将其发生和运作还原到自然和社会过程中，由此对个体主义的绝对心灵观以及与之相应的心物关系论构成有力的拒斥。这一理论可以为我们理解和评估阳明心学的"心外无物"论提供一个新的视野，并帮助我们发掘阳明心物关系论中除个体能动性向度之外还隐含着的另一重客观性向度。

2.演化道德心理学关于道德心理及行为起源的分析，形成了关于道德在现实世界中的位置的经验性理解，所提出的道德心理及行为自然演化起源理论证明，人类的道德善性起源于原本无善恶的状态，与人类生存和合作之维系有着莫大的关联。这种经验的道德观有助于消除对道德的先验执着，由此也可对阳明心学中的"无善无恶心之体"形成一种不同角度的理解。

3.文化社会心理学关于不同文化的道德意识差异研究，对于我们把握道德领域的疆界，从而为理解现实世界里的"有善有恶意之动"提供一个文化多样性背景。传统儒学不仅讲究在意动处下功夫，而且注意在意不动处也要下功夫。通过引进心理学上的"正念"训练，我们可以更好地理解意不动处功夫（或"未发"功夫）所蕴含的丰富意味。

4.社会直觉主义关于道德判断之认知机制的理论，发现在道德判断中发挥作用的两种基本机制，即直觉和推理，并非完全可靠，直觉容易受到不相干的情感因素影响，而推理总是倾向于为自己已经持有的立场辩护。由此出发来理解阳明心学中的"知善知恶是良知"以及"心即理"等论点，可以使我们更清楚地看到其所具有的现实内涵。

5.心理场论对人类行为机制的说明，勾画出一个与道德哲学中通常预设的具有理性和自由意志的人类行动者形象不同的行动者形象。根据后一种形象，社会情景（特别是制度体系、价值舆论等）可以全面深刻地影响着现实中人的行为。这将促使我们反思从"知善知恶是良知"到"为善去恶是格物"之间的距离、把握如果人们陷入一个扭曲的系统和环境之中、"致良知"如何可能等复杂的问题。

6.社会心理学关于自我意识发展的学说，可以帮助我们考察阳明心学中作为自我意识的广义"良知"，并从探索和建立自我认同的意义上，对阳明早期生涯的所谓"五溺"经历提出一些新的理解。

7.社会心理学关于"最简群体"的理论和实验研究，揭示了人类作为群体动物的心理及行为特征，为我们理解和评估阳明乃至整个儒家的"万物一体"思想指出了一个需要考虑的基本事实。基于这个事实，我们将尝试回答在"万物异体"的基础之上如何接近儒家的"万物一体"理想。

我们意识到阳明心学研究和当代社会心理学研究通常分属于两个不同的学科领域，前者大都在人文学科，研究者更多的是关注其人文价值，特别是其文化、伦理、历史、政治乃至文学等方面的含义与延展，而后者则明确归属于社会科学，学者们大都十分自觉其科学实证的定位与功能，力图通过可重复实验、逻辑性推理、归纳式总结来分析性地鉴别人类的心理倾向、状态及其对个体与群体所具有的可能影响。不同的学科属性加上它们之间在时空维度上的距离以及两者研究方法之间的差别，形成了较一般的比较研究更为纷繁复杂、更为微妙的关系，也造成了我们恰当地把握两者以及两者之间关系的困难。虽然我们的研究历经多年，做了比较细致的挖掘并获得了一些成果，但这样的跨学科、跨视域比较研究在学术界才刚刚开始，在方法论方面的准备也不够充分，而且阳明心学和社会心理学之间关联的许多具体问题还有待进一步深入研究。我们希望本书所取得的初步成果能够成为在这些领域进行探索的前哨，为在更广阔的背景下和更深刻的层面上认识当代社会心理学对于理解阳明心学的重要意义和价值提供一个契机，推动更多的学者进行古今中西思想、观念、方法的比较研究，从而在学理上为真正实现中华优秀传统思想文化在21世纪的创造性转化和创新性发展奠基。

第一章

阳明心学与社会心理学

　　在中外哲学比较中来审视中国传统思想已经成为诸多学者经常采用的一个研究视角，无论是先秦儒家的"德"论与古希腊亚里士多德的德性伦理学、宋明时期的理学与德国的康德哲学，还是佛教思想与叔本华、道家哲学与海德格尔之间，都受到过不同程度的关注，有不少学者进行了持续的、日益深入的研究，并通过两者之间互相印证而各有心得。但能否从当代社会科学视域来理解中国传统哲学中的主要概念、学说、理论，或者能否把中国传统思想置放在当代社会科学的语境中来体会、辨析、深化，则是一个相对较小、起步也比较晚些的论域。本书的主旨就是从这样一个新的视角来审视阳明心学的主要思想和观点，或者说是要透过当代社会心理学的视域建构起连接古代阳明心学与当代社会科学的桥梁，以期探索两者之间对话、比较、互鉴的可能性与学术价值。

　　本书的第一章将从当今中国哲学研究所面临的问题入手，来理解哲学研究的范式转换与研究视域转换的必要性，论证从当代社会心理学视域来与阳明心学进行比较研究的正当性，目的是提出并解决方法论意义上的"能不能"的问题。具体而言，这一问题包括以下几个方面：能不能从当代社会心理学角度来切入传统阳明心学、能不能从阳明心学的立场为当代社会心理学的一些基本原理提供研究的实例或个案、能不能在两者之间进行互相印证以及能不能在阳明心学与当代社会心理学之间构建起联通、共生和互鉴的关系。在回答这些能不能的诸多问题之后，我们将提出关于解决"如何"问题的设想，即对本书各章节的安排给予逻辑解析和合理性论证。

中国哲学研究的方法论问题

中国哲学史研究是一个颇具特色的领域，几乎所有的重要人物、著作、问题都已经得到反复、密集地研究，成果迭出。学者们不断地在不同的语境中、视域下进行着不同方式的解读、重构与展开，即使在那些表面上看起来似乎守成多于创新的重述过程中，实际上也通过诠释或再诠释为传统话题注入了一些新的活力。一方面，一代又一代的严谨学者恪守孔子的"述而不作"传统，在特定的领域关注特殊的问题，以"我注六经"的勤恳与精细来保留、传承过去的思想和观念；另一方面，任何思想、观念，无论多么伟大，经久不变都会趋于僵化，成为束缚人们思想的教条，而这样的僵化本身又使那些富有创新意识和开拓精神的学者把哲学史研究作为工具，以"六经注我"的魄力和胆识来创建"新"的话语体系。这两种传统的哲学史研究方法论交替互补，成就了历史和当代的中国哲学叙事，每一代人都会在此前的研究基础上有所推进，以各种不同的方式增益着中国人对哲学现实问题和永恒问题的诠释和理解。在世纪之交，特别是21世纪的头二十年里，各路学者对于中国哲学进行了广泛的体系性的当代建构，值得关注的有张立文的"和合学"、牟钟鉴的"新仁学"、杜维明的"精神人文主义"、陈来的"仁学本体论"、蒙培元的"情感哲学"、李泽厚的"情本体"、安乐哲的"角色伦理"、黄玉顺的"生活儒学"、赵法生的"乡村儒学"等，对在方法论探讨过程中所遇到挑战的系统回应则有成中英的"本体诠释"、刘笑敢的"反向格义"、杨国荣的"重构形而上学"、郭齐勇的"重写中国哲学史"、赵汀阳的"新天下体系"、陈少明的"建构经典世界"等。这些问题的提出和解决问题的探讨虽然进路不同、形式各异，但都是最近几十年两代学者对重新解释中国传统、在新的语境中进行哲学创新的尝试，代表着如何"创造性转化"和"创新性发展"中国传统思想与文化的探索。

在面临百年未有之大变局的当代，多数学界中人已经达成的共识是，仅靠复述传统和复归经典还不足以应对接踵而至的新问题和新挑战，中国哲学研究的方法论也需要借鉴马克思主义哲学、外国哲学尤其是西方哲学才能获得实质性的突破。在此共识推动下，有组织的或自发的旨在增加中、西、马汇通的学术活动可以说形式多样、此起彼伏、初见成效。就单纯哲学史含义的中国哲学而言，如何在时间和空间维度所受到的多重挤压下，直面来自西方哲学、马克思主义哲学和现实实践方面的种种挑战，如何在历经百年的"接着讲""照着讲"之后，寻求新的途径、新的方法，建立起中国哲学的话语体系和叙事风格，以便使传统哲学在新的时代重新获得生机与活力，成为了过去几十年中摆在每一位学人面前的迫切而艰巨的任务。

对于一些批评者来说，中国哲学研究自20世纪初以来，由于一直沿用西方哲学的范式、理论、假说来裁剪和转述中国的传统思想，因此是所谓的"比着说"①，或更为甚者，是所谓的"汉话胡说"。在他们看来，这样的结果必然是削足适履或东施效颦，不但没有呈现出中国传统思想的原貌和神髓，而且有曲解、肢解之势。21世纪初中国哲学界有一场关于"中国哲学合法性"的大讨论，其原因在某种意义上也与学界关于中国哲学定性和定位的焦虑不无关系。②这一讨论最直接的导火索似乎是2001年著名法国哲学家德里达（Jacques Derrida，1930—2004）访华时评论说"中国没有哲学，只有思想"。尽管这样的评判在西方并非新创（如早在200多年前黑格尔在其《哲学史讲演录》中就评论说孔子的思想"只有一些善良的、老练的、道德的教训"而已），而且与黑格尔等人把中国思想排斥在哲学之外的贬义相反，德里达说中国思想不是哲学，其实包含着对中国思想的褒扬而不是贬斥，但在21世纪初中国的特殊语境中，此语竟引发了中国哲学界的一场大讨论。随着讨论的展开，多数参与者在基本立场上可以分为两派，一派坚持中国传统思想"是

---

① 参见冯友兰在 1934 年出版的《中国哲学史》中所说——"中国哲学即中国之某种学问或某种学问之某部分之可以西洋哲学名之者也"。然而，在 1982 年出版的《中国哲学史新编》中，他已经不再以西方哲学来比照中国哲学，而是把哲学视为人类精神的反思："哲学是人类精神的反思。所谓反思就是人类精神反过来以自己为对象而思之。"［冯友兰：《中国哲学史新编》（第一册），人民出版社 1982 年版，第 9 页］

② 这一讨论在 21 世纪头几年曾经非常热烈，并一直绵延至今。较早的有《中国人民大学学报》2003 年第 2 期的专栏"走出中国哲学的危机、超越合法性问题"和《江汉论坛》2003 年第 7 期组织的"中国哲学的'合法性'反思与'主体性'重构笔谈"，最近的则有《学术月刊》2018 年第 2 期刊发的一组笔谈，主题为"'后合法性危机'时代的中国哲学史学科"。

哲学"，另一派则反对用"哲学"来为中国思想冠名①。尽管有这样的区别，但两派在一个基本问题上是相当一致的，即他们的目的并非仅仅为中国传统争或去"哲学"的名头，而是要以此"深刻反思过去百年来中国哲学学科建设的成败得失"，来寻找或确立中国传统文化研究以及时代文化建设的"中国性"或中国主体性。然而，即使承认中国传统思想与西方现代哲学之间存在不可通约的差异，这也不妨碍我们利用西方哲学范式来审视中国思想，或从中国传统学术角度来解析西方哲学范式。唯有如此，我们才能真正超越中西之争，在中西比较中发现对哲学问题的新理解、新思路。

这场大讨论也出现了一些非主流但偏向激进的观点。出于长期积累的内在焦虑和期盼，一些学者非常情绪化地拒斥借鉴来自西方哲学话语体系的做法，主张回到所谓"原初的""纯粹的"中国思想和中国表达形式，从而展现了中国思想史研究中的某种原教旨主义倾向，所倡导的实际是简单的中西对立二元论。然而，这些人忽略了一个基本的现实，那就是经历了一百多年的西方（也包括日本、苏俄）洗礼，21世纪中国人的生活世界、哲学世界以及语言世界，早已深度融和了中西古今，难以剥离彼此，这可以说是当今中国人无所逃离的生存境遇和思想境遇。即使那些严厉批评现代中国哲学的西化表达方式或号召完全废弃西方话语体系的学者，其话语中其实也充斥着所谓的"西方"话语和"西方"思想观念，因为如果不通过这样的概念、话语和思想形式，我们已经根本无法言说和思考。因此，任何不顾历史和现实而要完全"复古"的做法都只能是对融合中西古今的生存境遇不满情绪的宣泄，而根本无法达到重构中国哲学的目的。

从当代中国哲学创新的角度，我们也无法忽视中西交融的现实和方向。隋唐佛学盛行，固然在一定意义上排挤了儒道两家，但也为儒道自身的创新提供了新的动力，而且受益于佛学的视角、问题和方法，后来的众多学者能够自由地出入佛老、返诸六经，成就了

① 对于那些强调不能无条件地规定中国传统是哲学的学者来说，"不仅要检讨用西方概念术语整理中国传统，也应该检讨用西方学科体系肢解中国传统的问题"，"一是中国传统学问的分类之所以与西方学科分类不同，可能是因为二者整体上属于不同类型的学问；二是中西学术的类型之别，可能是由各自的研究与传承方式不同所决定的"。参见方朝晖：《中国哲学不会消亡，但不等于它已经合法》，《文史哲》2022 年第 3 期。

恢宏的宋明理学和心学，成为儒家思想史上的第二次大繁荣［西方称之为"新儒学"（Neo-Confucianism）］。今天的中国学术，特别是中国哲学研究亦然。如果做不到出入中西，中国当代新思想之建构是不可能的。僵硬地划分中西哲学，或以西方哲学的外来性为由盲目排斥，不仅会使得中国哲学史研究成为博物馆式的学问——虽然有历史的价值但与当代生活无涉，而且对于当代中国思想学术界来说，也必将失去活力和创造力，根本无法回应现代性、科技发展、社会进步所提出的诸多挑战。

　　既然我们无法排斥西学而重起炉灶，那么中国哲学史和当代中国哲学研究难道真的无路可走了？深植于中国传统的学者重新检视过去一百多年的叙事方式，认为这些方式虽然也在探讨中国思想的中国性，但实际上是把中国传统作为"史学"来研究，为我们展现中国人思考问题的历史背景和衍化过程。他们认为，要真正展示中国思想中的哲学性，就必须从"史学"叙述转向，把"思想"作为"哲学"来研究。"思想哲学"所寻求的不是简单地重回过去，而是要在新的时代条件下展现传统思想在当代世界哲学中的活力，需要的不能仅仅是"述"，还是"作"。具有更为广阔视野的学者认识到中西交融已经是不可逆转的生存处境，西方哲学的话语和观念早已成为当代中国思想的有机组成部分，因此他们所关注的不是不切实际地与西方切割或将之剥离，而是如何从思想史出发对中西范式进行更为细致的研判，从而使得中国思想的特殊话语具有世界性的哲学意义。他们对中国哲学研究的现状并非毫无担忧和反思，但更为关注的是如何立足于当前的生存境遇、思想境遇，在使用现代学术话语的同时，审慎地反思其间意义的误读或"曲解"，并以此来用现代学术话语传达中国传统思想的真义与神韵。这些努力的表述方式多样，或者让哲学"说汉语"，或者营造"汉语哲学"，或者让哲学以汉语来"思考"。在这里"哲学"范式转换不是简单的"格义"或对照，更不是扭曲或排斥，而是通过沟通不同的思想范式，既有"客观的研究"又有"同情的理解"，用"和而不同""美美与共"来容纳多种不同的思想资源，实现传统思想的创新性发展与创造性转化，使得古老的思想获得积极的当代价值和意义。[①]

---

① 参见张汝伦：《中国哲学的自主与自觉——论重写中国哲学史》，《中国社会科学》2004年第5期；陈来：《坚守中国文化立场 重写中国哲学通史》，《孔子研究》2022年第2期。

  中国哲学对现有"哲学"范式的扬弃或转换，使得另一些学者开始扩展哲学史的研究视野，将哲学概念、义理的演进还原到思想史、政治史、宗教史等脉络更加丰富、整全的历史叙事中去，从而提炼出中国思想之精华和最根本的特征。西方有赫伯特·芬格莱特的《孔子：即凡而圣》[①]、本杰明·史华慈的《古代中国的思想世界》[②]，中国有陈来的《古代宗教与伦理——儒家思想的根源》、葛兆光的《中国思想史》等，特别是后者明确将目光从哲学史通常关注的"精英与经典的思想世界"转向"一般知识、思想与信仰世界"，试图重现前一世界在后一世界的土壤中发育生长的有机图景。[③]行走于中西之间的余英时曾有风靡一时的名著《朱熹的历史世界——宋代士大夫政治文化的研究》，通过艰辛的钩深索隐，揭示出理学思想的开展与士大夫政治实践之间的互动关系，恢复干瘪的哲学史叙事背后复杂生动的政治史背景。[④]牟宗三曾严厉批评过民国时期否定中国固有哲学的说法，并提出中国哲学的特质在于"主体性"与"内在道德性"："中国既然有哲学，那么它的形态与特质怎样？用一句最具概括性的话来说，就是中国哲学特重'主体性'（subjectivity）与'内在道德性'（inner-morality）。"[⑤]近年来，"经学史"研究方兴未艾，一个重要动机也是出于对以冯友兰为代表的"西化"中国哲学史范式的不满，认为"经学史"的取径更加贴合中国传统学术的源流和特质。[⑥]

  通过对"哲学"范式的扬弃和拓展哲学的思想内涵，中国哲学史研究领域出现了一个引人注目的变化，即在对单纯"史"学性质工作的超越之中，涌现出一些志在发展当今时代中国哲学创作的学者。中国哲学界的一部分学者早就不再满足于冯友兰式的"照

---

① Herbert Fingarette, *Confucius: The Secular as Sacred* (New York: Harper and Row, 1972).

② Benjamin I. Schwartz, *The World of Thought in Ancient China* (Cambridge, MA: Harvard University Press), 1985.

③ 参见葛兆光：《中国思想史》"导论"卷《思想史的写法》，复旦大学出版社 2001 年版。

④ 参见余英时：《朱熹的历史世界——宋代士大夫政治文化的研究》，生活·读书·新知三联书店 2004 年版。

⑤ 在某种意义上，牟宗三所说的这两种特质，实际所指只能是心性论的儒学。参见牟宗三：《中国哲学的特质》，台湾学生书局 1998 年版，第 6 页。

⑥ 参见陈壁生：《经学与中国哲学——对中国哲学学科建构的反思》，《哲学研究》2014 年第 2 期。

着讲"，而是在新的语境中尝试各种不同形式的"接着讲"。①虽然早期"接着讲"的努力在20世纪后半叶历经存亡、断续、扭曲的坎坷，②但近年来可谓世运重开，具有不同目的、使用不同方式的"接着讲""自己讲"或者"讲自己"的倡导者、践行者日益增多，既适应了新时代"构建中国话语体系"的政治诉求，也显现着中国哲学界内在的创新冲动。李泽厚2011年出版的一本对话录曾在标题中非常鲜明地发问："该中国哲学登场了？"这虽然引发了一些关于李泽厚本人思想的争议，但也传达出中国思想界的一种普遍关怀或期盼。③具体而言，杨国荣的"道论"，陈来的"仁学本体论"， 赵汀阳的"新天下体系"等，都是近年来中国哲学创作领域较有代表性的成就。④值得称道的是，最近几年涌现的中国哲学研究新动向，如 "汉语哲学""做中国哲学"（philosophizing）等，从不同的视角挖掘中国思想史中的哲学性，并以此来阐述中国哲学的时代精神和任务。前者所说的"汉语哲学"并非指回到中国古文献所产生的一种特殊语言哲学、民族哲学或地方性哲学，用黄裕生的话说，"汉语哲学之为汉语哲学"，是因为它是能"在汉语世界里不断揭开人类各种隐蔽的普遍性问题，并加以系统性讨论的理论事业"，因此汉语哲学是"一项通过追究人类根本性问题去打开汉语的思想空间，并努力触碰与拓展汉语思想边界的思想事业"。⑤而"做中国哲学"更是要透过思想看哲学，如陈少明所讲，"做"中国哲学是一种"呈现中国文化经验或精神的哲学研究"，其着力方向不再是以哲学史或学术史的形式将中国传统文化的相关内容予以整理、归纳、复述，而是要"用哲学的方法处理经典的思想文

---

① 参见冯友兰：《新理学》"绪论"，《三松堂全集》（第4卷），河南人民出版社2001年版，第4页。

② 当然，马克思主义中国化或许可以算作当代中国哲学的开展，但是其理论成果的丰富内容似乎是"哲学"本身所无法涵盖的，而且其形式也不能完全说是"接着"中国传统来讲的。

③ 李泽厚、刘绪源：《该中国哲学登场了？——李泽厚2010年谈话录》，上海译文出版社2011年版；李泽厚、刘绪源：《中国哲学如何登场？——李泽厚2011年谈话录》，上海译文出版社2012年版。相关批评可参见张汝伦：《中国哲学如何在场》，《中国社会科学评价》2018年第1期。

④ 赵汀阳：《天下体系：世界制度哲学导论》，中国人民大学出版社2011年版；杨国荣：《道论》，北京大学出版社2011年版；陈来：《仁学本体论》，生活·读书·新知三联书店出版社2014年版。除此之外，至少还可以举出的例子有丁耘：《道体学引论》，华东师范大学出版社2019年版；杨立华：《一本与生生：理一元论纲要》，生活·读书·新知三联书店2018年版。

⑤ 黄裕生：《何谓汉语哲学？为什么需要汉语哲学？》，《中国社会科学报》，2022年5月10日。

献"，不仅要"为哲学挖掘出更多中国传统资源，同时也让中国传统的经验与精神影响现代哲学"。因此，"做中国哲学"的落脚点在于揭示中国古代经典所传达的经验和观念同现代生活的意义关联，以"提升现代生活的精神品质"。[1]如果说体系性的中国哲学创作依然是极少数人才能胜任的事业，那么如上学者所示范的这种更加灵动的"做中国哲学""汉语哲学"等，则得到了相当多哲学学人的响应，并在他们力所能及的领域进行着努力和尝试。

"哲学"概念范式的转换，主要是为了尽量呈现中国传统思想的本来面目，而从"史"到"思"、从"思"到"哲"的研究范式转换，其关怀则超出了狭义的中国哲学史研究领域，志在从中国传统文化的根源中接引出中国现代文化，目的是为当下和未来的中国乃至世界指出具有中国特色的安身立命之道，它们又为"做"中国哲学而不是"叙述"中国哲学做了学理和方法论上的铺垫与准备。这样的"中国哲学"必然要强调中国哲学研究的当代性、现实性和实践性[2]。

---

[1] 陈少明：《做中国哲学：一些方法论的思考》，生活·读书·新知三联书店 2015 年版；陈少明：《"做中国哲学"再思考》，《哲学动态》2019 年第 9 期。

[2] 参见郭齐勇：《儒学与现代化的新探讨》，商务印书馆 2015 年版；陈来：《从思想世界到历史世界》，北京大学出版社 2015 年版；赵汀阳：《天下的当代性：世界秩序的实践与想象》，中信出版社 2015 年版；杨国荣：《成己与成物：意义世界的生成》，北京师范大学出版社 2018 年版。

哲学问题与知识问题

　　"中国哲学合法性"大讨论一方面正确地强调中国传统文化有其特殊思想，批评生搬硬套西方哲学范式、理论、概念以至于扭曲和抹杀了这些特质；但另一方面，又使得一些人陷入大而无当的关于中西之间差异或简单对立的二元论。其实，关于中西哲学差异的中国诠释早在20世纪初就已经流行于学界，如在梁漱溟的《东西文化及其哲学》（1920）中就已初见端倪，后来又得以系统地发展："如西方哲学重思辨，中国哲学重实践；西方哲学重知识，中国哲学重道德；西方哲学追求的是知识的真理，中国哲学追求的则是超知识的真理；西方哲学重分析，中国哲学重直觉；西方哲学求客观世界的真相，中国哲学求内圣外王；西方哲学的核心观念是自然，中国哲学的核心观念是生命。"[1]除此之外，常为人们所引用的所谓中西哲学范式的对立还有如"天人合一""天人相分、内在超越""外在超越、主客一体""主客二元"等等。

　　虽然这些关于中西哲学之间差异的二元判定，多少捕捉到了一些事实，但是因为比较的对象太过宏大，而忽略了两种传统各自的历史变化和多元构成。由于中国文化的特殊境遇和特殊需要，哲学比较特别是中西方哲学比较对于当代中国哲学研究具有至关重要的意义。但是，由于对一方的情感偏好而对另一方熟悉不足，比较哲学从"平行的进路"和"自高而下的进路"发展为第三条进路并非易事，后者是要让来自不同传统或具有不同风格的哲学观点或思想进行合作式对话、互镜式学习、共生式融通，从而最终为哲学思想的创新与突破、哲学事业的延续与发展贡献新的力量，形成世界哲学共同体[2]。中西哲学比较的要求之一是从具体问题的研究中发现中西文化之重要差异及其底层逻辑。然而，如果离开具体的语境和论题，简单地将中西差异二元判定为理所当然的前提，不但很难看到两者所面临的共同哲学问题，而且会助长自大和盲目排外的心理。

　　中国哲学的起源与演进有着自己的不同脉络，其中关于天人关系论、宇宙生成论、群体关系论、治身治国论、心性情才论、宇宙境界论以及所关注的德性修养问题、天道性命问题、知行关系问

---

① 参见张汝伦：《中国哲学的自主与自觉——论重写中国哲学史》，《中国社会科学》2004年第5期。
② 姚新中：《比较哲学的"第三条路线"——一个方法论的讨论》，《哲学动态》2018年第1期。

题、道德体知问题等，都具有中国思想的特质，而这些论题和命题又构成了中国哲学史的基干，成为中国人安身立命所不可或缺的思辨精神，创造出有别于西方的哲学体系。因此，在中西比较中我们既不能简单地以中国哲学格套化西方哲学，也不应该简单地以西方哲学来度量中国哲学，而是应该在确定普遍性与特殊性、历史性与时代性兼容的原则之下，采取补短取长的方法、求同存异的态度和两创发展的进路，来检查中国哲学和比较哲学中的不足以及哲学研究与当代现实的不适应方面。

中西哲学思想在历史和现实中都具有普遍性和特殊性，而对普遍性与特殊性之间张力的理解和把握决定着我们研究问题的出发点。毋庸讳言，检视过去一百多年的具体中国哲学史，比较多的学者通常采用的进路是把中国传统思想的材料机械地装进西方哲学提供的格套之中，从而不可避免地把西方哲学与中国哲学对立起来，或者以西方哲学的范式否定中国哲学的命题，或者以中国人的直观拒斥西方思辨的理论，结果是既扭曲了中国哲学的内涵也曲解了西方哲学的方法。以此为鉴，我们决不能把"西方哲学"仅仅作为检视、固化中国哲学的外在工具，而是要作为经过我们自己的选择、理解和诠释，内化为思考相关问题的视角、框架和立场，即首先形成我们自己的哲学方法论，而这种哲学方法论，又必然要与特殊的中国思想资源相通交融。[①]只有运用这种经过改造并充分内化的西方哲学、马克思主义哲学来叙述中国传统，才能真正把握住中国传统哲学的实质与特点，成就新的中国哲学形态。一种新的哲学叙述成为可能，本身就已经表明在研究者的理解中，西方哲学和中国传统思想至少在某些特定方面是相通的。因此，如果顺着这一研究思路，中西文化二元论的对立或冲突并不会必然产生，更不会成为我们深入研究的羁绊。

比较哲学不可能一蹴而就，也无法通过简单罗列异同而实现。无论是作为一个研究领域还是对于具体的研究者而言，都是一个由浅入深、由片面到全面的过程，需要知识的积淀和思想的明辨。如

---

① 上世纪 90 年代初，冯契基于中西古今视域，提出"化理论为方法"和"化理论为德性"，并以此来统合中、西、马哲学，从方法论上来理解哲学作为世界观、人生观、认识论之体系，出版"智慧说三篇"即《认识世界和认识自我》《逻辑思维的辩证法》《人的自由和真、善、美》。参见冯契：《冯契文集》，华东师范大学出版社 1996 年版。

果调查一下今天比较哲学研究的现状，我们依然可以看到诸多的误解或坎陷，在研究者所使用的哲学概念与所研究的对象二者之间并非完全对应，没有能够摆脱中西的相互格套。有的人把这些误解归咎于西方哲学与中国传统思想的不相适应，但其实误解的根源可能只是研究者本人的哲学理解或研究方法出了问题，要么错误地理解了西方哲学，要么错误地理解了中国传统文化，或者对两方面的理解都错了。当然，除非一些明显的技术性、知识性错误，哲学理解通常难以截然分出对错，但对于具体问题的哲学分析还是可以分出高下的。与其将中国哲学研究中所出现的一些问题简单归咎于西方哲学的范式同中国思想的类型不相适应，不如从研究者个人的哲学理解上找原因。如果研究者个人的哲学理解贫瘠，那么就必然是既无法把握西方哲学，也无法把握中国传统，最终只能整理出一种缺乏深度，甚至思维混乱的史料。好的哲学史研究需要研究者本身的哲学洞见，缺乏哲学洞见而笼统地指责西方哲学与中国传统不相适应，只会导致在具体问题研究中的肤浅。可以说，一些浅薄的中国哲学研究之所以浅薄，并非在于其引入了所谓"西方哲学"，而在于研究者自身缺乏严谨深刻的认知，无法形成系统而有独到见解的研究而已。

对某些"西方哲学"范式的扬弃，也许可以为中国哲学研究指出一条新的出路，但更为关键的是研究者本身的系统哲学训练和方法论训练，避免停留在个人感觉和"前见"之上，寻求在较高的层次上形成不同观点、范式之间的"视域融合"。由此可知，好的中国哲学研究既要求系统的思维训练、方法论的精进、在哲学范式方面能拿得起放得下，也需要积累必要的历史和经验知识，因为这些所谓的"前哲学"要素在我们研究的多数语境中都是在场的，有之虽然不能保证哲学思考的正确，但缺少则必然会使得哲学分析走偏路。

这里涉及如何理解哲学建构与历史陈述、价值与事实、反思与经验之间的复杂关系，前者是我们研究中的思辨性问题，而后者则属于知识性问题。换句话说，"做中国哲学"同做所有哲学一样包括追究思辨问题和知识问题两个方面，前者需要哲学的奠基、思辨的训练，后者需要知识的积累、历史的明鉴。并非所有的中国思想研究课题都属于纯粹的哲学思辨，其中很大一部分也来自历史事实和经验知识，即使那些表面上看似乎是纯哲学的问题，也经常涉及知识性的理解，因此，哲学与知识两者之间并非互相排斥，而是相辅相成、互相映照。例如，先秦儒家心性论不仅来自孟、荀等早期论辩的开拓，而且也与当时学者对人的心理以及行为的经验性了解相关联。如果对这些课题的研究没有必要的经验性、历史性知识，简单地从文本推演可能还无法真正理解其论述、论证的逻辑、哲学意义。由此可见，中国哲学研究不仅不排斥知识，而且需要更为广博的知识积累。

一方面，中国哲学在基本点上是生命之学，是关于人生意义、人事修为的学问，因此具有鲜明的价值属性和实践规定。例如，牟宗三就十分强调儒学是生命的学问，今天依然有众多学者从"功夫"上寻找儒学的当代价值。另一方面，传统哲学特别是儒学也包含着自己独特的知识体系，把格物致知视为修身齐家的前提和基础。因此，在我们审视传统哲学时不仅必须妥善处理好哲学与知识的关系，而且也要关注其理念与修养、内圣与外王的关系。有学者提出单向度的知识化将会导致儒学丧失其内在生命，导致儒学的死亡，但我们也必须看到，我们既不能把儒学从修身之学蜕变为口耳之学，更不能囿于修身而否定其致知的功用。真正的中国哲学研究必须兼顾思辨与历史、价值与知识、生命与实践，不仅要考察哲学体系的价值方面，而且也要深入了解其经验性知识的方面，既要以知识烘托思辨，也要能"转识成智"，实现知识与哲学的融合和贯通。

与自休谟开始严格区分事实与价值的西方哲学传统不同，我们认为合理的经验性事实与知识验证是合理的哲学理解与价值评价的一个必要条件。这不仅适用于古代中国思想的研究，也适用于当今"接着讲""自己讲""讲自己"的哲学创新。甚至可以说，为了实现后者，我们更应该充分理解我们身居其中的经验世界。这就要求哲学工作者不仅要在哲学与人文学科之间实现必需的交叉，而且要保持哲学与自然科学、社会科学之间的开放、健康的互动关系，否则很容易陷入闭门造车，成就所谓象牙塔的学问。在轴心文明阶段，哲学思想与科学思想同义。中国先秦的思想就是包括了哲学、科学在内所有知识的熔炉，是中国人对世界、社会、个人、家庭、人生等所有领域认识的集合，而古希腊哲学也就是那个时代的"科学"，其目标在于"建立整体性的理论，提供对世界的整体解释、统一理解"。只是随着近代科学的成熟与成功，这种关于世界的整体性理论才被分割为"哲学"与"科学"，而随着去形而上学化，科学愈来愈成为人类知识的源泉。一方面，从笛卡尔开始的现代形而上学不得不终结于尼采的"上帝之死"；另一方面，古希腊阿基米德的名言"给我一个支点，我就可以撬起地球"重新焕发生机，鼓动着近现代科学家在知识的整合与扩充上获取这个支点，即一种能解释整个世界因果的知识体系。既然古代哲学—科学所提供的整体性理论已经为近代科学所替代，哲学还能做什么？或者哲学是什么？这个问题本身已经略显讽刺地变成了一个艰深的哲学问题。①西方哲学在近代的启蒙推动了科学的飞跃、社会的进步，然而到20世纪，以理性主义与经验主义为代表的传统哲学由于自身难以解决的问题而成为形而上学、规范哲学，受到逻辑实证主义的拒斥。哲学开始把主要精力转向两个方面，一是寻求哲学语言意义的元哲学，在语言、逻辑方面的精雕细琢使得哲学成为纯粹的方法论推理；二是探索哲学的应用价值，通过与具体学科、领域的结合提高哲学的实用性。元哲学特别是传统哲学后期的发展使其愈来愈远离人类现实生活而受到多数学者的批判和被抛弃，但从积极的意义上说，它促进了从整体把握进入具体认知，聚焦于哲学概念的属性、意义、指称等经典哲学经常忽视的方面，有助于排除哲学讨论的模糊性、概念不一致性，使我们对哲学语言所指称的对象有了更清晰的界定。这不仅对一般哲学研究有帮助，对研究中国传统哲学更有意义，比如，我们可以借助元伦理学自然主义来重新理解中国道德理论中一些陈述的自然内涵。自然主义是一种有关道德属性本质的立场。在形而上学领域，自然主义提出，道德属性如善、恶等都是自然属性或可以还原为自然属性的，而并非如情感主义所说的纯情感表达（如表示支持或者厌恶的情绪等）或如超验主义所指的非自

---

① 最早系统提出并试图回答这一问题的是康德。他在《纯粹理性批判》中说："一切哲学知识的体系就是哲学。……哲学就是一门可能科学的纯然理念，这门科学不能在任何地方具体地被给予，但人们可以沿着种种途径来试图接近它……人们不能学习哲学；因为哲学在哪里呢？谁拥有哲学呢？根据什么来认识哲学？人们只能学习哲学思维……"［康德：《纯粹理性批判》，《康德著作全集》（第三卷），李秋零主编，中国人民大学出版社2004年版，第534—535页］陈嘉映在《哲学 科学 常识》（东方出版社2007年版，第8—12页）中则以通俗的语言解释了这一问题的由来。

然属性（如柏拉图的理念等）。有些自然主义者认为，善可以还原为某种功利主义属性，如最大化社会福祉；或者可以等同于某种快乐主义属性，如让人们尽可能多地分泌多巴胺。在认识论领域，由于认定道德语词所指称的是自然物或自然属性，我们自然可以看出道德分歧具有自然的内容，可以通过正确的道德研究去发现道德属性、还原为一定的自然属性、获得确定的道德知识，由此可以使分歧者之间达成一致。在语言哲学层面上，自然主义认为道德语词符合直接指称理论——直接指称对应的自然物或属性，而不是纯内在的心理暗示和倾向。如此的元伦理学自然主义帮助我们认识到，不仅可以从哲学层面，而且可以从知识层面来探讨中国传统道德观念的自然含义及其自然对应物。

上述转向的两个维度对于20世纪哲学的发展均起到了重要的作用，对于我们这个课题的研究也具有特别的意义。探讨哲学语言的指称和意义，如果囿于元哲学之中而日益远离生活、特立独行，就会把哲学变成"象牙塔中的学问"而逐渐失去其魅力，从而失去其主导的地位。但这并非意味着元哲学就毫无用处或彻底消失于无形。语言哲学、元伦理学的诸多要素在其后期发展之中愈来愈渗入一般哲学（如形而上学、认识论）和规范伦理学的研究方法之中，帮助哲学家在思考问题时注意语义清晰、内涵明确、所指相当，已经成为当今哲学研究中必不可少的工具。因此，如何运用语言哲学、元伦理学所取得的成果来分析阳明心学的主要观点，也是我们需要注意的一个重要问题。

另一种转向，即哲学研究从纯哲学转向现实问题研究，更具有重大的意义。科学技术的突飞猛进提出众多哲学问题，为哲学重新焕发活力、重新规范生活提供了必要的场域，应用哲学应运而生，不仅深入各自然科学领域形成化学哲学、物理哲学、AI哲学等新学科，与社会科学相结合形成以经济哲学、管理哲学、社会哲学等方式，成为社会科学研究领域的方法论基础和应用指导，而且渗透到其他人文学科，形成如历史哲学、政治哲学、法哲学等交叉学科。"哲学+"是当今最有活力的学术方向，在生命哲学、环境哲学、医学伦理学等方面彰显出哲学的魅力。但是，在经验科学日益昌明的今天，哲学应该重新理解自己的使命，克制在科学之外重新建立某种关于世界的整体性理论的自负，谦虚地尊重经验世界，使哲学解释、论证和建构建立在关于自然、社会、人生的最新知识之上。换句话说，更好地理解当今科学发展，借鉴科学发现所揭示的规律性知识，是当今哲学研究的大势所趋，也契合了自然主义所提倡的哲学方向。①中国哲学史研究和中国哲学当代创作也不应自外于这种潮流。②

① 参见程炼：《作为元哲学的自然主义》，《科学文化评论》2012 年第 1 期；David Papineau, "Naturalism," *The Stanford Encyclopedia of Philosophy* (Fall 2015 Edition), ed. Edward N. Zalta, http://plato.stanford.edu/archives/fall2015/entries/naturalism/; Owen Flanagan, Hagop Sarkissian, and David Wong, "Naturalizing Ethics," in *The Evolution of Morality: Adaptations and Innateness*, ed. Walter Sinnott-Amstrong, vol. 1 of *Moral Psychology* (Cambridge, MA: MIT Press, 2007), 1–26.
② 参见傅伟勋：《儒家心性论的现代化课题》，《从西方哲学到禅佛教》，生活·读书·新知三联书店 1989 年版，第 239 页—296 页；郑宗义：《新自然主义哲学与中国哲学研究》，刘笑敢主编：《伦理、推理与经验科学》，《中国哲学与文化》（第九辑），漓江出版社 2011 年版；王觅泉：《重提儒家心性论的现代化课题》，《管子学刊》2019 年第 3 期。

研究的视角与路径

　　本书所进行的工作和所追求的目标，正是基于以上认识而形成的。我们对扬弃特定"哲学"范式和超越有限"史学"工作这两种改善中国哲学史研究现状的努力方向都深表赞同并乐见其成。不过我们也明确地意识到两者均有自己的局限，对于"扬弃""超越"也会更加谨言慎行。我们反对哲学与知识的割裂，侧重于将中国哲学研究奠定在较为坚实的经验基础之上，并尽量澄清这方面的混乱和谬误。这一方面是因为知识方面的混乱相对于哲学上的混乱是更基础的，更应该也更易于澄清；另一方面也是因为这个层面的工作可以为更具创造性的中国哲学史研究和中国哲学当代研究做出必要的准备。具体而言，本书将在有限的语境中，尝试引入当代社会心理学的基本理论和方法论原则来考察阳明心学的主要观点和原则之所指，重新建构王阳明本人及其后学在提出和解释这些观念时所可能具有的认知框架和心理倾向。通过具体问题的展开，我们也会设想当代社会心理学家将会如何回应或评价阳明心学，以及这些可能的回应和评价又将如何影响我们今天对阳明思想本身的理解和诠释。

　　如上所述，中国传统哲学是一片已经被密集、反复耕耘的园地，阳明心学尤为其中甚者，不仅典范之作林立、学术大家辈出，而且每年还不断有数十种以不同形式进行的探究，以至于有学者感叹已经到了"几于无剩义可发"[①]的境地。这一方面说明阳明心学在中国哲学史、在当今中国哲学研究中的重要地位，另一方面也意味着继续沿着文本解读和名相辨析的路径来研究阳明心学可能难有所突破。在这样的情况下，我们应该允许和鼓励从新的视角、新的语境，使用新的手段或工具来重新审视阳明心学，以便有所建树。而从当代社会心理学的视域来研究阳明心学，无疑是在此期望的激励下而展开的，我们无法保证这一研究一定能令所有学者信服，但我们自己确信这是一条新的路径，值得我们付出努力去探索。

　　阳明心学对今人而言首先是以历史文本的形式存在的，具体表

[①] 陈立胜在《入圣之机：王阳明致良知工夫论研究》（生活·读书·新知三联书店 2019 年版）一书中谈到阳明工夫论研究的背景时，赞叹陈来的《有无之境：王阳明哲学的精神》（北京大学出版社 2006 年版）已经对相关问题"阐述至精，几于无剩义可发"（第 302 页），并直言陈著"无疑是现代学术视野下阳明学研究的巅峰之作"（第 23 页）。

现为一套孕生于其时代语境中的名相和话语。研究阳明心学，文本解读和名相辨析是必要的，但如果过分关注细琐的文本解读和名相辨析，则有可能形成"本本之学"，在"能指"的世界里空转，自得于发现"能指"的一些其实微不足道的关联、差异或变化，而忽略在现实生活中其"所指"是否真的如此重要。因此，研究阳明心学既不能脱离文本也不可局限于文本，而应该注意开拓文本架构与现实生活之间可能的关联，并通过这些关联来理解其核心命题所指的真实情景。

如同所有古代重要哲学理论一样，阳明心学不仅以文本形式存在，而且也具有当代性，可以而且应该从其与当代思想的互动中去理解。我们不能陷溺于因古人表达方式造成的"能指"迷局，也不能停留于文本和名相的表层技术疏解，而应设想，若起阳明于地下，他的思想将如何用今人的语言来表达，或如果我们回到阳明身边，他说的话会唤起我们怎样的经验感受，引发什么样的理解。如果我们转变角色，即从阳明心学之文本和名相的历史考古者转变为与王阳明一样关注心性问题的当代思考者，很可能会发现，就心性问题本身而言，我们与作为对话对象的阳明心学之间还是有很大的探讨空间。因此，借助当代社会心理学家的实验、理论既可以丰富我们对阳明心学的中国哲学史理解，也可以拓宽、深化我们对具有普遍意义的心性问题本身的研究，更会有助于在中外思想比较互鉴中建构起较为合理的当代中国哲学话语体系。

我们对于中国哲学创新研究可能性的上述理解，是为我们下面将要进行的比较研究提供合理性论证，既要在比较中提炼出阳明心学与当代社会心理学的当代意义，也要通过比较形成对两大领域之间可能关联的推理与解释。比较研究的要旨不是分出高下，而是形成不同理论之间的建设性对话，并从对话中引出或提炼出对于更高层次问题的认识和理解。就本书而言，我们有意"促成"当代社会心理学家在不同方面和不同层次上同阳明心学"展开"有意义的对话，也即透过当代社会心理学的一些主要理论、建构、实验结果来重新解释、分析、辩证阳明心学的主要立场和观点。对话的关键指标之一在于是否"有意义"，有意义的对话不能硬性链接或强行对接，而是要在寻找双方可能具有的共同基础，并在此基础之上铺陈出对话的路径。因此，阳明心学与当代社会心理学在具体问题上能否进行比较，该比较能否产生有意义的结果，就是我们首先要解决的方法论问题。这个能不能的问题，也是本书研究的根基问题，必须在具体推进对话之前进行较为细致的审视、考察和论证。

有些学者可能会认为，阳明心学所揭示的是某种超越的本心或本体之心，而非经验的、心理学意义之心，因此，阳明心学与当代社会心理学不可能在同一个层面上展开有意义的对话，而任何试图比较两者的意图都是不妥的或不必要的。这一质疑诚有所见，因为我们也承认，阳明心学乃至整个儒学所理解的心性，确有一个超越的层面。从《中庸》"天命之谓性"，《周易》"一阴一阳之谓道，继之者善也，成之者性也""穷理尽性以至于命"和《孟子》"尽心知性知天，存心养性事天"开始，儒学就从存在论和工夫修养论两个方面将心性同某种形而上本原关联起来，赋予了心性一种精神的高度和深度。如果断然割舍这种关联，纯粹从经验维度来理解儒学的心性，不仅有失偏颇，而且会曲解儒家哲学的本意。

然而，如果因为强调心性的超越性和精神性而完全否认"心"的经验性，这无疑又走向了另外一个极端。《中庸》在"天命之谓性，率性之谓道，修道之谓教"一段后，是围绕"喜怒哀乐"讲性、道、教的具体内容："喜怒哀乐之未发，谓之中；发而皆中节，谓之和。中也者，天下之大本也；和也者，天下之达道也。致中和，天地位焉，万物育焉。"这里既有心的超越性，也有心的经验性，两者相互关联，共同构成中庸哲学自上而下、自下而上的双重路径。孟子关于"四端"之心的论述，虽然包含着先天固有的成分，但也有经验性的理解，把"心"与"思"相连接，提出"非由外铄我也，我固有之也，弗思耳矣"。相对于"不思而蔽于物"的"耳目之官"，孟子特别提出"心之官则思""先立乎其大"（《孟子·告子上》）。《周易·系辞下》中也提到"君子安其身而后动，易其心而后语，定其交而后求"。以上简单列举已经足以说明，儒家心性论广涉情感、理性、意志等形式的心理活动和德行修养，皆能由内省或观察而被感知，明明白白地具有经验性，不只是形而上的先验或超越。孔子不仅不否认经验观察对于理解人心、人性的重要意义，而且还指出了具体的观察方法："视其所以，观其所由，察其所安。人焉廋哉？人焉廋哉？"（《论语·为政》）因此，如果只看到儒家心性论的非经验性一面，就会遗漏其丰富内涵，导致把心性所谓的超越性或精神性简单地理解为独断与神秘。相反，只有正视和充分了解心性的经验维度，才能真正理解关于心性的形上建构和超越体验。[1]而后一路径无疑使我们从新的视域来审读阳明心学的主要命题不仅成为可能，而且具有迫切的必要性。

---

[1] 宋明理学和以牟宗三（1909—1995）为代表的当代新儒学从根本上改变了早期儒学理解心性的范式，导致心性之经验性和超越性分裂，并使超越性压倒了经验性。本书从社会心理学视域来诠释阳明心学，而这一路径在方法论上的"合法性"，需要扬弃程朱范式并复归经验人性论。参见王觅泉：《重提儒家心性论的现代化课题》，《管子学刊》2019 年第 3 期。

阳明心学与当代社会心理学

我们的研究重点在于阳明心学，尤其是聚焦于其关于"心""良知"的观点。多数学者的一致意见是，阳明心学的主要理论由以下几个命题所组成：心外无物、心即理、知行合一、致良知、万物一体。①著名的四句教更是涵括了这些主要命题，生动地勾勒出其心学的基本框架："无善无恶是心之体，有善有恶是意之动，知善知恶是良知，为善去恶是格物。"②"无善无恶是心之体"通常被理解为一种"无执"的境界或本然状态。"无善无恶"不是善恶不分，而是不仅知善知恶、为善去恶，并且是很自然地如此，不刻意，不自矜，不使精神为之烦扰。"有善有恶是意之动"则指现实中人的意识心理会有或善或恶的念头并转化为行为动机。后两句可以和前举要点合参："知善知恶是良知"与"心即理"相通，"知善知恶"通常依"理"而来，但"理"并非外在于"心"，而是从善恶之知中直观而来，做出道德判断和推究道德原则是良知的基本职能，体现了心的主体性。"为善去恶是格物"则可与"致良知"以及"知行合一""心外无物"这两个原则结合来理解。"格物"在阳明思想中其实已经没有多少独立的工夫意涵，只不过是将良知贯彻到实事中去，"为善去恶是格物"，也就是要在道德实践中"致良知"。一方面，王阳明相信道德知识的动机充分性，亦即"知行合一"，善恶之知本身即蕴含着相应的动机和行动，所以，"知善知恶是良知"很自然地就能转化成"为善去恶是格物"；另一方面，阳明也相信内在动机相对于世事的充分性和必要性，亦即"心外无物"，所以"格物"不需向外穷索，而只需挺立良知，着实听从良知而不自欺，并在实事中贯彻良知，如此则实事（"物"）就自然会得其正，这也就是阳明理解的"格物"，所以他说"为善去恶是格物"。最后，"万物一体"一方面最直接地体现了关怀万物的伦理学意义，这涉及具体的"理"或良知的具体内容；另一方面它也表达了一种超越躯体之"小我"的宇宙"大我"的存在感受，这和"致良知"达到的境界有关，也是另一种意义上

---

① 比如，张学智就明确说："王阳明的思想，主要表现在心外无理，心外无物，知行合一，致良知，四句教几个命题中。"（张学智：《中国儒学史·明代卷》，北京大学出版社2011年版，第156页）
② 王守仁：《传习录下》，《王阳明全集》卷三，吴光等编校，上海古籍出版社1992年版，第117页。

的"心外无物"。

上述对阳明心学之要点以及四句教的解释，暂时搁置了那些细琐的文本考究和名相辨析，因而只可能呈现一个大致模样。好在我们这里只需这样一个大致模样，即可揭示社会心理学家可能感兴趣的课题。阳明心学虽然涉及超越性或形上学的问题，特别是像"万物一体"论，但是其中更多的问题还是经验性的，或应该从经验知识方面去体会和理解的。其实，即使如"万物一体"这样的命题，也不完全是超越或先验论题。有善有恶的意识活动、知善知恶的良知判断、为善去恶的格物行为以及判断与行动之间的关系，都可以基于经验进行验证，即使无善无恶的无执境界或心之本体，也首先是一种心理和行动的实际状态。我们甚至可以说，这里主要的和基本的问题都涉及对心理学的理解，而并非纯哲学的。就此而言，从社会心理学的视域来探讨是完全有可能的，也是必要的。

如果我们进一步分析，就会发现从社会心理学视域来透视阳明心学，并非是进行简单的类比、同比，而是直指后者的核心原则，可以为我们重新理解和评判阳明心学提供一个基本的框架。社会心理学和阳明心学在本体论与认识论的基本倾向上都涉及个体与社会的关系。这里所说的个体和社会关系问题，不是伦理学意义上的个人利益和社会利益价值先后排序问题，而是本体论意义上个体存在和社会存在的关系问题，以及认识论意义上认识个体与认识社会之间、个体认识与群体认识之间的关系问题。具体言之，社会存在是完全由个体决定的，还是具有不以个人意志为转移的某种独立性、客观性？倾向于个体主义的学者认为只有个体才是真实的存在，社会不过是个体的相加；而倾向于集体主义或整体主义的学者则认为，社会大于个体之和，有其自身的实在性，这种实在性不能还原为组成社会的个体，相反，社会对每个个体都构成了一种实在的、外在的，有时甚至是决定性的力量。这一本体论意义上的分歧，自然会导致认识论上的分歧。个体本位者会主张，只要我们认识清楚组成社会的个体，社会就可以一目了然；认识的主体只能是具有能动性的个体，而社会不具有认识能动性。但是承认社会本身之实在性的人则会坚持，认识社会是一项独立的任务，如果没有完成好这项任务，我们就不可能真正认识这个社会中的个体。人类个体最本质的属性不是其先天的生物性或个体的某种精神特异性，而恰好是由社会塑造的社会性，因此认识社会必须是真正认识个体的前提。

个体与社会之本体论与认识论关系的问题，是社会心理学中根本性的大问题，导致了心理学取向的社会心理学（psychological social psychology）和社会学取向的社会心理学（sociological social psychology）之间出现分野。从冯特开始这个问题就已经内在于社会心理学之中，表现为他的个体心理学（实验心理学）和民族心理学的关系问题。在本书第二章，我们将详述社会心理学在起源上所表现出的两种取向：1908年，两部以"社会心理学"为题的著作的出版，标志着社会心理学的正式诞生，分别是威廉·麦独孤（William McDougall，1871—1938）的《社会心理学导论》和爱德华·罗斯（Edward A. Ross，1866—1951）的《社会心理学：大纲与资料集》。这两部开山之作就潜含两种社会心理学分野的苗头。对此，心理学史家评论说："当社会心理学形成时，它趋向于分为两枝，一枝是心理学家的社会心理学，着重社会情境中的个人，一枝是社会学家的社会心理学，着重团体生活。"[①]方文主编的《当代社会心理学名著译丛》所收10种书，多数都会在一开篇就或简单或深入地提及个体与社会之关系问题，而其中一些著作的重要动机就是为了回应这一问题[②]。

如果按照这一理解框架来反观阳明心学，我们就可以发现，就整体而言阳明心学在个人与社会的关系问题上明显持一种个体本位立场[③]。阳明心学一方面主张"心外无物"，另一方面也主张"心外无理"或"心即理"，而这里所说的"心"不是抽象的精神世界，而是指具体个人的"我心"或道德心，这些都说明阳明心学的基本立场是建立在个体本位上的。然而，"心外无物"论的主要所指并非关于物理世界的反实在论或贝克莱（George Berkeley，1685—

---

① G.墨菲、J.柯瓦奇：《近代心理学历史导引》，林方、王景和译，商务印书馆1980年版，第607页。
② 参见威廉·杜瓦斯的《社会心理学的解释水平》（赵蜜、刘保中译，中国人民大学出版社2010年版）第一章第一节"旷日持久的危机"和本书第二章。
③ 黄玉顺对阳明心学有着相近的判断，（参见黄玉顺：《论阳明心学与现代价值体系——关于儒家个体主义的一点思考》，《衡水学院学报》2017年第3期）他认为，"个体主义"兼有个人权利意识觉醒（与家族主义、君主主义和集体主义价值观相对）和个体自由意志觉醒（表现为以"心"本体取代"性"本体、由个体之"心"来体证"天理"的观念）两个相关的含义，其中后一种含义与我们这里所讨论的"个体本位"有重合之处。黄玉顺强调阳明心学的现代价值正在于其中透露的个体主义精神，但并没有涉及个体自由意志与社会存在的关系问题，而后者则是我们在研判阳明心学个体主义时所特别关注的。

1753）"存在即是被感知"式的认识论唯心主义，而是着眼于人的实践领域，且"物"也非指客观存在而是指人"事"，可以看作是一种道德领域的"事实"。在本书第二章中，我们一方面要梳理社会心理学史上心理学取向和社会学取向并立发展的线索，揭示背后的个体主义与整体主义的方法论之争；另一方面，我们也要界定阳明学的个体主义立场，并以个体主义和整体主义之争为线索来重新梳理儒学传统，反思孟子与荀子、朱学与王学在这个传统中的地位问题。厘清社会心理学与阳明心学在这些问题上的基本倾向，对于我们理解它们之间在本体论、认识论、价值观上的异同以及在何种意义上可以将两者进行比较来说，是必要的前期工作。

如果"心外无物"论只是说世事皆由人心所为，这并无甚大问题，所谓"事在人为"，从个体自主的活动，到社会文明的创造，离开了人心的力量确实不可能凭空发生。但是阳明心学的"心外无物"论所指显然并不止于此，它还透出一种更强的立场，即认为在人心与世事之间，人心是主导性和决定性的，而世事则处于派生和被决定的地位。世事以人心为转移，但相反则不成立；世事没有任何不以人心为转移的独立性，否则，就不能断然宣称"心外无物"，而应该承认"物"仍以某种形态相对于"心"独立地存在。"心外无物"论流露出的这种关于人心与世事之间关系的"强立场"真的能够成立吗？孤立地看个体的行动，我们的确能经常发现个体之"心"的动机作用。但是如上面所问，"世事"真的只是个体动机和行动相加的集合？从个体动机与行动的互动中，是否可能凸现某些新的现象和性质，以至无法完全还原为个体的动机和行动？如果答案是肯定的，那就意味着在个体之"心"外，并非全然无"物"。

当我们这样提问和回答时，已经预设了个体之"心"的存在。但如果我们将眼光拉得更远一点，就应当承认，个体之"心"并不是从来就有的，这个世界曾经是一个无"心"的世界，在这个意义上，"物"肯定是先于"心"存在的。心灵这一特殊现象有一个从无到有出现在这个世界上的过程。首先是"意识"如何从自然界中出现，然后是人类心灵与社会进程之间的关系，都不容想当然地给出回答。特别是后二者之间的关系问题，究竟是先在的人类心灵外化而开辟了社会进程，还是在原本混沌的"社会"进程中，因应现实需要，人类心灵才得以发育和凸现？这可能是传统的阳明心学研究者较少关注和思考的，但是它无疑从另外一个角度提出了可能对阳明心学构成补充甚至挑战的心物关系问题。社会心理学理论中的符号互动论（symbolic interactionism）对这个问题给予了很深刻的回应，我们在第三章将通过符号互动论学者的相关论述，围绕心物关系问题，来透视阳明心学，以图揭开阳明心物论中"心外无物"的另一重少为人谈的向度。

现在，我们仍将目光转回到个体的动机与行动，来考察动机的内容及其来源。"心外无物"看起来只是一个形式命题，强调人心对世事的决定作用。如果孤立地从个体之动机—行动这一链条来看，世间具体之事确实通常是人心决定和主导的。但是人做事不是机械式的动作，而总是有其企图或理由，亦即有"意"，由"意"而成"事"，契合了"心外无物"的具体解释，"意之所在便是物"。然而，人在决定做任何事情时，其动机即"意"，总有其具体的内容。那么这些内容来源于何处呢？如果其内容来源于社会之塑造，人心只是内化了社会塑造的价值或原则，并依之决定行动，那么人心发动而为世事，就只是整个链条的一个片段。"心外无物"论（无人心便无世事之作为）只是截取了这个片段，而忽视了人在社会背景之中行动的完整故事。如果人心本身就受到社会的影响和塑造，它就不能作为一个绝对的原点，心内之物还有其外在来源，那就势必要承认，心外并非无物，社会就是心外之物，它不以人心为转移，反而对人心构成一种客观的限制。[①]因此，"心外无物"蕴涵了"心外无理"，后者是前者成立的必要条件。"心外无物"如要真正成立，还需证明"心外无理"，亦即人心据以决定行动的价值和原则也都是个体之心自生的。只有这样，人心才能构成那个绝对的原点，一切世事都生发自这个原点，亦即"心外无物"。从以上对阳明心学中"心外无物"和"心外无理"这两个基本主张的分析来看，我们有理由判定，在前述个体与社会之关系这一根本问题上，阳明心学是个体本位的。

---

① 在这个意义上，我们也可以理解为什么卢梭会在其《社会契约论》开篇就说"人是生而自由的，但却无往不在枷锁之中"。（卢梭：《社会契约论》，何兆武译，商务印书馆2003年版，第4页）如果我们把他的"自由"换成王阳明的"心""意"，应该也是成立的。

如果说从"心"的种系发生学角度（心灵这种特殊现象如何从无到有出现在世界上）还是比较抽象地提出这一问题，那么从"心"的个体发生学的角度（个体心灵中的具体内容从何而来），就可以比较具体地论证阳明心学的个体本位。这一论证涉及具体道德意识和行为中的认知机制及其运作过程，证明阳明心学的"心"是个体的心，"物"是指个人的事，"理"则是个人所能体知的伦理。而要达到这一目的，我们不妨围绕阳明四句教展开。四句教中的每一句以及各句之间的关系，都可以也都需要从具体认知机制及其运作过程的层面细加考量。而对道德意识和行为之认知机制及其运作过程的研究，正是社会心理学所擅之胜场，和阳明心学有许多可以互相讨教之处，也可以为我们重新认识和诠释阳明心学的基本立场提供新的视角或不同的进路。

"无善无恶是心之体"是一种需要长期的身心修养工夫才能达到的践行道德而又"无执"于道德的境界。在这一过程中，对道德本身的理性认知，将有助于我们消除对道德的过分执着，例如，道德是如何出现在这个世界上的，它在自然和社会中发挥着什么功能。对这些问题的回答，使我们将道德从一些玄思所设想的先验世界中拉回来，放到它原本所在的经验世界之中。这种现实主义的经验道德观，可以避免先验道德论可能出现的执着与傲慢。在第三章中，我们将借鉴演化心理学方面的资源，为重新理解"无善无恶是心之体"提供一个经验性的视野。

"有善有恶是意之动"本是对人的心理活动的一句笼统概括，看似平淡无奇，但深究起来，其中还是蕴含了一些基础性的心理学问题。例如"意之动"的不同形式问题，其实就是《中庸》的"未发已发"（宋明儒学史上曾就如何理解这句话而长期纠缠不休[①]）的变体或具体表现。又如，"善恶"作为一种特殊的价值判断，会因为哪些事情而被触发，又适合应用于哪些事情，更具体地说，《中庸》所追求的"中和"同"善恶"之间，究竟是一种什么关系。在第五章中，我们将通过比较"未发"之工夫与心理学上的"正念"

---

① 这一问题引入到朝鲜以后，在李滉（号退溪）、李珥（号栗谷）等大儒的推动下，也成为经久不衰的辩题，影响朝鲜儒学达几百年。（参见 Xinzhong Yao, *An Introduction to Confucianism*,［Cambridge University Press, 2000］，第二章第 12 节 "Korea: The Second Home for Confucianism"，第 115—125 页）

训练，并援引文化社会心理学关于道德领域的研究来辨析中和与善恶的关系。

"知善知恶是良知"是阳明心学的一个重要支点。王阳明对人的良知和自己的"致良知"之教非常自信。一般情况下，个体良知对其道德认知而言是充分的，在道德生活中的地位也确实非常重要，值得揭示和弘扬。但是，即使承认良知是道德的主体，我们是否真的可以像王阳明那样完全相信个体的良知？良知真的总能够可靠地做出善恶判断吗？这涉及道德良知的认知机制，或者说它如何运作的问题。在第六章中，我们将依据一种关于道德判断认知机制的理论——社会直觉主义为参考，对道德良知的可靠性提出一些质疑，由此对"知善知恶是良知"以及与之直接相关的"心即理"之说重加反思。

"为善去恶是格物"在"知善知恶是良知"之后。王阳明一方面相信个体普遍具备良知，而良知能够可靠地"知善知恶"；另一方面，他坚持这一"知善知恶"的良知，能够自然地转化为"为善去恶"的动机和行动。"为善去恶是格物"涉及知行关系，道德知识是否蕴含道德动机，道德动机能否转化为道德行动，这些都不仅是哲学思辨的对象，而且也可以借助经验研究来澄清。在第七章中，我们将通过勒温的心理场论，以及两个经典的实验——米尔格拉姆"电击"实验和斯坦福监狱实验，来揭示日常生活中人类行为机制的情境性，由此反思从"知善知恶是良知"到"为善去恶是格物"之间的真实距离，以及个体"致良知"与整体系统及情境之间的张力关系。

阳明心学中的良知其实并不限于狭义的道德领域，它还会反躬自省，面对一个根本性和全局性问题，即人生在世如何"做人"。"做人"固然不能脱离个人所处社会实践的规范和价值观，但也涉及如何将这些规范和价值观整合、内化为自我认同的问题，良知在广义上也包含这种追寻和建立自我认同的意识。在第八章中，我们一方面运用社会心理学有关"自我"的知识，对阳明心学中作为一种自我意识的良知提出一些解释；另一方面则从阳明自身的早期经历——"五溺"中去发现他本人自我认同建立的线索。

在第九章中，我们将着重探讨阳明心学"万物一体"理想中包含的伦理主张及其合理性问题。社会心理学研究表明，人是根深蒂固的群体动物，而群体通常有其范围和边界，内外有别是很自然的心理态度和行为方式。如何跨越这种内外界线而实现"万物一体"境界？内外不仅有别，在很多时候内外还可能发生冲突甚至敌对，仅凭一种"万物一体"的胸怀能够平息这些冲突和敌对吗？我们一方面感动于王阳明"万物一体"论所流露出的仁爱之心与普世伦理，另一方面却又无法回避"万物异体"的冷峻现实。如何从"万物异体"的现实接近"万物一体"的理想，是一个需要严肃思考的未决问题。在这一章中，我们也重新对儒墨两家的仁爱兼爱之辩做出了系统性的反思。

　　人类个体既是具有自我意识的主体，又是情境动物和群体动物，阳明心学偏重于前者，而社会心理学偏重于后者，双方的对话必会发生一些有益的碰撞，如果他们之间能够充分沟通并互相补充，就不仅可以增强我们对阳明心学的理解，而且可以使我们对人、人性、人心的理解更为深入和完备。

第二章

社会心理学的路线之争与阳明心学的个体主义

要理解当代社会心理学的视域，我们必须首先要了解其生成、发展的过程，它的特殊研究对象和特别关注的问题。尽管人类观察、描述和思考社会心理及行为的历史十分悠久，[①]但是社会心理学作为一门学科和专门研究领域仅建立一百多年。近现代学科的建立，一般循着演绎和归纳两种路径而实现。前者是由特定原理出发经过推演而至于完整，形成总体框架并不断通过论证具体定理而逐渐得以发展，由此成长为一个根深叶茂、分枝繁多的学科；而后者是由特定研究对象开始，人们借用已有的不同理论，进行多方位、多层次、多方式的探究和实验，逐渐积累并达成关于该现象的规律性认识、研究方法论的基本原则，这些认识和原则由于其具有"家族相似性"而集聚在一起成为共识，如同支流汇集而成大河，发展出相应的学科建制。作为一门较为晚近出现的社会科学学科，社会心理学的发展历程可以说是沿袭了上述两种路径而逐步建立起来的一个特殊类型学科。一开始，"社会心理学"这个词只是一个偶然的组合，而不是一个固定的专有名词；一些实际上以社会心理为对象的研究，也并非都是以"社会心理学"来冠名的。在这个意义上说，社会心理学既不是"社会"与"心理"的简单组合，也没有一个单一起源，而是承袭了心理学和社会学两个方面的传统和方法，形成了非常不同的两种研究取向，即心理学取向的社会心理学和社会学取向的社会心理学。

这两种取向的社会心理学不仅在方法论上彼此迥异，而且在更为根本的社会本体论问题上也存在分歧，它们对个体心理的"社会性"、个体与社会之关系、社会的实在性等问题都有着非常不同的理解。这些不同的理解并不仅仅存在于社会心理学研究之中，任何对社会的研究都可能在下述问题上面临这些分歧：社会是个体之和吗？社会有没有其自身的实在性？对社会的研究可以还原为对社会成员个体的研究吗？还是说，对社会的研究需要以某种方式将焦点真正对准社会本身，而不仅仅只是聚焦于构成社会的个体？进一步说，如果对社会没有一种整体性的理解，我们能够真正理解个体

---

① 在中国有《史记·货殖列传》中的"天下熙熙，皆为利来；天下攘攘，皆为利往"，在西方有亚里士多德的"所有人类的每一种行为，在他们自己看来，其本意总是在求取一种善果"（亚里士多德《政治学》，吴寿彭译，商务印书馆 2017 年版，第 3 页）。

吗？对这些问题的不同回答，构成了社会研究中个体主义与整体主义之争。

个体主义和整体主义之争，为我们今天从宏观上把握阳明心学的立场和特征提供了一个非常重要的框架。尽管王阳明本人可能没有这样的意识，但在我们看来，阳明心学明显是个体主义导向的。这种个体主义不是伦理学意义上的个人主义，也不是提倡一种以个人权利至上、个人利益为先的价值观和道德原则，而是在理解和回应人生与社会问题时，以个体为根本甚至唯一的着眼点。一方面，在理解人生与社会问题时，它将症结定位或还原到个体；另一方面，在回应这些问题时，它的致思方向聚焦于个体努力完善和提升自我。阳明心学要言之，无非是"致良知"之学，它孜孜以求个体良知之觉醒与发用，视之为治人救世之锁钥。思孟学派的心性学说即已表现出一种相当鲜明的个体主义立场，逐渐形成了"内圣开外王"的致思传统，而阳明心学则将这种"道德个体主义"发挥到极致。

诚然，这种个体主义立场高扬个体的主体性，彰显个体存在的责任与尊严，因而对个体有一种特别的感召力和激励作用。但是，这样一种个体主义立场，对理解和回应人生与社会问题而言，是否就是自足的、充分的？这是阳明心学研究，乃至整个心性儒学研究都应当反思的一个基本问题。入乎其内，阳明心学或许有许多微妙的细节问题值得研究，但是我们不能仅仅满足于跟随阳明心学自身的思路去探寻其中的细节，还应该出乎其外，对这种思路所预设的个体主义立场有所省察，借助当代社会心理学的独特视域，对阳明心学的观点进行必要的分析和评判。只有经过多重的既入乎其内又出乎其外的细致推理和研究，我们才能够更加全面、客观地理解阳明心学，也才能更加理性地评估和传承这笔珍贵的思想遗产。

社会心理学的两种取向

　　一般大众对心理学总是怀着特别的兴趣，当今社会恐怕尤其如此，这其中的原因可能是多方面的。在有些人的想象中，掌握了心理学似乎就可以看透别人，使自己变得更加精明，或者至少可以更加清楚地认识自我，调整心态或者治疗心理疾病。"社会心理学"这个名头，因为带着"社会"两个字，使得另一些人更加展开了上述想象，以为可以从中找到洞察人心、医治心病的良方，甚至是摆弄和蛊惑人心的妙计，可以使自己在"社会"中左右逢源、游刃有余，立于不败之地。

　　这些关于社会心理学的"大众想象"，也许多多少少可以得到一些通俗读本的支持，但如果细观当代的社会心理学研究，就可以发现它并没有科学理论的依据。社会心理学主要是遵循严格的科学程序开展的实验室研究，关注的问题通常十分具体，研究过程和结果呈现也往往相当技术化，离大众对社会心理学的期望可能会有一些距离。今天欧美主流的社会心理学基本上可以归属于心理学和实证科学的范畴，早已洗脱了哲学、社会学等学科的理论思辨色彩。

　　但是，社会心理学并非从来就只有这样一种样态。从当代社会心理学之发源处，就已经蕴含着两种不同的发展路线，即社会学取向的社会心理学和心理学取向的社会心理学。在社会心理学后来的发展历程中，尽管心理学取向的社会心理学（以实验社会心理学为典型形态）逐渐占据主流，但是社会学取向的社会心理学的声音也一直不绝如缕。特别是在20世纪六七十年代，占据主流的心理学取向的社会心理学遭遇了一场很大的危机，而社会学取向的社会心理学就是这场危机的重要推手。社会心理学两种路线之间的分歧不仅仅在于方法论，更在于不同的方法论主张背后——在本体论层面上对社会以及个体与社会之关系的不同见解。

　　为了更好地理解社会心理学的问题导向及其与阳明心学的可能关联，我们有必要首先对社会心理学发展中所呈现的两种路线之争做一较为细致的梳理。

　　1908年是社会心理学史上颇具里程碑意义的一个年份。就在这一年，英国心理学家威廉·麦独孤出版了一部题为《社会心理学导论》的著作。无独有偶，大西洋彼岸的美国社会学家爱德华·罗斯也出版了他的《社会心理学：大纲与资料集》。这两部社会心理学教科书性质著作的出版，被视为现代社会心理学学科诞生的标志。

尽管这两部著作不约而同地以"社会心理学"为题，但是它们的内容却相差甚远。麦独孤的著作"构建了一套以遗传本能和相应的情绪，以及后天所形成的情操为基础的人类社会行为的学说"①。麦独孤认为心理学的研究对象是行为，而不仅仅是内省领域的意识。而他对行为的理解，并不像后来的行为主义那样完全摒弃内省经验，将行为等同于刺激—反应这样可观察的外在物理过程，他强调行为除了物理过程之外，还包含心理过程。行为是一种心身交感的活动，它不是机械性的连锁反射，而是目的导向性的，这种目的导向又来源于人和动物的本能。

麦独孤对行为的解释奠定在本能的基础之上，并且受进化论思潮的影响，他从先天遗传来理解本能的来源。在麦独孤那里，"所谓本能，乃指在长期进化过程中由自然选择所提供的一种遗传的心—物倾向，这种倾向决定个体去感知和注意一定的对象，体验一定的情绪，从而产生一定的动作，或者至少体验到产生这种动作的冲动。……先天的或遗传的倾向，是一切思想和行动——不论是个人还是民族的性格和意志，在理智能力引导下由之逐渐发展形成的基础"②。由此看来，本能包含着知、情、意三个方面的成分，麦独孤认为情绪是本能的核心。他归纳了10多种本能和与之对应的情绪，例如（本能在前，情绪在后）：避害—恐惧、斗争—愤怒、拒绝—厌恶、哺育—母爱、求偶—嫉妒、求新—好奇、服从—自卑、支配—自负、群居—寂寞、猎食—食欲、收集—占有欲、建造—创造欲等。

因为需要解释的社会行为的复杂性，麦独孤这份本能清单后来越拉越长。不可否认，这些本能及相应的情绪对社会行为还是有一定的解释力，特别是上列清单中的前几项，确实构成了人类社会行为最基本的驱动力。但是麦独孤的归纳看起来有些随意，这些本能以及相应的情绪并不总能截然分开，而归纳出来的本能太过冗杂，也使得这种工作流于对杂多现象的描述，而损失了理论的简洁性和解释力。麦独孤《社会心理学导论》的问题还不止于此，其更严重

---

① 俞国良：《论麦独孤的本能论社会心理学思想》，《社会心理科学》1997年第3期，第9页。
② 俞国良：《论麦独孤的本能论社会心理学思想》，《社会心理科学》1997年第3期，第8页。

的问题在于，"这本著作并无论述什么真正的社会心理问题，尤其如当时人们所批评的那样，他的本能说根本未涉及群体心理问题"①。确实，麦独孤的本能心理学真正关注的是个体心理，并且完全将社会行为归因于个体心理。这是心理学取向的社会心理学的典型特征。

与麦独孤的《社会心理学导论》着重论述个体本能对社会行为的策动作用的不同，罗斯的《社会心理学》认为，"社会心理学研究'因人们交往而产生的，存在于人们之间的心理面和心理流'。所谓'心理面'，就是人们之间一致的静态心理现象，如语言、信仰、文化中所包含的共同心理；而'心理流'则指人与人之间动态的心理现象，如军队溃败时的恐慌、工潮中的愤慨，以及宗教信仰狂热时的心理表现等"②。罗斯所谓"心理流"多少还能通过麦独孤的本能心理学来解释，但是后者对此已经力有不逮，因为它只聚焦于个体本能，而对个体之间互相影响的机制缺乏说明。对"心理面"的研究而言，麦独孤的本能心理学就更是无能为力了，因为"心理面"相对于"心理流"而言，更不可能还原为单个个体的心理，反而是个体心理会受到"心理面"这种共同心理的影响。研究后者，需以一种整体的眼光去观察和理解作为群体现象的语言、信仰、文化。

心理学史家在论述社会心理学的发展历程时说："当社会心理学形成时，它趋向于分为两枝，一枝是心理学家的社会心理学，着重社会情境中的个人，一枝是社会学家的社会心理学，着重团体生活。"③这种路线分歧，在麦独孤和罗斯具有里程碑意义的两部社会心理学教科书中就已经体现出来。这一颇富象征性的情形虽然不免有巧合的因素在，但也并非纯属偶然。即使这种分歧不以如此有象征性的"仪式"出现，它也会以其他更加普通的方式出现。麦独孤和罗斯所著两部名同实异的社会心理学开山之作，只是社会心理学两种路线分歧的大脉络中的一对典型，这种分歧并不是两个人的发明，而是贯穿于社会心理学从酝酿到成熟的全部历史。

---

① 周晓虹：《现代社会心理学史》，中国人民大学出版社 1999 年版，第 85—86 页。
② 周晓虹：《现代社会心理学史》，第 88—89 页。
③ G. 墨菲、J. 柯瓦奇：《近代心理学历史导引》，林方、王景和译，第 607 页。

社会心理学最初是分别在社会学和心理学两门学科中酝酿的。尽管人类很早就开始对宇宙、社会、人生等各个领域展开探索和思考，并积累了非常丰富的知识，但是我们今天习以为常的学术分科体系却是近几百年才逐步建立起来的。随着各种门类的知识探索日渐深入和成熟，它们纷纷脱离了哲学的母体而成为独立的学科。首先是物理学等自然科学独立出来，它们取得了巨大成功，被奉为知识的典范，对社会和人的研究也逐渐分化为社会学、心理学、人类学等学科。而在社会学、心理学等学科中，社会心理学的雏形自然地生长出来。

在现代学科史叙事中，奥古斯特·孔德（Auguste Comte，1798—1857）被誉为"社会学之父"。孔德的影响并不仅限于社会学，他主张的实证主义可谓19世纪科学精神的代表。实证主义反对以往的神学和形而上学，反对将对世界的理解和解释建立在神秘的上帝或抽象的理论思辨基础之上，主张这个基础应该是经验事实。这种实证主义的典范当然是自然科学，而孔德进一步指出，研究社会也应该像研究自然那样，采用实证的方法，去观察和研究社会事实，找到社会规律，用以处理社会问题，促进社会发展。在孔德设想的学科体系中，"社会学"更加完整准确的提法应该是"社会物理学"，与数学、天文学、物理学、化学、生物学共居实证科学之列："研究社会现象可以像研究物理现象一样，用类似于牛顿力学研究物体运动和力的法则那样的方法来研究社会生活的法则，因此他也把社会学称为'社会物理学'（social physics）。"具体而言，社会物理学"要用实证的方法研究社会的组织结构和演化过程，通过对社会组织结构的实证研究建立'社会静态学'，通过对社会演进过程的实证研究建立'社会动态学'"①。"静态学"（静力学）、"动态学"（动力学）这些说法都带有浓厚的物理学色彩，孔德社会学概念的科学和实证主义精神由此可见一斑。这里值得注意的是，孔德社会学是以社会存在和社会事实的整体为对象，而不是以构成社会的个体为对象。"孔德认为，在社会物理领域里，'科学

---

① 张庆熊：《孔德和涂尔干论社会研究中的本体论——从拒斥到发掘其科学意蕴》，《复旦学报（社会科学版）》2019年第4期。张文中的"社会静态学"和"社会动态学"，又译"社会静力学"和"社会动力学"。

的精神不允许我们把社会看作是由个体组成的'。"①

孔德拒绝采用"心理学"这一名称，因为当时的心理学主要依赖内省法。在孔德看来，这还是过于"形而上学"，不符合实证主义的要求，因此要用"实证的道德学"来替代心理学。"孔德的道德学要依赖可靠的生物学和可靠的社会学，有时道德学更着重依靠生物学的基础，以致其研究结果今天可被划分为生理学的或体格心理学的学科。有时候，道德学要处理个体在一个社会与文化的结构中的地位，形成了一种社会心理学。"②由此看来，孔德认为心理既有个体心理的维度，也有社会或群体心理的维度。个体心理可以基于生物学、生理学来理解，而社会心理或群体心理则需要基于社会学来理解。而且，"一种语言、文化或者社会体系的存在对个体生活是领先的，并且是不可减弱的"③。所以，在孔德对"实证的道德学"的设想中，我们可以清楚地看到其中已经孕育着后来社会心理学的两种路线，即心理学取向的社会心理学和社会学取向的社会心理学。

这是社会心理学在社会学中发源时的情况。我们再来看看社会心理学在心理学这边的发源。根据社会心理学史家的追溯，"心理学对社会心理学的兴趣丝毫不亚于社会学，但这种兴趣最初形成于精神病学与变态心理学。从19世纪中叶开始，精神病学实践的发展，特别是作为特殊暗示形式的催眠术的应用，揭示了个体的心理调节有赖于另一个体的操纵作用这一事实，从而推动了个体心理学向社会心理学的过渡"④。从这种个体心理学过渡而来的社会心理学，注意到了个体心理受其他个体的影响，这当然也算是心理之"社会性"的一种表现。不过，这种"社会性"只是个体性以及个体之间互相影响的结果，前者需要通过后者来解释，甚至可以完全还原为后者。在这个意义上，从精神病学和变态心理学中萌生出来的社会心理学，在本质上仍然是一种个体心理学，所谓"社会心理"，只是个体心理的一种特殊的表现形式，本身并没有什么独立性。

---

① 高觉敷主编：《西方社会心理学发展史》，人民教育出版社1991年版，第10页。
② 高觉敷主编：《西方社会心理学发展史》，第9页。
③ 高觉敷主编：《西方社会心理学发展史》，第10页。
④ 周晓虹：《现代社会心理学史》，第21页。

1897年，冯特（Wilhelm Maximilian Wundt，1832—1930）在德国莱比锡大学建立了世界上第一个心理学实验室，这被后人视为心理学作为一门独立学科诞生的标志。但是，冯特的心理学实验室并不以社会心理学为研究对象，而是以个体心理学或生理心理学为研究对象。他在青年时期就已经认识到心理学有两个分支，一个是个体的、生理学的，一个是社会的或民族的。他对自己人生的规划，就是将前半生奉献给前者，将后半生奉献给后者。从1900年直到他去世前一年，冯特出版了十卷本的《民族心理学》。"在这些著作中，他坚持并强调一切更高级的心理过程的研究均属于民族心理学的范围。他不相信实验室研究的个体心理学能够说明人的思维，因为人的思维是沉重地被语言、习惯和神话制约的，是属于民族心理学的三种最重要的问题的范围。"冯特这一对民族心理学的理解，可以在黑格尔思辨的精神哲学中找到某种渊源。"尽管这位唯心主义大师（指黑格尔——引者注）对社会心理学的关注并不是直接的，但他通过对某种类似于群体意识的'世界精神'的论述，间接地影响了整个德国民族心理学的建立。可以毫不夸张地说，黑格尔下述天才性见解构成了民族心理学乃至一切重视群体心理研究的社会心理学的思想渊薮：那就是，除了个体意识之外，还存在着表征群体心理性质的某种东西，并且个体意识在某种程度上是由这些东西决定的。"①在冯特之前，受黑格尔思想影响的德国哲学家兼人类学家拉扎勒斯（1824—1903）和语言学家施泰因塔尔（1823—1899）就尝试开展民族心理学研究，从1859年起，30年间出版了多达20卷《民族心理学与语言学杂志》，这些都是冯特民族心理学研究的前驱。

我们看到，心理学在其学科创始人冯特这里被截然区分为两种形态，一种是以实验手段加以研究的个体心理学，一种是以语言、历史、神话等为题材，以人文学的理解与诠释为手段的民族心理学。后者作为社会心理学，是相信一种真正具有"社会性"的民族集体心理存在，这种民族或集体心理虽然仍然体现在个体心理之中，但是不能将它完全还原到个体心理中去理解和解释。这种民族或集体心理对个体心理起着某种支配作用，后者反而需要通过前者

① 周晓虹：《现代社会心理学史》，第30页。

来理解和解释。与那种从精神病学和变态心理学等个体心理学中萌生出来的社会心理学相比，冯特的民族心理学代表了一种完全不同的社会心理学。从社会心理学在心理学学科的发源处来看，心理学取向的社会心理学与社会学取向的社会心理学的路线之争，也早就埋下了种子。

精神病学家和变态心理学家关于社会心理学的思想雏形，影响了后来的法国社会心理学家，其典型的代表是塔尔德（Gabriel Tarde，1843—1904）和勒庞（Gustave Le Bon，1841—1931）。塔尔德的社会心理学思想有一个关键词：模仿。他认为社会心理和行为首先是由某些富有创造性的个体发明出来，然后被其他个体模仿而形成的。他的代表作《模仿律》概括了模仿的几条规律，如下降律，即模仿通常是下层阶级模仿上层阶级；几何级数律，即模仿是以几何级数扩展的；先内后外律，即对本土的思想和行为的模仿优先于对异域文化的模仿。塔德的这些对模仿机制及其规律的揭示，确实能够对一些弥漫在社会中的共同思想和行为提供一种合理的解释，在当时应该还算是新颖的洞察。塔尔德虽然扩展和完善了精神病学家和变态心理学家的社会心理学论述，但是在一个根本观点上，塔尔德仍然继承了后者的立场，那就是将群体层面的心理和行为还原到个体水平予以解释。

勒庞著有一部至今仍风靡中国乃至世界的名著——《乌合之众》，其副标题在中文版中冠以"大众心理研究"或"群体心理研究"。勒庞发现，人在群体中时，会表现出一些与他们在独处时截然不同的意识和行为，这种不同，既可能是一种极端的高尚，积极地奉献甚至牺牲自我，也可能是极端的邪恶，犯下平常难以想象的罪行。因此，勒庞认为存在某种不同于个体心理的"群体心理"。"他将群众视为'一群人的聚合'，而由个人聚合而成的群众具有'完全不同于组成它的个体特征的新特征。……群体心理成为一种独立的存在，服从于群体心理统一律'。……他的心理统一律决不意味着群众仅仅是其成员的平均数或聚合体，而是某种具有原先的个体所不具备的新质的构成物。"[1]在解释这种群体心理的形成时，

---

[1] 周晓虹：《现代社会心理学史》，第46页。

勒庞接受了塔尔德的暗示和模仿学说。群体中的个体会相互感染，受感染的个体会"去个体化"，丧失自我和理性，更易受情感冲动的驱使。勒庞的思想并不复杂，也不再受今天职业心理学家们的重视，但是他却击中了群体心理的一些要害问题，使原本陷溺于群体之中而不自知的个体猛然惊醒，恢复自我意识和理性，并开始对群体有所警惕。群体意识和行为因为通讯技术和传播媒介的发展在不断演变，使勒庞的这部名著有常读常新、经久不衰的魅力[①]。

　　勒庞对群体心理的成因解释受到塔尔德的影响，而他对群体心理之整体性，及其相对于个体之客观性的认识，则与社会学另一位重要的奠基人迪尔凯姆（Émile Durkheim，1858—1917，又译作杜尔凯姆、涂尔干、杜尔干等）站在同一种立场上。孔德只是勾勒了实证主义的社会学研究的大纲，而"真正推进社会学的实际研究，为社会学建立一个享誉学术界的'学科家园'的人物则首推涂尔干（即迪尔凯姆——引者注）"[②]。迪尔凯姆和孔德一样，认为社会学应该以社会事实为研究对象。他非常坚定地认为，社会不等同于组成它的个体相加之和，它具有自身的实在性，以及一些无法通过单纯分析个体属性来认识的整体属性。就如水的属性不能通过分析氢元素和氧元素各自的属性来认识，水具有它自身的属性。或者像一个有机体，它是一个整体，这个整体的属性，不能通过分析构成有机体的器官或元素各自的属性来认识。迪尔凯姆说："现在我把这一原理应用于社会学。如果人们同意我的观点，也认为这种构成整体社会的特殊综合体（sui generis）可产生与孤立地出现于个人意识中的现象完全不同的新现象，那就应该承认，这些特殊的事实存在于产生了它们的社会本身之中，而不存在于这个社会的局部之中，即不存在于它的成员之中。因此，从这个意义上来说，这些特殊的事实，正如生命的特性存在于构成生物的无机物之外一样，也存在于构成社会的个人意识之外。"[③]

　　与他对"社会"的理解相对应，迪尔凯姆也相信存在着一种

① 见勒庞：《乌合之众：大众心理研究》，冯克利译，中央编译出版社 2011 年版。该书在国内受到持续追捧，中文译本在过去十几年间就多达十几种。
② 张庆熊：《孔德和涂尔干论社会研究中的本体论——从拒斥到发掘其科学意蕴》，《复旦学报（社会科学版）》2019 年第 4 期。
③ E. 迪尔凯姆：《社会学方法的准则》，狄玉明译，商务印书馆 2009 年版，第 12 页。

"集体意识"。虽然集体意识只有通过个体意识才能表现，但是它并不是发源于个体意识，而是发源于作为整体的社会，然后反过来影响了社会中个体的意识。"不同的个人有不同的个人意识，个人意识的特点依赖于个人所处的特殊状况。个人会死去，带有个人特点的个人意识会随着个人的死去而停止存在，但集体意识代代相继，代代相传，以集体的方式发生演变，通过文化传承、风俗习惯、公共教育和人与人之间互相交流的方式影响每一世代的个人。个人意识作用于个人的行为，集体意识对整个社会产生作用。在这个意义上可以说集体意识具有自己的生命系统，在整个社会系统中发挥功能作用。"[①]按照迪尔凯姆对"集体意识"的理解，他显然不会满足于像塔尔德那样仅仅通过个体之间的互相暗示和模仿来解释"集体意识"的起源，而是要求以一种更具整体性的目光投向社会系统本身，以便理解其中的个体意识；另一方面，也要去发现个体意识当中那些不是体现个体性，而是体现某种社会性的"集体表征"。

尽管塔尔德、勒庞和迪尔凯姆都关注群体心理，但他们对群体心理性质和成因的理解并不相同，他们的立场呈现为一个从个体向群体递进的谱系。塔尔德基本上还是延续了精神病学和变态心理学的个体主义立场，将群体心理还原为创造性个体的创造性作用，加上无创造力个体对前者的模仿；勒庞接受塔尔德关于个体之间互相暗示和模仿的学说，但是他洞察到群体具有在单个个体那里不会发生的统一的意识和行为方式；迪尔凯姆则更进一步，他不仅注意到群体或社会具有某种超越个体意识的共同意识，而且不满足于通过塔尔德和勒庞那种个体主义方式来说明这种共同意识的基础。迪尔凯姆认为这种共同意识的基础是作为整体存在的社会，而不是其中的个体，要去发掘个体意识中具有社会性的"集体表征"，并且通过对社会事实的研究来解释这种"集体表征"的真正起源。

以塔尔德、勒庞和迪尔凯姆为代表的法国学者，在社会心理学的早期历史中占据着重要地位，对现代社会心理学的形成产生了显著的影响。"正在形成中的现代社会心理学，在19世纪90年代是由

关注群体和暴众行为的法国群众心理学构成其主干的。而这一理论本身则是法国早期社会学的主要产物，加布里尔·塔德和埃米尔·迪尔凯姆这两位社会学家的尖锐对立的思想组成了其主要内容。甚至在麦独孤与罗斯之间形成的并由此延续了80余年的社会心理学中的心理学传统与社会学传统的分歧，也能在这种对立中找到某种说明。"[1]

塔尔德、勒庞和迪尔凯姆三人中，迪尔凯姆在学术史和学术分科中具有更加鲜明的社会学身份，可以说，从迪尔凯姆（也应算上孔德）的社会学中孕育着一条社会学取向的社会心理学的发展线索，这种社会心理学不同于心理学取向的社会心理学，它不是个体主义的，而是整体主义的。但是在社会学领域最初发生影响的，除了孔德和迪尔凯姆，还有与之形成某种竞争的其他思想，例如在中国具有更大影响力的英国社会学家斯宾塞（Herbert Spencer，1820—1903）。斯宾塞是著名的社会达尔文主义者，他的思想中表现出一种强烈的个体主义立场。达尔文主义和个体主义之间有一种直观的亲和性，在前者描画出的生存竞争图景中，个体是承担"天择"的压力，追求自身生存和繁衍的主角。个体追求这些目的实现的活动，被视为社会形成的根本动力。因此，遵循英国心理学传统的斯宾塞倡导"对人类关系做个人主义的诠释"，也就是说，"他不仅从个人主义和功能主义的角度认识社会的起源，而且把社会看作是实现个人目的的工具"。这种理解决定了斯宾塞社会学鲜明的个体主义立场，"从这种个人主义观点出发，斯宾塞认为社会的性质在很大程度上取决于组成社会的个人的性质。他说：'我们只有研究其组成部分——个人的性质，才能建立关于社会的真正理论。人类集合体表现出来的每一种现象都源于人类本身的某种性质。'与上述观点相一致，他将社会心理学视为涉及个体的社会学，是一种理解个体心理的辅助学科"[2]。从斯宾塞、麦独孤等人的社会学及社会心理学思想中，我们可以看出一种接近的传统，这种传统不同于从孔德、迪尔凯姆等人酝酿开展出来的社会学取向的社会心理学传统，后者对社会心理持一种整体主义立场，而前者则属于心理学取

---

[1] 周晓虹：《现代社会心理学史》，第39页。
[2] 周晓虹：《现代社会心理学史》，第19页。

向的社会心理学。尽管斯宾塞也号称社会学家，但是他的社会学中蕴含的社会心理学本质上还是聚焦于个体心理，而不是社会心理及社会事实。

由此可见，社会心理学不仅在心理学领域的发源和早期发展中已经蕴含着心理学取向和社会学取向两种路线的分歧，而且在社会学领域的发源和早期发展中同样蕴含着这一分歧。这一分歧的表象是研究方法上的差异，但其根本则在于对社会本体论意义上的个体与社会之关系持不同见解。

个体意识与社会

上述所论，不论是心理学领域，还是社会学领域，社会心理学的酝酿和开展都还主要是在欧洲。而且，尽管在基本立场上表现出个体主义和整体主义的分歧，但是在具体方法上，都还是根据社会学家和心理学家们朴素的经验归纳以及理论思辨，更加偏向于人文学科，而非实证科学。即使是主张实证主义的"社会学之父"孔德，也尚未将他的理想真正付诸实践。而"心理学之父"冯特虽然创立了世界上第一个心理学实验室，但是这个实验室主要针对的是心理的生理层面，并没有将"社会"这个变量真正引入实验。直到20世纪20年代，这一状况才开始在美国社会心理学家那里真正发生转变。

在这个转变过程中，具有标志性意义的是弗洛伊德·亨利·奥尔波特（Floyd Henry Allport，1890—1978）。"将社会变量引入实验室的作法，是在F·奥尔波特之后才真正引起人们的重视，并在兹后的几十年间构成了社会心理学研究的主潮。"[1]奥尔波特的工作有两个向度。一是关注于"社会助长"（social facilitation）等课题的实验室研究。所谓"社会助长"是指在有他人在场的情境中，个体完成各种任务的表现会提升，但这个现象会随着任务的难易程度、个体对他人影响的敏感性等变量而有所不同。社会助长实验室研究遵循着一套严格的程序，先提出一种理论，然后根据理论做出预测，再通过控制变量的实验看预测能否实现，以此对理论给与验证。奥尔波特的另一向度工作，是从理论上为在社会心理学研究中运用实验方法辩护，倡导方法论上的个体主义，批判群体心理学。奥尔波特在对社会心理学的界定中，旗帜鲜明地主张："社会心理学是一门研究个体行为的科学，这种行为只限于那些能够刺激其他个体或其本身是对他人行为的一种反应的行为；同时它也是一门描述个体意识的科学，这种意识也只限于对社会对象和社会反应的意识。简言之，社会心理学是关于个体的社会行为和社会意识的研究。"[2]奥尔波特的上述主张中所能接受的"社会性"，仅限于被其他个体影响或者影响其他个体，这种立场与社会心理学发源处之一的精神病

---

① 周晓虹：《现代社会心理学史》，第101—102 页。
② Floyd Henry Allport, *Social Psychology* (Boston: Houghton Mifflin, 1924), 12. 译文转引自周晓虹：《现代社会心理学史》，第 103 页。

学和变态心理学是一致的。因此，奥尔波特认为社会心理学本质上还是个体心理学，他直言："社会心理学不应当被看作与个体心理学截然不同的学科，它是个体心理学的一部分。"[①]与此相应，奥尔波特认为所谓群体心理本质上还是个体心理，离开了个体，群体和群体心理并无实在性，群体心理的概念将群体视为超个体的实体，并赋予它某种心理属性，这是一种唯心主义谬误。奥尔波特的这种坚决的个体主义立场，与冯特的民族心理学、迪尔凯姆的集体表征理论中表现出来的整体主义形成了鲜明的对立。

奥尔波特的实验研究和个体主义立场，在很大程度上塑造了之后的社会心理学。类似的实验研究如雨后春笋般涌现，而实验研究的方法本身，也成为社会心理学研究的主流方法。一方面，程序严格的实验以及数据量化的呈现方式，使社会心理学不再仅仅是朴素经验的归纳或者哲学思辨，而是获得了一种科学的形式和更加明确的学科地位，社会心理学的学科建制由此得以迅速发展；另一方面，实验社会心理学之所以流行，除了科学外衣本身的魅力之外，还与这种方法便于操作，易于复制有关。个体主义的实验社会心理学不似冯特式的民族心理学，或者迪尔凯姆式的集体表征研究那样，需要在历史、语言等方面有非常深厚的积淀，以及既宏观且敏锐的社会洞察力。当时年轻而朝气蓬勃的美国文化有一种不同于欧洲旧大陆的性格和气息，崇尚个体自由和实验主义，个体主义立场的实验社会心理学与这种文化是正相适应的。所以，我们看到在奥尔波特之后，职业社会心理学家就一些细琐的社会心理问题展开了非常繁复的实验研究，以至于今天提到的社会心理学，基本上就会被默认为是"实验社会心理学"。

尽管由奥尔波特开启的实验社会心理学或心理学取向的社会心理学声势日隆，逐渐成为社会心理学的主流，但与此同时，社会学取向的社会心理学也并非全无建树，其中影响最为深远的是以乔治·H. 米德（George Herbert Mead，1863—1931）为代表的符号互动论（symbolic interactionism）。符号互动论对心灵的起源提出了一种自然主义说明，认为心灵并不是在个体封闭的内省世界中迸发出来的，而是在有机体同自然环境之间的互动过程，以及有机体彼此

---

① Allport, *Social Psychology*, 4.

之间的社会互动过程中逐渐演化而来的。人类发展出心灵的能力，并不是一个突如其来的奇迹。心灵或意识首先是有机体与自然环境打交道的一种方式，这种方式与无生命物、植物、动物同自然环境打交道的方式处在一个连续的谱系之中。无生命物无法在与环境的互动中维持自身的完整存在。一块石头，我们就无法明确地将它和周围环境区分开来，它隐没在环境中。植物和动物不同于无生命物，它们是具有某种独立性的有机体，需要同周围环境打交道来维持自身存在。植物同环境打交道的方式中已经体现出某种灵活性甚至主动性，这是"心灵"的雏形。动物在植物的基础上更进一步，它们可以移动更远的距离，以更加灵活复杂的技巧，甚至运用策略和计划，从自然环境中获得生存资源。从动物与环境打交道的方式中，我们能够看到其心灵能力相对于植物而言是更高程度的体现，而这些都是人类心灵诞生的前奏[①]。

人类心灵则更进一步地能够运用符号来承载和传达意义，并且基于符号及其意义展开计划、推理、想象等活动。符号互动论对符号及其意义的产生机制也提出了极富洞见的说明。在很多人的常识中，符号和意义之间的关联产生于个体的内心世界，是个体首先运用某个符号来指称某种意义，然后个体之间经过互动逐渐形成一套符号与意义相关联的共识，这样大家才能互相理解各自所使用的符号及其意义。但是这个思路其实面临巨大的困难，从私人语言中，并不能像想当然地那么容易转化出大家都能理解的公共语言，这种从个体出发的关于符号和意义之起源的论点尽管大家都习以为常，但是未必经得起推敲。与此相对，符号互动论在说明符号和意义的起源以及它们和个体心灵之间的关系时，可谓反其道而行之。

米德认为，个体心灵并非先在于符号及其意义。符号及其意义起源于社会互动中的姿势，姿势以及对姿势的回应使社会互动成为

---

① 把心灵视为从低到高的发展谱系在西方具有悠久的传统。比如，亚里士多德就认为灵魂有高低之分，包括植物（营养）灵魂、动物（感觉）灵魂和理性灵魂。植物只有低级的营养灵魂，即只有吸取养料的繁殖能力。高于植物一等的动物既有营养灵魂，还有感觉灵魂。人除了有这两种灵魂外，更独具理性灵魂(Aristotle, *On the Soul. Parva Naturalia. On Breath.*, trans. W. S. Hett [Cambridge MA: Harvard University Press, 1957])。如果我们可以把人类心灵在中文语境中理解为"道德之心"，那么米德所陈述的人类心灵在自然演化中的地位也可以通过荀子的以下表述得到印证："水火有气而无生，草木有生而无知，禽兽有知而无义，人有气、有生、有知，亦且有义，故最为天下贵也。"（《荀子·王制篇》）

可能，姿势的意义起初并非由个体有意识地赋予它的，而是客观地呈现在互动过程中。米德曾举两条狗打架的例子来说明原始的姿势互动，在这个情形之中，两条狗只是根据对方的姿势做出回应，而不是有意地运用姿势来传达某种源于内心的意义的。意义不是发源于内心，而是客观地呈现在社会互动过程中，尤其是对方的反应中。一旦个体能够根据某姿势在对方那里引发的回应而有意地做出某姿势时，意义就从社会互动的客观过程进入了主观世界，人类的心灵能力在这里才萌生和体现出来。在人类这里，从姿势互动进一步发展出有声姿势互动，逐渐形成语言，以及以语言为媒介的更加复杂的互动和个体心灵。也就是说，不是先有个体心灵，然后从内向外地创造意义，并发明符号来表达意义，而是相反，是先有客观的社会互动过程，构成社会互动的姿势及其意义首先是客观地、公共地呈现于社会互动过程，尤其是对方的反应之中，然后才由外而内地进入个体主观世界，心灵就是在运用和理解这些意义的活动中发源的。①

根据符号互动论者对个体心灵的产生及其内容之来源的理解，个体心灵从根本上来说就是社会性的，如果没有社会互动，个体甚至不可能发展出心灵能力。因此，要真正理解人类个体心灵，不能仅仅把注意力聚焦在个体内部，而应该以一种更加开阔的视野去观察个体所参与的社会互动过程，只有这样，我们才能真正理解心灵以及自我意识是如何产生和运作的。所以，符号互动论是一种真正的"社会"心理学理论，它显然不同于奥尔波特的那种极端个体主义立场，因为后者认为"社会心理学不应当被看作与个体心理学截然不同的学科，它是个体心理学的一部分"。在符号互动论者看来，这句话恰好应该反过来说：个体心理学不应当被看作与社会心理学截然不同的学科，它是社会心理学的一部分。另一方面，符号互动论可以说兼具宏观和微观视角。从宏观上说，它确立了关注社会过程而非个体的研究取向，在这一点上，符号互动论和冯特的民

---

① 米德的上述思想主要体现在《心灵、自我与社会》（赵月瑟译，上海译文出版社 2018 年版）一书中。米德关于从姿势互动到声音互动到语言的理论，与恩格斯的"劳动创造语言"理论有异曲同工之处，后者提出随着手和劳动的发展，还"必然促使社会成员更紧密地互相结合起来"，并"从劳动中并和劳动一起产生出来"了语言。（参见马克思、恩格斯：《马克思恩格斯全集》（第20卷），中共中央马克思恩格斯列宁斯大林著作编译局编译，人民出版社 1956 年版，第 512 页）

族心理学、迪尔凯姆的集体表征理论等是相通的。从微观上说，米德之后的符号互动论者针对社会互动过程的细节问题，发展出了一些更加精致的理论，例如戈夫曼（Erving Goffman，1922—1982）关于面对面互动以及"日常生活中的自我呈现"的理论。[①]

米德开创的符号互动论，"为诸多社会学取向的社会心理学理论铺平了成长的道路"。所以，尽管奥尔波特之后，心理学取向的实验社会心理学成为主流，但是社会学取向的社会心理学也有重要建树，符号互动论就是其中的卓越代表。社会心理学从其在心理学和社会学两边的发源处，到后来的发展过程中，心理学取向和社会学取向两种路线一直都存在。但是，因为心理学取向延续至今的强势，社会学取向在社会心理学史上的地位有时候会隐没不彰，使这段历史出现重大缺失。因此，一些社会心理学史家认为："进一步挖掘米德思想的社会心理学意义，是使我们克服将一部社会心理学史视为社会心理学在心理学中的发展史的偏向的前提条件。"[②]

在大部分时间里，社会心理学的两种取向各行其道，相安无事，但是这种状态在20世纪六七十年代被打破。彼时西方社会正在经历一场大动荡，反越战运动、学生运动、黑人和妇女运动风起云涌，既有的资本主义社会秩序和生活方式遭到严重质疑。在这个社会危机的大背景之下，社会心理学领域也兴起了一种"危机话语"。从表层来看，这种"危机话语"的兴起与社会心理学在社会危机面前的失语有关。在二战及战后的一段时间里，社会心理学曾经发挥过非常重要的作用。"为了适应战争的需要，一大批美国社会心理学家和其他学者一起被政府招募，受军方资助，投入到一系列与战争有关的社会问题的研究中。研究项目涉及人员管理（human management）和士兵招聘（soldier recruitment）、敌方和己方士兵的士气（morale）及其调控、宣传战和心理战（psycho-war）、德国和日本的民族性格（national character）、战略轰炸对敌方的影响等。具有不同理智渊源、方法偏好以及被不同制度分割的社会心理学者，因而有机会和其他的学者如人类学者、社会学者和政治学者一

---

① 参见欧文·戈夫曼：《日常生活中的自我呈现》，冯钢译，北京大学出版社 2008 年版。
② 周晓虹：《现代社会心理学史》，第 139 页。

起，在问题—中心的跨学科项目研究中得以发挥独特的才智。"[1]以至"战后的十余年也被称为社会心理学的黄金时代"[2]。然而，刚刚经过"黄金时代"，意气风发的社会心理学在20世纪六七十年代的社会危机面前，却显得无能为力，既无法解释社会危机的成因，自然也提不出行之有效的危机应对办法。这种前后落差，是社会心理学危机话语兴起的直接原因。

在这场危机之中，真正的矛头所向是以实验社会心理学为主流的美国社会心理学。危机的一个直接的表现是，实验方法的可靠性和实验伦理遭到普遍质疑。例如，社会心理学实验中被试的来源和背景非常单一，常常是研究者所在大学的本科生，这些被试者的表现并不一定具有代表性和普遍性。而且，实验室环境屏蔽了太多真实社会环境中存在的因素，在这种人工环境下人的反应，能否准确地反映人在真实社会环境中的情况，也要打上一个问号。又如，在实验过程中，有时需对被试采取一些欺骗、强迫之类的手段，这可能会对被试身心造成一些伤害，这种做法也遭到一些人的伦理批评。

实验方法的可靠性问题以及实验伦理问题，尚可通过改进并采用更加严格细致的实验设计加以改善。但是，对实验社会心理学的批评并不仅仅停留于这个层面。为什么社会心理学会在现实社会危机面前陷入失语状态，这可能与实验方法中存在的更加根本的问题相关，而仅仅通过改进实验的设计和实施并无法回避这一根本问题。这个根本问题就是实验方法所预设的个体主义立场，这种立场导致所谓的社会心理学本质上是个体心理学，而遗落了真正的"社会性"。这种对实验社会心理学更深层次的担忧和批评，尤其体现在一些欧洲社会心理学家身上，是20世纪六七十年代社会心理学危机中一种重要的声音。

欧洲本是社会心理学的发源地，但是随着二战时期欧洲学者大量迁往美国，以及美国的全方位崛起，社会心理学的发展也逐渐受到美国文化影响，心理学取向和实验方法成为其主流。这一美国特色的主流很长时间以来支配着欧洲社会心理学的研究与教学，但欧

---

[1] 方文：《社会心理学的演化：一种学科制度视角》，《中国社会科学》2001年第6期。
[2] 郭慧玲：《"危机"与"脱危"：西方社会心理学近期发展》，《甘肃社会科学》2015年第2期。

洲社会心理学界对此也酝酿着一种不满情绪，终于在20世纪六七十年代的社会心理学危机中爆发出来。欧洲社会心理学家强烈地批判个体主义和实验方法盛行的美国社会心理学，试图复兴社会心理学中关注社会的传统，重建欧洲本土化的社会心理学。在这场社会心理学危机中，来自欧洲社会心理学阵营的最有代表性的批评者是泰弗尔（Henri Tajfel，1919—1982）、莫斯科维奇（Serge Moscovici，1925—2014）。

欧洲社会心理学家们有破有立，在批判美国社会心理学的同时，也组建了欧洲社会心理学的学术共同体，持续地编辑出版学刊、丛书和教材，发展壮大欧洲社会心理学的理论与经验研究。尽管这项复兴欧洲社会心理学的事业汇聚了众多的努力，但是，"我们可以合适地概括出凝聚在欧洲社会心理学的权威出版物体系中的研究精神和特质，或者说在多元的研究实践中贯穿一致的理智特征。这就是欧洲社会心理学的社会关怀（social concern or relevance）。这种社会关怀的独具特征，显著地表现在欧洲社会心理学在学科方法论的反省和方法技术的创新、研究主题的选择和理论建构等各个方面"①。

时至今日，尽管有一些互相接近或融合的尝试，但是社会心理学中心理学取向和社会学取向这两种分歧的路线仍然存在，而且将来很可能会继续存在下去。在一些学者看来，二者的整合是不可能的，也是不必要的，甚至是有害的。②以上关于社会心理学史的回顾，并非要事无巨细地完整展现社会心理学发展的全貌，而是要勾勒出展现于其中两种路线持续分歧的线索。

从社会心理学的发源处，"社会学之父"孔德在其"实证的道德学"（以替代心理学）设想中，就区分了基于生物学的道德学和基于社会学的道德学，而"心理学之父"冯特则将自己孜孜不倦的一生分别奉献给了实验心理学（以个体心理为对象）和民族心理学。在社会心理学稍后的发展中，法国的群众心理学是一个重要环节。在法国的群众心理学中，一边是受到早前精神病学和变态心理

---

① 方文：《欧洲社会心理学的成长历程》，《心理学报》2002 年第 6 期。
② 参见刘春雪：《两种取向的社会心理学的整合研究》，《南开学报（哲学社会科学版）》2007 年第 5 期。

学影响的塔尔德，通过个体之间的暗示和模仿机制来解释群众心理，另一边则是继承孔德的实证主义社会学理想，并进一步予以论证，将之付诸经验研究的迪尔凯姆。后者坚持认为，社会本身有其实在性，"集体表征"不能还原为个体心理之和，而应该基于整体性的社会事实来说明和解释。社会心理学中心理学取向和社会学取向这两种路向的分歧就同时存在于其产生之初，并在麦独孤的《社会心理学大纲》和美国社会学家罗斯的《社会心理学：大纲与资料集》这两部现代社会心理学学科建立标志的著作中展现出来。继承英国本能心理学传统的麦独孤，试图通过个体本能来解释社会心理，而罗斯的社会心理学则以"存在于人们之间的心理面和心理流"为对象。尽管美国社会心理学被奥尔波特开创的实验社会心理学统治，心理学取向的社会心理学甚至成为人们提及社会心理学时默认所指的对象，但是社会学取向的社会心理学仍然有以符号互动论为代表的重要建树。20世纪六七十年代社会心理学的危机，其实主要是心理学取向的社会心理学的危机，社会学取向的社会心理学对前者的批评和反叛，是这场危机的一大成绩。这场危机中，两种取向之间发生了正面的交锋。欧洲社会心理学家在这场批评和反叛中发出了重要的声音，并且开始复兴欧洲社会心理学关注社会的优良传统，重建一种具有社会性的社会心理学。由此可见，自社会心理学作为一门现代学科正式建立以来，心理学取向和社会学取向之间的分歧便一直存续着，至今仍然如此。

我们用社会学取向和心理学取向来概括社会心理学中两种彼此分歧的路线，想要强调的并不是两种取向所属学科的不同。当我们说心理学取向的社会心理学时，并不限于心理学学科或心理学家，例如，被我们归为心理学取向的学者中，斯宾塞的身份偏于社会学家。而当我们说社会学取向的社会心理学时，也并不限于社会学学科或社会学家，尽管持这种取向者通常是社会学家或归属于社会学学科。以"社会学之父"孔德和"心理学之父"冯特为例，他们的思想中其实都是兼涵心理学取向和社会学取向的，因此我们不能以习以为常的学科身份来界定他们各自的取向。既然这两种取向并非严格地与相应学科挂钩，那么造成它们之间分歧的根本因素又是什么呢？

这个根本因素就是我们在对社会心理学史的梳理中已经提及

的——心理学取向和社会学取向代表着对个体与社会之关系的两种不同理解。我们必须重申，这里的个体与社会关系并不是伦理学意义上个体利益与社会利益孰轻孰重、如何协调的问题，而是本体论意义上如何理解"社会"存在，以及这种存在与构成它的个体之间是何关系的问题。个体存在的实在性是一个相对直白的事实，但是当我们论及社会的时候问题就来了：我们所说的社会指向的是个体相加之和，还是其自身也具有某种实在性的存在；它虽然离不开个体，但也不可还原为个体之和？在这个问题上，存在两种对立的观点，一种是个体主义的，一种是整体主义的。心理学取向和社会学取向之分歧的本质，其实是个体主义与整体主义的分歧。因为对"社会"存在的性质及其与个体之关系的不同理解，才导致它们在研究表现于个体身上的"社会"心理时，采取了不同的进路。因此，我们有必要对个体主义与整体主义之争提供一个更为细致的说明。

我们可以从日常生活中的一些直观感受切入这个问题。首先，我们能够感受到我们是彼此不同、各自独立的个体。即使两个人之间关系再亲密、互相体贴和了解得再深，他们仍然不可能超出个体本身，直接地感知到对方所感知的东西。所谓"感同身受"，这里的"同"归根结底只可能通过共情或想象的机制实现，而不可能在真正"身受"他人之感受的意义上实现。由此看来，我们都是以个体的形式存在，而且一个成熟的个体通常会意识到自己是一个独立的个体，并且意识到，除了自己之外，社会上还存在着其他个体。总之，个体的存在似乎是个再浅白不过的事实。

其次，我们感觉到，我们是有自由意志的个体，能够决定自己的行动。例如，在这一刻，你可以决定自己是继续读下去，还是就此打住，扔下书去做别的什么事情。尽管我们并不是时时事事都要经过决定才去行动，很多时候我们只是本能性地、习惯性地甚至无意识地做出一些举动，例如平常的呼吸、吃饭和走路。但是，在必要的时候，我们还是会有意识地做出选择，根据选择来决定行动，例如遇到雾霾，会选择戴上口罩或者硬扛，遇到不熟悉的路口，会选择直行或转弯。在这样一些选择和决定的时刻，我们感觉到，我们是自己行动的主人。个体不仅是独立的，而且具有自身的能动性和自由意志。在一些情境下，我们还会斗志昂扬地以为，只要肯努力，我们就可以创造自己的理想生活，甚至改变世界，"一切皆有可能"。

然而，现实还有另外一面。尽管个体作为一个身体单元是独立的，但个体又总是在社会中居于某个位置，扮演各种各样的角色，它不是一张空无一字的白纸，或者来去不定的幽灵，而是在大多数时候都是以某种角色身份行事，只有在夜深人静的时候才偶尔会反省一下，这些角色身份是真正的自己吗？因为个体总是承担着这些地位、角色，他的行动选择就会受到客观的限制。独处时那种相信靠个人努力就可以改变生活和世界的豪情壮志，在这些客观限制面前，很有可能不堪一击。在社会中行动的个体常常能够感受到一种压力，就是必须按照自己所扮演角色的要求去行动，因此与上面描述的那种自由意志感相反，个体在社会中常常感觉到身不由己。而即使看起来是个体自由选择的行动，只要当我们对其背后动机或欲望的来源稍加追溯，通常也很容易发现，它们不是个体大脑或身体里突然迸发出来的东西，而是社会文化塑造的结果。

我们上面所描述的日常生活感受中包含着一种冲突。一方面，我们感觉到我们是独立、自由的个体，个体发挥自身能动性做出各种行动，而个体的行动创造和改变了社会。另一方面，我们又感觉到社会似乎是一种异己的力量，它不以我们的意志为转移，不仅在很大程度上支配了我们的意识和行动，而且会给我们每个个人带来无可躲避的厄运或好运，如同大家经常听到的那样，"时代的一粒灰尘，落在个人头上就是一座大山"。如果从自由、独立的个体观出发，我们在研究个体与社会关系时会走向一种个体主义立场，把所有的目光聚焦在个体身上，尤其关注那些驱动个体社会行动的内在心理因素，认为只要把握了个体的动机和行动，认识社会的问题就可以迎刃而解。而从个体受制于社会这样的观点出发，在研究个体与社会时则会走向一种整体主义立场，将社会作为一个超越个体之和的存在予以整体考察，认为只有先理解了社会，才有可能真正理解个体。

先秦儒学中的仁礼之辩

阳明心学在个体主义与整体主义张力中趋向个体主义，这一点对于本书的论证至关重要，也是阳明心学与当代社会心理学之所以勾连的关键所在，其各个方面和层次将在以下各章中分别进行论述和分析。而这里我们需要为其出现提供思想史的背景，将阳明心学的个体主义倾向置放于儒家思想传统之中，从孔子以降儒学思想中所展现出的个体主义与整体主义之间张力和统一中来进一步分析王阳明走向个体主义的本意、价值和局限。

早在孔子思想中，个体主义与整体主义的关系问题就已经存在了，这突出地表现在《论语》关于"仁"与"礼"的不同表述之中，成为后世在个体与整体关系问题上不同认识的源头。虽然孔子自称"述而不作"（《论语·述而》），但是他实际上是有述有作，或者说寓"作"于"述"。孔子"述"的或者说继承的一面，体现在他对"礼"的态度之中，而"作"或者说创新突破的一面，则体现在他对"仁"的揭示之中。

关于"仁"的意义，当然有一些不同的解释。孔子在回答弟子问仁时，所指的内容也是因人而异。在其关于仁的众多解答中，最能反映孔子思想的当是"仁者人也"，即仁就是"人之所以为人"的意思，而其他的意义，诸如"仁者爱人""克己复礼"等，都是"人之所以为人"的具体方面，或者是孔子根据弟子才性所给出的为仁之方[1]。徐复观对"仁"的理解在此颇能给我们启发。他力排以"爱人"说"仁"之历史众见，主张"仁者人也"才是本生之义，"仁者爱人"乃派生之义。他认为，"（'仁者人也'）原来只是说'所谓仁者，是很像样的人'的意思。在许多人中，有若干人出乎一般人之上，为了把这种很像样的人和一般人有一个区别，于是后来另造了一个'仁'字，这应当即是'仁者人也'的本义。……'仁者人也'第二步则发展而为'所谓仁者，是真正算得人的人'，此一句话是含有纯生理上的人并不真正算得是人，而应当在生理之上追求一个人之所以为人的根据的意思"[2]。

---

[1] 参见姚新中：《儒教与基督教：仁与爱的比较研究》，赵艳霞译，中国社会科学出版社2002年版，第93—94页。

[2] 徐复观：《释〈论语〉的"仁"》，《学术与政治之间》，华东师范大学出版社2009年版，第136页。

人之所以为人，涉及人生的方方面面，孔子根据具体情境向弟子随处指点仁的内涵。孝悌爱人是仁，"己欲立而立人，己欲达而达人"（《论语·雍也》）是仁，克己复礼为仁，刚毅木讷近仁，然而我们不能反过来说，仁就是它们中间的任何一个。后世解"仁"字，多从人际关系角度立说。许慎《说文解字》言："仁，亲也。"段玉裁《说文解字注》说："'从人二'，会意。《中庸》曰：'仁者，人也'（郑玄）注：'人也，读如相人偶之人，以人意相存问之言'……（段玉裁）按：'人耦'犹言尔我亲密之词，独则无耦，耦则相亲，故其字从人二。"段玉裁是以"相人偶"，"以人意相存问"解"人"部，以"独则无耦"解"二"部。[1]阮元也说："相人偶者，谓人之偶之也。凡仁，必于身所行者验之而始见，亦必有二人而仁乃见，若一人闭户斋居，瞑目静坐，虽有德理在心，终不得指为圣门所谓之仁矣。……是必人与人相偶而仁乃见也。"[2]和段玉裁一样，阮元也是以"相人偶"解"人"，以相人偶必然发生在人际关系之中解"二"。现代人更加方便地将"从人二"会意成二人关系，引申为人与人之间的良好关系，以此为仁字之义。

如果仁是由表"相人偶""把人当人对待"之意的"人"字造成的字，也就是说其本义是表示人际关系的话，那么我们很难解释，这个字是怎样被用来表达各种远远超出人际关系论域的内涵的。相反，如果我们把它看成是从人字脱胎出来以表示"人之所以为人"这一观念的字，那么我们就比较容易解释它为什么可以包含人际关系方面的意义，因为那正是人之所以为人的一个重要内涵。另一方面，如果按照段玉裁和阮元的解释，那么仁字的"二"就显得非常多余，因为"人"字已经表达了"相人偶""把人当人对待"的意义，不必要再加个"二"来强调。至于现代人的方便解释，可能有很大的想当然成分。先把仁字说成具有良好人际关系的含义，然后把仁字的字形朝这个意义的方向解释，这样字形和字义之间的连接好像很自然。可是如果倒过来设想，我们是造字者，本来无字，要造一个新字来表达这个意义，我们会选择把人

---

① 许慎撰，段玉裁注：《说文解字注》，浙江古籍出版社 1998 年版，第 365 页。
② 阮元：《揅经室集·论语论仁论》，邓经元点校，中华书局 1993 年版，第 176 页。

和二放在一起来造这个字吗？二人在一起不也有关系不好的情况吗？总而言之，从人际关系角度来解释仁字的构形理据，不管是段玉裁、阮元的说法还是现代人的说法，从意义和构形两方面看都难以成立。①

因此，我们最好将"仁"字理解为"人之所以为人"，或者像徐复观先生所说的"真正称得人的人"，只有达到了"人之所以为人"的标准，才真正算得上是人。当然，对"仁"字造字的分析，只是为我们理解孔子仁学提供一种佐证。这个字并非孔子自造，孔子所做的，只是将"仁"作为一个核心观念加以发扬。对"仁"的上述理解的合理性还在于，只要抓住这个根本性的理解，《论语》中孔子关于"仁"那些看起来驳杂，甚至相互抵牾的说法，就都可以得到合理的解释。

一旦当人反省自觉到自己是作为一个"人"而存在时，就会很自然地产生一种发自内在的最基本的规范意识，即我要按照对得起"人"这一身份的方式来思想、行事和生活。而一旦产生对"人"之身份的自觉和"要做人"这一最基本的规范意识时，就已经是在以一种"人"的方式在思考了。人之所以为人，首先即在于他会思考这个问题。所以孔子说："仁远乎哉？我欲仁，斯仁至矣。"（《论语·述而》）意识到自己"人"的身份并由此而对自身思行有所警策，这几乎是每个人在平常生活中都能时时体验到的，一点也不玄远，而一旦拥有这种做人的自觉和警策的时候，就已经走在做人的道路上了，即"我欲仁，斯仁至矣"。"苟志于仁矣，无恶也"（《论语·里仁》），一旦立志做个能算得是人的人，生命即开启向上之机，"恶"就无机可乘了。

这种做人的自觉和警策并不需要多高的知识技能或者物质条

---

① 以上只是说明"仁"字中"人"这个构件更加可能的含义。既然我们反对将"仁"字造字的本义理解为"二人关系"，那么除了说明"人"这个构件的含义之外，也需对"二"这个构件提出合理的解释。我们认为，这个"二"不是数字，可能是"心"的简省符"="（"仁"的本字可能是从身从心的），也可能是分化字用以区别原字的分化符"="，后讹误成"二"。对这种解释的具体论证，参见王觅泉：《郭店楚简"恁"字与仁之诸体析论》，北京大学《儒藏》编纂与研究中心编：《儒家典籍与思想研究》（第五辑），北京大学出版社2013年版，第57—68页。在郭店楚简中所发现的67个"仁"字，主要构词为上身下心，也有上人下心或者上千下心的写法，虽然我们无法仅凭此就可以揭示"仁"的字源学，但可以肯定的是"仁"与作为人的"身""心"具有密切关系。（参见余兰兰：《郭店楚简中的"仁"字研究》，《湖北大学学报（哲学社会科学版）》2012年第1期）

件，而是几乎人人皆有的，只需稍加反思或点拨即可呈现。所以，孔子说："有能一日用其力于仁矣乎？我未见力不足者。"（《论语·里仁》）孔子倡"为己之学"（《论语·宪问》），"为仁由己"（《论语·颜渊》），不由人。人首要的责任是自己做个真正的人，"博施济众"等"立人""达人"之事非不伟大，但若一味向外进取而不思自己作为"人"的地位和由此而来的做"人"所当为之事的责任，那么向外进取的事业也易迷失方向而走向立人、达人之反面。而一般人则并无"博施济众"的条件，只需尽自己为人之本分即可。所以，"博施济众""何事于仁"，亦即与"仁"没有必然的关系。为仁当从"立己""达己"出发，才能"己欲立而立人，己欲达而达人"（《论语·雍也》）。

做人不只是一时一事上的功夫，而是一辈子无间断的功夫。所以孔子说："富与贵，是人之所欲也；不以其道得之，不处也。贫与贱，是人之所恶也；不以其道得之，不去也。君子去仁，恶乎成名？君子无终食之间违仁，造次必于是，颠沛必于是。"（《论语·里仁》）曾子也说："士不可以不弘毅，任重而道远。仁以为己任，不亦重乎？死而后已，不亦远乎？"（《论语·泰伯》）人之处境穷通或有自身无法左右者，但是无论在何种处境中，富贵贫贱也好，造次颠沛也罢，人总可以用一种人之为人所当有的态度和方式来面对它，甚至不惜"杀身以成仁"，也不愿"生以害仁"（《论语·卫灵公》），这正是人之自由所在。

对个人和人类而言，做人都是永无止境和无限的事业，自满自限便是自暴自弃。所以孔子只以做人之功夫自信，而不敢以仁自居，他说，"若圣与仁，则吾岂敢？抑为之不厌，诲人不倦，则可谓云尔已矣"（《论语·述而》），于人亦不轻易以仁相许。原宪问："克、伐、怨、欲不行焉，可以为仁矣？"子曰："可以为难矣，仁则吾不知也。"（《论语·宪问》）盖因原宪将仁之境界封限于"克、伐、怨、欲不行"之中，此四者虽难为，但仁不能封限于此，故孔子说"仁则吾不知也"，亦以策励原宪。因时时事事都需以做"人"之要求来对待，而在纷繁杂沓的生活中，人多难免有昏沉陷溺之时，所以颜回"三月不违仁"已属难能，"其余则日月至焉而已矣"（《论语·雍也》）。人或有某些方面之才，如子路之治赋，冉求之为宰，公西华之与宾客言，或表现出嘉言懿行者，如令尹子文之忠，陈文子之清，但这些能力与成就并不一定有"人之为人"的自觉及规范意识在其中以确立其成"人"的意义，所以孔子并不许以为仁。

虽然对"人之为人"和"人当为人"的自觉至关重要，但是这一自觉意识本身并不蕴含任何实质性的目的或原则，归根到底它只是一种生命的醒觉状态。至于人应该如何实践方能做个真正的人，则需要在实际的生活历程中去体认和损益。人的生命是多向度的，诸如知识、技艺、伦理等，"人之所以为人"的内涵有底线而没有上限。子路问"成人"。子曰："若臧武仲之知，公绰之不欲，卞庄子之勇，冉求之艺，文之以礼乐，亦可以为成人矣。"曰："今之成人者，何必然？见利思义，见危授命，久要不忘平生之言，亦可以为成人矣。"（《论语·宪问》）伦理义务是为人的底线要求，在此基础上，人的生命可以是多姿多彩的。孔子即"多能鄙事"而"艺"（《论语·子罕》），对音乐造诣颇深，闻《韶》乐而"三月不知肉味"（《论语·述而》），还曾做过"乐正"的工作，使《雅》《颂》各得其所"（《论语·子罕》），孔子教人也主张"兴于诗，立于礼，成于乐"（《论语·泰伯》），"志于道，据于德，依于仁，游于艺"（《论语·述而》）。当然，"游于艺"须得"依于仁"，找到"文质彬彬"（《论语·雍也》）的度，否则非但不能滋养生命，反而玩物丧志。

不同的人有不同的根器、角色，每个人都需要在这些限制和具体的情境中来践行自己为"人"的责任，故"为仁之方"也因人而异，孔子即根据具体情势予以不同指点。"真正算得上人的人"其表现和做成这样的人的途径千千万万，且常有常新，是数说不尽的。把这些人之为人的表现和人当为人的途径全部加起来，也拼凑不出一个完整的"仁"来。就此而论，"仁"的观念不是个包罗万象的大箩筐，把所有涉及它的种种说法罗列出来是不够的。只有在"仁者人也"这一观念的统摄之下，我们方能厘清这些说法的脉络和意义，甚至对《论语》中所记录的所有孔子及其弟子们的言行也产生了一种融贯的理解：《论语》就是一部"仁书"，孔门之学就是"仁学"①。

我们相信,孔子之所以看重和发扬"仁"的观念,是因为仁意味着人的觉醒,标志着人开始反思"人之所以为人"的问题,并根据反思的结果去"做人"。这既是人类意识的觉醒,也是个体自我意识的觉醒。孔子的仁学将这一人的觉醒意识凸显出来,就此而论,孔子的仁学在人类文明和思想发展的历史中具有某种"轴心"地位。在个体自我意识已经普遍觉醒,甚至过分发展的今天,我们已经对它习以为常,并不会觉得意识觉醒是一种需要通过努力才能达到的成就。但是在古代社会,神相对于人,群体相对于个体,在很长时间里都具有更加显著的地位。经过许多世代的漫漫求索,我们的祖先才将努力的方向从祈求神的眷顾,转向人事上的敬慎勤勉,在扮演好群体角色的同时,发现个体自我的存在和价值。这种人文精神和个体自我意识的觉醒,如果放在人类历史发展的整个进程之中来看,无疑应该算是非常重大的进步和成就,而孔子就是这一重大进步和成就的总结和传承者。

虽然孔子仁学表现出一种个体觉醒意识,这种觉醒一方面是意识到个体生命的存在和价值,另一方面则是意识到个体的能动性和"做人"的责任,但是,孔子仁学却没有因为这种个体觉醒意识而走向一种个体主义。也就是说,孔子并不是将目光完全聚焦在个体身上,以为个体可以孤立、凭空地追求和实现仁德,然后社会、政治等方面的问题就自然而然地得以解决。孔子说"我欲仁,斯仁至矣",从个体立志的意义而言,似乎确实如此,提出"为仁由己""为己之学"等,都是在倡导个人的为仁、为学、成人主体性。但是,当一个人要在社会生活中,通过具体的行事来追求成仁时,仅仅有成仁的志向显然是不够的,他还需要知道,怎样行事才是合理的。有些时候,个体的本能直觉就能告诉他答案,但是更多时候,这是由社会制度和规范决定的。成仁,或者说"做个真正算得上是人的人",并不是一件空洞的或任性的事,在很大程度上,成仁就是要扮演好自己的社会角色,履行相应的社会义务。

在孔子思想中,与社会制度和规则对应的是"礼"。关于仁和

---

① 陈来由此理解而发展出"新原仁学"的"仁学本体论",提出他的目的在于要"将儒家的仁论演为一仁学的本体论,或仁学的宇宙论"(陈来:《仁学本体论》,第1页)。

礼的关系，孔子说过一些看起来矛盾的话。他一方面说"人而不仁，如礼何？人而不仁，如乐何"（《论语·八佾》），另一方面却说"克己复礼为仁，一日克己复礼，天下归仁焉"（《论语·颜渊》）。从前一句话看，似乎仁比礼更为根本，但是从后一句话看，仁又要受到礼的严格限定。孔子思想中仁与礼之间明显存在一种张力①，对此有的人主张仁重于礼，而礼只是仁的外在表现，他们看重的是"人而不仁，如礼何"这句话，另一些学者则主张礼重于仁，因为礼是判断仁或不仁的准绳，他们的主要依据就是"克己复礼为仁"这句话。这两种彼此冲突的观点究竟何者为是呢？当然，还有人主张仁礼并重，认为二者是相辅相成的关系。②这看起来似乎更稳妥些，但是二者究竟如何相辅相成，还是一个问题。

　　第一种观点相当主流。在常识中，仁是孔子思想中具有开创性的，也是更核心的因素，例如李泽厚就说："几乎为大多数孔子研究者所承认，孔子思想的主要范畴是'仁'而非'礼'。"③礼相对于仁而言，是外在或形式化的要求，应该以仁为其基础。但是，我们真的能够从"人而不仁，如礼何"这句话中读出这种意思吗？如果在践行礼的时候，缺乏对礼之内容的理智上的理解以及情感上的真诚，那么践行礼就只是一种盲目机械的活动，这对维系外在的社会秩序而言也许是有用的，但是对个体而言并没有内在的意义。孔子说"人而不仁，如礼何"的时候，就是要避免后一种情况，要求在践行礼的时候有一种内在的理解和态度，使之成为一种对个体有意义的理智而真诚的活动。

　　这是我们能够从"人而不仁，如礼何"这句话中读出来的意思。在实践礼的动机的意义上，我们可以说仁是礼的基础。有些人更进一步认为，礼的内容也是以仁为基础，或者说礼是根据仁的原则制定的，礼只是仁由内而外表现自身的形式。换言之，这种观点认为，个体内在的德性是社会制度和规范的来源和基础。但是，我们从"人而不仁，如礼何"这句话中并不能读出这层意思，相对于

---

① 参见 Tu, Wei-ming, "The Creative Tension between Jên and Li," *Philosophy East and West* 18, no. 1–2 (1968): 29–39.
② 对三派观点的梳理，参见梁家荣：《仁礼之辨：孔子之道的再释与重估》，北京大学出版社 2010 年版，第 28—33 页。
③ 李泽厚：《中国思想史论》（上册），安徽文艺出版社 1999 年版，第 20 页。

个体而言，礼往往是客观先在于社会之中的，人可以在实践中决定自己对礼的理解和态度，但是却不能在发生学的意义上断定，作为社会制度和规范的礼也是由个体内在德性决定的。"人而不仁，如礼何"只能说明，仁是实践礼的一个必要条件，不能说明它是制定礼的充分条件。

因此，尽管孔子非常重视"仁"，但是他并没有将礼完全虚化为个体内在之仁的外在表现，而是也强调"克己复礼为仁"。如果礼在内容上完全是来源于个体之仁，那么孔子似乎就没有必要说"克己复礼为仁"。当他这样说的时候，更有可能意味着，礼相对于个体之仁而言构成了一种外在客观的力量，前者并不以后者为转移；相反，个体之仁的达成，需要对个体的主观方面有所限制，遵循礼这一客观的社会规范。孔子仁学虽然透露出一种人的觉醒意识，但是这种觉醒并不是意识到一种原子式的自我，具有抽象的能动性或自由意志。人对"仁"或者"人之所以为人"的探索和追求，并不是建立在这种具有抽象能动性的原子式自我的基础之上，而是孕育于社会历史和个体生活经验之中。"仁"或"人之所以为人"意味着什么，不是个体凭空臆造出来的，而是基于对社会历史和个体生活经验的反思、理解与认同。

虽然在"克己复礼为仁"之后，孔子还接着说"为仁由己"，也就是说，无论个体处境如何，都应当树立起成仁的志向，每个个体都应该承担起这一存在的使命，也因此摆脱了自身的自然必然性，获得了一种依据对人生之应然与意义的理解来生活的自由。但是，这种自由并不是原子式自我的无规则运动，不是个体的任性妄为，而恰恰要汲取和发扬社会历史和个体生活经验中的精华。这恐怕就是孔子主张"克己复礼为仁"的意义，个体总是在一定的社会历史背景之中生存的，它不能超离这一生存背景去凭空追求理想的自我，而只可能从这种背景中来，再活到它里面去。"礼"就是孔子时代的基本生存背景，因此要"克己复礼"才能"成仁"。

因此，"克己复礼为仁"与"为仁由己"以及"人而不仁，如礼何"之间并无根本的矛盾，但出发点和着眼点不同。"克己复礼为仁"是从"为仁"所依据的标准，或所包含的实践内容来说，这些标准和内容并非完全由个体自造，而是来源于对"礼"的反思、理解与认同。基于对"礼"之反思、理解与认同的"克己复礼"，就不再是因循于传统积习，或者慑服于外在压力而机械地或者被动地"克己复礼"，而是主动地，甚至创造性地通过"克己复礼"来"为仁"或"做人"。因此，礼作为社会制度和规范的客观性应该受到尊重，但是个体对礼的反思、理解与认同也很重要，如果没有后者，那就是"人而不仁，无如礼何"了。而如果"克己复礼"是基于对礼的反思、理解与认同，那么这种活动就体现出个体的自由，所谓"为仁由己"是也。

关于孔子思想中仁和礼的关系问题，看来无论是主张仁重于礼，还是主张礼重于仁，都是成问题的，孔子应当是并重二者，它们的确是相辅相成的关系。一方面，正是因为长期积累的礼乐文明的陶养，人类才逐渐脱离动物的野蛮状态而获得了"人"的模样，在这个基础上，"仁"亦即"人之所以为人"的意识才逐渐觉醒。即使在"仁"的意识觉醒之后，在成仁的追求中所依据的标准，或所包含的内容，也仍然是因应于礼乐文明的实践经验而来。因此，仁离不开礼。另一方面，如果没有"仁"的意识的点化，"礼"的价值与意义就只能默默藏埋于庸常的实践之中，而无法升华出来，获得主动的、创造性的传承和发展。所以，礼也需要仁。

应用在本书所着重的语境中，仁和礼的关系就是个体与社会关系的一种体现。"为仁由己"和"人而不仁，如礼何"强调的是个体的能动性，及其对社会行动的决定作用，而"克己复礼为仁"则强调的是社会制度和规范的客观性，它充实了个体能动性的内容，构成了个体能动性发挥的场域。有些人对孔子思想的理解过分偏重于仁，强调"为仁由己"和"人而不仁，如礼何"，甚至认为礼的内容都来源于仁，将礼虚化为内在之仁的外在表现，并不具有客观的社会性和规范性，忽略了"克己复礼为仁"的维度，从而将孔子之学片面地推向了个体主义的极端。当然，孔子虽然强调"克己复礼为仁"，但是他也没有将礼视为一种个体对之完全无能为力，只能任由之支配的外在之物，而是发掘和强调个体能动性对礼之内化、传承和损益的积极意义，因此并未走向一种极端的整体主义。总而言之，孔子对仁与礼关系的理解表明，他在个体与整体（社会）之间保持了一种相对健康的平衡。

孔子奠定了儒家思想的基本规模，孔子之后儒学逐渐分化，朝不同的方向纵深发展。粗略地看，孟子和荀子分别发展了孔子思想中重仁和重礼的一面。尽管儒学史上始终有一部分儒家是荀子一路的重礼派，但是在儒学的道统叙事中，种种机缘把孟子推上了正统地位，荀子甚至沦为异端。表面上看起来，孟、荀的核心分歧在人性论上，孟子主性善，荀子主性恶，以往的儒学研究也往往将人性善恶的问题视为一个核心问题。单纯从历史描述的角度看，这或许并无问题，但是如果从理论逻辑的角度看，人性善恶是否像通常认为的那样具有决定性意义，孟、荀之间是否有比人性论上的显著分歧更加根本的分歧，这些都是值得反思的问题。

孟子对孔子思想的发展显然偏重于仁学一面，他将孔子仁学推向精深。孔子主张"我欲仁斯仁至矣"，"为仁由己"，孟子将这种个体自我意识的觉醒和挺立，进一步明确为人心的能力，这突出体现在他的"心之官则思"之论中：

> 耳目之官不思，而蔽于物。物交物，则引之而已矣。心之官则思，思则得之，不思则不得也。此天之所与我者。先立乎其大者，则其小者弗能夺也。此为大人而已矣。（《孟子·告子上》）

这里孟子将"心之官"与"耳目之官"相对而论。"耳目之官"代表了人的感性和受动性一面，从这一面看，人也不过是一物，受其他物的牵引而随之变动。而"心之官"则代表人的意志和能动性的一面，一旦这一面觉醒过来，树立起做事做人的大方向，就可以从感性和受动性一面中超拔出来，在一个更高的层次上决定自己的行动，也就是孟子所说"先立乎其大，则其小者弗能夺也"。这与孔子"我欲仁斯仁至矣"之论是完全相通的，只是孟子更加明确地将"欲仁"的意识归结为"心之官则思"的独特能力，并赋予它一种特殊而神圣的地位，视之为"天之所与我者"。

从理论上来说，这种"欲仁"的意志或者"心之官则思"的能力，与人的本性并没有必然联系。也就是说，这种意志和能力并不一定是人的本性中先天就有的，而有可能是后天培养的结果。所以，孔子的仁学和孟子的心论并不等于也并不需要性善论。孔子只是说"性相近也"（《论语·阳货》），他并不认为人有整齐划一的善性，而只是说人性大致是相近的，至于这相近之处指什么，孔子并没有说明。但是孟子不同，他一方面继承孔子仁学，发展出以"心之官则思"的心论，以及"先立乎其大"的工夫论，另一方面，他还另辟蹊径发展出了一套关于人的本性的观点，也就是性善论。心论是孟子对孔子仁学的继承，而性善论体现了孟子的创造性。孟子用以论证性善的依据是"四端"：

> 乃若其情，则可以为善矣，乃所谓善也。若夫为不善，非才之罪也。恻隐之心，人皆有之；羞恶之心，人皆有之；恭敬之心，人皆有之；是非之心，人皆有之。恻隐之心，仁也；羞恶之心，义也；恭敬之心，礼也；是非之心，智也。仁义礼智，非由外铄我也，我固有之也，弗思耳矣。故曰："求则得之，舍则失之。"或相倍蓰而无算者，不能尽其才者也。（《孟子·告子上》）
>
> 恻隐之心，仁之端也；羞恶之心，义之端也；辞让之心，礼之端也；是非之心，智之端也。人之有是四端也，犹其有四体也。（《孟子·公孙丑上》）

孟子发现人性中先天就有四种道德心理的萌芽，即所谓"端"。他举了"人乍见孺子将入于井"（《孟子·公孙丑上》）的例子来说明"恻隐之心"的存在，并且认为这些心理反应都是人的先天本性。并推而广之，认为除了"恻隐之心"，还有另外三种类似的先天道德心理，即羞恶之心、恭敬之心（或辞让之心）、是非之心。这些道德心理的先天性，就像人的四肢的先天性一样。正常婴儿出生就有四肢，如果条件适当，婴儿的四肢会继续生长发育，走向成熟。道德心理也一样，一方面在先天本性中有其开端或萌芽，另一方面这些开端和萌芽也需要在后天社会生活中加以培育，使之真正转化为仁义礼智这四种德行，这样才算"尽其才"。

孟子的性善论非常简洁明快，"人乍见孺子将入于井"之类的例子也具有一种直观上的吸引力和说服力。但是这个例子似乎只能证明恻隐之心是人的一种"本能反应"，却并不能证明这种本能反应来源于本性，因为它也有可能是一种后天培养出来的"第二本能"。即便如此，我们大概还是可以接受他关于恻隐之心来自人的先天本性的观点。相比恻隐之心，其余三种道德心理，羞恶之心、恭敬之心（或辞让之心）、是非之心的先天性会受到更大的质疑，但这不是我们这里关注的焦点问题，暂且搁置不论。

我们这里关注的是孟子对"礼"的说明。如前所论，在孔子思想中除了"我欲仁斯仁至矣"和"为仁由己"的一面，还有"克己复礼为仁"的一面。也就是说，尽管孔子开始高扬个体自我的能动性，但是这种能动性还是受到礼的规范。尽管"克己复礼"的动机来源于个体内心，但是所复之"礼"的内容并不都来源于个体内部。"复"有回归、符合之意，可见在孔子思想中，"礼"是具有自身客观性的外在规范，它对个体构成了一种不可轻易违抗或改变的约束力量，而不只是个体内在因素的抒发和表现。但是，孟子在继承孔子仁学，发展出一套更加精深的心性论的同时，却没有坚持孔子思想中"克己复礼为仁"的一面，他不再强调客观之礼，而是通过性本善来说明礼以及相关德行的来源。

在对性善论的阐发中，孟子说"恭敬之心，礼也"，"辞让之心，礼之端也"。这个观点确实揭示了礼的某些关键要素，无论是恭敬还是辞让，都意味着一种分寸感，根据自己与他人所处的位置来决定自己的态度和行为。孟子认为人的天性中就有恭敬之心和辞让之心，这并不太符合我们的日常生活经验，因为恭敬和辞让似乎都更像是后天培养出来的态度和行为。但我们也不能由此就断定孟子错了，因为后天培养出来的态度和行为或许在天性中有某些潜能作为其基础。孟子关于心与礼的观点可能会导致这样一种理解，那就是礼是个体心理的一种外在表现，先有个体的恭敬辞让之心，然后有相应的礼节。这可以看作是对礼之起源的一种个体主义解释。孟子还有一段话特别能说明这一点：

> 仁之实，事亲是也；义之实，从兄是也；智之实，知斯二者弗去是也；礼之实，节文斯二者是也；乐之实，乐斯二者，乐则生矣，生则恶可已也，恶可已，则不知足之蹈之手之舞之。（《孟子·离娄上》）

孟子在这里的表达似乎并没有遵循严格的概念系统，其对仁义礼智的说明与上述的"四端"说并不一致，但这并不是什么严重的问题，其思想还是有其内在的统一精神和实质性的系统。在这段话中，孟子将仁和义视为两种最基本的德行，智、礼和乐都是因应于仁和义而衍生出来的。智是对仁和义的一种信念，礼是对仁和义的修饰，乐则来源于践行仁义时自然获得的满足、愉悦感以及由此激发的自然表达。孟子分别用"事亲"和"从兄"来指示仁和义这两种德行，而他又认为"事亲"和"从兄"都是人的先天本性中就有的内容，是人的良知良能："人之所不学而能者，其良能也；所不虑而知者，其良知也。孩提之童，无不知爱其亲者；及其长也，无不知敬其兄也。亲亲，仁也；敬长，义也。无他，达之天下也。"（《孟子·尽心上》）这段话可以视为除"四端"说之外，孟子对性善论的另一种表述。

尽管孟子的表述有一些形式方面的混乱，但无论是"恭敬之心，礼也""辞让之心，礼之端也"，还是"礼之实，节文斯二者是也"，都透露出一种倾向，就是将礼的基础还原到个体的先天本性和相应的道德心理中去。因此，在孟子这里并不是"克己复礼为仁"，而是回归或发扬本心为仁。孟子的"先立乎其大"对应于孔子的"为仁"，但是孟子的"立乎其大"并不需要"克己复礼"，而只需要让善良本性抒发出来，这自然地就形成了礼。礼在孟子思想体系中只是个体内在德性的附丽之物，并无独立性和客观性。这也即是说，孟子的性善论非但不是对孔子思想的完整继承，相反还使他偏离了孔子思想在个体和整体（社会）之间的平衡，而走向了个体主义。

我们当然不能完全否认孟子论礼的合理性，特别是当礼被狭义地理解为日常人际交往中的礼貌、礼节时，其中一些基本的内容恐怕确有个体天性作为基础，尽管不一定就是孟子所说的恭敬之心或辞让之心。但是，即便是日常人际交往中的礼貌、礼节，也并不全是单个个体凭自己的内在心理就可以决定的。例如，如何对待女性才是合"礼"的？古往今来，人的先天本性并无太大差异，但身处不同历史阶段和社会文化的人却会给出非常不同的答案。所以，礼并不总是个体抒发自我内在意识的结果，相反，它也是一种从外部塑造和约束个体内在意识及行为的客观力量。如果考虑到礼在孔孟的时代是远远超出礼貌、礼节之范围的存在，举凡政治制度、社会结构、仪轨器物等，皆属于礼，那么我们就更会对孟子将礼的基础归结为人的内在本性的做法有所疑虑，恐怕少有人会坚持认为，这些广义的礼，全然都是由个体先天本性决定的。

在礼之来源的问题上，荀子给出了与孟子完全不同的解释。因为孟子主张性善论，所以他能比较顺畅地说明社会生活中善的起源，即善就是人的先天本性自然流露和发展的结果。对于礼之起源问题，我们也可以按照这个思路看到孟子的答案，而社会生活中的恶，那只不过是因为先天善性被遮蔽的结果。但是荀子主张性恶，他就需要解释在这个基础上社会生活中的善是如何起源的，或者具体地说，礼义是如何起源的。荀子自己也意识到这个问题，并给出了解答：

> 礼起于何也？曰：人生而有欲，欲而不得，则不能无求；求而无度量分界，则不能不争；争则乱，乱则穷。先王恶其乱也，故制礼义以分之，以养人之欲，给人之求。使欲必不穷乎物，物必不屈于欲。两者相持而长，是礼之所起也。（《荀子·礼论篇》）

在荀子看来，礼是对社会问题的一种制度解决。这种社会问题是由个体自利性与资源有限性之间的矛盾导致的，如果这个矛盾得不到妥善处理，人与人之间就会处于一种无序竞争、彼此伤害的混乱状态。这就是所谓"人生而有欲，欲而不得，则不能无求。求而无度量分界，则不能不争；争则乱，乱则穷"。要解决这个问题，因为人性是恶的，所以也不可能寄望于给每个个体做思想工作，要求其超越自己的本性，提升自我修养，而需要着眼于整个竞争格局，在博弈和协商中理性地发展出一套制度。这套制度对每个参与者的竞争行为做出了一些限制，也使每个参与者获得了免受他人无端伤害的一些基本保障，也就是"制礼义以分之"，从而保障一种基本安定的社会秩序。唯有在此基础上，才能更进一步地形成社会互利合作，不仅达到"养人之欲，给人之求"的基本目的，"使欲不必穷乎物"，甚至能够超越人的原始欲望发展出物质和精神文明，使"物必不屈于欲"。

荀子对礼之起源的解释并不依赖个体先在的德性；相反，个体的德性要在礼以及合理的社会秩序建立起来之后才得到规训。他们起初接受礼，只是因为那符合自己长期稳定的自我利益，用荀子的话说，无非是"恶其乱"而好其治而已。荀子这里将制礼的功劳归于"先王"，对此需要稍作说明。我们最好将"先王"理解为历史叙事中的那种"箭垛"式的英雄人物，虽然不排除有一些杰出人物对制礼做出了卓越的贡献，但是礼的形成总的来说应当是一个在漫长的人类交往生活历史中不断建构的过程。我们理解荀子礼起源论的重点，不在于他所称颂的个别杰出人物的卓越贡献，而在于他所揭示的礼之起源的外部性和社会性。在荀子的礼起源论中，礼不是个体的良心发现，而是从社会交往的整体出发提出的对社会问题的理解和解决方案，这种方案反过来塑造了个体的良心。在这一意义上，荀子的礼起源论能够与孔子"克己复礼为仁"的思想相呼应，而孟子基于个体性善论提出的礼论，则会使孔子的这一重要教导落空。

以往有一种流行的观点认为，孟子和荀子分别发展了孔子思想中重仁和重礼的方面，言下之意是说，荀子之学只是外在的礼学而缺乏内在的仁学。这种定位或许还可以想当然地和荀子的性恶论关联起来，似乎性恶论与孔子仁学是必然矛盾的。上文已经论及，孔子仁学和人性论没有必然关联，仁学并不要求在人性论上持性善立场，孟子继承孔子仁学的地方在于他的心论，"为仁由己"是因为人有能"思"的"心之官"，而"我欲仁斯仁至矣"用孟子的话说，就是"先立乎其大，则其小者弗能夺也"。在这个意义上，性善论不是孟子对孔子的简单继承，而是他的创新。孔子在人性论问题上只是说"性相近"，孟子因为主张性善论，反倒使他在"克己复礼为仁"这个方面偏离了孔子。而我们这里关心的则是，荀子主张性恶论，是否就一定意味着他背叛了孔子的仁学呢？

答案恐怕是否定的。荀子虽然持性恶论，认为礼是社会建构的结果，但是这并不意味着礼对人而言就纯然是一种异己的外部力量，与个人的自我实现是绝对矛盾的。从荀子的礼起源论看，礼正是因为符合个体稳定长远的自我利益才被接受的。礼虽然对人的行为做出了约束，但人仍然基于理性考虑自愿地接受这种约束。而且，尽管礼最初是因为其工具价值而被接受，但是久而久之，一种由礼组织起来的安定、合作的社会秩序，这种秩序中人与人彼此对待的方式，以及在此基础上发展出来的物质和精神文明，就有可能转化为一种内在价值，成为本身就为人所珍视（而不仅仅只是因为它符合稳定长远的自我利益）的东西。相较于以力相争、人人为敌的野蛮混乱状态，"礼"使人步入了文明状态，而"克己复礼"则成为个体实现自我的途径。

按照荀子的礼起源论，虽然性恶的前提导致礼无法由个体内生，而只能由社会自外而立，但是这并不妨碍个体自觉地去"克己复礼"，礼固然是对人的限制，但同时是抑制人性之恶、使之走向善和文明的一种成就人的力量。荀子对此作出了如下的解释：

> 欲不待可得，所受乎天也；求者从所可，所受乎心也。……人之所欲，生甚矣，人之恶，死甚矣；然而人有从生成死者，非不欲生而欲死也，不可以生而可以死也。故欲过之而动不及，心止之也。心之所可中理，则欲虽多，奚伤于治！欲不及而动过之，心使之也。心之所可失理，则欲虽寡，奚止于乱！（《荀子·正名》）

"欲"是荀子断定人性恶的原因，但是人的行动并不就是受人性欲望直接驱动的，而是取决于内心的原则和选择。导致治或乱的不是人性欲望本身，而在于人心是否能够坚持道义原则，管理好人性欲望。就心的功能而言，我们可以说荀子的心论和孟子是高度一致的。孟子区分"耳目之官不思"与"心之官则思"，以前者为"小体"而后者为"大体"，强调"先立乎其大，则其小者弗能夺也"，而荀子这里区分了欲和心，认为欲是被动的，而心是主动的。他们都认为人并不是根据情感或欲望的直接驱动去行动，而是根据道德原则对情感和欲望做出评估，以决定是否输出它们。孟子讲"心之所同然者理义"，荀子则讲"心之所可中理"。荀子所谓"人有从生成死者"，也呼应着孟子所说的"舍生而取义者"，即根据道德原则甚至能够否决求生这一最基本的欲望而选择牺牲生命。孟子通过"心之官则思"和"先立乎其大，则其小者弗能夺也"之论，发展了孔子"为仁由己"和"我欲仁斯仁至矣"的思想，而荀子心论同孔子仁学、孟子心论皆可谓若合符节。

因此，性恶论并没有使荀子偏离孔子仁学，相反，恰恰因为坚持性恶这一前提，使荀子的礼论突出了礼的社会性和客观性，忠实地发展了孔子"克己复礼为仁"的思想，在突出人心之能动性的同时，保持了个体主观能动性和社会客观规范性之间的平衡。不像孟子那样，将礼的基础简单归结到个体天性心理中去，以致礼之践行完全成为个体心理的外在呈现，而失去了"克己复礼"的意味，这就走向了个体主义。就此而论，是荀子而非孟子更加全面地继承了孔子的仁礼之学，坚持了儒学的整体主义原则。

无论是善是恶，个体的先天本性只是一个起点，一个事实。"天性"当然对人的行为处事有很大的影响，但是人在社会中应该如何行为处事，这个问题不是单从个体人性这一孤立的事实因素就能理解和回答的。人性问题不能说不重要，但是在对人之行为的事实和规范研究中，它或许算不上最根本和最重要的问题，我们要更加重视人心的能动性、社会的客观性及其对个体的作用。但是在儒学史和当代儒学史研究中，人性问题似乎受到了过分的重视，以至将它作为判分正统与异端的一个重要标准。因为种种机缘，性善论成了儒学的正统。性善论其实面临着经验事实上的一些挑战，因此并不容易得到彻底的辩护。因此，为了论证被奉为正统的性善论，后世儒家还发明出一套玄奥的形而上学人性论。[①]但是，这种正统叙事遮蔽了儒学历史的很多曲折。如果搁置正统叙事，翻开那些曲折，我们会发现，"从儒学史的角度来看，并不能把性善论当做儒学所以为儒学的核心理论"[②]。

孟子和荀子之间表面上最显著的分歧是在人性论，但是二者之间更有实质意义，也是我们更为看重的分歧，在于他们对礼之来源的不同理解。因为对礼之来源的理解不同，孟子走向了个体主义的极端，而荀子仍然保持着个体与整体（社会）之间的平衡。即使我们假设孟子的性善论是正确的，每个个体都有善良的先天本性，但是这并不意味着他们就一定能够相安无事，甚至互惠合作地生活在一起。在一些简单、直接的交往情境中，先天善性和相应的本能确实能够发挥重要的作用，但是随着社会交往的规模和复杂性的增长，社会问题就不再能够完全还原为每个个体的问题，个体的善性和本能即使仍然有其重要作用，也必定是不充分的。社会问题应该

---

① 参见王觅泉：《理学性善说的困难与戴震的自然主义解释》，《孔子研究》2019年第1期。
② 陈来：《竹帛〈五行〉与简帛研究》，生活·读书·新知三联书店2009年版，第94页。

着眼于社会本身来理解和解决。荀子的性恶论可能有其刻薄和偏颇之处，但是他对礼的理解，体现出上述社会性眼光。就这一点而言，荀子的思想较之孟子更加贴近孔子仁礼之学，也更加平衡和合理。

理学心学之争与阳明心学的个体主义

自汉明帝官方认可西来佛教之后，汉末和三国时期的战乱、魏晋南北朝时期的分治为佛教在中国的广泛传播提供了政治、经济和文化的可能性和必要性，儒、佛、道"三教"从相争到共存再到互补，成为中国思想史上的一个重要阶段，也为儒学在唐宋之际走向复兴提供了精神的准备。这其中，孟子成为关键的精神和学术资源，逐渐跻身"亚圣"之位，在儒家道统中获得了一席之地。[①]这其中的原因是多方面的，例如孟子辟杨墨的言论，能够在抵抗佛老的儒家那里引起精神共鸣，后者认为儒家道统自孟子之后中断，以直承孟子、接续道统自期；孟子思想以心性论见长，而心性论正是儒家和佛老竞争的核心领域，因此，亟需在此方面有所建树的儒者引孟子为重要的思想源头；孟子的性善立场与佛老的虚无论针锋相对，而其心性论的内容也足以从中发展出与佛老抗衡的精致理论。

宋明时期所复兴的"新儒学"尽管有大致相同的宏愿，但是在思路和风格上却表现出明显的分歧。后世学者对分歧的谱系有一些非常复杂的判定，如当代有牟宗三的"三系"说，近来也有人提出"四系"说。[②]这些分类呈现出不同视角之下宋明儒学内部的诸多丰富细节，但是宋明儒学内部从最根本的分歧看，还是理学和心学这对传统范畴最为简明扼要。尽管我们承认这种对立只能勾画出宋明儒学发展的主要线索和立场，无论是理学还是心学以及它们之间的分歧与和合，所包含的都是复杂的义理脉络与学术传承，但两者之间的互动还是我们把握宋明儒学发展的基本格局。

理学和心学的分歧之中，最具实质意义的是他们对心与理之关系的不同理解。理学认为，理应该在事物中去探求，心之于理，不是无所依傍、无中生有的发明，而是深入事物之中，发现客观情形所蕴含或要求的规则。心不是现成地就拥有完备的知识和明智的能力，而是在与物的互动过程中，逐渐变得丰富而澄明。朱熹在其著名的"格物致知补传"中对此做了清晰的论说：

---

① 参见徐洪兴：《唐宋间的孟子升格运动》，《中国社会科学》1993 年第 5 期。

② 参见牟宗三：《心体与性体》，上海古籍出版社 1999 年版；牟宗三：《从陆象山到刘蕺山》，上海古籍出版社 2001 年版；向世陵：《理气性心之间——宋明理学的分系与四系》，人民出版社 2008 年版。

所谓致知在格物者，言欲致吾之知，在即物而穷其理也。盖人心之灵莫不有知，而天下之物莫不有理，惟于理有未穷，故其知有不尽也。是以大学始教，必使学者即凡天下之物，莫不因其已知之理而益穷之，以求至乎其极。至于用力之久，而一旦豁然贯通焉，则众物之表里精粗无不到，而吾心之全体大用无不明矣。此谓物格，此谓知之至也。①

从"人心之灵莫不有知"这一点，尚看不出朱熹与心学有何差别。但是朱熹坚持认为，只有深入事物中加以穷竭地探索，才能把握其中的道理，无论是事实意义上事物运行的所以然之理，还是规范意义上事物运行的所当然之理，皆是如此。"心之全体大用"不是现成的，而是在这个探索过程中逐步训练而成的。与之不同，心学一方面相信个体心灵能力的先天性，认为人要做的并非任何增益，而是使之不受蒙蔽，处于觉醒状态；另一方面，也相信个体心灵能力的完备性，认为事物之理都蕴藏在个体心灵之内，根本不需向外探求。后者正是王阳明不满于朱子学的关键所在。就前者而言，心学或许还能够接受，先天心灵能力的解蔽和重光未尝不需要一定的努力和过程，但心学无论如何不愿接受的是朱子学的向外求理。在王阳明生涯中具有某种"轴心"意义的"亭前格竹"故事，已经鲜明地表现出他在这一点上与朱子学格格不入，后来他也经常就此问题对朱子学深致不满。

王阳明对朱子的批评有时显得非常急切，甚至不惜歪曲朱子。如他认为，朱子推崇的"求理于事事物物之中"会导致"求孝之理于其亲""求恻隐之理于孺子之身"的荒谬结果。但是，如果坚持"意之所在便是物"或以"事"解"物"的前提，那么"求理于事事物物之中"体现在求孝之理、恻隐之理上，就应该求孝之理于"事亲"之中，求恻隐之理于"事（身处险境的）孺子"之中，而不是如阳明所说，求孝之理于其亲之身，求恻隐之理于孺子之身。"事事物物"不是指行动所针对的对象，而是指行动及其面临的现实情况。这一现实情况不仅涉及行动所针对的对象，而且涉及行动者与该对象之间的关系，以及客观的社会背景与情境。从这些细节

---

① 朱熹：《四书章句集注》，中华书局1983年版，第6—7页。

之处看，王阳明对朱子的理解和批评有时是失之偏颇的。但是从这种急切的批评中，我们倒是能够对王阳明正面所持的观点看得明白，那就是理由心生，理在心内，心与理一，例如事亲之理，就全由事亲者一己之心决定。[①]

理学与心学之间的差异，同前论荀子与孟子之间的差异有一种同构性。虽然理学和心学同尊孟子，但是在礼或理与个体心灵的关系问题上，理学其实和荀子的立场更为接近，因为理学虽然也重视个体心灵的能动性，但是与荀学一样，理学也对社会规范的外在性和客观性有一种意识，而不是将它们完全还原到个体心灵中去。心学与孟子则有更加直接的亲缘关系，一些心学家非常笃定地以孟子的传承者自居。心学除了将孟子"先立乎其大"的精神发扬光大之外，也继承了孟子将礼内在化的思路。这一点在王阳明的"心外无理"说中被发挥到极致，也就将孟子的个体主义推向了极致。

孔子思想中的仁礼之辨，先秦儒学中的孟荀之辨，以及宋明儒学中的理学与心学之辨，都是儒学史研究中老生常谈的话题，以往研究也经常将它们联系起来，认为其间具有某种内在的同构性。但是这种儒学史叙事也容易在大而化之的正确中，错失分歧的根本所在。孔子思想中的仁与礼不是并列关系，而是礼孕育和规范仁，仁又点化和提升礼。礼之践行应当以仁之觉醒为必要条件，否则就是一种盲目机械的活动，但这并不意味着礼的内容能够完全还原到个体之仁中去。从另外一个意义上说，仁与礼之间的这种辩证关系，本质上是个体与社会之间的辩证关系。孔子的仁礼之学在抉发个体能动性的同时，不忘社会及其规范的外在客观性，在个体与社会之间取得了一种平衡。荀子对礼之起源的说明，理学对"即物而穷其理"的强调，都以他们各自的方式承认了社会问题及其解决方案相对于个体心灵的独立性和客观性，从而维持了孔子的平衡。但孟子和以孟子为直接精神源头的心学，则只是片面地发展了孔子的仁学，在将个体性弘扬到极致的同时，也将社会性完全还原为个体性而实质性地将之消解，走向了个体主义的极端。

儒学的理想常被概括为"内圣外王"。"内圣"指个体的自我实现，"外王"宽泛而言，是指个体扮演好自身的社会角色，履行

---

① 参见王守仁：《传习录中·答顾东桥书》，《王阳明全集》卷二，吴光等编校，第44—45页。

社会责任，以使天下能达到至善。对在位者而言，这个要求当然会更高一些，但是普通大众也应该在"外王"方面尽自己的本分。"内圣"和"外王"之间的关系，与我们上面探讨的"为仁由己"和"克己复礼为仁"之间的关系是相对应的。儒家不希望"外王"只是盲目机械地按照外在规范行动，而是有"内圣"作为其动机基础。但是"内圣"并非个体在一个封闭的精神空间中独自实现，它恰好应当在"外王"这个社会过程中去实现。如何方为"内圣"？这也不是由个体天马行空地自我决定，而总是受到个体所处的社会历史背景的启发和规范。个体在"外王"事业中遇到的问题，很多时候并不能还原为每个个体的问题来理解和解决，而需要一种整体性的社会眼光和智慧。因此，一种单向的由"内圣"开"外王"的思路是存在重大偏失的，"外王"所遇到的那些社会性问题应当得到更为严肃的、专门的关注和研究，因为只有"外王"问题得到妥善解决，"内圣"才能有所依凭。

在儒学史的演进过程中，孟子逐渐占据了正统之位，"孔孟"成为代表儒家的固定合称，性善论也成为儒学的正统之论，与之相左的荀子则只能长期厕身异端。然而，正是因为坚持性善论，使孟子过于简单地对待"外王"问题，以为个体的先天善性就足以开出"外王"。例如对在位者而言，孟子就认为，仅凭他们的"不忍人之心"就能够易如反掌地实现"不忍人之政"。①孟子的性善论或许有助于唤醒人性中的善良情感，但是对建立或改善社会政治秩序而言，个体的先天善性即使有积极作用，也是远远不足为凭的。阳明心学直承孟子，发掘出"良知"这个更能体现个体之能动性的因素，将孟子"心之官则思"和"先立乎其大，则其小者弗能夺也"等思想以一种更加简洁鲜明的话语呈现出来。然而，无论是揭示善性和"心之官则思"，还是高倡良知，孟子与他的心学后继者都只是将注意力聚焦在个体身上，而丧失了整体性的社会眼光。我们当然不是说个体能动性不重要，孟子一系心学也确有其激动人心的崇

① 参见孟子和齐宣王的对话。齐宣王不忍心看见一头牛受死之前的恐惧，下令放了它，孟子就由此鼓励齐宣王行仁政，说："今恩足以及禽兽，而功不至于百姓者，独何与？然则一羽之不举，为不用力焉；舆薪之不见，为不用明焉；百姓之不见保，为不用恩焉。故王之不王，不为也，非不能也。"（《孟子·梁惠王上》）在孟子看来，"人皆有不忍人之心。先王有不忍人之心，斯有不忍人之政矣。以不忍人之心，行不忍人之政，治天下可运之掌上"（《孟子·公孙丑上》）。

高力量。但将其置于儒家思想的完整谱系，以及个体主义与整体主义之争的背景之中，个体主义立场使心学的视野存在一种"社会盲区"，这个视野缺陷是导致心学在后来的发展中流弊丛生的根本原因。

没有证据证明王阳明在个体主义和整体主义之间有意识地选择了个体主义。但是，根据阳明心学对心物关系、心理关系的理解，在个体主义和整体主义的谱系中，我们显然应当将其划归个体主义一边，而且是相当彻底的个体主义。王阳明走向这种彻底的个体主义，一个很重要的机缘是朱子学在阳明时代的僵化和异化。朱熹的格物穷理之学，原本体现出一种客观、理性和进取的精神，但在后世却逐渐僵化为一种无关身心的纸上之学，甚至异化为求取功名利禄的工具之学。针对此种时弊，阳明将学问方向重新收拾，彻底内转，恢复儒学作为"为己之学"的本色，并聚焦于个体来寻找人生和社会问题的病根以及解决问题的途径，发掘和唤醒个体的能动性和良知。每个个体都应当严肃地对待自己的人生，承担起存在的使命与责任，从这个意义来说，阳明学的个体主义转向有其历史合理性。但是这一彻底的个体主义转向，在学理上未免有矫枉过正之嫌，在实践上则推诿了社会整体所应承担的责任，把个体的命运说成完全由个人所能够决定的，而无视社会制度、价值体系对于个人存在、选择、行动的作用。在第八章论述勒温的心理场论和津巴多的斯坦福监狱实验时，我们将可以十分清楚地看到外在的制度性因素如何左右甚至改变人心、人性、人的道德。

阳明心学的个体主义立场尤其体现在他的"心外无物"和"心外无理"（或"心即理"）说之中。王阳明的"心外无物"说，并非主张一种关于世界的观念论或反实在论，以为世界只不过是人所意识到的世界，在人的意识之外并不存在一个客观的世界。"心外无物"之"物"，不是客观对象之物，而是指"事"。王阳明说：

> 身之主宰便是心，心之所发便是意，意之本体便是知，意之所在便是物。如意在于事亲，即事亲便是一物；意在于事君，即事君便是一物；意在于仁民爱物，即仁民爱物便是一物；意在于视听言动，即视听言动便是一物。所以某说无心外

之理，无心外之物。①

"心外无物"的意思，如果从正面来说，就是"意之所在便是物"。"意"是指意向，个体心灵中产生意向，然后将意向付诸行事。从这个链条来看，"意"对"物"（事）有一种决定作用。如事亲、事君、视听言动的意向，就决定了对应的行动。两个行动可能有相当的外部表现，但是却出于不同的意向，这个不同的意向会使行动具有不同的性质。例如，完全出于一种道德义务感或纯粹的同情心去帮助他人的行动，同那些求取回报、沽名钓誉的助人行动，从外在表现上可能无法区分，但因为意图的不同，这两件事具有完全不同的道德性质和价值。如果没有那颗道德之心，表面上看起来合乎道德的行动也并不具有严格的道德意义和价值。因此，无论是事亲、事君，还是视听言动，都应该出于一种正确的动机和意向去做，否则，即使从外在看来没有问题，也只是虚伪地装模作样。王阳明通过"心外无物"或"意之所在便是物"之论，突出了人心的能动性及其对行动的决定作用，这其中也蕴含着一种对道德行动之动机的严格要求。

既然"心外无物"，或者说人心的意向决定个体的行动，而个体的行动构成了社会，那么要解决"物"的问题，症结似乎就在于"正心"。只要阻断人心中恶的意向，激发其善的意向，人就能避免道德上错误的行动，做出正确的行动，并形成合理的社会秩序。"物"作为"意之所在"，其问题通过个体做"正心诚意"的努力，便自然能够迎刃而解。所以，阳明心学实现了一种彻底的内转，将致思的重心完全放在个体内部，认为只要抓住这个决定性因素，解决好这个决定性因素的问题，作为"意之所在"的人生和社会之"物"就能够各就其正。因此，"格物"在阳明心学中一改它在朱子学中的意义。在朱子学中，"格物"是指深入到事物中去穷尽其道理，确有一种向外求索的意味，正是这一点颇为王阳明诟病。在阳明心学中，"格物"的意义则变成以心正物，即将正确的意向落实到行事中去，"格物"几乎不再有工夫论、认识论的意义，工夫全在正心诚意上，"格物"仅仅附属于正心诚意的发用

---

① 王守仁：《传习录上》，《王阳明全集》卷一，吴光等编校，第6页。

环节。

当然，仅凭"心外无物"这一点，还不足以断定阳明学的个体主义立场。因为"心外无物"只是从形式上表明，个体意向对其行动有一种决定作用，并未涉及个体意向的内容及其来源问题。朱子学未必会反对阳明的"心外无物"说。"意之所在便是物"不是阳明心学独有的观点，而是宋明理学家对"意"和"物"这两个概念的一般认识。阳明心学的独特之处不在于"心外无物"，而在于"心外无理"或"心即理"，即认为，心据以决定行动的理由和原则完全是来自于心灵内部，来自于先天本有的良知，而不需要像朱子学那样向外"格物穷理"。

如果心据以决定行动的理由和原则是从"格物穷理"中来，而非个体之心所能独造，那么这就是在某种意义上承认，事物及其中蕴含的理由和原则具有一种独立于个体之心的客观性。朱子学"格物穷理"的对象不仅包括自然之物，也包括社会之事。不仅自然之物中所蕴含的理有其客观性，社会之事中所蕴含的理同样有其客观性。尽管朱子学不会反对"心外无物"或"意之所在便是物"，但是他对事物之理的客观性有一种明确的意识，要求深入到事物本身中去探求其道理，这就使得朱子学避免了一种个体主义。阳明心学不仅主张"心外无物"，而且主张"心外无理""心即理"，也就是说，心据以决定行动的理由和原则都是从个体心灵之中产生的，如此一来，心对物就是一种单向的决定与被决定的关系。具体到社会领域，那就意味着，个体之心单向地决定着社会之事。社会之事本身并没有什么独立性和客观性。只要个体之心能够充分发挥作用，致其良知，人生和社会之事就能得到合理处置，堕落和罪恶等问题就会迎刃而解。例如，良知告诉人该如何事亲、事君、仁民爱物、视听言动，只要按照良知之意去事亲、事君、仁民爱物、视听言动，家庭关系、国家政治、个人生活就都能各得其所，之所以产生各种各样的人生和社会弊病，就在于人心不正，良知蒙尘。

总之，从"心外无物"和"心外无理"（或"心即理"）这两个主张来看，阳明心学不仅认为人心能够决定行动，进而决定世事，而且认为人心据以决定行动和世事的理由和原则，也是由人心自我定立。阳明心学通过这两个命题突出了人心的能动性，以及人心对人生和社会之事的决定性。在阳明心学看来，人生和社会问题的病根在人心，解药也在人心。这些都鲜明地显示，阳明心学的立场是个体主义的。这一定位对于我们下面所要进行的阳明心学与当代社会心理学比较研究至关重要，不但提供了理解阳明心学的特殊视域，也为我们分析阳明心学所蕴含的个体心理要素提供了必要的框架。

第三章

符号互动论与心物关系再定位

"心外无物"是阳明心学的几个核心论断之一。乍看之下，这是一个违背一般人常识的论断。但是，阳明所说的"物"并不是指客观存在之物，而是指"事"，即人的意向引发和投入其中的活动，所谓"意之所在便是物"。在这个前提下，"心外无物"可以获得一种心理学理解和解释。当代研究者从现象学关于意向性与意向对象关系的理论、意义世界的建构等角度，对这一论断做出了合理化的诠释。

在阳明心学中，"心外无物"可能不是最重要的，但却是最基本的，它代表了阳明对人心与世事这对基本关系的理解。具体而言，这对基本关系又涉及主观与客观、个体与社会等等关系。对这些关系的理解奠定了阳明心学的致思方向，"心即理""致良知""知行合一""万物一体"等思想，都是沿着这一致思方向深化开展的结果。阳明将"物"收归于"心"，将"心"作为修齐治平的根本和关键，使工夫的着力方向彻底内转，这很明显地体现出对朱子学的反动。

当代研究者对"心外无物"这个似乎悖理的论断给出了一些合理化的诠释。这一论断也体现了人心那种转世而不为世所转的能动性和创造力量，以及用"心"之于世事的重要性，表现出个人的"道德主体性"，但如果我们从"心外无物"论所涉问题的全局来看，这一洞见或许深刻，却未必全面。人心与世事的关系应当不是单向的，人心固然影响甚至决定着世事，但它并非独立于世事之外的某种绝对、无限的力量，而是本身亦在世事中有其来历，受之塑造。本章我们将借鉴符号互动论等社会心理学理论，同阳明心学的"心外无物"论展开对话，以期更加全面真实地揭示人心与世事之间的关系，为后面关于阳明心学的更加细致的探讨确立一个基调。

"心外无物"

阳明早年曾有一段奇特的"格竹"经历。按照他自己的说法：

> 众人只说格物要依晦翁，何曾把他的说去用？我着实曾用来。初年与钱友同论做圣贤，要格天下之物，如今安得这等大的力量？因指亭前竹子，令去格看。钱子早夜去穷格竹子的道理，竭其心思，至于三日，便致劳神成疾。当初说他这是精力不足，某因自去穷格。早夜不得其理，到七日，亦以劳思致疾。遂相与叹圣贤是做不得的，无他大力量去格物了。及在夷中三年，颇见得此意思，乃知天下之物本无可格者，其格物之功，只在身心上做。决然以圣人为人人可到，便自有担当了。①

朱子学是阳明展开自己学思历程的基本背景。"格物"等话头来自儒家经典《大学》，因为朱熹的基本思想很多都体现在他对四书，尤其是《大学》的诠释之中，受制于此，阳明也不能无所依傍地直陈自己的思想，而需围绕《大学》等经典中的那些话头，通过赋予经典以不同诠释的方式，来同朱子学展开论辩，提出自己的主张。

朱熹认为当时传世的《大学》文本有错简和阙文，他不仅调整了章序，而且增补了"格物致知传"，明显地认为物及物之理有其相对于人心的客观性，有待人心通过一番即物穷理的"格物"工夫去发现和领会。

朱熹所理解的"格物"其方式多种多样，内容无所不包：

> 若其用力之方，则或考之事为之著，或察之念虑之微，或求之文字之中，或索之讲论之际。使于身心性情之德，人伦日用之常，以至天地鬼神之变，鸟兽草木之宜，自其一物之中，莫不有以见其所当然而不容已，与其所以然而不可易者。②

如此理解的格物涵盖了自我、社会以至自然的广泛领域，既包

---

① 王守仁：《传习录下》，《王阳明全集》卷三，吴光等编校，第120页。
② 朱熹：《大学或问下》，《朱子全书》（修订本，第6册），朱杰人、严佐之、刘永翔主编，上海古籍出版社2010年版，第527—528页。

括事实、规律之考索，也包括规范、理由之寻求。"所当然而不容已"意味着对待事物应当遵循的规范，"所以然而不可易者"则意味着事实背后使之如此发生的规律，或者规范由以证成的理由。格物的方式或途径则包括观察与内省、读书与讨论等。朱熹这里并未明确区分所谓"尊德性"与"道问学"，而是主张对周遭之世界，无论是社会人生，还是自然，都应该努力探索其中的真相，寻求合理的规范。

阳明之"格竹"看起来是在贯彻朱熹的格物教导，所谓"鸟兽草木之宜"，在朱熹处确亦属于应格之物。但是，我们能够想象的格竹，应当是对竹子之形貌特征、种属、生长规律、材质用途等方面展开研究。朱熹本人即是此类格物的践行者，如他听某道人说笋白天不长，晚上长，由此可以观所谓夜气，后来他找到一个机会验证，发现笋是"日夜俱长"，道人之说不确。[①] 钱穆著《朱子学提纲》专辟一节论"朱熹之杂学"，总结了朱熹在"游艺"与"格物"两方面取得的实绩，举凡书画、音乐、医药、地质、天文诸领域，朱熹皆留心讨究，如他曾由高山中所见贝壳化石推想地质之变迁。钱穆说："今专就朱子个人之学问途径言，不仅对于人生伦理及于治平大道，均所研寻。即在近代人观念中之所谓自然科学，朱子亦能随时注意。论其大者，如在天文学地质学方面，朱子皆曾有几项极深邃之观察与发现。就自然科学之发明史言，朱子所创获，尚有远在西方科学家之前，而与之不谋而合者。故朱子之论格物，不仅是一套理想，实亦是朱子平日亲所从事的一番真实之自白。"[②]

对周遭世界常怀一分好奇，留心观察与思考，以求对这个世界形成一种健全的认知和合理的理解，这是值得赞扬的生活态度，也是几乎所有人都或多或少在践行的认识活动。这既是人之好奇心使然，也是先民劳作与生活之自然与不得不然，朱熹不过是一个在这方面特别积极的例子。朱熹格物式的观察与思考不一定采取今日自然科学的那种严格方式，其结果也不如后者精确、系统，但是它也不像今日高度数理化、抽象化的自然科学那般，脱离普通人的日常

---

① 参见朱熹：《杂类》，黎靖德编：《朱子语类》卷一百三十八，王星贤点校，中华书局1986年版，第3288页。
② 钱穆：《朱子学提纲》，生活·读书·新知三联书店2002年版，第132页。

生活经验，成为少数专业人士才能从事的高深工作，而是融嵌在生活世界中，满足实用而又增添情趣，不至于反过来成为宰制人的异化力量。尽管朱熹更加偏重的可能还是"人生伦理及治平大道"，而非一套关于自然界的知识，但是，一种将探求自然之理与追寻社会人生之理截然两分的观点，可能本身并不适合朱熹的生活和思想世界。格物，或即物穷理，是朱熹认为人在世界中生活应该秉持的一种整体性的理性态度，时时处处、事事物物都应当切实用功，以求"所当然而不容已，与其所以然而不可易者"，不可浑浑噩噩过。

按照这种理解的"格竹"，并不会如阳明所尝试的那样奇怪。旧时的老农会对物候、气象，对周遭鸟兽草木之习性有非常丰富的经验，这种经验与其生产生活密不可分。而亭前之竹作为阳明生活环境中之一物，对其所属之品种，其生长繁衍之周期规律，其四时风姿之变化，其与环境中水土、动植、建筑、陈设之间的适应关系，由此形成的生态系统与审美情调，凡此种种，涉及此竹之"所当然"与"所以然"者，难道不都有值得讨究之处吗？而这种格物也有助于培育一种健全丰满的人格和有理有趣的生活。向外即物穷理同时可以滋养内在心性，一种健全的心性修养也不应当仅仅局限于伦理道德，而排斥知识、技艺等方面的追求。

然而，王阳明在此故事中把"格物"简单地理解为在物中寻找"理"，甚至一时兴起，跑去死盯着竹子，想从中看出所谓"理"来。我们或许可以批评朱熹之格物要求过高、过泛，有所谓"支离"之病，可能导致德性培养这一核心目标的迷失，甚而陷入逐物丧志的境地，但是像阳明格竹这样的误会，就未免有些离奇了。究竟阳明是先满怀期望地按照朱熹的教导去尝试格物，格竹失败之后才开始走向对朱子学的怀疑和反动，还是说他其实已经预先抱有一种同朱子学相反的思想倾向，早就认为即物穷理乃是外道工夫，因而故意通过这一堪称愚蠢的格竹举动，以暴露后者的荒谬性，凸显自身心学致思取向的正确性，实情如何，我们今天固然已经不得而知，但后一种情形未必没有可能。

无论如何，阳明早年格竹的失败经历，在其全部生涯中具有某种"轴心"地位，预示了他日后学思展开的方向。这一轴心事件以及后来围绕它发生的故事，既可能是真实发生的人生史，也可能一定程度上是事后建构起来的叙事。如前引阳明之自道，早年格竹失败所引发的对朱熹格物之学的疑惑，加上"在夷中三年"，即被贬龙场前后遭受的磨难与锤炼，使他最终确立了自己的学思方向："乃知天下之物本无可格者，其格物之功，只在身心上做。"具体而言，在这个过程中，阳明调整了"物"概念的重心，使其含义指向"意之所在便是物"，即意向性的实践活动，而不是泛泛指向客观事物，"理"也因此更多地指向社会人生之"事理"，而非客观世界之"物理"。在此基础上，阳明主张"心外无物"和"心即理"，并将工夫的着力点彻底收敛向内，最终提出"致良知"宗旨。

如上所述，在阳明心学的核心命题中，"心外无物"论具有一种基础地位，而"心外无物"所涉及的心物关系，主要不是本体论和认识论意义上的意识与存在之间的关系，而是实践意义上的人心与世事之间的关系。在二者之间，"心外无物"论强调人心之于世事的重要性甚至决定作用。

这个论断主要是基于"意之所在便是物"这一界定提出的。对此，前引引王阳明相关论述中曾有举例说明："如意在于事亲，即事亲便是一物；意在于事君，即事君便是一物；意在于仁民爱物，即仁民爱物便是一物；意在于视听言动，即视听言动便是一物。"这物不是客观存在的物体，不是认知或审美的对象，而是人的意向引发和投入其中的活动，亦即"事"。

作为认知或审美对象的物，虽然对其存在属性或审美意义的表象离不开认知或审美主体，主体通过认知或审美等活动，使物作为意识对象进入心中，但是通常我们还是会认为，物之存在本身是客观的，不以主体对之有无意识为转移。在这个意义上，我们并不能因为物以某种方式被纳入心中，便声称"心外无物"。我们至多可以说，对物的表象离不开心，因而心外无物之表象，但这样说几乎是一个分析命题，并无多少深意。即使在这个意义上，也不是说物之表象完全是由心决定的，心只是形成物之表象的一个主观方面的必要条件，心对物之表象仍然要受到物之客观存在本身的限制。不仅认知意义上的表象要受到这一限制，就算是审美意义上的表象，也难以完全摆脱这一限制而纯粹是主观的。

因为"心外无物"这个论断所使用的术语之宽泛性，容易使人在"人心之外，客观之物不存在"这样的意义上来理解"心外无物"。例如在著名的关于"岩中花树"的问答中，问者便是据此对"心外无物"提出怀疑：

> 先生游南镇，一友指岩中花树问曰："天下无心外之物，如此花树，在深山中自开自落，于我心亦何相关？"[1]

花在深山中自开自落，这是存在于意识之外的客观事实，并不以任何主观意识为转移。除非是爱钻牛角尖而又独断的唯心经验论者，一般人不会否认意识之外客观世界之存在，故该友对"心外无物"说感到困惑。对此，阳明做出的解释是：

> 你未看此花时，此花与汝心同归于寂。你来看此花时，则此花颜色一时明白起来。便知此花不在你的心外。[2]

阳明并没有否定人心之外花树的客观存在，因为没有人心之观照时，花只是"寂"，或者说只是未被感，而非不存在。花树在观花者的观照之下才呈现出其审美意义，所谓"颜色一时明白起来"，而不是说观花者的意识无中生有地在客观世界中创造了一棵花树。在这个意义上，严格地说，阳明所主张的只是"心外无物之表象"，而并不是"心外无物"。

然而，作为人的意向引发和投入其中的活动，主体与这个意义上的"物"之间，便不仅止于认知或审美意义上表象和被表象的关系，而是实践意义上决定和被决定的关系；如果主体没有意向，相关的活动很可能就不会发生，在这个意义上说"心外无物"就是可以理解的。通过对"物"所作的"意之所在"的界定和"心外无物"的主张，阳明很大程度上取消了"物"原本具有的物质性、客观性，突出了意向、动机等主观因素对人之实践活动的决定性。

尽管阳明所举事亲、事君、仁民爱物等例子都是道德性的，但"意之所在便是物"只是对人心与世事之间关系的一个总体说明，

---

① 王守仁：《传见录下》，《王阳明全集》卷三，吴光等编校，第107—108页。
② 王守仁：《传见录下》，《王阳明全集》卷三，吴光等编校，第108页。

它本身是中性的，既适用于道德之意与物，也适用于非道德（non-moral）以至不道德（immoral）之意与物。如视听言动，既有合礼的，也可能有不合礼的。因为"意之所在便是物"，所以物的性质取决于意的性质，于是"格物"成为必要，但要求不再是向外即物穷理，而是要向内诚意正心。"心外无物"可以理解为对道德行为的动机提出了一个严格要求，道德之心之外没有道德之物，即真正的道德行为应当是出于真实的道德情感，或者出于对道德义务本身的敬重，而非出于外在力量的慑服，或者对名利等非道德目标的考虑。后两种情形下的行为虽然合乎道德，但并非出于道德之意，并不具有真正的道德价值，在严格的道德意义上实为"无物"。

尽管阳明的"心外无物"论是建立在"意之所在便是物"这个界定的基础之上，但是需要指出，这两个命题并非等价，从"意之所在便是物"并不能在逻辑上必然地推出"心外无物"。

首先，虽然阳明说"意之所在便是物"，但这个命题并不意味着"意之所不在便不是物"。一个命题为真，其否命题并不一定为真。例如，我们可以说"苹果是水果"，但不能因此说"非苹果不是水果"。日常生活中固然有很多行为是主体有意做出的，但是并非所有行为都如此，有一些行为是下意识地、自动地发生的，人未施加有意识的控制。这样的行为虽然并非主体"意之所在"，但不能否认它仍是一事或一物，此物可以说是心外之物。因此，不能说"心外无物"。当然，这对"心外无物"论而言似乎算不上一个太严重的打击。

其次，搁置这种下意识的自动行为，仅就有意行为而论，我们也会产生同样的疑问。仅从行为主体自身的角度来说，有意识行为可以说都属心内之物。但是人的行为通常是发生在社会之中，于行为者而言的心内之物，对行为的对象或旁观者而言，又是某种心外之物。因此，从单个主体的角度来讲，面对他人的行为，也不能完全断定"心外无物"。如事亲为一物，对事亲者本人而言，属心内之物，但对"亲"而言，则属心外之物。对此心外之物，确实存在一个如何理解和回应并将之纳入己心之内的问题。

这些疑问倒是给予我们一种启发，即我们可以而且应该超出行为者个体的立场来理解"心外无物"。人的行动，通常是社会互动过程的一部分，"心"除了指个体之心，也有可能指某种社会共同意识，此时的"物"则指向社会互动过程。在这个意义上，"心外无物"似乎仍然可以成立，陈少明就是以此来解释和发展"心外无物"论的，并揭示出心灵"塑造文明"的力量。他说："在处理社会关系上，人类心智的力量，不仅表现为爱的伦理的创造，也表现为协作的秩序的建立。后者推广开来，就是社会制度的建设。它与'物'相关，不过不是指具体的物质生产与分配过程，而是指行为规则的建立与执行，包括对规则的物化的集体想象。心力或者意识的合力推动着文明。"①这种心力或者意识的合力不仅凝聚于同时代人之间，而且薪火相传于前人与后人之间，维系着秩序与文明之存续。

———————————

① 陈少明：《"心外无物"：从存在论到意义建构》，《中国社会科学》2014 年第 1 期。

"心外有物"

就人的意向与世事的关系而论，我们都能认可"事在人为"，因为从个体的活动到社会文明的创造，离开了人心的力量确实不可能凭空发生。然而，这还只是"心外无物"论的一种弱立场；而其强立场则指向人心的决定地位，即在人心与世事之间，人心是主导和决定性的，而世事则处于派生和被决定的地位，世事并没有不以人心为转移的独立性。否则，就不能断然宣称"心外无物"，而应该承认"物"仍以某种形态相对于心独立地存在。但是，"心外无物"所引发的这种关于人心与世事之间关系的强立场真的能够成立吗？对此，我们需要一方面厘清阳明心学关于心物关系的真实与可能含义，另一方面也要借助现代社会心理学把心物关系放置在心理实验基础上进行必要的验证。

前引阳明之说中，曾以事亲、事君等事例解释和论证"意之所在便是物""心外无物"，这里我们将沿着这两个事例继续讨论。个体心灵中出现事亲、事君之意，然后付诸行动，按照阳明的话说，就是"意在于事亲，即事亲便是一物；意在于事君，即事君便是一物"。从个体动机—行动这一链条来看，似乎确实是"意"决定着"物"，没有心之意，就不会有物之事。但是，如果我们从广义上来理解"心"与"物"，追问个体之"意"从何来，仅从个体自身的角度恐无法给出完善的回答。个体之"意"本身受社会影响和塑造，当我们追溯这个完整的因果链条和互动网络，就很难再说"意"与"物"之间的关系仅仅只是单向地前者决定后者，而须承认"物"有相对于"心"的客观性，对心所发之"意"构成了一些基本的前提或限制，这一解读实质上对"心外无物"论构成了一种挑战。

当然，阳明可能认为"意"之来源并不是问题，因为他除了主张"心外无物"，还有一个更重要的主张，即"心外无理"。阳明通过"意之所在便是物"的界定论证"心外无物"，与此同时，他也试图以此来论证"心外无理"，因为在他看来，事亲、事君之意所遵循的原则都是心自身决定的。严格地说，"心外无物"并不必然蕴含"心外无理"，两个命题所针对的问题是不尽相同的。但是在阳明心学的语境中，"心外无物"要成立，需要以"心外无理"为条件，也就是说，人心不仅只是在形式上决定世事，而且用以决定世事的原则也是由人心自己决定的。"心外无物"不仅需要"意之所在便是物", 而且需要"意"的内容本身也是来源于心, 而非来源于"物"。否则就仍需承认"物"有相对于心的独立性, 心的内容实际上受到物的限制, 也就是心外有物。只有"意之所在便是物"加上"心外无理", 才能推出"心外无物"。

阳明的"心外无理"说也明显地带有针对朱子学的意味, 他是这样批评朱熹"即物穷理"之说的:

> 朱子所谓"格物"云者, 在即物而穷其理也。即物穷理, 是就事事物物上求其所谓定理者也, 是以吾心而求理于事事物物之中, 析"心"与"理"为二矣。夫求理于事事物物者, 如求孝之理于其亲之谓也。求孝之理于其亲, 则孝之理其果在于吾心邪? 抑果在于亲之身邪? 假而果在于亲之身, 则亲没之后, 吾心遂无孝之理欤? 见孺子之入井, 必有恻隐之理, 是恻隐之理果在于孺子之身欤? 抑在于吾心之良知欤? 其或不可以从之于井欤? 其或可以手而援之欤? 是皆所谓理也, 是果在于孺子之身欤? 抑果出于吾心之良知欤? 以是例之, 万事万物之理, 莫不皆然。是可以知析心与理为二之非矣。夫析心与理而为二, 此告子"义外"之说, 孟子之所深辟也。"务外遗内, 博而寡要", 吾子既已知之矣。是果何谓而然哉? 谓之玩物丧志, 尚犹以为不可欤?①

阳明在这段批评中对朱熹即物穷理的观点提出了一种归谬式的解读。他认为按照朱熹的意思, 孝之理在作为孝之对象的父母身上, 恻隐之理在作为恻隐之对象的孺子身上, 这显然是荒谬的, 理并不在行动所指向的对象身上。似乎很自然地, 结论就偏向了阳明一方, 即理"出于吾心之良知"。

不可否认, 道德原则规范只有得到行动者的认同, 才能在他那里激发出行动的动机, 在这个意义上, "理"应当是内在于行动者心中的。但是理并不是行动者所臆造, 他还是要根据他面临的现实情况, 去做相对于该情况而言是正确的事。因此, 虽然不能说理在行动所针对的对象身上, 但是应当承认, 理无法脱离行动所面临的

---

① 王守仁:《传习录中·答顾东桥书》,《王阳明全集》卷二, 吴光等编校, 第44—45页。

现实情况。例如孝，尽管孝之理并不体现在父母身上，但它是儿女处理与父母之间的关系时应当遵循之理。按照阳明自己的说法，"意在于事亲，即事亲便是一物"，而非"亲"为一物，孝乃是"事亲"之理，而非"亲"之理。同样地，恻隐之理，也不是孺子之理，而是处理"孺子将入于井"这一危急情况之理。所谓"以吾心而求理于事事物物之中"，这里的"事事物物"不是像阳明所理解的那样，指行动所针对的对象，而是指行动及其面临的、有待应对的现实情况。这现实情况不仅涉及行动所针对的对象，而且涉及行动者与该对象之间的关系，以及客观的社会背景与情境。由此可见，阳明对朱熹即物穷理说的归谬式分析是有问题的。理固然离不开心之认同与建构，但也须尊重现实情况之客观性。从"是"固然不能直接推出"应该"，但"应该"也并非罔顾"是"而臆造。从理离不开心之认同与建构而言，可以说"心外无理"，但是就"理"也须尊重现实情况之客观性而言，心又只是理的必要而非充分条件，或者说理有不以心为转移的方面。

心之意从何而来？有些人也许会说，难道事亲之"意"不是来源于个体之自然本性吗？孟子就说过"孩提之童，无不知爱其亲"，将此视为"人之所不学而能者"。但事情恐怕并非如此简单。说到"不学而能"，可能更适用于父母对子女之爱，它很大程度上可以在自然本性中找到根源。按照演化论的解释，人作为生物，有繁衍自身的需要，而亲代对子代的照护和关爱有利于物种自我繁衍，拥有相关自然本性的物种能够获得更高的适应性（fitness）。因此这种自然本性通过了"天择"（或自然选择，natural selection）而延续下来，在作为"适者"生存的动物物种身上，我们能够普遍地观察到亲代对子代的照护和关爱这一自然本性。尽管人类父母爱子女爱得更加复杂深刻，也不免有些父母为种种原因未能善待自己的孩子，但是这种自然本性仍然是解释父母对子女之爱时不能否认的基本因素。

然而，自然本性的解释范围有其局限，它能解释父母对子女之爱，但它并非能完全解释子女对父母之爱。不可否认，子女在婴幼儿阶段对父母有一种强烈的依恋，这是自然本性，但严格说来这恐怕是在向父母求爱，而不是爱父母。而按照有利于物种自我繁衍的进化法则，子代在成熟后会倾向于在自己的子代，而非亲代身上投入更多资源，从这个意义上讲，子女之孝爱父母其实并不像通常设想的那样自然。在传统伦理中，对父母爱子女的要求，远远不像对子女孝父母的要求那样显著。可以想象，如果子女孝爱父母，像父母爱子女那样自然，似乎就不需如此大力提倡了。这种大力提倡本身，一方面固然说明子女孝爱父母之必要性和重要性，另一方面也在一定程度上说明它并非自然而然之事。

经济学家陈志武认为，孝道之所以在传统伦理中被抬到一个极端重要的地位，归根结底是因为，在传统社会的生产水平和金融条件下，维持生活、防范风险主要依靠家庭以及家族，而这个系统的稳定运行，需要以孝道为核心的一套家庭伦理。他对此的解释是"在任何社会里，家庭有两个主要功能，一个是经济互助，一个是精神互助。其经济功能包括两方面，第一，在家庭内部存在各种隐性金融契约关系。父母在后代身上有投资，所以后代有隐性'回报'责任；兄弟姐妹之间你欠我的、我欠他的以及这个家欠同族上另一家的关系等，相互间亦存在许多说不清、也说不完的隐性债务、保险责任。第二，因血缘关系，'家'能大大减少个体成员间利益交换的执行风险，减少交易成本。为了支持'家'的经济互助和精神互助功能，社会就必须有相配的家庭、家族文化，帮助实现这些错综复杂的隐性金融契约。这就是儒家以及其他源自农业社会的传统文化所要达到的目的，也是2500年前儒家文化产生的背景"。具体对于"孝"而言，实际情形则是"在没有市场提供的各类保险、借贷、股票、投资基金、养老基金等金融品种的前提下，成家生儿育女，而且最好是生儿子，就成了规避未来物质风险和精神风险的具体手段，即所谓'养子防老'。生儿女既是父母对未来的投资，又是为未来买的保险，儿女是人格化了的金融品种。父母也许爱子，也许不爱，这不是最重要的，关键是儿女长大后要'孝'，这是保证父母投资有所回报的关键。'养子防老'是保险和投资的概念，而'孝'则是儿女履行隐形'契约'的概念。以'孝'和'义务'为核心的儒家文化是孔孟为了降低这些隐形利益交易的不确定性、增加交易安全而设计的。"[1]

---

[1] 陈志武：《对儒家文化的金融学反思》，陈明、朱汉民主编：《原道》（第十四辑），首都师范大学出版社2007年版，第187—188页。

陈志武跳出在伦理文化以及相关经典文本之内的自我循环，从文化形成的原因着手为传统伦理提供一种外部解释。[1]他的这种解释是多数儒家伦理的信奉者不可能接受的，说孝道是孔孟等儒家先贤怀着一种功利目的"设计"出来，也不符合历史事实。我们相信，孔门贤哲之提倡孝道，以及现实生活中很多奉行孝道的人，都是真诚地将孝道视作一种应当如此的道德义务，而非出于一种迫不得已的利益交换心态。但他的论点提出了一个问题，任何伦理文化都有着一定的经济基础和功能，受制于社会的结构与要求，而非完全是人们心灵的自由创造。我们不能否认，家庭伦理文化的发达与传统社会经济条件下家庭对生产生活的重要性是分不开的。虽然，经济基础对伦理文化的影响可能并不像陈志武所描述的那样直接，不是一个从经济基础中找出问题、确定目标，然后"设计"解决方案的线性过程，而是中间经历了种种复杂曲折的博弈、规训、化民成俗；并且，一旦形成稳定的伦理文化传统，后来受此伦理文化影响的个体就会将之当成一种"天经地义"来接受和践履，而不会再逐一追溯这种伦理文化发生的社会历史渊源。但是，伦理文化就像风筝，它飘得再高再远，仍然有根线将它系在社会经济基础之上。

阳明说"意在于事亲，即事亲便是一物"，这句话本身并无问题。如果我们的观察是聚焦于行为者个体身上，那么确实会发现，是行为者的意向和动机引导、决定了他的行为。但是，如果我们将观察的镜头拉远，将个体行为放在社会历史语境中去的话，就会发现，个人都是在扮演一个社会角色，履行这个社会角色赋予他的相关义务。这个社会角色及相关义务并非个体所能自由选择，而是整个社会结构的一部分。进一步说，特定社会结构与特定生产力和生产关系等物质性的条件也是密不可分的。陈志武的上述解释主要依据是历史唯物主义的基本观点，即传统社会生产力发展水平决定着生产生活高度依赖于家庭，因而维系家庭秩序与功能正常运转的伦理文化，例如孝悌等，就特别发达。随着社会生产力和生产关系的变化，家庭的功能和整个社会结构都会相应变化，为了适应这些变

---

① 因为偏重于金融学的视角，陈志武在分析中特别强调金融工具以及相关制度的发展对伦理文化的影响。但金融属于流通、交换环节，仍然还不是最根本的，因为它本身又受制于所有制，乃至生产力发展水平等更根本的层面。对陈文的这方面批评，参见余斌：《驳"对儒家文化的金融学反思"》，《理论与当代》2007年第3期。

化，维系新的社会结构正常运转，伦理文化也会发生相应的变化。因此，现代社会的家庭伦理已然不同于传统社会，同是"事亲"，相处起来彼此之间的感觉和行为方式都已经大为不同了。

尽管有变化，但一夫一妻制家庭很长时间里是各种文化中都非常普遍的一种组织形式。按照费孝通的解释，这种组织形式主要是一种保障生育、维系社会继替的制度。因为人类女性身体构造的限制（因直立行走而骨盆变窄），人类婴儿只能在一种极不成熟的状态就被分娩出来。这导致人类婴儿的抚养需要付出极大的精力，单独母亲一方无法胜任，因而需要和父亲合作，使孩子在家庭中得到抚育。[1]因此，家庭这种制度除了受到社会经济基础的影响，在更原始之处，它还受到人类生物特征的影响。

历史唯物主义要求我们在观察"意在于事亲，即事亲便是一物"论点时调整焦点，将之还原到社会历史语境中去。不论"事亲"如何变化，至少亲子关系一时还很难彻底消失，但是"事君"对于今天的很多人来说，已经完全是历史的陈迹。从一时一事来看，确是个体的"事君之意"影响和推动着他的事君之行，"意之所在便是物"，但是个体的"事君之意"又从何而来呢？显然那不是在他封闭的精神世界中自我生长出来的，而是要从他所在社会的政治组织形态，以至更深层次的社会生产方式当中去寻找起源。古人有"事君之意"，今人则已普遍无君，即使有君可事（如英国女王、日本天皇），其"意"毕竟已经大不相同。个体之"意"的这种变化不能从个体心理本身得到解释，而只能归因于社会经济基础和政治组织形态的发展变迁。

"意之所在便是物"，但"意"本身并不是无所依傍的"心之所发"，而总是在特定的社会现实之中形成的，并受之塑造和限制。虽然事在人为，人心影响以至决定着个别世事，但是作为社会现实之整体的世事，尤其是社会生产方式，具有某种物质性，而不是以个体意志为转移的。即使从"心灵塑造文明"来理解"心外无物"的意义，陈少明也很冷静地补充说："这是在接受物在心先的前提下，考察人类意识活动在社会生活或生产秩序的形成中所起的作用，以及这种作用的基本机制而形成的论点。……物的存在是心

---

① 参见费孝通：《乡土中国　生育制度》，北京大学出版社 1998 年版。

的活动的基础与原始限制，为后者提供了基本的素材，意识活动正是施加其上，才有了对于意义的呈现。相反，如果没有对外部世界自身规定性的不断日渐深刻的认知与把握，心灵就不能够不断充盈，其活动也就没有现实基础，甚至无从谈起。"①外部世界有其自身规定性，心灵的能动性和创造作用受到这种外部规定性的限制，在这个意义上，我们必须承认，心外有物。

① 陈少明：《"心外无物"：从存在论到意义建构》，《中国社会科学》2014年第1期。

"心生于物"

　　以上关于心与物之间关系的分析，主要着眼于如下事实，即"意"之内容并非心之自由创造，而归根结底仍受制于客观的社会现实，另外也不能忽视自然本性的影响。在这个意义上，我们必须承认心外有物，更确切地说，社会存在有其不以个人的意志为转移的客观性和实在性，社会不是个体的简单相加，社会存在不能还原为个体存在。个体意识和行为不是孤立地迸发于个体的世界，然后形成和塑造社会，相反，个体意识和行为总是受社会存在的制约和影响，因而不能想当然地将前者视为先于社会的绝对原点，不加反思地接受一个"从个体意识到个体行为，再到社会存在"的单向起源故事。

　　上述分析乃是着眼于个体心灵中的内容（即所谓"意"）之社会和自然起源，而我们在谈论个体心灵之"意"时，显然已经预设了个体心灵的存在。大多数时候，这个预设当然是个无可怀疑的事实。我们能思想，能有意识地做出各种行为，从这些经验中，我们能够清楚地意识到我们的心灵。站在已有心灵的人类自身的立场看，人类有心灵只不过是一个再平淡不过的事实。如果抓住这一点继续思辨，它还有可能往极端化的方向发展，得出诸如贝克莱（George Berkeley，1685—1753）"存在即是被感知"，或笛卡尔（René Descartes，1596—1650）"我思故我在"之类的结论。也就是说，我们真正能够确定其存在的，只有内省经验以及承载了这些内省经验的心灵，至于心灵之外的世界是否存在，这超出了我们能够确知的范围。内省经验的内容可能出错，可以被怀疑，但是归根结底，那个"经验"着和怀疑着的心灵，其存在却是不容怀疑的。于是，只有通过内省才真正可及的心灵，竟成为最坚实的存在，心灵之外的世界与心灵区分开来，其实在性反而无法确定，而心灵如何通达心灵之外的世界，成为了一个颇费思量的难题。笛卡尔最终只能诉诸上帝来保证与心灵（某种精神实体）相对的物质实体的存在，然后将两种实体序列之间的交感追溯到所谓"松果体"当中去，但是这个方案很难说是自洽的。

　　一方面，心灵的存在是确定无疑的，但是另一方面，执着于这种确定无疑，又使得心灵在哲学思辨中成为一个不能继续倒退的绝对前提，因而成为一种孤立而神秘的存在。虽然不是每个人都像笛卡尔的"我思故我在"那样走到一个明确的极端，也不一定接受他的那种物质实体—精神实体二元论和身心二元论，但是我们关于心灵的观点其实很大程度上仍然是笛卡尔式的。尽管越来越多的人承认，心灵有神经系统作为其物质基础，但心灵仍旧被局限在单个个体之内来认识和理解，只不过现在它被当成孤立地发生在个体大脑之中的事情。心灵似乎理所当然地作为能够感知、思想，并做出判断、决定的先在现成主体，与心灵之外的世界构成了互相对立的两极。

然而，如果我们转变个体的视角，从整个自然界及其历史去看，就会发现一个基本事实，即心灵不是从来就有的，也不是所有的动物都有人类这样高级的心灵。从单个个体的层面看，人的心灵也经历了一个从无到有的过程。刚出生的婴儿尽管有意识，但是基本上是服从本能，因此很大程度上仍是一"物"，而尚未发展出具有复杂意识和思考能力的人类心灵。心灵的状态不是要么无，要么有，而是呈现为一个从简单到复杂、从浅显到深刻的连续谱系。考虑到这些现实情况，我们已经习以为常的人类心灵，就不能被当作一个理所当然的绝对前提，而应看到，人类心灵是一种成就，甚至是一个奇迹。因此，它有一个如何起源和发展的问题，需要得到说明。也就是说，不仅心灵的内容需要追溯起源，心灵这种独特的能力本身，同样需要追溯其发生过程。

这个问题并非与阳明心学完全无关，而恰恰是在解释他关于心物关系时必须面对的。阳明说"意之所在便是物"，这突出了人心的意向性和能动性对人的行动的影响。一个心灵成熟的人，并不总像动物或婴儿那样，只是根据本能或习惯去行动，而是会根据自己对行动之意义的理解和预期，有意地采取某些行动或避免另一些行为。这种意向性和能动性体现了人类心灵不同于其他动物的特征。仅就这个意义上来说，"意之所在便是物"只不过是表达了一种我们也习以为常的心灵观，本似无可厚非。但是，我们习以为常的心灵观很大程度上就是笛卡尔式的。在这种心灵观中，体现出意向性和能动性的心灵，被预设为人类个体普遍具备的人性能力，是哲学思辨和体系建构的一个绝对原点。阳明"意之所在便是物"之论，虽然没有明确地表达这种笛卡尔式的心灵观，但是在基本立场上，两者之间是有着亲缘关系的。

如果坚持笛卡尔式的心灵观，预设心灵的个体封闭性和相对于行动的在先性，只看到这个从"意"到"物"的过程，那么就会产生两个问题。一是它无法完全覆盖人类所有的行动，因为人类有些行动确实是本能和习惯使然，即无"意"的。二是它会面临一个非常难解的问题，即不同个体是如何达成对彼此之"意"的理解，形成对"物"的共同认识的？如果个体心灵是一个封闭的领域，只有个体自己通过内省可及，其他人无法直接探知，那么个体A意之所在之物，如何被个体B领会为同一物而不致发生误解？

这个问题并非那么一目了然，不同文化的个体之间就常常发生不同方面的误解。例如，同样是伸出大拇指这一动作，不同文化的人可能会理解为非常不同的事情（物）。这种不同，可能还不仅仅是因为对同一事物的意义理解有差异，而且也有可能他们根本就没有从动作发生的那个杂多情境中识别出同一事物。在相同的客观动作中，他们也许关注的是不同的细节或方面，比如说有的人关注的可能是手指，而其他人关注的则是拳头或手臂。所以，从动作发出者的角度看，固然可以说"意之所在便是物"，但是此"物"如何在其他个体的心灵中被识别出来，并获得动作发出者所欲表达的那个意义，这个问题在笛卡尔式的心灵观之下，不是一个想当然就能回答清楚的难题。

尽管同一文化中不会发生上述误解，但是如果这些动作都是在先的个体心灵之意向性的表达，那么这些表达的意义是如何被其他个体领会，不同个体之间如何穿透彼此心灵而形成的一种互相理解和共同表达？或者说，不同个体是如何形成共同文化的？上述难题仍然存在。毕竟，按照笛卡尔式的心灵观，两个个体最初相遇时，他们各怀心思，其情形与来自陌异文化的两个个体相遇并无二致。

有些人会认为，这个问题并不难回答，就是约定俗成而已。但其实这只不过是将问题进一步推后为"约定俗成是如何可能的"？因为"约定"的前提，恰恰就是不同的个体心灵达成某种一致理解，而按照笛卡尔式心灵观，这正是难题之所在。即使到这里，还是有人会觉得这并不是什么难题，他们会说，约定俗成是个体心灵在共同社会生活中不断碰撞磨合的结果。

然而，我们一旦沿着这条思路考察个体心灵对事物及其意义的共同感知与理解，就会发现，心灵之意以及呈现在心灵中的相关事物并非个体心灵先在之独造，而是受社会互动中其他个体对该事物之反应的影响和塑造。一个行动所呈现出来的意义，并不完全取决于行动者的主观意图，很大程度上它还取决于与之互动的其他个体的客观反应，行动者对其行动之意义的理解和预期，也因此在很大程度上来源于他在社会互动中获得的对他人客观反应的经验。换句话说，意义本来就不是来源于封闭的个体心灵，而是产生并客观存在于社会互动之中，因此它原本就是公共的而非私密的。按照这种对"事""物"意义的说明，也就不会出现对个体心灵之间如何达成对事物及其意义的共同感知和理解的疑问。进而言之，个体心灵并不是社会性行动和互动的前提，恰恰相反，个体心灵所理解的意义，以及个体心灵本身（在很大程度上就是根据对行动意义的理解来调控自身行动的能力）是在社会互动中才涌现出来的。这一解释人类心灵现象的思路是社会行为主义（social behaviorism）的，它彻底颠覆了笛卡尔式个体主义和内省主义心灵观，其典型代表是美国哲学家和社会心理学家米德。

米德帮助我们从习以为常的笛卡尔式心灵观中醒悟过来，将心灵作为一种自然和社会现象予以考察。既然将心灵作为一种自然和社会现象，就要说明其从无到有的过程。米德认为，社会行动和互动最初表现为"姿势"（gesture）①及其互动，所谓"姿势"就是互动中引发对方反应的某种动作，其中并无心灵对姿势之意义的自觉。比如说两条狗打架就是一种姿势的对话。这两条狗总是根据对方的姿势来调整自己的反应，一方的反应对另一方而言又构成一种姿势，双方都不是根据自己内心的某种先在意向，而是即时地根据对方的姿势来调控自己的行动。这些姿势和反应共同构成了"打架"这一浑然一体的互动活动，至于这个互动活动中的个体，其实并不是特别突出，互动活动是实在的，但有心灵的个体并未出场。观察者并不是从狗的心灵中，而就是从这一客观的互动活动中去理解狗的姿势的意义。米德说："愤怒在进攻中表现，害怕在逃跑中表现，我们能够看见，姿势意味着有机体的这些态度，也就是说，这些姿势对我们有意义。我们看见一个动物在发怒并且正要进

---

① 米德论述中的这个术语通常被翻译为"姿态"，但考虑到 gesture 的那种动态性，我们认为译为"姿势"更加传神一些。

攻。我们知道这一点，是从动物的动作中得知的，是由动物的态度显示出来的。我们不能说该动物意欲进攻，意即它经过思考决定进攻。"①

米德还以婴儿和父母之间的互动为例说明人与人之间的姿势互动。婴儿发出哭声，这对父母构成了一种刺激，作为反应，父母会有意识地调整自己的声调和动作，而婴儿的哭声也会随之变化。米德将双方的姿势及其应变视为一个"共同社会行动"（common social act）的组成部分。所谓"共同社会行动"，根据我们的理解，并不简单指这个动作是由多个个体共同参与的，而是强调，要将包含了不同个体姿势及其调整变化的互动活动视为一个有机整体。也就是说，"社会"在这里并不只是强调社会交往这一一般意义的形容词，在一定程度上它是想表明"社会"（父母—婴儿）是个现实的有机体。父母照料婴儿这一整体性的"行动"是在这个有机体之中发生的，归属于这个有机体，甚至可以说是这个有机体在活动。对于这一"共同社会行动"而言，我们首先看到的是情境中父母—婴儿互动的有机整体，而不是父母和婴儿的个体行动。有心灵的个体（对婴儿而言）或者个体的心灵（对父母而言）在此也并未出场，仅就这一点而言，情形与上述两犬相斗是类似的。

当然，姿势互动只是社会互动较为原始的形态。在上述父母照料婴儿的情境中，婴儿最初的哭喊完全是本能性的。尽管这哭喊对父母而言是有意义的，父母能够从孩子的哭喊中发现他有某种需要，比如说肚子饿想吃奶了，但是婴儿自己最初并不知道自己的哭喊和想吃奶之间有任何关联。也就是说，哭喊对婴儿而言，并没有对他父母而言的那种意义。但是，随着婴儿的成长，他慢慢发现，他的哭喊总是能够在父母那里引起一些反应，来满足他的需要。以至于一旦他有某种需要，想要得到父母的某种反应，他就开始有意地哭喊，甚至"假装"哭喊，以实现他的意图。这时，哭喊对这孩子来说，就获得了一种意义。这种意义不是从他内心当中无端地冒出来的，而恰恰来源于他和父母之间持续的姿势互动经验。哭喊在

---

① George H. Mead, *Mind, Self, and Society*, ed. Charles W. Morris (Chicago: University of Chicago Press, 1934), 45. 中译参见乔治·H. 米德：《心灵、自我与社会》，赵月瑟译，第50—51页，译文有所改动，下同。在米德的思想中，态度（attitude）和姿势意义相连，并不是存在于内心的某种主观的意向，而是呈现于姿势中某种客观的意义。

这一互动中发挥着各种实际的功能，父母对哭喊的回应，使孩子的需要得到满足，也使哭喊在孩子那里获得了意义。

哭喊仍然是一种姿势，但是当孩子获得了其意义之后，这种姿势就成了一种符号。所谓符号，就是表意的姿势。原始的姿势互动中，互动各方只是随机应变，对做出姿势的个体而言，其姿势是没有明确意义的。但是，当姿势进化为表意的姿势或符号时，后者对互动各方具有了一种普遍的共同意义。具体而言，这个表意的姿势或符号一方面会在其接受者那里引起某种反应，另一方面也会在其发出者那里引起相同的反应。例如，当一个孩子故意哭喊时，他对接下来父母的反应是有一种预期的，他开始知道他自己所做的事情有什么意义。这时，意义就从客观的社会互动进入到个体的经验，而个体的心灵也就在这个过程中发生了。

有意义的姿势或符号之进一步发展，就产生了语言。语言也是一种姿势，一种用声音发出的姿势。[①]孩子的哭喊就是一种声音姿势（vocal gesture）。根据米德的分析，声音姿势有一个显著的特征，那就是姿势发出者同时能够听到自己发出的声音，而无声的姿势通常是姿势发出者无法同时感知的。也就是说，声音姿势在刺激其他个体的同时，对自己也构成了相同的刺激。"于是，声音姿势便有了一种其他姿势没有的重要性。当我们的脸上显示出某种表情时，我们自己看不到。而当我们听到自己说话，则很容易注意。某人恼火时会使用一种很激动的语调，但当他听到自己的声音后便突然住了嘴。愤怒的面部表情则不是这样的刺激，它不会在该个体身上引起它在其他人身上引起的表情。人们在声音姿势上比面部表情上更善于约束、控制自己。"[②]

语言最初是从互动中的声音姿势演变而来的，它像其他姿势一样融嵌在社会互动之中，并在社会互动中发挥功能，获得意义。但是因为语言特殊的轻灵性，它又能够在很大程度上游离于它原本融嵌其中的社会互动情境，个体于是能够在自身之内模拟一种语言

---

① 在米德的理解中，语言首先是发生在世界之中的一种行动，或行动的一个有机构成部分，而非对已然存在在那里的内部或外部世界的一种叙述或表象。就此而言，米德已经开启了一种语言行动（speech as act 或 speech act）论。关于米德思想和语言行动论之比较，参见冯月季：《言语行为理论：米德与牛津学派的比较研究》，《重庆工商大学学报（社会科学版）》2017年第4期。

② 乔治·H.米德：《心灵、自我与社会》，赵月瑟译，第74页。

（亦即声音姿势）的互动，例如，小孩看起来经常独个儿在那里自言自语，但其实它是在扮演不同的角色互相对话。在米德看来，心灵就发生于这种内在的对话，同时，自我也在这种角色扮演中逐渐浮现出来。他说："只有凭借作为表意符号的姿势，心灵或智能的存在才是可能的；因为只有凭借作为表意符号的姿势，思想才能发生，思想无非是个体借助于这些姿势与自己进行内在化或者说隐默的对话。我们在社会过程中与其他个体进行的外部姿势互动在我们的经验中内在化，这乃是思想的本质。"①当然，随着语言以及运用语言能力的发展，语言逐渐超出了它原初的行动属性和互动功能，从而遵循它自身的特点和规律，朝更加抽象、轻盈的方向演化，不再仅仅只是作用于社会互动的庸常世界，更是建构出一个丰饶、微妙而多变的意义世界。但是，不管语言飘得多高多远，它的根基和源头仍然是在社会互动之中，表意的声音姿势的是它的本色。

　　按照笛卡尔式心灵观，心灵是不可置疑、退无可退的绝对起点，意义以及表达意义的语言和行动，都来源于心灵，社会是从心灵这个源头发展而来。但是如前已论，笛卡尔式心灵观难以回答如下问题：封闭而孤立的心灵中生发的意义、语言和行动，是如何被其他心灵理解，进而形成社会共同理解的？②米德完全颠覆了笛卡尔式的个体主义和内省主义心灵观。他不是从心灵出发去说明语言和行动的意义，进而说明社会的发生，而是恰好相反，从社会互动出发来理解个体在其中的姿势，从而说明意义、语言的性质和起源，进而说明心灵和自我的发生。也就是说，在心灵和语言产生之前，我们已经在社会互动中形成了彼此"意会"的经验母体，只有在这个经验母体之中，心灵和"言传"才得以可能，后二者只不过是经验母体之冰山一角。

----

① 乔治·H. 米德：《心灵、自我与社会》，赵月瑟译，第53页。
② 米德用一个比喻，非常生动地截中了笛卡尔式心灵观以及相应的语言观之痛处："语言学家往往从一个囚室中的犯人的视角想问题。这个囚犯知道其他犯人也关在类似的囚室里，想和他们交流。因此，他想出了一些交流的办法，例如敲击墙壁这样一些随机的举动。按照这种视角，我们每个人都被关在意识的囚室里，知道其他人也如此囚禁着，于是发展出与他们交流的方式。"但是很显然，如果没有社会互动在先，犯人的这些举动将是徒劳的，他们不可能形成可被共同理解的交流方式。米德认为："对语言（language）或言语（speech）（它的产生及其起源和发展过程）的研究是社会心理学的一个分支，因为只有根据一个相互作用的有机体群体内的社会行为过程才能理解它。"（乔治·H. 米德：《心灵、自我与社会》，赵月瑟译，第7页）维特根斯坦对"私人语言"的批判和"语言游戏"说，与米德对语言的理解有相通的旨趣。

米德《心灵、自我和社会》一书的编者莫里斯（Charles W. Morris，1901—1979）在为该书撰写的《编者导言》中赞誉米德说："他已表明'心灵'和'自我'完全是在社会过程中产生的，并且他第一个分析了这一发生过程。无需赘言，一个比它小得多的成就已足以成为科学和哲学中的一个里程碑。米德的工作标志着社会心理学作为一门科学真正诞生的初期阶段。"①米德意义上的"社会心理学"是真正的"社会"心理学，因为他突出了个体心理的社会起源和社会性，而不像一些心理学取径的社会心理学那样，总是将社会心理还原为个体心理，认为只有后者才是真实存在的。

与笛卡尔式心灵观的内省主义相对，米德是从可观察的行动来理解心灵在其中的功能的，在这一点上，米德是行为主义的。但是，米德的行为主义又不同于华生（John B. Watson，1878—1958）的那种简单粗暴的行为主义。后者干脆完全否认内省经验的存在，仅仅套用刺激—反应公式和动物式的条件反射来解释人的客观行为，而米德的行为主义则在承认内省领域的前提下，通过对社会互动过程极其敏锐和细致的洞察，深刻而合理地揭示了内省领域或心灵的社会发生机制，因此米德的行为主义是一种"社会行为主义"。

按照米德对姿势、意义、语言、心灵、自我之起源的社会性说明，可以化解上述"共同理解"的难题。因为所谓的共同理解本来就存在或孕育于共同的社会互动母体之中，姿势以及作为一种声音姿势的语言，原本是社会互动中的有机组成部分，其意义不是私密的，而是客观地发生在姿势与反应的关系之中，本身就对参与社会互动的各方而言是公共的。心灵和自我并不是意义的来源和创造者，最初的过程并不是意义从心灵外化到社会行动之中；恰恰相反，心灵和自我是客观的社会互动过程进入个体经验的结果，是社会互动过程使心灵和自我成为可能。也就是说，意义的社会性和普遍性是前提而不是结果，这种社会性和普遍性的意义从外到内地孕育和塑造了个体心灵。在此基础之上，才有个体心灵从内向外地输出意义和社会行动，这种输出才能在其他个体那里被理解和回应。因此，那种在发生学意义上，将心灵预设为意义和社会之绝对起点

---

① 查尔斯·W. 莫里斯：《编者导言：身为社会心理学家和社会哲学家的米德》，乔治·H. 米德：《心灵、自我与社会》，赵月瑟译，第8页。

的笛卡尔式心灵观，只能是一种迷思。

心灵和自我并不能仅仅局限在个体的大脑之中加以说明，而应该放在更加广阔的社会互动过程中去理解。米德说："这样以社会过程来解释或说明的意识或经验，不能被定位于大脑之中……意识是机能性的，而非实体的；在这个术语的任何一种主要意义上，它都必须定位于客观世界中而不是大脑中——它属于我们置身其内的环境，或者说是这个环境所特有的。然而，定位于大脑、确实发生在大脑里的，是我们由之失却和重获意识的生理过程：这个过程有点类似于上下拉动窗帘的过程。"①尽管意识或心灵是以大脑为主要的生理基础才得以实现的，但是大脑只是意识的必要条件，而非充分条件，大脑—心灵中所发生的事情，需要放在"我们置身其内的环境"之中才能得到完整的说明。就好像尽管一间房子有时候拉上窗帘，好像成了一个封闭的空间，但是这间房子里所发生的事情，并不决定于房子内部的物理构造（类比大脑的物理构造），而是起源和发展于房子外面的社会世界。②

米德对个体心灵之社会起源的说明，促使我们重新思考，心灵究竟是否当被理解为一种与物质世界对立的异质存在。米德给我们的启示是，心灵是从无到有地从物质性过程中发展出来的，它与这个物质性过程是连续而非断裂甚至对立的。如果进一步追溯，社会互动这个物质性过程又以一个更为广大的物质性过程为背景，那就是有机体与环境的互动。在米德的同道杜威（John Dewey，1859—1952）看来，人类心灵还应放在有机体与环境互动的自然进程中去理解。

人类心灵的出现并不一蹴而就，而是处于一个自然进化的连续序列之中。有机体需要不断与环境互动来满足生存需要，维系自身的完整和平衡，这是有机体不同于无生命物之处。无生命物在环境中消散或重组，并无一种个体完整性和持存性，它们不与环境相对，而是隐没在环境之中，只是构成环境的一部分。不同的有机体

---

① 乔治·H. 米德：《心灵、自我与社会》，赵月瑟译，第128页。
② 在如何定位心灵这个问题上，米德在近一个世纪之前提出的洞见，对当今的心灵哲学研究应当有所触动。当今心灵哲学在很大程度上正是仅将心灵定位在大脑之中，至多加上身体，探讨一种具身化的心灵（embodied mind），但这仍然不免将心灵定位于个体之中。按照米德的比喻，这些工作无异于试图仅仅通过房子的物理构造来解释房子里发生的复杂故事。

以不同的方式与环境互动。动植物已经与无生命的物理存在和过程不同，杜威说，动植物具有"精神—物理"（psycho-physical）的性质。这种性质是指，"物理的活动已经获得了一些附加的特性，即能从周围的环境中获得一种特殊的交互作用的支持以满足需要"①。例如植物，似乎已经显示出一种"感受"（feeling）能力，例如喜光、喜湿之类。植物同环境打交道的方式中，已经透露出某种生存智慧甚至主动性。当然，这种能力在植物那里还只是模模糊糊、似有还无的，到了动物那里我们就更加确定了。动物活动的范围扩大了，和环境互动的方式也更加复杂，表现出更高的智能，例如，在一些长距离的迁徙和精密的合作中我们能看到的，这类动物的智能甚至令人类叹为观止。

我们常说"万物有灵"，这个说法如果不朝神秘化和神灵实体化的方向理解，是有其道理的。这种"灵"不是某种人格或神格实体，而是客观地呈现在万物的活动方式之中的。即使是无生命物，其活动也表现出某种节律，因而也似有某种较低程度的"灵"。动植物与环境互动的生命活动更加活泛、复杂，因而显得更"灵"一些。杜威的"精神—物理"概念启示我们，"精神"与"物理"并不是截然相分和对立的两种性质，"精神"无非是发生在物理世界之中的一种客观现象，而不是莫名其妙地从物质世界之外，降临和附加于物质世界的某种非物质（按笛卡尔的话说是"无广延"）的灵异实体。可以说，不同事物有不同的活动方式，因而呈现出不同程度的精神。杜威说："物理的、精神物理的和心理的之间的差别乃是自然事情的交互作用不断增长地复杂化和紧密化的一种在程度上的差别。认为物质、生命和心灵是代表三种分别的'实有'（Being）的观点，正如许多其他哲学上的误谬所由起源一样，乃是

---

① 杜威：《经验与自然》，傅统先译，商务印书馆1960年版，第204页。

把后来产生的机能实体化之后所产生的一种主张。"①

"精神"是一种在物理活动中呈现出来的有深浅高低之不同程度的性质，而不是一种非有即无的实体，这是理解人类心灵的一个基本背景。人类心灵需要放在一个自然进化的连续序列之中，这个序列从物理的存在方式，到精神物理的存在方式，最终发展到一种有心灵的存在方式，心灵是人类同环境打交道的独有方式。精神物理性的动植物（尤其是动物）虽然有某种感受（feeling）能力，但是这种感受是一种直接给予和刺激，对动植物而言并不具有一种自觉的意义，而人类则在此基础上更进一步，发展出心灵。杜威说："正如生命是事情在一种特殊的组织状态之下所具有的特点，而'感受'是以复杂地运动着的和有区别的反应为特征的'生命—形式'的一种性质一样，'心灵'也是有感受的动物所具有的一个附加的特性，这时候，它已经达到有了语言、有了互相沟通那样一种与其他有生命的动物交互作用的组织状态。于是感受所具有的各种性质（qualities）就显示出意义，这意义关于外在事物的客观区别、关于过去与将来的时间秩序。性质不同的感受不仅仅是发生在那里，而且显示出关于客观区别的意义，事物的这样一种状态就是心灵。感受不再仅仅只是被感受到，它们具有和产生意义，记录过去和预期未来。"②

和米德一样，杜威也认为，"意义"对心灵有特殊的重要性。心灵本质上是一种特殊的经验能力，它不仅仅只是被动地感受，而且能够在与自然和其他有机体互动的过程中识别出有机地构成这一过程的诸事物和环节，使之成为对象（objects），理解其呈现出来的

---

① 杜威：《经验与自然》，傅统先译，第210页。这种心灵观是亚里士多德灵魂学说的现代回响。"在古希腊哲学中，灵魂是指生命的原则。凡有生命者皆有灵魂，而不只是为人所特有。根据亚里士多德的观点，灵魂是生物的形式，不是一个独立的、实在的东西，它是指一组心理能力。这些能力包括消化生长的能力，欲求、感知、运动的能力以及思想的能力。只要拥有这些能力中的一种，一物便具有灵魂。植物能汲取营养，能生长，所以也具有灵魂。"（余纪元：《亚里士多德伦理学》，中国人民大学出版社2011年版，第55页）这种非实体化的心灵或灵魂观念对我们今天理解人工智能也有启示作用。所谓"智能"，最好也应当理解为事物运行方式中体现出来的一种性质，而不宜将之于某种特定类型的实体。因此事物的"智能"通常是程度之别而非有无之别，而且判断一物之"智能"程度的标准并不是永恒不变的。一个最简单的计算器，在信息技术尚未发达和普及的年代，或者对一个苦于算术题的小孩来说，可能显得非常智能，但是现在我们大多数人都觉得计算器不过是一物罢了，和剪刀、订书机之类物品一样属于文具，并无什么智能。所以将何物识别为智能物，一方面取决于该物的运行方式，另一方面也取决于判断者自身智能的水平。
② 杜威：《经验与自然》，傅统先译，第207页。译文有改动。

意义，并且运用语言来表达、交流，以至创造性地重组这些意义。心灵使人以一种特殊的方式与环境和其他有机体打交道，不再只是停留于被直接给予的感受，并直接被这些感受驱使去行动，而是根据对事物之意义的理解和运思，自觉地去行动。于是，人逐渐从与环境浑然一体的互动中走出来，并在语言和意义世界里建构起属于"自我"的环境。

杜威和米德关于心灵起源的说明告诉我们，尽管心灵呈现在个体身上，但它却是在更为广阔的自然和社会过程中发生的事情，是在有机体与环境，以及有机体之间的互动中逐渐浮现出来的一种性质或活动方式。概言之，心灵是"人与环境交互作用中形成的、不断发展变化的意义系统"①。之前提及米德的那个房子的比喻，对杜威的上述思想也是完全适用的。尽管一些故事发生在房子里，如果拉上窗帘，好像只有里面的人知道发生了什么，外面的人什么也看不见。但是，这并不意味着故事就是起源于这所房子，更有可能的情况是，房子发生的故事是一个更宏大的故事的一部分，如果没有那个更宏大的故事，房子里发生的一切将是不可理解的。个体心灵就像是这所房子，其中发生的故事是一个更大的自然和社会故事的章节、缩影或点睛之笔。笛卡尔式的心灵观就是个体心灵中发生的一个离奇故事，很多人都想当然地相信了这个故事。但是，这个故事之所以可能，是因为我们已经有了能够运用语言和逻辑进行纯粹思辨的心灵，而这种高度发达的心灵本身是自然史和社会史发展的一种成就。人类心灵走得太远，以至于沉浸在自己的世界中，完全脱离和遗忘了曾经孕育它的自然和社会母体，任思辨驰骋，臆造出笛卡尔式的心灵神话。②

---

① 陈亚军：《杜威心灵哲学的意义和效应》，《复旦学报（社会科学版）》2006 年第 1 期。
② 因此，笛卡尔式心灵观面临的难题，并不对应真实世界中的难题，而是因为我们的思维必须通过语言，语言的某种超验误用将我们引进了那个牛角尖。可参见江怡：《哲学就是对语言的误用——试论中期维特根斯坦对哲学的消解》，《自然辩证法通讯》1999 年第 5 期。

阳明心物关系论的另一重向度

我们之所以不厌其烦地阐述米德和杜威所还原的心灵诞生故事，是因为阳明的"心外无物"之论未尝没有笛卡尔式心灵观的嫌疑，而以往这个领域的研究者对此中问题通常习焉不察，积非成是。了解了米德和杜威钩沉索隐而得的心灵故事，我们可以在一个更坚实的基础上，以更全面的视角来理解和评价阳明的心物论。"心外无物"只是阳明心物论中的一重向度，强调"心"之于"物"的决定意义，以凸显个体在工夫实践中的能动性与责任，在米德和杜威思想的启示之下，我们再读阳明留下的一些宏论，可能会有不一样的理解，阳明心物论中其实还透露出另外一重向度。

阳明论心和良知，一方面经常强调这是"吾性自足，不假外求"，鼓励和鞭策每个个体"先立乎其大"，保持良知之省觉，亦即奠定和坚持做人的基本方向。但另一方面，阳明又将心和良知定位在天地之间，或者说要在一种极其深宏的宇宙背景中来理解和表彰，其中有一些论述甚至夸张到费解的地步。这里不妨照录其中典型一段：

> 道无形体，万象皆其形体；道无显晦，人所见有显晦。以形体而言，天地一物也；以显晦而言，人心其机也。所谓"心即理"也者，以其充塞氤氲而言谓之气，以其脉络分明而言谓之理，以其流行赋畀而言谓之命，以其禀受一定而言谓之性，以其物无不由而言谓之道，以其妙用不测而言谓之神，以其凝聚而言谓之精，以其主宰而言谓之心，以其无妄而言谓之诚，以其无所倚着而言谓之中，以其无物可加而言谓之极，以其屈伸消息往来而言谓之易，其实则一而已。

> 今夫茫茫堪舆，苍然聩然，其气之最粗者欤！稍精则为日月、星宿、风雨、山川，又稍精则为雷电、草木、花卉，又精而为鸟兽、鱼鳖、昆虫之属；至精而为人，至灵至明而为心。故无万象则无天地，无吾心则无万象矣。故万象者，吾心之所为也；天地者，万象之所为也。天地万象，吾心之糟粕也。要其极致，乃见天地无心，而人为之心。心失其正，则吾亦万象而已；心得其正，乃谓之人。此所以为天地立心，为生民立命，惟在于吾心。此可见心外无理，心外无物。

所谓心者，非今一团血肉之具也，乃指其至灵至明、能作能知者也。此所谓良知也。然而无声无臭，无方无体，此所谓"道心惟微"也。以此验之，则天地日月四时鬼神莫非一体之实理，不待有所彼此比拟者。古人之言合德合明、如天如神、至善至诚者，皆自下学而言，犹有二也。若其本体，惟吾而已，更何处有天地万象，此大人之学所以与天地万物一体也。一物有外，便是吾心未尽处，不足谓之学。①

阳明此段论述大开大合，极尽其学之广大高明的一面。第一段大意是说，天地大化本是一存在之整体，这一存在之整体若从不同面向观察，可以显示出其不同的要素或特征，诸如气、理、命、性、道、诚、精、心、诚、中、极、易等。这些要素或特征尽管面向不同，但呈现的都是存在之整体，"其实则一而已"。儒学传统中关于从物体到人心的存在连续性早有论述，最著名的如荀子所说："水火有气而无生，草木有生而无知，禽兽有知而无义，人有气、有生、有知，亦且有义，故最为天下贵也。"（《荀子·王制篇》）荀子的论述虽然没有直接涉及人心的构成，但也暗示了人的心灵、道德、理智，虽然是人最为天下贵的本因，但并非自创自生，而是物质发展、生命进化而来。而在宋明儒学中关于天地万物与人心的关系也常有所见，其中与我们当前的论题特别相关的，是"以形体而言，天地一物也；以显晦而言，人心其机也"一句。

如果没有"人心"，"道"就是混沦的存在，所谓"天地一物也"。即使无人心，也不妨道运行于天地之间。人心只是道之"机"，使原本混沦一体的道由"晦"而"显"，从"天地一物"中分别出气、理、命、性、道、诚、精、心、诚、中、极、易等不同面向。这说明，一方面，心外并非无事无物，只不过这事物在无心的状态之下并不区别和呈现为对象之物。另一方面，阳明并没有将人心局限在个体之内理解，而是视之为"道"这一整全存在背景中之事，所谓"人心其机"，"其"代指的正是"道"。"人心其机"的说法也表明，阳明没有将心当成一个实体，而是当成一种机

---

① 朱得之：《稽山承语》，王阳明：《王阳明全集》（新编本）卷四十，吴光等编校，浙江古籍出版社 2010 年版，第 1608—1609 页。

能或时机性的过程。人心并非天马行空，随意创造，而是依循于道本身之实情，并将这一原本混沦的实情对象化，区别和呈现出其不同面向。这一点在上引第二段中表达得更加明确。

第二段根据气之精粗区分不同的存在形式，人属气之"至精"，尤其人心，更属"至灵至明"，这也不是将人心视为与物质相对立的某种实体，而是"至精"之气体现的"至灵至明"的能力和活动。这很容易让我们联想起杜威所描述的从物理的、到精神—物理的、再到心灵的这样一个发展序列。这段中再次提及，"天地无心，而人为之心"，与上段中"以形体而言，天地一物也；以显晦而言，人心其机也"一样，表明心尽管着落于个体，但并不起源和局限于个体，而是天地大化这一客观过程中孕育的一种能力，其发生、发展和作用都应该放在这一客观过程中去理解。此段中说，"故无万象则无天地，无吾心则无万象矣。故万象者，吾心之所为也；天地者，万象之所为也"。这不是说，"万象"是人心事先凭空臆造，进而依之鼓动天地大化，而是恰恰相反，先有天地大化之客观过程，后有人心将之对象化以成"万象"。尽管"万象者，吾心之所为也"，但这种"为"不是存有论上的无中生有，而是认识和实践中对已然存在之事的对象化。因此心有正不正的问题，所谓"心失其正，则吾亦万象而已；心得其正，乃谓之人"。这个正与不正，并不完全是心在私底下的某种决断，而是有其规范性标准，这个规范性标准并不来源于心，而是蕴含于天地大化过程之中的那个"道"。所以，这一段结尾处总结说"此可见心外无理，心外无物"，这就不仅仅只是要强调人心之能动性，而是强调人心因其独一无二的至灵至明的能力，故应担负起一种责任，否则天地大化之客观过程，以及其中之道，就晦而不彰了。所以阳明这里要说："此所以为天地立心，为生民立命，惟在于吾心。"

最后一段依旧是重申上述心物关系论，并指明其工夫论意义。"所谓心者，非今一团血肉之具也，乃指其至灵至明、能作能知者也。此所谓良知也"，这仍是表明，心不是某种精神实体，而是一种能力和活动。"然而无声无臭，无方无体，此所谓'道心惟微'也"，也就是说，这"至灵至明、能做能知"的心，不是无端地降临到个体头上，而是有一个漫长的自然和社会过程以及此中形成的默会的（tacit）经验母体（"无声无臭，无方无体"）作为基础，方才可能的。"天地日月四时鬼神莫非一体之实理，不待有所彼此比拟者"，这是再次强调物和理之客观性。心所能做的只是"彼此比拟"，也就是将原本客观存在的物和理从特定的面向予以对象化，成为人心能够理解和追求的东西，即所谓"古人之言合德合明、如天如神、至善至诚者，皆自下学而言，犹有二也"。最后，阳明再次强调了人心的责任："若其本体，惟吾而已，更何处有天地万象，此大人之学所以与天地万物一体也。一物有外，便是吾心未尽处，不足谓之学。""若其本体，惟吾而已，更何处有天地万象"容易引发出一种唯我论的误解，其实这里并不是说只有"吾"才是那个本体，而是说"本体"（天地大化及其中之道）只在"吾"心中才显示为"天地万象"，若无吾心，这本体便只如其所是地存在。因此，为学的目标就是如实地领会和依循"本体"，"与天地万物一体"，不可脱离客观的物与理而师心自用，往而不返。阳明最后说："一物有外，便是吾心未尽处，不足谓之学。"此中也蕴涵着一种"心外无物"的主张，不过这时的"心外无物"不是陈述一个事实，表明凡事都有"意之所在"，而是提出一个规范性主张，要求此灵明之心承担起自身的责任，裁成辅相天地万物而不遗，使之皆合道得宜。

　　我们之所以要疏解阳明的这些论述，首先当然是因为其费解。乍看之下，这些论述似乎只是对人心和良知的一种过分浪漫的夸张和颂扬，难以究其实义。在杜威和米德思想的鉴照之下，我们上面对阳明之宏论尝试给出了一种解释。这种解释与我们对阳明心学的通常印象大为不同，突出了物和理之先在性与客观性，揭示了人心这一能力及其活动其实是以物和理的客观性为基础的。阳明"心外无物"之论，除了是对"意之所在便是物"这一观点的一种极端化（以至已经变形）表达之外，其实还传达出一种规范性的内涵。"意之所在便是物"强调了个体内心观念或主观意图之于行动的重要性，但是后面这种规范性的内涵，则预设了物和理的客观性，并以此对内心观念或主观意图提出了一种限制。这后一个方面也应是阳明心学的题中之义，但是我们往往片面地强调前一个方面，即主观能动性的方面。通过上面的分析，希望能够起到一些纠偏作用。

　　我们看到阳明留下的类似论述还有不少，按照我们上面的分析，借鉴杜威和米德的思想，也都可以得到妥善的理解。例如：

人的良知，就是草、木、瓦、石的良知。若草、木、瓦、石无人的良知，不可以为草、木、瓦、石矣。岂惟草、木、瓦、石为然，天地无人的良知，亦不可为天地矣。盖天地万物与人原是一体。其发窍之最精处，是人心一点灵明。风、雨、露、雷、日、月、星、辰，禽、兽、草、木、山川、土、石，与人原只一体。故五谷禽兽之类，皆可以养人；药石之类，皆可以疗疾。只为同此一气，故能相通耳。[①]

阳明这里的"良知"，不是道德良知这一狭义上的良知，而是指人心，如上段所引，"所谓心者，非今一团血肉之具也，乃指其至灵至明、能作能知者也，此所谓良知也。"这也是将良知宽泛地理解为人性的那种灵明的能力。"若草木瓦石无人的良知，不可以为草木瓦石矣"，并不是说如果没有人的良知，草木瓦石之实物便消散不在了，而是说，如果没有人的良知，这些实物就不会从浑然一体的存在中凸显出来，成为对象，被区别和命名为草木瓦石。

当然，这种区别和命名也不是人心之臆造，而是基于人与这些实物打交道的实践过程。人何以将草木和瓦石区分开？这固然与它们的客观属性相关，但是何种客观属性在分类和命名活动中被突出出来，也不是偶然的。草木和瓦石不仅意味着不同的客观属性，更意味着不同的与之打交道的方式。这些客观属性各不相同的实物，在不同的互动中充当不同的角色，发挥不同的功能，是这些角色和功能使得某些客观属性在分类和命名活动中被突出出来。草木和石头是自然物，尚且如此，瓦是人造物，就更是如此了。总之，这种分类和命名不是先在每个个体心中孤立地被发明，然后再通过某种方式将每个个体的意见糅合为一个社会普遍接受的系统，而本来就以社会生产和交往实践中形成的共同经验为基础，个体心中的分类和命名知识是这种共同经验进入个体的结果。

阳明再次说："盖天地万物，与人原是一体。其发窍之最精处，是人心一点灵明。"仍是强调两个要点，第一，人心是天地万物"发窍之最精处"，这个"发窍"虽然着落于个体，但它所透露的却是天地万物之整体的消息，因此人心不是局限于个体之内的事

---

① 王守仁：《传习录下》，《王阳明全集》卷三，吴光等编校，第107页。

情，而是一个更大的自然和社会过程的有机参与者。第二，无论是之前将人心描述为"道"之显晦之"机"，还是这里将人心描述为天地万物之"发窍处"，这都是将心灵理解为一种机能或过程，而非一种实体。所谓"发窍处"，是一个通孔，恰好是虚而非实的。

　　阳明这里解释说人和天地万物一体的基础是"同为一气"，从他所举的例子来看，或可以有不同的理解。他举的例子说："故五谷禽兽之类，皆可以养人；药石之类，皆可以疗疾。只此同为一气，故能相通耳。"五谷禽兽之养人，药石之疗疾，当然有实物客观属性（或曰气）上的相通之处才是可能的，但是这种相通仍然不仅仅只是基于现成的实物客观属性之相通（同为一气），而且还应基于社会实践中所实际发生的相通。某物之为食物或药物，一方面固然取决于该物之客观属性，但另一方面更加取决于人类社会的饮食实践和医疗实践。人和该物之关系，是在这些实践中才真正建立起来的。扩大言之，人之与天地万物为一体，固然可以以一种形而上学预设或各方之客观属性（同为一气）为基础。但是，在社会实践活动中实实在在地与天地万物打交道，才是这种"一体"状态更加坚实的基础，也即是说，天地万物实实在在地参与和构成了我们的社会实践活动，这个社会实践活动是一体的。在这个一体的社会实践活动中，天地万物的某些客观属性才凸显出来，从而在我们的经验中被对象化，获得区分和命名。总之，一体的社会实践是先在的，个体心灵之发生与天地万物之为"物"（亦即成为一明确的对象，object）都是在社会实践这个母体过程中才成为可能的。

　　阳明下面一段论述也素称难解：

　　　　可知充天塞地中间，只有这个灵明，人只为形体自间隔了。我的灵明，便是天地鬼神的主宰。天没有我的灵明，谁去仰他高？地没有我的灵明，谁去俯他深？鬼神没有我的灵明，谁去辩他吉凶灾祥？天地鬼神万物离却我的灵明，便没有天地鬼神万物了。我的灵明离却天地鬼神万物，亦没有我的灵明。如此，便是一气流通的，如何与他间隔得！①

---

① 王守仁：《传习录下》，《王阳明全集》卷三，吴光等编校，第124页。

　　有不少心理学家和心灵哲学家，将人的心灵局限地理解为在个体大脑之中所发生的事情，这何尝不是阳明所批评的"人只为形体自间隔了"？"我的灵明，便是天地鬼神的主宰"，此语单看着实难通，或当与前句对看，表示不以形体将人心之灵明间隔在个体之内，而是将之置于天地大化的过程之中。"主宰"亦只能虚化地理解，即不是我的灵明主导控制了天地鬼神，而是像后三句所说的，我的灵明所做的只是仰天之高，俯地之深，辨鬼神之吉凶灾祥。"天地鬼神万物离却我的灵明，便没有天地鬼神万物了"，不是说离却我的灵明，天地鬼神万物本身就消失了，而是说，离却我的灵明，天地鬼神万物就只是混沦一物，不会被对象化，无法从混沦一物中凸现出来，显示自己的特征。接下来一句尤其值得注意："我的灵明离却天地鬼神万物，亦没有我的灵明。"就是说，我的灵明不是凭空臆造了这些对象及其特征，天地鬼神万物在人心未萌之时，已经在大化之过程中扮演着自己的角色，发挥着自己的功能，因而已经各自获得了客观的意义。人心的出现以这些意义和符号为前提，是人与自然之互动以及人与人之社会互动等客观过程的内在化。"我的灵明"应该谦虚地、如实地去领会"天地鬼神万物"之道，而不能反过来将一己之私意勾兑为"天地鬼神万物"之道。

　　综上所论，我们发现阳明心物论实蕴涵双重向度。第一重当然是我们已经习以为常的，强调人心之意向性和能动性的"心外无物"论，而我们上面借鉴米德和杜威的思想，对阳明若干看似不经之狂语所做的分析，则揭示出阳明心物论之另一重向度。在这一向度上，阳明强调，人心应当放在一个更广大的物（天地）和理（道）的背景中来理解。

　　人心是天地万物之"发窍最精处"，是道由晦而显之"机"，它不是无端地降临在个体封闭的世界中，作为个体行动乃至社会存在的绝对发起点，而是在天地大化，或者说有机体与环境，以及有机体之间的互动过程中，逐渐进化出来的一种性质和活动方式。意义以及表达意义的行动、语言，都不是发源于个体孤立的心灵中，然后从内向外地输出，以形成社会存在；这个过程恰好是相反的，也就是说，意义以及表达意义的行动（姿势）、语言（声音姿势）都是发源于人类有机体与环境，以及人类有机体之间客观的互动过程。它们已经先行在这些互动过程中有效运转，然后才进入个体经验之中，使心灵成为可能，心灵反而是客观的互动过程内在化的结果。

如果仅仅只是将眼光聚焦在现实生活中行动的个体，那么"意之所在便是物"，或者这个意义上的"心外无物"，通常还是可以成立的。但是当我们追问，"意"的内容从何而来？进一步地，能够领会和思考意义，并依此有意地采取行动的那种心灵能力又是从何而来？这时候，我们恐怕不得不承认，心灵之外还是存在着不以人的心灵为转移的客观自然和社会，"意"的内容不是心之臆造，而是很大程度上受到后者的塑造。而人类心灵这一现象本身，也需要还原到自然和社会过程中，才能够真正理解其起源。因此，我们得承认，不仅心外有物，而且心生于物。当我们这样承认时，并非事先预设心与物是截然相分和对立的两种存在形式，然后再去探讨它们之间的关系如何，而是将心视为这个世界上发生的一种自然和社会现象，在这个意义上，心与物（自然和社会互动）就是连续的过程。"意之所在便是物"（以及这个意义上的"心外无物"），只有放在心外有物、心生于物的过程之中，才是可以理解的，否则，如果片面强调这种"心外无物"论，就势必陷入我们之前批评过的那种笛卡尔式心灵观。

强调人的意向性和能动性，这当然是正确和必要的。阳明心学在这个意义上主张"心外无物"，以唤起人积极的意向性和能动性，无论在阳明的时代，还是在今天，这都是迫在眉睫的任务。但是，人的意向性和能动性并非无源之水、无本之木，其觉醒和规范性内容的获得，都只有在自然和社会互动过程中才是可能的。将普遍性社会问题的解决完全寄望于个体主观世界的提振和顿悟是不切实际的。因此，阳明提出的"心外无物"论，其实应当理解为一个规范性要求，要求人心如实地去体察天地万物之运行及其中之道，不可臆造，不可遗漏，从而履行人心作为天地万物之"发窍最精处"和道由晦而显之"机"所应当承担的责任。阳明心物论本来有双重向度，既强调人心的意向性和能动性，或者说主体性，也强调人心应该面对和承担的规范性和客观性，两个向度恰好构成一个平衡的系统。但是，不能否认，从阳明开始，主体性的向度就开始偏胜，在其学后来的传播中，这种情形更是愈演愈烈，以致流弊甚深。我们今天借助米德和杜威的社会心理学思想，重新阐释阳明心物论，正是希望恢复阳明心物论中主体性和客观性原本的平衡。

第四章

演化心理学与道德在世界中的位置

　　个体心灵并不是一个先验的绝对原点，它不是从来就存在，而是在漫长的自然史和社会史中逐渐发展和形成的，因此也应该作为一种自然和社会现象来理解。在上一章中，我们借鉴米德和杜威一系的真正的"社会"心理学，将阳明"心外无物"论或"意之所在便是物"之论所适用的个体行动过程，还原到一个更加广阔的自然（有机体与环境）和社会（有机体之间）互动过程中去。这个自然和社会互动过程不以个体心灵为前提；相反，个体心灵只有在这个互动过程中才成为可能。换言之，在一个更加健全也更加真实的视野中，不仅心外有物，而且心生于物（这里的"物"就是指客观的自然和社会互动过程）。"心外无物"或"意之所在便是物"（这里的"物"则指个体意向和行动引发的事态）只有放在这个视野中，才能获得妥善的理解，而不至于由个体主义和内省主义的心灵观而步步陷入神秘主义和狂妄自大的境地。

　　阳明心学不乏将人心放在天地万物的大背景之中（而不是与天地万物相对）来定位和理解的论述。通过对这些论述的诠释，我们重新抉发了阳明心物论中经常被忽视的一个重要向度，即阳明不仅通过"心外无物"论来强调个体心灵的意向性和能动性，而且通过一种暗含的"心外有物"和"心生于物"论，提示个体心灵所面临的客观性和规范性限制。这样两个方面的厘清可以帮助我们把握阳明心物论在主体性和客观性之间原本的平衡。对心灵与世界之关系的这一更加健全而平衡的理解，将为我们接下来的探讨打下重要的基础，也是本书始终贯穿的原则立场，在对其他细分主题的探讨中，我们会不断地回到这一原则立场。

　　虽然阳明对人心的理解中也蕴含着一个客观的向度，但在高扬个体能动性的同时，他将人心放在一个更广大的物（天地）和理（道）的背景中来理解。然而，无论是阳明学本身，还是多数学者及大众对阳明学的接受，都更加偏重于个体能动性的一面，而忽视其中所包含的客观性与规范性维度。这一方面是因为阳明心学确实主要突出人心的动能和决定性作用，另一方面也是因为他对人心理解中所蕴含的客观向度的解释与论述基本上是抽象的思辨或想象，如他所谓，"以形体而言，天地一物也；以显晦而言，人心其机也"①，以及"盖天地万物与人原是一体。其发窍之最精处，是人心一点灵明"②等等。因此，要发挥这些思辨或想象之语所蕴含的价值，我们需要从经验知识的角度对它们进行新的诠释和充实，而演化心理学可以对我们的工作提供最有效的帮助，因为后者是当今社会心理学研究道德心理起源的一个重要路径。

虽然本书的宗旨是比较阳明心学与当代社会心理学，但重点还是在如何透过社会心理学的经验发现和解释框架来重新理解阳明心学的主要命题。因此，我们的进路也要循着阳明的思路来确定，在接下来几章中，我们将按照阳明四句教的顺序展开具体探讨，而本章所要做的工作是在演化心理学的视野下，对四句教之首句"无善无恶心之体"提出一些不同角度的理解。

---

① 王阳明：《稽山承语》，《王阳明全集》（新编本）卷四十，吴光等编校，第1608页。
② 王阳明：《传习录下》，《王阳明全集》（新编本）卷三，吴光等编校，第117页。

演化与进化

　　演化论的诞生是人类历史上一次重大的知识和思想革命，它不仅深刻地影响了生命科学研究，而且也打破了生物性和社会性的二元分离，为人类心理和行为研究，乃至社会科学研究提供了新线索。演化论视角已经成为社会心理学的一个主要理论视角。[①]演化心理学的一个重要目标是解释道德心理的起源。在演化心理学的语境中，道德心理不是人所特有的，而是在动物界中普遍存在的，它先于社会文化而存在，通过遗传预先装配在动物身上。之所以如此，是因为拥有这些所谓"道德本性"的物种获得了更高的适应性，通过自然选择而存活下来，而那些未能演化出"道德本性"的物种则被淘汰了。

　　对道德心理的这种演化论解释，将"有善有恶"的道德世界之起源追溯到一个"无善无恶"的自然世界中去，虽然明显具有道德还原主义之嫌，但可以为我们理解阳明四句教中的首句"无善无恶是心之体"提供一个独特的视角。虽然"无善无恶是心之体"的基本含义是心之体无执于善恶，在阳明学中更多的是指一种工夫圆熟之后所达到的境界，而不是说能分辨善恶的心是从一个原本无善无恶的世界中产生的，但是，这两层意思并非全无关联。对道德心理之起源的这种理智上的认知，或许有助于在工夫实践中达到一种无执于善恶的境界。

　　达尔文（Charles Robert Darwin，1809—1882）创立的学说在中国有一个更加流行的译名——进化论，这个译名一方面使接受者对达尔文学说有了一种直截了当的认知，但是另一方面也蕴含着一些严重的误解。"进化"，顾名思义，是朝着进步的方向发展变化，在这个过程中，先进的不断出现，落后的不断被先进的战胜和淘汰。与此相应，原本主要针对自然世界的进化论，在中国人的理解中却往往呈现出浓重的社会和人生哲学意味。这种社会和人生哲学对世界的典型想象，是群体之间、个体之间残酷竞争，优胜劣汰。从积极的方面看，这种哲学有一股催人奋进、鼓舞斗志的力量，但是它又有可能过头，鼓吹一种成王败寇的社会达尔文主义，为一些恃强凌弱、弱肉强食的社会局面和行为辩护。

[①] 参见道格拉斯·肯里克、史蒂文·纽伯格、罗伯特·西迪奥尼：《西奥迪尼社会心理学：群体与社会如何影响自我》，谢晓非等译，北京联合出版公司2017年版，第357—359页。

　　达尔文主义传入中国之时，中国正面临西方列强侵略日深和亡国灭种的危机，这个翻译上的误会反映了当时急切的民族生存竞争焦虑，而早期严复的"天演论"译法则逐渐被弃之不用。达尔文主义的某些因素契合了这种焦虑情绪，因而迅速流行。但是在这种焦虑之下，中国人接受和传播达尔文主义时也出现了偏差，一个突出的表现就是社会达尔文主义盛行。尽管已经过去一百多年，中国在这一百多年里经历了天翻地覆的变化，逐渐走向了民族复兴之路，但是近代以来因落后挨打而形成的民族屈辱感、仇恨和民族生存竞争焦虑却并未消散。在当前特殊的国际形势之下，这些情绪甚至愈演愈烈，只不过心态上从当年落后挨打者的"知耻而后勇"，变成了如今后来居上者的"扬眉吐气"。但不管怎样，中国人所理解的达尔文主义似乎仍然偏重于社会达尔文主义。①

　　达尔文主义是一种关于自然界物种演化的描述性学说，而社会达尔文主义则着眼于社会领域，而且它不止于描述事实，还提出了一些规范性的伦理主张，认为强者获得生存优势是理所应当的，而弱者就应该被淘汰。达尔文主义并不蕴含社会达尔文主义，自然演化中优胜劣汰的事实，并不意味着在社会生活中应当将优胜劣汰奉为绝对普遍的伦理法则。特殊的历史情境使中国人接受了一种变形的达尔文主义。虽然这种变形的达尔文主义曾经发挥过积极影响，激发起一种民族意识和奋发图强的斗志，但是它毕竟是对达尔文主义的偏离。变形的达尔文主义妨碍了达尔文主义本身的传播，使很多人对达尔文主义所揭示的自然演化缺乏基本了解。

　　有鉴于此，尽管进化论已经是一个约定俗成的译名，但我们还是刻意地使用了"演化"来替代"进化"。"进化"这个译名让人以为，物种是朝着进步的方向演化，但这并不符合达尔文主义的实际，因为物种的演化其实并没有一以贯之的进步方向。为什么演化不是进化？要回答这个问题，我们需要对达尔文演化论的要点稍作梳理。

　　演化的基本意思是说，物种在漫长的自然史中，从共同祖先那里经过逐渐的变异和分化而产生，适应环境的物种生存了下来，而

---

① 参见何怀宏：《试析〈天演论〉之双重"误读"》，《北京大学学报（哲学社会科学版）》2013年第6期。

不适应环境的则消亡了。演化论与基督教的创世神话至少有两个关键的不同点，首先是共同祖先，其次是逐渐分化。在犹太—基督教的创始神话中，物种从一开始就是分化的，而且是在很短的时间内（"第三日"到"第五日"）分别被创造出来的①。对于非基督教文化或多神论国家而言，这两点似乎并不太难接受，主要原因在于没有什么更好的理论来解释物种的起源。

　　在达尔文之前，已经有人注意到演化的事实，并对之提出解释，这其中有典型意义的是拉马克（Jean-Baptiste Lamarck，1744—1829）主义。拉马克主义认为演化的机制是"用进废退"。也就是说，环境对生物生存提出了一些适应性挑战，生物在应对这些挑战的过程中发生了一些器官上的改变，这些改变通过遗传在生物后代身上得以保存。例如，拉马克主义对长颈鹿之长颈的解释就是，一些地方没有牧草，只能吃树叶，为了吃到树叶，一些鹿的脖子就越来越长。当然也有另外一种情形，就是原本有用的器官，因为环境改变而变得无用，从而发生退化。很多人接受的演化论，其实是拉马克主义，而不是达尔文主义。达尔文对演化机制的解释不同于拉马克的"用进废退"论。

　　达尔文主义提出的演化机制是自然选择（natural selection）。在拉马克主义的"用进废退"论中，似乎环境的压力可以任意塑造生物的特征，适应性特征在有需要的时候必然会出现。但是在达尔文主义中，适应性特征的出现是偶然变异的结果，而不是在适应环境的过程中后天地形成的。偶然的变异使生物物种发展出多样性特征，这些特征被动地接受环境的筛选②。在特定环境中，某些特征幸

---

① 对于亚伯拉罕宗教来说，"进化论"意味着对耶和华/上帝/真主阿拉创世说的否定或偏离，因此，遭到极端的或原教旨主义者强烈反对。早在1925年3月23日美国的田纳西州就颁布法令，禁止在课堂上讲授"人是从低等生物变来的"理论，禁止宣传达尔文的"进化论"观点。直到1968年，美国联邦最高法院才作出判决，田纳西州、阿肯色州、密西西比州等禁止学校讲授"进化论"的法律"违宪"，与美国精神相悖，必须给予废除。另据英国《每日邮报》2017年6月26日报道，土耳其副总理曼·库尔图尔穆什说，达尔文的进化论是"过时的和坏坏的"，而土耳其国家教育委员会负责人阿尔帕斯兰·杜尔穆什（Alparslan Durmus）宣布，土耳其将禁止高中教学达尔文的生物进化论，学校使用的标准生物教材中"生命的起源和进化论"这一章节将被删除。

② 自然选择并非完全被动的，新的研究证明基因突变也非完全随机的，而是一定程度上有方向的。（参见 J. Gery Monroe et al., "Mutation Bias Reflects Natural Selection in *Arabidopsis thaliana*," *Nature* 602, no. 7895 (February 2022): 101–105, https://doi.org/10.1038/s41586-021-04269-6.）但由此能否推论出社会发展并不是文明间被动的、无情的优胜劣汰，而是这个社会内部的人先主动勇敢地选择一个方向，然后才会带来社会的"突变"，适应新的大环境，这是一个值得思考的问题。

运地使拥有这种特征的生物更具适应性，更具适应性的生物物种获
得更大的生存和繁衍机会，而那些不够幸运、未能变异出这些特征
的物种在同样的环境中，就没有这种适应性优势。此消彼长，更具
适应性的生物物种及其相关特征就成为自然界中更加普遍的存在，
而其他物种则被淘汰了。达尔文说："我把这种有利的个体差异和
变异的保存，以及那些有害变异的毁灭，叫作'自然选择'，或
'最适者生存'。……有些人甚至想像自然选择可以诱发变异，其
实它只能保存已经发生的、对生物在其生活条件下有利的那些变异
而已。"①

　　自然选择理论在达尔文学说中地位非常重要，"达尔文最重要
的贡献是揭示了演化机制，即自然选择机制的存在"②。"自然选择
是达尔文主义的核心"③。一方面，自然选择理论使达尔文的演化论
同其他关于演化的猜想和学说区别开来，另一方面，自然选择理论
也是达尔文演化论中最具哲理内涵的部分。这里首先需要排除一些
可能的误解。有人可能会自觉不自觉地认为，"自然选择"背后似
乎有一个有意志、有目的的主体，这主要是因为"自然选择"中的
"选择"二字容易给人造成这样一种印象。虽然达尔文在《物种起
源》开篇先以人工选择的例子作为铺垫，但是自然选择与有目的的
人工选择是完全不同的。人类在种植植物和养殖动物时，会根据自
己的目的挑选出更符合这个目的的生物个体，使之繁育，经过不断
地筛选，获得最优秀的，也即最符合人类目的的品种。但自然选择
不是这样一种有目的的选择，自然并不是一个有意志的主体。自然
选择过程中发生的优胜劣汰只是一种客观的结果，而不是一种主观
的评价和取舍。

　　达尔文清楚地知道一些人对"自然选择"的误解，并作了解
释："照字面讲，没有疑问，自然选择这一用语是不确切的；然而
谁曾反对过化学家所说的各种元素有选择的亲和力呢？严格地实在
不能说一种酸选择了它愿意化合的那种盐基。有人说我把自然选择
说成为一种动力或'神力'；然而有谁反对过一位著者说万有引力

①达尔文：《物种起源》，周建人、叶笃庄、方宗熙译，叶笃庄修订，商务印书馆1997年版，第95页。
②龙漫远、陈振夏：《达尔文和他改变的世界——纪念达尔文诞辰200周年》，《科学文化评论》
2009年第4期。
③郑也夫：《神似祖先》，中国发展出版社2017年版，第29页。

控制着行星的运行呢？每一个人都知道这种比喻的言辞包含着什么意义；为了简单明了起见，这种名词几乎是必要的。还有，避免'自然'一词的拟人化是困难的；但我所谓的'自然'，只是指许多自然法则的综合作用及其产物而言，而法则则是我们所确定的各种事物的因果关系。"①

排除对"自然选择"的拟人化的、目的论式的误解之后可以发现，达尔文主义的自然选择也并没有特定的方向，并不是说经过自然选择而留存下来的物种就一定更加高级，或越来越趋近完美。如果说自然选择有什么标准的话，唯一的标准就是对环境的适应性。更能适应环境的生物物种在生存奋斗中幸存下来，这就客观上通过了自然选择。更具适应性并不意味着某些生物物种更受"自然"的"偏爱"，也不意味着它们更高级，或者更完美。在一些极端环境下，可能恰恰是一些更加简单的生命形式更具适应性，因而能够顽强地生存下来。因此，由自然选择形成的演化并不一定就是"进化"，它并不排除退化或者静止不变等可能性，只要后者能够使生物物种在环境中生存和繁衍，那么它们就都是整个演化故事中的合理章节。

达尔文的演化论对基督教的创世论构成了直接的挑战，因此尽管他很早就写出了演化论的著作，但是可能是因为顾忌这种挑战所引发的思想、社会动荡，达尔文迟迟未将这些著作公开发表，只是私下里示之于极少数专家好友。直到有人将与他观点相似的研究成果寄给他，他才不得不将自己的演化论著作公之于众。作为一种全新的生命观乃至世界观，达尔文演化论的问世的确给当时的思想界、学术界、神学界带来了巨大的冲击，并毫不意外地激起宗教界人士的强烈敌意和攻击。即使到今天，这种敌意和攻击也不能说完全平息了。在达尔文之后，不同领域的科学家从各方面不断地充实和发展演化论，演化论也逐渐成为生物学及相关研究的基本纲领。在这个过程中，宗教界也在调整对待演化论的态度，重新定位上帝对自然所发挥的作用，逐渐接受自然神论的基本主张，即上帝只是启动了世界，但之后不再插手具体的自然过程。这种更加虚悬的、理念化的而非具象化的、人格化的上帝观念与演化论及自然科学之

---

① 达尔文：《物种起源》，周建人、叶笃庄、方宗熙译，叶笃庄修订，第95—96页。

间，就不再是一种不可调和的冲突关系，在近代和现代演化论及自然科学甚至还成为了一些人抵达上帝信仰的新路径。

但是，也有不少人对演化论提出挑战，认为演化论并没有也不可能解释所有的生物现象，因此我们必须诉诸一个智慧设计者（intelligent designer）。尽管智慧设计论并不直言这个智慧设计者就是上帝，但不论它是什么，智慧设计论都指向了一个有目的、有意志的存在，仍然是一种变相的有神论。智慧设计论者的基本思路是，生命现象的复杂精妙不太可能通过渐进的演化而产生，如果没有一个智慧设计者，这些现象就无法得到解释。例如，像眼睛这样的器官，它由非常复杂的部件构成，各部件之间精密配合，共同使视觉成为可能。对功能完善的眼睛而言，任何一个部件都是不可或缺，不可随意改变的，任何部件的缺失或性状变异都将使眼睛无法发挥视觉功能。在一些智慧设计论者看来，这种复杂精妙的器官很难想象是通过一个渐进过程逐步演化出来的。也就是说，像眼睛这样的器官要么就是所有部件，一有全有，一体完备，要么压根儿就不可能存在，因为它的各个部件不可能各自分别演化，然后又恰巧凑成了眼睛。如果这些复杂精妙器官是一开始就一体完备的，那么就很难不去设想背后有某个设计者。[①]

但是智慧设计论者这种诉诸"不可还原的复杂性"的论证并不一定站得住脚。其实达尔文对此类挑战早有预料，在《物种起源》中他专门辟出一章"（演化）学说的难点"，该章有一小节提到"极端完善的和复杂的器官"。在这里达尔文就曾直言："眼睛具有不能模仿的装置，可以对不同距离调节其焦点，容纳不同量的光和校正球面的和色彩的像差和色差，如果假定眼睛能由自然选择而形成，我坦白承认，这种说法好像是极其荒谬的。"[②]但是达尔文并不认为演化论对这些"极端完善的和复杂的器官"的产生无法提出解释，而是已经初步提出了一些解释。这个解释认为，即使这些复杂器官，也是通过长期的、无数的细微演化累积而成的。在指出上述困难之后，达尔文马上就说："理性告诉我，如果能够示明从简

① 参见迈克尔·J. 贝希：《达尔文的黑匣子：生化理论对进化论的挑战》（修订版），邢锡范等译，中央编译出版社 2006 年版，第 34—42 页。
② 达尔文：《物种起源》，周建人、叶笃庄、方宗熙译，叶笃庄修订，第 197 页。

单而不完全的眼睛到复杂而完全的眼睛之间有无数各级存在，并且像实际情形那样地每级对于它的所有者都有用处；进而如果眼睛也像实际情形那样地曾经发生过变异，并且这些变异是能够遗传的；同时如果这些变异对于处在变化着的外界条件下的任何动物是有用的；那末，相信完善而复杂的眼睛能够由自然选择而形成的难点，虽然在我们想象中是难以克服的，却不能被认为能够颠覆我的学说。"①

在演化之初，并没有一个目的指向我们今天所见的眼睛的诞生。最开始演化出来的与后来的眼睛有关的生物性状，也许只是一些只能模糊感受光线明暗的细胞，经过无数偶然的变异，逐渐发展出由简单到复杂的视神经和成像功能，形成我们今天所见的眼睛。视觉并不是一种要么完备，要么全无的功能。固然各部件的精密配合使眼睛有了如今所见完善的视觉功能，但并不是说任一部件缺失或性能不足就一定会导致视觉功能的完全丧失。达尔文主义的忠实捍卫者道金斯（Richard Dawkins，1941—）是这样反驳智慧设计论的："据说一个功能单元具有不可还原的复杂性，如果移去其中的一个部分就会引起整体功能的失效。对于眼睛和翅膀而言这被假定为不证自明的事实。但是，只要我们稍稍思考这些假定，立刻就会看出其中的谬误。一个白内障患者，当她的晶状体被外科手术移除后，没有眼镜她就不能清楚地视物，但却不至于模糊到撞上一棵树或从悬崖上跌落。……具有一半功能的眼睛或许就能挽救一条动物的生命，而具有49%的眼睛刚巧就无济于事。（不可能之山峰的）平滑的坡度由不同的光照条件、不同的距离（看清猎物或捕食者）提供。"②

在达尔文和道金斯等演化论者看来，眼睛等复杂精密器官的出现经过了漫长的演化路径，其复杂精妙是由细微变异累积而成，即使对此种演化细节的了解还有诸多未尽之处，但它们是有迹可循的，并非"不可还原"的奇迹，不需要诉诸上帝或所谓智慧设计者来解释。"不可能之山峰"是道金斯对智慧设计论观点的一个比喻，这个比喻形象地展示了演化论和智慧设计论各自的逻辑："山

① 达尔文：《物种起源》，周建人、叶笃庄、方宗熙译，叶笃庄修订，第 198 页。
② 理查德·道金斯：《上帝的错觉》，陈蓉霞译，阎勇校订，海南出版社 2017 年版，第 103 页。

峰的一面是悬崖，几乎难以攀爬，但另一面却是一座平缓的斜坡。顶峰则是一种复杂的器官，如眼睛或细菌的鞭毛驱动器。诸如复杂性可能通过自发的方式而组装起来的荒谬概念，就相当于从悬崖的底部一下子跳跃到顶峰。相反，演化（原译为'进化'，本书行文中统一改译为'演化'——引者注）则相当于沿着山峰的背部，通过平缓的斜坡逐步接近顶端：容易！……试图利用不可能性论据的神创论者总是设定，生物适应现象要么是一下中个大奖，要么就是一无所获。'中个大奖或是一无所获'这一谬见的另外一种说法就是所谓的'不可还原的复杂性'。眼睛要么能视物，要么就是不能。翅膀要么能飞翔，要么就是不能动弹。认为其间没有有用的中间阶段，但这恰恰是错误的。……现实中的生命寻找的是不可能之山峰背面的平缓斜坡，而神创论者对此却一无所见，只看见山峰正面令人畏惧的绝壁。"①

　　在演化论者看来，智慧设计论者需要回应这样一个问题，假如智慧设计者真的存在，是它创造了异彩纷呈的生物世界，那么这个智慧设计者又是如何在世界中出现的呢？智慧设计论者肯定不会承认，他们设想的智慧设计者是自然演化而来的。如果承认智慧设计者是自然演化而来，那何不一开始就承认生物世界是自然演化而来？先预设智慧设计者创造生物世界，再通过自然演化来解释智慧设计者的出现，完全是多此一举。而且，通过自然演化来说明智慧设计者的难度，绝对不会低于直接通过自然演化来说明生物世界。因为智慧设计者理应比由它创造的生物更加复杂，智慧设计论者已经认为生物世界中存在"不可还原的复杂性"，那么智慧设计者本身之"不可还原的复杂性"程度较之生物世界应当是有过之而无不及的。智慧设计论者已然认为，生物世界之"不可还原的复杂性"无法通过自然演化来说明，那么智慧设计者的那种更高程度的"不可还原的复杂性"又如何可能通过自然演化来说明呢？智慧设计者似乎只能陷入无限倒退，不断诉诸更高级的智慧设计者。或者干脆走向赤裸裸的有神论，断言终极的智慧设计者是某种超自然的存在，根本不以人类能够感知和理解的方式存在，人类只能通过非理性的信仰去接近它。但是，以这样一种诉诸信仰的方式终止对生物

---

① 理查德·道金斯：《上帝的错觉》，陈蓉霞译，阎勇校订，第101—102页。

世界所谓"不可还原的复杂性"的研究，这很难不说是一种理智上的懒惰。

演化论和智慧设计论在互相切磋的过程中都在不断成长。一些智慧设计论者不再全盘反对演化论，如他们并不怀疑演化论中共同祖先和自然选择这两个要素，但是对供自然选择的遗传突变何以发生的问题有不同的见解。智慧设计论者贝希（Michael Behe，1952—）从演化速率的角度对演化论的遗传突变观点提出了挑战。贝希论证说，如果遗传突变是随机的，演化速度将非常缓慢。根据他对哺乳动物总数的估算，以此为遗传突变发生的基数，在它们演化所经历的时间长度之内，只可能发生非常微小的遗传突变，远不足以分化出我们今天看到的如此繁多的哺乳动物物种。又如，生活在南极的鱼类演化出了血液抗冻的机制，而演化历史更为悠久，种群规模更加庞大的疟原虫却未能演化出抵抗低温的机制，这种概率上的反常也对遗传突变的随机性提出了挑战。所以，贝希认为，遗传突变或许并不是随机的，而是蕴含着一些特定的方向。[①]贝希提出的问题很有意义，但是由此滑向智慧设计论却并不是最好的选择，引入智慧设计者非但无助于问题的解决，反倒是制造了智慧设计者这样一个本身就难以解决的问题。贝希等智慧设计论者的工作本来可以更有价值，"如果此论研究者能够停止对于'设计者'的不明不白的牵涉，而将精力集中于对于生物结构的'可演化性'的研究之上的话，那么，相关的否定性研究或许会促发我们提出一些更具说明力的演化模型，或至少是新达尔文主义的修订版本"[②]。

今天我们站在演化史的峰顶看这个生物世界，有时确实会惊异于生物物种的丰富多姿，各显其能，进而从眼前的自然世界引发出对超自然存在的某种遐思。尽管这种遐思并不一定会指向一个清楚的智慧设计者，或者人格化的神灵，但是很可能形成一些相对模糊的类似概念，例如天意、天命、天道、天德，指向某种冥冥之中塑造和范导世界的超自然力量。但是演化论者坚信，持续的遗传突变和自然选择就可以解释生物物种的分化以及各种复杂性状的产生，

---

① 参见 Michael J. Behe, *The Edge of Evolution: The Search of the Limits of Darwinism*, (New York: Free Press, 2007).

② 徐英瑾：《演化、设计、心灵和道德——新达尔文主义哲学基础探微》，复旦大学出版社 2013 年版，第 66 页。

这背后并没有预先设立的目的，当然也没有一个有目的的智慧设计者，或者某种"冥冥之中的力量"。在奇妙的生灵世界乃至浩渺的宇宙面前，保持一份谦虚和敬畏之心是完全合理的，甚至应该的，产生某种对超自然存在的想象甚至信仰，也属人之常情，并非绝对不可接受，这种宗教或准宗教情怀对抑制人类的狂妄自大或许是有益处的。但是，对超自然存在的想象和信仰不可陷入独断和偏执，否则可能罔顾对自然世界的理性探究和了解。

虽然智慧设计论是很年轻的学说，但是其背后蕴含的宇宙目的论，在中西方都是相当古老的思想传统，其形式不仅有神创世说，也有各种不同的理论。《周易·系辞下》即曾有言："天地之大德曰生。"这句话当然可以仅作一种自然主义的理解，即只是将它视为对天地之间万物生生不息的一句诗意的描绘。但是，一种目的论思维在这里很容易潜入进来，似乎万物生生不息的背后有某种仁慈的主宰力量，以其"好生之德"创造和维系着万物之生生不息。但是理智告诉我们，自然也是相当残酷的。"生生不息"的印象其实是一种"幸存者偏差"，在地球历史上，曾经发生过多次物种大灭绝，例如恐龙灭绝就是我们都有所耳闻的灭绝事件。偶然的气候变化或可能发生过的地外星体撞击，使曾经盛极一时的生物物种退出地球舞台。甚至"地球上生存过的物种，绝大多数都灭绝了"[1]。因此，我们在观察地球生命时，得摆脱那种"幸存者偏差"，不能只看到还活着的，还得看到绝大多数曾经活着但不幸灭绝了的。"演化与灭绝是相伴而生的，几乎每一个古生物学家都早已清楚这一点。从某种意义上来讲，两者都'需要（离不开）'彼此。我们很容易就能明白，除非演化已经产生了'命该如此'的生物，否则灭绝就不会发生。……反之亦然。除非灭绝消除了地球上相当一部分的生物，否则就不会发生任何显著的演化。"[2]

即使不论物种大灭绝，仅就幸存者而言，其复杂精妙固然有令人叹为观止之处，然而拙劣以至"害生"的"设计"也所在多有。例如，人类的喉部构造就难称精妙，负责将大脑指令下达给声带的喉返神经，居然绕道心脏附近之后，才沿着曲折的路径迂回到与声

---

① 道金斯：《盲眼钟表匠》，王道还译，中信出版社2014年版，第275页。
② 尼尔斯·艾崔奇：《灭绝与演化》，董丽萍、周亚纯译，北京联合出版公司2018年版，第155页。

带相关的喉部肌肉。还有，气管和食管的开口位置接近，如有不慎，食物可能呛入气管，造成窒息，处理不及时会致人死命。又如，基因上的微小错乱会导致一些遗传性疾病，给患者生活造成巨大的困扰和不幸。如果真有智慧设计者的话，何至于发生这样令人遗憾的错乱呢？当然，智慧设计论者或有神论者并非不能消化这些事实，而且为了解说这些事实，他们甚至发展出了非常专门的学问，类似于神正论（theodicy）。但与其费尽巧思去琢磨这样所谓的玄学，不如将精力放在认识和解决那些引起麻烦的事实问题上。

从物种大灭绝，以及这些看来拙劣甚至"害生"的生物性状来看，我们想到的不再是"天地之大德曰生"，而是老子所说的"天地不仁，以万物为刍狗"（《道德经》第五章）。有人试图从天地自然德行发展出一些规范性的伦理主张或者形而上学理论，且不说这可能抹杀实然与应然之间的界线（对试图由此发展规范性伦理主张而言），单就对实然世界的认识而言，这些只看到天地之大德的伦理主张和形而上学理论就犯了以偏概全的错误，忽视了天地之间还有大量生命未得善终以及害生的情形。[①]其实，演化本身是盲目的，它并不趋向某种完美的生物或器官，而是随机地变异出各种性状和物种。然后，这些性状和物种在环境中生生灭灭，留下的是适者，这就是自然选择或"天择"。此所谓"选择"，并不是一个有目的、有意志的取舍过程，而只是一个客观的优胜劣汰过程。被"选择"并不意味着受到某种偏爱，而只意味着在环境中幸存下来。自然只是众多现象的集合，而不是一个主体，这些现象理论上都可以在自然层面找到解释，我们也应该努力从自然本身去寻求解释，而非诉诸某种有目的和意志的超自然存在。所以天地并无所谓仁或不仁，仁或不仁只是人类事后对自然演化某部分结果的一种各执己见的评价。

因为演化论传入中国时的特殊历史情势，使中国人对演化论的接受出现了目的论的偏差。直至今天，提起演化论（或更为熟知的"进化论"），恐怕不少人所想到的实际上是一套社会达尔文主义观念，而对达尔文演化论的本义，反倒是不甚了了，经常只是停留

---

① 劳思光先生对此问题有清醒的认识和反思，参见劳思光：《新编中国哲学史》（三卷上），广西师范大学出版社 2005 年版，第 61 页。

在一些非常粗略，甚至似是而非的理解上。例如，很多人对演化机制的理解，恰好是拉马克主义的"用进废退"论，而不是达尔文主义的遗传突变与自然选择。又如，将"物竞"主要理解为物种与物种之间的直接敌对，也是有失偏颇的。演化图景中物种竞争的方式虽然包括你死我活的直接交锋，但就整体而言，这种竞争更像是田径比赛而非搏击比赛，赢得竞争依靠的是在应对环境挑战的比赛中，比对手表现出更高的适应性，而不是直接打击和消灭对手。我们对演化论或进化论很可能看似熟知，却未必真知，因此亟需一些正本清源的工作，使演化论的本义及其对生命观和世界观的革命性影响得以彰显。

在人类文明高度发展的今天，人这个物种曾经经历的漫长的自然演化史已经逐渐被遗忘。我们理所当然地以"万物之灵"自居，历史思维也常常只是限定在人类从动物界脱颖而出之后的社会史。殊不知，相较于漫长的自然演化史而言，人类的社会史和文明史可谓渺然一瞬，是非常晚近和短暂的。人类之成为"万物之灵"并非天经地义、从来如此，而是带有某种偶然性的幸运之事。很可能只是自然演化中的一些微小变异，使今天统治地球的这支智人（*Homo sapiens*）获得了某种适应性优势，最终以并不特别强大的身躯，走上了统治地球之路。人类社会史和文明史同自然演化史之间、人和动物之间，并非完全割裂的关系，而是存在着某种连续性。了解自然演化史及其赋予人的自然性（动物性或生物性），是了解人类社会和文明的一把钥匙。

道德心理的演化

　　尽管今天人类心灵与行为方式已经由于社会文化的塑造而变得非常复杂多样，但我们不能由此就忽视自然演化赋予我们的本性，它们仍然在持续地发生影响。人类社会文化发展的时间相对于自然演化史而言是如此之短，短到我们的自然本性还来不及发生太大的新演化，所以今天的人类实际上仍是以一副相当古老的身躯和头脑行走于世。虽然我们确实已经与其他动物渐行渐远了，但是我们身上的动物性是根深蒂固的。这些动物性并不是人类特有的，与我们有共同祖先的其他动物也遗传了一些与我们接近的品性，这其中不仅仅有身体器官解剖学方面的，而且也包括行为方式甚至心理方面的，例如，通常被认为属道德之重要内容的利他行为和心理。

　　根据对演化论的一种直观理解，生物有机体要通过"物竞天择"之考验，自保和自利似乎是必然的策略。或者说自保自利的个体能够获得更大的适应性而保存下来，不如此的个体则已经在物竞天择的过程中被淘汰了。达尔文推断道："比较富有同情心的和仁慈的双亲所生育的后代，或者对其伙伴比较忠诚的双亲所生育的后代，其数量是否会比同一部落的自私而奸诈的双亲所生育的后代更多，是极其可疑的。一个人宁愿牺牲自己的生命，就像许多未开化人所做的那样，也不背叛他的伙伴，他大概常常不会留下后代以继承其高尚本性的。最勇敢的人们在战争中永远心甘情愿奔向前方，而且慷慨地为他人献出自己的生命；这样的人平均要比其他人死得多。因此，赋有这等美德的人们的数量或他们的美德标准不能通过自然选择，即最适者生存。"[1]按照这个推理，利他行为和心理似乎不可能是自然演化的产物，而只可能是后天社会生活的产物。

　　但是，在动物身上，我们偏偏能够看到大量的利他行为："吸血蝙蝠会把自己吸到的血液捐献给没能吸到血液的蝙蝠，以使它们不会挨饿；一些鸟类群体中，哺育幼鸟的鸟经常会得到其他鸟的帮助，保护鸟巢不受捕食者的入侵，帮助喂养幼鸟；长尾黑颚猴在捕食者到来时会发出报警叫声以提醒群体中的其他同伴，尽管这样做会把捕食者吸引到自己身边，增加了自己被捕食的危险；在社会性昆虫（蚂蚁、黄蜂、蜜蜂、白蚁等）群体中，不育的工蜂或工蚁把

---

① 达尔文：《人类的由来及性选择》，叶笃庄、杨习之译，北京大学出版社 2009 年版，第 85 页。

一生都贡献给蜂王或蚁王，建造和保护蜂窝或蚁窝，觅食和抚育幼虫，这种行为是最大程度的利他主义：他们自己没留下任何后代，因此，个体的适合度可以看作是零，但他们的行为极大地帮助了蜂王或蚁王繁殖后代。"①很难说这些动物的利他行为都是在后天社会生活中培养出来的，我们恐怕只能承认，这就是它们的先天本性。用达尔文的话来说："这等社会属性对低于人类的动物的高度重要性已是无可争辩的了，毫无疑问，人类祖先也是以相似的方式，即在遗传的习性帮助下通过自然选择获得这等属性的。"②

这种利他本性对演化论似乎构成了一种挑战，对此达尔文提出了一种接近于"群体选择"理论的解释，即利他行为虽然有损于做出该行为的个体，但是有利于它所在的群体，因而能够通过自然选择。达尔文说："当生活在同一地方的两个原始人类的部落进行竞争时，如果（其他条件相等）某一部落包含有大量勇敢的、富有同情心的并且忠实的成员，他们时刻准备彼此发出危险警告，相互帮助，相互防卫，那么这个部落就要获得较大的成功而征服其他部落。……一个部落如果富有上述那些属性，就会广为分布，战胜其他部落。但是，根据过去的历史来判断，经过一定的时间，这个部落又会被另一个禀赋更高的部落所征服。这样，社会的和道德的属性就倾向于徐徐进步，而普及于全世界。"③

达尔文的这种解释只是给出了一个大致的方向，还远谈不上精致，而且这种群体选择理论在逻辑上也有值得商榷之处。尽管如果一个群体内部的个体都有一种利他本性，结果确实可能像达尔文所说的，会增加这个群体的凝聚力和竞争力，但是个体似乎还是比群体更为实在的生存单位。假设这个群体内出现了一些自私的个体，他们刚好可以利用那些利他个体为自己的生存和繁衍谋取利益。可以想见，在一个遍布利他个体的群体内部，少量自私个体会如鱼得水，反而后者会获得更大的生存和繁衍机会。久而久之，这个群体内部利他个体和自私个体的分布就会发生变化，自私个体反而会繁衍出更多后代，从而使自私成为群体中普遍的品性。

---

① 李建会：《自然选择的单位：个体、群体还是基因？》，《科学文化评论》2009 年第 6 期。
② 达尔文：《人类的由来及性选择》，叶笃庄、杨习之译，第 84 页。
③ 达尔文：《人类的由来及性选择》，叶笃庄、杨习之译，第 84—85 页。

因此，一方面我们得承认，利他确实是很多动物的本性。但是另一方面，这种本性是如何通过自然选择的？达尔文对这个问题的解释并不是特别充分。达尔文之后，演化论学者们发展出了一些新的解释，其中较有代表性的是"亲缘选择"（kin selection）理论和"互惠利他主义"（reciprocal altruism）理论。

在现实生活中，我们可以观察到一些雌性哺乳动物以及鸟类对自己子女的呵护，初生的幼崽也往往特别眷念母亲。这种亲代和子代之间的扶助行为以至亲昵情感，是物种得以繁衍的重要条件。亲子关系是亲属关系中最为紧密的一种，亲属关系或遗传接近性对生物有机体的行为有显著影响。演化论理论家汉密尔顿（William D. Hamilton，1939—2000）根据对蚂蚁、蜜蜂等社会性昆虫利他行为的研究提出亲缘选择理论，用以解释亲属间利他行为的生物学机制。

亲缘选择理论的核心概念是广义适应性（inclusive fitness），它不仅包括个体通过自身存活和繁殖传播基因的直接适应性，也包括与其基因相同的基因通过其亲属传播下去的间接适应性，广义适应性而非直接适应性更高的个体能够通过自然选择。利他行为虽然会损失个体的直接适应性，但是如果受惠者是亲属，与自己携带一定比例的相同基因，那么利他个体就可以通过利他行为的亲属受惠者增加间接适应性（由亲属从其利他行为中所增加的直接适应性乘以亲缘系数折算）。如果增加的间接适应性超过了损失的直接适应性，那么利他个体的广义适应性反而会更大，因此利他行为能够保存下来。个体间亲缘关系越近，拥有相同基因的比例越大，利他行为所获得的间接适应性也越大，利他倾向就越强。[1]一些研究表明，亲缘选择机制在非人灵长类动物的亲子和同胞之间也是存在的。[2]

当然，不同的动物，例如社会性昆虫和灵长类动物，所表现的亲属间利他行为，其方式是非常不同的。灵长类动物可能伴随着对亲属的情感，并在这种情感的驱动下做出利他行为，但是蚂蚁和蜜蜂很难说有这样的"意图"，它们只是做出在效果上有利于亲属的行为。虽然和这些动物相比，人类在对待亲属方面表现出更高的复

---

[1] W. D. Hamilton, "The Genetical Evolution of Social Behaviour. I," *Journal of Theoretical Biology* 7 (1964): 1–16; "The Genetical Evolution of Social Behaviour. II," *Journal of Theoretical Biology* 7 (1964): 17–52.

[2] 参见吴林林等：《非人灵长类的亲缘选择》，《兽类学报》2013 年第 3 期。

杂性，而不再完全是血缘关系或遗传接近性作用的结果，但是也不能排除它们发挥的某种基础性作用。

除了亲缘选择之外，演化论理论家特里弗斯（Robert L. Trivers，1943— ）还提出互惠利他主义来解释利他行为演化的可能性。所谓互惠利他，是指某个体施惠于其他个体，但不是为了即时的利益交换，受惠者在未来某些机会中对施惠者予以回报。通过互惠利他可以建立一种长远的合作机制，而合作比单干能够带来更高的适应性，所以互惠利他行为能够通过自然选择。当然，这并不是说参与互惠利他的个体都是通过理性计算做出了每一次选择，而是大自然通过赋予它们一些特殊的情感和认知能力，例如同情（compassion）、感恩（gratitude）以及侦测和对付欺诈者，使它们客观上形成互惠利他的合作局面。[1]互惠利他主义可以回应我们上面对达尔文群体选择理论提出的疑难。按照特里弗斯的分析，利他本性所包含的行为和心理除了对他者的同情和关怀之外，还有追求对等和公平。这是两类最基本、最强烈的道德本能，一为仁，一为义。仁的本能使动物个体做出利他行为，而义的本能则使动物个体能够防范和反制欺诈者，也使潜在的欺诈者有所忌惮，从而维持一个稳定的互惠利他系统。

根据上述对道德心理的演化论解释，我们可以对传统儒学中所谓"人禽之辨"的问题进行新的分析，而这样的分析将会对我们关于阳明心学的"心之体"产生重要的影响。

孟子说："人之所以异于禽兽者几希，庶民去之，君子存之。舜明于庶物，察于人伦，由仁义行，非行仁义也。"（《孟子·离娄下》）孟子这里将"人之所以异于禽兽者"同"仁义"道德关联起来，这种关联在他的另外一段论说中可以看得更加清楚："虽存乎人者，岂无仁义之心哉？……梏之反覆，则其夜气不足以存；夜气不足以存，则其违禽兽不远矣。"（《孟子·告子上》）夜气是仁义之心的基础，如果夜气不存，仁义之心被反复破坏而丧失殆尽，就接近于禽兽的状态了。也就是说，禽兽是没有仁义之心的。孟子这样说的时候关注的焦点是人及其仁义之心，禽兽只是充当陪

---

[1] Robert L. Trivers, "The Evolution of Reciprocal Altruism," *The Quarterly Review of Biology* 46, no. 1 (1971): 35–57.

衬，想必他并未就此专门考究禽兽的真实状态。然而，当我们把目光转向一些具体的动物行为和心理，就不难反省到，这种想当然地认为它们完全没有仁义的观点是值得检讨的。

仁义在孟子思想中的内涵是多重的。亲属之间的情感以及相应的行为是仁义的基本内涵之一。孟子说："孩提之童，无不知爱其亲者；及其长也，无不知敬其兄也。亲亲，仁也；敬长，义也。无他，达之天下也。"（《孟子·尽心上》）又说："仁之实，事亲是也；义之实，从兄是也。"（《孟子·离娄上》）这个意义上的仁义，可以对应于我们上面在介绍演化论时所分析的"亲缘利他"。

如果从亲属之间的情感以及相应的行为来理解"仁义"，那么我们就不能说动物是完全没有仁义的。或许有些（例如蜂、蚁）没有仁义之"心"，但至少有仁义之"行"。至于"禽兽"（大致相当于鸟类和哺乳类动物），则不仅有仁义之"行"，甚或有仁义之"心"（即情感）。尽管如此，我们仍需注意，孟子这里强调"亲亲""事亲"之仁，"敬长""从兄"之义，亦即孝和悌，并非笼统而言"利他"，而是指特定方向的利他行为及情感。然而，按照亲缘选择理论的逻辑，人类亲代与子代之间的关系存在相反方向的不对称性：子代成熟以后，倾向于在自己的子代而非在自己的亲代身上投入更多，以使自己的子代能够生存和繁荣下去。至于同辈子女之间，虽然有血缘同胞之亲情，但也存在某种程度的竞争，倾向于为自己和自己的子代谋求更多的资源。也就是说，与其通过孝悌行为来增加广义适应性，很可能不如选择偏向于自身及其子代的自私行为，以直接增加自身适应性。因此，亲缘选择理论或许可以完备地解释社会性昆虫所表现的亲属间利他行为，但是对于繁殖方式和亲属关系截然不同的人类而言，这一理论并不足以完备地解释孝悌的起源。

孝悌很可能还需要"互惠利他"方面的基础。虽然互惠利他主义主要用来解释那些超越亲属关系乃至物种界限的利他行为的可能性，但是它同样可能发生在亲属之间。那么孝悌能否通过互惠利他主义来解释呢？也就是说，孝悌不仅是因为帮助与自己具有遗传接近性的亲属有可能增加广义适应性，而且也因为帮助他们可以带来回报、促进合作，从而产生更大的适应性。这样，孝悌的根源就要到与互惠利他机制相关的情感和认知能力（例如同情、感恩）中去寻找，孝悌是这些能力在亲子和同胞之间运用和发展的结果。这一解释看起来是合理的，如此则子女对父母就不仅仅是"孩提之童，无不知爱其亲"，而是在整个人生历程中与父母互相关爱扶助，慈孝相长。至于"敬其兄"，孟子也说要"及其长也"，可见也需要共同生活的培养才能发展出来。

当然，以上只是试图从演化逻辑来说明孝悌从自然根源产生的可能性，但这显然不足以解释孝悌的完整内涵。孝悌（特别是孝）所要求的内容及其强度，已经超出了我们的自然禀赋，而深受伦理文化演进的塑造。这样带有深厚文化内涵的孝悌，显然是为人类特有而不见于禽兽的。但如此一来，孟子似乎也不能说，"虽存乎人者，岂无仁义（孝悌）之心哉？"因为人类的许多成员也并没有发展出这样具有高度文化特色的孝悌伦理，而他们也并不一定因此就沦为禽兽了[①]。所以，这种具有深厚文化内涵的孝悌虽然是"人之异于禽兽"的充分条件，却并非其必要条件。

但是如果将孝悌的标准放低到一般意义上子女对父母，以及对同胞的帮助、回报和合作，那么不仅在一般人类生活，就算在禽兽身上也不难发现。尽管可能由于人类婴儿孕育成人所需时间特长等原因，人类子女与父母之间关系更紧密，因而表现出其他动物（包括人类的灵长类近亲）罕有的养老特征，[②]但是，这种差别是程度上的，而不是本质上的。也就是说，较低标准的孝悌又不足以作为"人之异于禽兽"的充分条件。

从孝悌得以产生的自然根源来看，它既涉及"亲缘选择"机制，也涉及"互惠利他主义"机制。而孟子对"仁义"的界定，除了孝悌之外，还将它们同"恻隐之心"和"羞恶之心"等道德情感关联起来。关于仁义礼智，孟子有"四端"之说："恻隐之心，仁之端也；羞恶之心，义之端也；辞让之心，礼之端也；是非之心，智之端也。"（《孟子·公孙丑上》）关于仁义，孟子也这样说："人皆有所不忍，达之于其所忍，仁也；人皆有所不为，达之于其

---

① 孟子语境中的"禽兽"有一般含义，指与人这样高等动物相区别的禽类、兽类，穴居而任性，凶猛且残暴，而特殊含义则是比喻那些失去人之本性之人，因为其行为处事没有礼仪、没有情感、没有道德，因此不属于人类而只能归为"禽兽"。
② 参见张祥龙：《孝道时间性与人类学》，《中州学刊》2014 年第 5 期。

所为，义也。"（《孟子·尽心下》）这与"恻隐之心，仁之端也；羞恶之心，义之端也"的说法是相通的。以"四端"为"人之所以异于禽兽者"也是一种颇为常见的观点。[①]恻隐之心和羞恶之心等情感并不局限在亲缘关系中，而是普遍性的。而且，它们与特里弗斯"互惠利他主义"机制所要求的一仁一义两类道德本性正好是相对应的。

四端之中，孟子特重作为"仁之端"的恻隐之心，此即与上文提到的"同情"特别相关。孟子通过如下场景来提揭恻隐之心：

> 今人乍见孺子将入于井，皆有怵惕恻隐之心，非所以内交于孺子之父母也，非所以要誉于乡党朋友也，非恶其声而然也。（《孟子·公孙丑上》）

朱熹对此注释说："怵惕，惊动貌。恻，伤之切也。隐，痛之深也。"[②]"乍见"即"怵惕"惊动，表明这是一种不由自主的反应，恻隐是内心极为伤痛的意思。即使孟子只是通过语言将我们带入"孺子将入于井"的场景，我们也仍然产生了类似的心理反应，对他所说的情形能够感同身受。

那么，恻隐之心是否唯有人类才有的情感呢？灵长类动物学家德瓦尔（Frans de Waal, 1948—　）报道了一个类似于"孺子将入于井"的情景的真实事件，不过这个事件的主角是圣迭戈（San Diego）动物园的波诺波（bonobo, 倭黑猩猩）。园里有一条两米深的水沟，有一天抽水清理完毕后，饲养员去打开阀门重新放水。这时卡克威（Kakowet）———一只年长雄波诺波——突然到饲养员的窗户那里大叫，还疯狂地挥舞手臂以引起注意。饲养员出来发现，原来有几只年幼的波诺波刚才进了水沟爬不上来。饲养员放下梯子让它们爬上来，最后，卡克威亲手拉起了最小的那只。[③]

如果看到一个人这么做，我们基本上不会怀疑他的恻隐之心，但是看到一只猿这么做，我们还是会有些举棋不定。不过，即使不

---

① 例如张岱年：《中国哲学大纲》，中国社会科学出版社 1982 年版，第 184—185 页。

② 朱熹：《孟子集注》卷三，《四书章句集注》，第 237 页。

③ Frans de Waal, "Do Apes Have a Theory of Mind?," in *Primates and Philosophers: How Morality Evolved*, ed. Stephen Macedo and Josiah Ober (Princeton: Princeton University Press, 2006), 71.

能就此推断（至少某些）动物也是有恻隐之心的，这个故事至少提醒我们，想当然地在人和动物之间划出一条此有彼无的截然界线，同样值得检讨。要达到一个公允的结论，我们还得对恻隐之心有更加细致的了解。

"孺子将入于井"和"孺猿将没于沟"这两个情景还是有一些不同。人对人的反应，与人对猿的反应是有轻重缓急之别的，同理，猿或许也对自己的同类更加敏感。另外，坠井和被慢慢涨起的水淹没，这两个危机的急迫性和即将造成伤害的方式显然是有区别的。但这两种情景也有一个共同之处，那就是身处危机者本人（猿）很可能没有意识到危机的存在。我们和卡克威都不是从他（它）们发出的状态信号，而是根据情景中的客观迹象感知到危机存在的，这需要对情景中的相关要素形成认知、联想或推理。设想一个同样懵懂的小孩，对坠井伤亡的危险一无所知，他看到那个"将入于井"的孩子，就不一定会产生恻隐之心。卡克威因为在动物园生活了很久，早已熟悉清理水沟的程序，它也知道水对波诺波而言是危险的，否则它不可能做出营救小波诺波的举动。

但是抛开这些复杂的情景因素，恻隐之心有一个基本的结构，那就是对他者苦难的关切和不忍。这是如何可能的呢？如下更加简单的事例可以帮助理解。当我们看到一根尖针刺向一个人的时候，我们会不受控制地感到自己身体的同样部位也要被尖针刺中，那个部位感到有一种压力，想要挣脱，或者将目光避开（就像当事人所做的那样）。随着针刺入别人的身体，我们身体的那个部位也会感到某种程度的酸痛，还很可能会跟着"咝"地吸一口气。在这整个过程中我们都揪着心、想逃避。我们不忍心看到别人的身体被尖针刺，也不忍心亲手去刺别人，尤其是刺眼睛那样的部位。为什么？因为刺向别人的针好像都刺向了我们自己。或者毋宁说这时候根本没有自我和他人的分别，我们并不是通过有意识的换位思考去理解他人的感受，而是真正切身地，而非比喻意义上地实现了"同感"和"共情"。

由此可知，恻隐之心涌现的时刻是忘我的、不顾后果的，对他人痛苦感同身受，想要从那痛苦中解脱出来，是原初的感受和动力。这时"内交于孺子之父母""要誉于乡党朋友"等考虑固然谈不上，就是自我和他者的分别意识、通过换位理解他者需要的意识，也只有当注意力集中到如何从痛苦中解脱时才出场。因此，虽然在事后反思的立场上，恻隐之心确实是对"他者"苦难的关切与不忍，[①]但在其源初之处，恻隐之心是未分我他的。[②]

德瓦尔讲卡克威的故事，意在证明猿类有换位思维能力。确实，这种换位思考能力帮助卡克威知道水沟里的小波诺波们面临危险。但是仅仅"知道"并不足以解释卡克威的行为，因为知道之后有一种可能是置之不理。卡克威没有置之不理，而是急切地奔走呼号，这说明它不仅"知道"小波诺波们的处境，而且在情感上被"触动"了。因此，德瓦尔说："换位思维的内核是个体间的情感联系，这种情感联系在社会性哺乳动物身上是广泛存在的。在情感联系的基础上，演化（或发展）又塑造出了更加复杂的换位思维表现形式，包括对他者知道和意图什么的评估。"[③]

德瓦尔认为，这种基础的情感联系是通过一种简单、自动的知觉—动作机制（Perception-Action Mechanism，PAM）实现的，PAM使个体下意识地模拟他者的表情、动作以至情绪、感觉，如上所描述的观察针刺时的身心现象就可以通过PAM来解释。近年来关于"镜像神经元"的研究也支持了PAM理论。[④]德瓦尔用"俄罗斯套娃模型"来说明PAM与有更高认知能力参与的共情（empathy）之间的关系。PAM是套娃的最里层，如果没有它，套娃就成了空壳，那些具有较高认知水平的共情就无法实现。也就是说，如果没有PAM，即使我们能够"知道"相关情况，也无法在情感上被"触动"。[⑤]卡克威对"孺猿将没于沟"，以及我们对"孺子将入于井"的反应，虽然包含了对情境中相关客观因素的认知成分，但是其内核正是PAM。

虽然成年的人类以及一些猿类拥有其他动物所没有的认知能力，但是PAM以及镜像神经元却不是他（它）们特有的。PAM的典型表现是情绪传染（emotional contagion），这在许多物种中都存

---

① 参见耿宁：《中国哲学向胡塞尔现象学之三问》，李峻译，《哲学研究》2009年第1期。
② 参见陈立胜：《恻隐之心："同感""同情"与"在世基调"》，《哲学研究》2011年第12期。
③ Waal, "Do Apes Have a Theory of Mind?," 72.
④ 参见孙亚斌等：《共情中的具身模拟现象与神经机制》，《中国临床心理学杂志》2014年第1期。
⑤ Waal, "Morally Evolved: Primate Social Instincts, Human Morality, and the Rise and Fall of 'Veneer Theory,'" in *Primates and Philosophers: How Morality Evolved*, 37–42.

在。小鼠看见别的同伴遭受疼痛，自己也会有疼痛反应。[1]大鼠学会按动压杆获得食物后，如果发现自己按动压杆会导致另一只大鼠遭受电击，它们会停手。[2]在一个类似的实验中，恒河猴的表现比大鼠更甚，两只猴在看到自己拉动提供食物的链子会使同伴遭受电击后，分别有5天和12天宁愿忍饥挨饿而不去拉动链子。[3]看到同伴受苦，它们自己也不好受。猿对他者痛苦的反应比猴又要复杂得多，但是差别不在于共情能力的内核，而在于猿在认知能力上的优势。人与猿相比，情况亦复如是。[4]

总而言之，虽然人类的恻隐之心在其对象、因由以及后续行动等方面表现出来的复杂性，与动物，即使是最聪明的非人灵长类动物，拉开了根本性的距离，它甚至被赋予很多形而上学内涵，但是，如果抛开社会文化的层累塑造，单从作为恻隐之心之内核的、"人皆有之"的那种基本的共情能力来看，人和动物之间的差异又只是程度上的。文化或许还是可以将恻隐之心理解为"人之所以为人者"，但是这并不意味着它是人类独有的、"人之所以异于禽兽者"。公平而言，孟子其实也似乎意识到了人与禽兽之间的差距并没有想象的那样大，他用"几希"说明差距的单薄，用"存之""去之"来强调这样的差别是人为的，而不是自然的或自发的。

孟子对恻隐之心而外的其他三"端"，即"羞恶之心，义之端也；辞让之心，礼之端也；是非之心，智之端也"（《孟子·公孙丑上》），并没有专门阐发。但是和恻隐之心一样，我们很难断定动物就是完全没有这些能力的。僧帽猴会对自己遭到的不公平待遇表示反感，[5]黑猩猩会惩罚因为贪玩晚归而导致集体无法按时得到晚

---

① Dale J. Langford et al., "Social Modulation of Pain as Evidence for Empathy in Mice," *Science* 312 (June 30, 2006): 1967–1970.

② Russell M. Church, "Emotional Reactions of Rats to the Pain of Others," *Journal of Comparative and Physiological Psychology* 52, no. 2 (1959): 132–134.

③ Stanley Wechkin, Jules H. Masserman, and William Terris Jr., "Shock to a Conspecific as an Aversive Stimulus," *Psychonomic Science* 1, no. 1 (1964): 47–48.

④ 参见 Waal, "Morally Evolved: Primate Social Instincts, Human Morality, and the Rise and Fall of 'Veneer Theory,'" 25–36.

⑤ 参见 Sarah F. Brosnan and Frans B. M. de Waal, "Monkeys Reject Unequal Pay," *Nature* 425 (September 2003): 297–299.

餐的少年成员。①德瓦尔说："黑猩猩确实会区分可以接受和不可接受的行为，但是这种区分常常是和行为的直接后果，特别是对它们自己造成的后果密切相关。猿及其他高度社会性的动物看来可以发展出应然性（prescriptive）社会规则。"②由此看来动物也表现出某种羞恶（至少是恶）、是非之心，也会按照社会规则收敛自己，这又差可与辞让之心相通。或许和恻隐之心一样，尽管人类把其他三"端"也发展得远较动物深远和崇高，但是在三端之为"端"或者最基本能力的意义上，其他动物，至少猿类也不是完全没有的。就此而论，四端也不足以作为"人之所以异于禽兽者"。

关于仁义，孟子还有如下说法："仁，人之安宅也；义，人之正路也。"（《孟子·离娄上》）又："仁，人心也；义，人路也。"（《孟子·告子上》）这就不是从诸如亲亲敬长、恻隐羞恶之类的实质性内容，而是从仁义之于人的关系与意义立说。也就是说，人不仅拥有和实践仁义的那些实质性内容，而且是以一种特殊的方式拥有和实践它们。即不仅具备相应的情感和认知能力，并发展出行为及其规范，而且能够在反思的层面上把它们当成"人"之"安宅"和"正路"，出于道理，而非仅仅出于情感驱动或利害权衡来做事和做人。

孟子特别强调"心之官则思"的作用。人对外物的听觉和视觉等感知方式，以及对饮食的饥渴感觉等等，都不是人能够自己选择的，所谓"耳目之官不思"。我们甚至可以说恻隐之心也是"不思"的。例如《孟子·梁惠王上》记载，齐宣王不忍见一头本被拉去宰杀以祭祀新铸之钟的牛惊恐颤抖，"若无罪而就死地"的样子，而下令"以羊易之"。这常被当作恻隐之心的一个显例。但是在孟子提示齐宣王之前，后者只是在一种不自觉的状态下做出反应和选择。如他自己所说"我乃行之，反而求之，不得吾心"，可见他自己也不清楚当时的心理过程，遑论其中的道德意义。

"心之官"之"思"不是理论思辨，也不是利害权衡，而是实践理性。挺立起实践理性者，方可称"先立乎其大，小者弗能夺"

---

① 参见 Frans de Waal, *Good Natured: The Origins of Right and Wrong in Humans and Other Animals* (Cambridge MA: Harvard University Press 1996), 89.

② Waal, "The Tower of Morality," in *Primates and Philosophers: How Morality Evolved*, 172.

的"大人"。孟子说："心之所同然者何也？谓理也，义也。圣
人先得我心之所同然耳。故理义之悦我心，犹刍豢之悦我口。"
（《孟子·告子上》）可见，思乃是以"理""义"为鹄的与准
绳。我们之所以孝悌和帮助处境不幸的他者，之所以遵循合理社会
秩序，不仅仅因为它们符合我们的情感驱动和利益考量，而且因为
我们认定这些是合乎理义的。黑猩猩也会冒死跳入水中救自己的同
类，[①]但是只有人能够出于理义而献出生命。

德瓦尔将道德分为三个层次，第一个层次是道德情感，包括共
情能力、互惠倾向、公平感以及和谐相处的能力。第二个层次是社
会压力（social pressure），即借助奖惩和声誉评价等机制，施加于
个体的那些有利于合作性群体生活的规则。第三个层次是判断和讲
理，将他者以及社会的需要和目的内化，能够从更加客观无私的立
场将它们纳入判断，以及从更具普遍性的原则层面做出理性的道德
反思。人类的灵长类近亲在道德情感的层次上也颇为发达。在第二
个层次上它们也有所发展，但在系统性和社会整合程度上非常有
限。在第三个层次上，人类表现出真正的特殊性。[②]

粗略地作一对应，孝悌和恻隐、羞恶之心可以归入第一个层
次，作为礼之端的恭敬（辞让）与第二个层次有关，而作为智之端
的是非之心，以及将仁义作为人之"安宅"和"正路"，则已经上
升到第三个层次。第三层次的道德并不仅仅是前两个层次的系统化
或因习惯而内化，而是出于道德本身的理由去实践它们。按照康德
的术语，前两个层次能够提供准则（maxim），而第三个层次则是依
据绝对命令对准则给予检验，决定法则（law）；前两个层次属于他
律，第三个层次属于自律。道德的这三个层次都可以在先天本性中
找到某种基础，先天本性有时候能够提供实能，有时候则仅提供潜
能条件。道德层次越往上，在先天本性基础上所需要的社会化发展
程度越高。

第三个层次的道德或者说"真正的"道德是人类特有的，在人
之"安宅"和"正路"的意义上实践仁义的能力和所实践的仁义，

① Jane Goodall, *Through a Window: My Thirty Years with the Chimpanzees of Gombe* (Boston: Houghton Mifflin Company, 1990), 213.
② 参见 Waal, "The Tower of Morality," 166–175.

足以称为"人之所以异于禽兽者"。当然，在现实生活中，并不是所有的人、在任何时候都有意识地出于义务而行动，自觉实践第三个层次的道德。因为很多时候也并无此必要，情感向导已足敷用，甚至在有些紧急情况下（例如"孺子将入于井"），理性反思反倒是有害而无益的，所以理性反思和义务观念常常处于隐默状态，这并不代表它们不存在，大部分人都具有这种理性反思的能力和义务感，哪怕有些模糊。它们对更加稳定、协调和深刻地理解与实践道德具有十分重要的作用，特别是在一些需要在道德义务和其他考虑之间做出抉择的时候，需要它们出场。但是，有时候理性反思和义务感会被其他考虑淹没而无法出场，只有得到良好教导或者拥有较强自觉意识的人才能够听从它们的声音，这就是孟子所说的"庶民去之，君子存之"。

朱熹在注释"人之所以异于禽兽者"这句话时说："人物之生，同得天地之理以为性，同得天地之气以为形；其不同者，独人于其闻得形气之正，而能有以全其性，为少异耳。虽曰少异，然人物之所以分，实在于此"[1]。人和禽兽在道德的前两个层次，特别是诸如共情之类的情感能力上，具有很多相似性，正所谓"人物之生，同得天地之理以为性"。然而人因为语言能力以及更高的认知能力等禀赋，在前两个层次的基础上又发展出了实践理性，能够出于义务地去实践前两个层次上的那些实质性道德，人由此与基本上受本能性和直接性支配的禽兽拉开了距离，这不正是朱熹所说的"其不同者，独人于其闻得形气之正，而能有以全其性"吗？这种"全"，不仅指前两个层次上自然禀赋的完整，更指第三个层次上通过自觉实践而完成。

戴震对此说得更清楚："若夫乌之反哺，雎鸠之有别，蜂蚁之知君臣，豺之祭兽，獭之祭鱼，合于人之所谓仁义者矣，而各由性成。人则能扩充其知至于神明，仁义礼智无不全也。仁义礼智非他，心之明之所止也，知之极其量也。……孟子言'人无有不善'，以人之心知异于禽兽，能不惑乎所行之为善。"[2]古人也认识到禽兽身上有一些道德的影子，虽然"乌之反哺"诸事并不能完

---

① 朱熹：《孟子集注》卷八，《四书章句集注》，第 293—294 页。
② 戴震：《孟子字义疏证》，何文光整理，中华书局 1982 年版，第 28—29 页。

全坐实，但是可以通过上文提到的相关事实予以补充，确实禽兽之性也有"合于人之所谓仁义"者。人之所以异于禽兽者在于"心知"，故"能不惑乎所行之为善"，即不仅能行，而且能自觉到所行为"善"，能"扩充其知至于神明"，从而使"仁义礼智无不全也"。这正可补充上述朱熹的说法。

演化论能够支持孟子的性善论，但是对他的人禽之辨提出了挑战。在演化论的视野下，孝悌以及四端都已经不足以作为区分人禽的充分条件。但是孟子思想中仍然有能够支持人禽之辨的慧见，那就是人心有根据"理义"而"思"的能力，这是禽兽没有发展出来的。人禽之辨既涉及事实问题，也涉及人的自我理解和价值认同。通过上面的分析，我们知道"人之所以异于禽兽者"确如孟子所言"几希"，正因为如此危微，我们更有义务保存好这点几希之异。

"无善无恶心之体"

儒家非常重视人禽之辨。尽管这一严辨的立意可能主要是规范性的，或者说体现了一种价值认同和追求，所以，人与禽兽之间事实上的异同并不是这里的重点。但是，厘清人禽之辨的相关事实，或许可以使人对自己在世界中的位置，以及道德这件事情的来龙去脉有一些新的认知。由此，也可映照出阳明四句教首句"无善无恶心之体"的一些新意指。

阳明解释"无善无恶是心之体"的含义说："人心本体原是明莹无滞的，原是个未发之中。"[①]对阳明这一解释更详尽的记载是："有只是你自有，良知本体原来无有，本体只是太虚。太虚之中，日月星辰，风雨露雷，阴霾饐气，何物不有？而又何一物得为太虚之障？人心本体亦复如是，太虚无形，一过而化，亦何费纤毫气力？"[②]"无善无恶"并不是完全不辨善恶，陷入价值相对主义或虚无主义，而是在知善知恶、为善去恶的同时，又不执着于善恶，公正如镜，物（事）来如实照出善恶并有所行动，物（事）过即放下，不刻意，不自矜。就像太虚之中，并不是空无一物，而是万物并作，但是太虚并不为此所累，而是随顺万物之变化而不执。这里的太虚不宜理解为一个主体，而更应理解为一种状态，即万物大化之外并无实在，更无背后主宰者。人心虽然有主体性，但是也应该效仿万物大化的这种太虚状态，在合适的时候发挥主体性，但是又不执着于自身的主体性。这里"无善无恶"有种非常微妙的味道，可以说是"既有还无"。在阳明的比喻中，一方面是"何物不有"，这分明是说"有"，但另一方面"何一物得为太虚之障"，这就是"既有还无"。"无"不是客观意义上空无，而是主观意义上的无执。

这样解释"无善无恶"仍显抽象，而且即使在理论上解释清楚，在实践上也难以把握，阳明弟子也对此多有困惑，下面这段师弟之间的对话，就鲜明地传达出阳明"无善无恶是心之体"一说的微妙和难以把握。

侃去花间草，因曰："天地间何善难培，恶难去？"

---

① 王守仁：《传习录下》，《王阳明全集》卷三，吴光等编校，第 117 页。
② 钱德洪：《年谱三》，王守仁《王阳明全集》卷三十五，吴光等编校，第 1306 页。

先生曰："未培未去耳。"少间，曰："此等看善恶，皆从躯壳起念，便会错。"

侃未达。（先生）曰："天地生意，花草一般，何曾有善恶之分？子欲观花，则以花为善，以草为恶；如欲用草时，复以草为善矣。此等善恶，皆由汝心好恶所生，故知是错。"

（侃）曰："然则无善无恶乎？"

（先生）曰："无善无恶者理之静，有善有恶者气之动。不动于气，即无善无恶，是谓至善。"

（侃）曰："佛氏亦无善无恶，何以异？"

（先生）曰："佛氏着在无善无恶上，便一切都不管，不可以治天下。圣人无善无恶，只是无有作好，无有作恶，不动于气。然遵王之道，会其有极，便自一循天理，便有个裁成辅相。"

（侃）曰："草既非恶，即草不宜去矣。"

（先生）曰："如此却是佛、老意见。草若有碍，何妨汝去？"

（侃）曰："如此又是作好作恶。"

（先生）曰："不作好恶，非是全无好恶，却是无知觉的人。谓之不作者，只是好恶一循于理，不去又着一分意思。如此，即是不曾好恶一般。"

（侃）曰："去草如何是一循于理，不着意思？"

（先生）曰："草有妨碍，理亦宜去，去之而已。偶未即去，亦不累心。若着了一分意思，即心体便有贻累，便有许多动气处。"①

这段对话因薛侃的一句不经意牢骚话而起，他在除草时感叹了一句，为何这世界上善难以培养，而恶难以去除？大概因为杂草稍不注意便疯长起来，而庄稼或花果则需精心照料才能有所收获，薛侃遂有感而发此一叹。阳明最初的回复很简单，之所以难，只是不去做而已。这个回答符合阳明知行合一的思想，既然知道何为善何为恶，培善去恶之行便是自然，去做便是，无甚困难。

①王守仁：《传习录上》，《王阳明全集》卷一，吴光等编校，第29页。

　　但接着阳明谈到另外一个问题，他意识到薛侃是借除草说事，以草为恶，言"恶难去"。阳明认为这样看善恶是"躯壳起念"，即由自己主观方面的感性好恶来评价事物的好坏。阳明说这是"错"，言下之意，似反对以一己好恶裁断事物善恶，但这岂不是主张"无善无恶"？这又引起了薛侃的疑惑，于是阳明又解释"无善无恶"："无善无恶者理之静，有善有恶者气之动。不动于气，即无善无恶，是谓至善。"阳明这里似乎将一切善恶之辨都视为"气之动"，或者一己之私意，而如果根据"理"，就应该不区别善恶，这难道不是一种相对主义和虚无主义吗？所以薛侃又继续问："佛氏亦无善无恶，何以异？"

　　有此一问，阳明就必须更加清楚地说明自己所主张的"无善无恶"究竟为何义，他说："圣人无善无恶，只是无有作好，无有作恶，不动于气。"至此，我们才确定，阳明所谓"无善无恶"并非善恶不分，而是不要"做作"地去区分善恶，为善去恶。阳明在后面的答问中解释得更加清楚："不作好恶，非是全无好恶，却是无知觉的人。谓之不作者，只是好恶一循于理，不去又着一分意思。如此，即是不曾好恶一般。""好恶一循于理"说明，根据"理"还是有善恶之分的，所以前文所说"无善无恶理之静，有善有恶气之动"中的无与有，都不能按字面直白地理解。"无"是指在区分善恶，为善去恶时不做作，不"着一分意思"，如此"即是不曾好恶一般"。而"有"则是在区分善恶，为善去恶时未免做作，"着意"如此，这便不是一循于理，而是"动于气"。

　　这里有两个问题值得进一步深究。首先，尽管我们可以在理论上将"无善无恶"和"有善有恶"（或"作好作恶"）区分开来，但是在实践上，二者真的能够区分开来吗？不可否认，有些"作好作恶"比较容易鉴别出来，而且确实值得批评。例如，为了沽名钓誉而去行道德之事，势必是刻意为之的"作好"。但是，一个人出于道德义务本身而非任何其他外在目的去行道德之事，似乎也难以摆脱"作好"的嫌疑。毕竟，这里需要对道德理由和法则的理性反思，有时候还得依靠意志去克服一些阻碍道德行动的动机。这些理性反思和意志活动，很难不说是"着了一分意思"。在我们之前对人禽之辨的重新定位中，这样一种经过理性反思而自觉地采取道德行动的能力，恰恰是真正将人和动物区分开来的。但是阳明会如何看待人类道德行动的这种特质呢？似乎这和他所追求的"无善无恶"（"无有作好，无有作恶"）的理想境界是必然冲突的。在阳明看来，康德式的出于道德义务而行动还不是最高境界；一种如平常呼吸、行路般不费思量，自然如此的道德行动才是最高境界。

在实践上，我们很难把握好"无善无恶"的尺度。如果稍有放松，比如像薛侃所说，"草既非恶，即草不宜去矣"，阳明马上就批评这是不辨善恶、不尽本分的佛老做派。但是一旦起意除草，薛侃就担心"如此又是作好作恶"。经过阳明一番解释，薛侃还是无法完全领会"无善无恶"的微妙感觉，于是干脆直接问，在除草这件事情上应该如何做到阳明所说的"一循于理，不着意思"。阳明回答说："草有妨碍，理亦宜去，去之而已。偶未即去，亦不累心。若着了一分意思，即心体便有贻累，便有许多动气处。"如果之前的回答薛侃无法领会，恐怕阳明这样说薛侃还是无法领会。"草有妨碍，理亦宜去，去之而已"，如何能够"不着一分意思"地去之？"偶即未去，亦不累心"，这难道不又回到阳明所批评的佛老放任主义？而且麻烦还在于，"无善无恶"这种境界似乎是无法主动追求的，因为你一旦主动追求，就已经落于阳明所说的"着了一分意思"。换言之，"无执"也能成为执着的对象："执于无执"。阳明说"佛氏着在无善无恶上"，即表明了这种可能性。

无论如何，在实践中"无善无恶"的那个度是很难把握，甚至根本无法把握的，或许"无善无恶"只是一个永远无法达到的理想境界。因此，尽管阳明多番解释，弟子们对此还是感到困惑。另一名弟子伯生就说："先生云'草有妨碍，理亦宜去'，缘何又是躯壳起念？"他也无法领会，应该如何才能不"躯壳起念"地"循理去草"。对此阳明也放弃继续解释，说："此须汝心自体当。汝要去草，是甚么心？周茂叔窗前草不除，是甚么心？"[①]阳明这是将问题抛还给了提问者，并反问周敦颐不除窗前之草体现上天好生之德是什么心。他的意思是，这些都需要在心中自己体会，唯有真正达到了"无善无恶"的境界，自会明白"无善无恶"的意思。然而，如果根本不知道这种境界意味着什么，又怎么去达到它呢？

尽管难以把握，但是这种"无善无恶"的境界又不仅只是阳明

---

① 王守仁：《传习录上》，《王阳明全集》卷一，吴光等编校，第30页。

学的追求，而是中国文化中儒释道各家共同的追求。孔子的"从心所欲不逾矩"（《论语·为政》），老子的"道常无为而无不为"（《老子》第三十七章），《金刚经》中的"应无所住而生其心"，其实都体现出与阳明"无善无恶是心之体"相通的追求。现实生活中有一些活动或许可以帮助我们理解这种境界，例如爵士乐手即兴表演，攀岩运动员在险峻的自然岩壁上攀登，外科医生做非常精细复杂的手术等等。这些活动的参与者都追求的一种理想状态是，聚精会神地完全沉浸在所从事的活动中，所有动作都不是事先安排，却都恰到好处。尽管在外人看来，要在稍纵即逝的瞬间做出合适的动作，心弦未免绷紧，但是参与者自身却并未感受到紧张，反而有一种行云流水般的畅快感。用契克森米哈赖（Mihaly Csikszentmihalyi，1934—2021）的说法，这种状态称为"心流"（flow）。①

　　在"心流"状态下，一方面，当事者的行动都不是任意妄为，而是高度符合所参与活动（通常是复杂而有挑战性的活动）的内在法度，或者说他们的动作就是法度的典范。但另一方面，他们这样做时并没有刻意地认知干预，那些动作就像是自然地流淌出来的。这两个特征与阳明所追求的"无善无恶"的状态是相通的；在后者，一方面，善恶判断和为善去恶的行动都严格地遵循道德法则，另一方面，这些判断和行动又都"不着一分意思"。无论是"心流"，还是"无善无恶"，都体现出一种执与无执的辩证法，全心投入，最为执着的时候，恰恰又是出神忘我，无所执着的时候。要达到心流和"无善无恶"的状态，都需要经过长期严格的训练，只有在极端的执着中，才能真正抵达无执的境界。阳明说"此须汝心自体当"，确实，仅仅通过语言描述，只能方便我们从理智上认识这样一种"至执而无执"的状态，只有在实践中达到了这种状态，才能真正地体验它。而要想在实践中达到这种状态，我们恰恰不能将注意力集中在"无执"的方面，否则就容易"执于无执"；相反，应当将注意力集中在事情本身，进入一种深度的"执"，如此方有希望有朝一日水到渠成地"无执"。

　　以上是从微观心理机制的角度来理解阳明所说的"无善无恶是

---

① 参见米哈里·契克森米哈赖：《心流：最优体验心理学》，张定绮译，中信出版社2017年版。

心之体"，这里还有另外一个值得深究的问题，就是善恶观念的性质及起源，这与之前关于演化、道德心理演化的探讨有关。从对这些事实的认知出发，我们可以在一个更宏大的视角来理解"无善无恶是心之体"这一命题。

阳明和薛侃的对话是从后者除草时的牢骚之语开始的，薛侃由草之易生难去联想到"善难培，恶难去"。尽管薛侃只是借题发挥，他并不一定就是将草直接视为道德上恶的东西，但是从这个比喻看，他毕竟还是对草有一种负面的感觉和评价。阳明认为薛侃对草的这种感觉和评价是成问题的，是"躯壳起念"，即根据自己主观的好恶来评断事物的善恶。阳明说："天地生意，花草一般，何曾有善恶之分？子欲观花，则以花为善，以草为恶；如欲用草时，复以草为善矣。此等善恶，皆由汝心好恶所生，故知是错。"阳明这样说当然有道理，草本来是无辜的，它并无主观的恶意，只是因为人的厌弃才被视之为恶，欲除之而后快。但是当薛侃循着阳明的批评说"草既非恶，即草不宜去"时，阳明又马上批评他说："如此却是佛老意见，草若有碍，何妨汝去？"①他的立场实在难以把握，一边批评薛侃以草为恶是"躯壳起念"，是错的，一边又承认，"草有妨碍，理亦宜去"。"草有妨碍，理亦宜去"的想法难道不同样是"躯壳起念"吗？究竟如何将"躯壳起念"的好恶同"一循于理"的好恶区分开来呢？

有时候这二者相对容易区分，例如，若说沽名钓誉的行善就是"躯壳起念"，那么出于道德义务本身的行善可能是"一循于理"。但是具体到阳明和薛侃所讨论的话题，这个区分是很困难的。对花花草草的善恶判断不是道德判断，而是实用或审美判断。实用和审美判断根本无法和人的感性脱离开来，实用判断取决于被判断的对象同人所欲实现的目的之间的关系，而审美判断最直接的依据就是人的审美体验。无论是实用的目的，还是无目的的纯粹体验，都是依托于感性的，按照阳明的话说，就是难免"躯壳起念"。当我们为了追求理想居住环境，或者增添生活情趣而对花花草草有所取舍的时候，必然是根据感性的好恶，即不可能不是"躯壳起念"，或者不可能不"动于气"。如此，则在料理花花草草之

---

① 王守仁：《传习录上》，《王阳明全集》卷一，吴光等编校，第29页。

事上，如何方能"一循于理"呢？

这里，我们就触及了宋明儒学中一个根本性的问题：理气关系。表现在人事上，就是理欲关系。在理气关系问题上，恐怕我们不得不承认，气的世界就是整个现实世界，理并不是超越现实世界之外的某种实在，而是现实世界之中实然或应然的条理秩序。[①]在料理花花草草时"一循于理"，并不必要，当然也不可能完全切断"躯壳起念"。并不存在一个超越于"躯壳起念"的先验意识，好似它掌握了某种绝对标准，可以对"躯壳起念"指手画脚。所谓"理"，就是在个体的诸种"躯壳起念"之间、在不同主体的"躯壳起念"之间、在"躯壳起念"与现实的气的世界之间，不断切磋琢磨，反思平衡的结果。这个结果不是对"躯壳起念"的无条件顺从，而是对其有所取舍，并且逐渐形成一些取舍的理由和原则。在这个意义上，"理"确实超越了偶然的、具体的"躯壳起念"。但是"理"的这种超越不是绝对的，它不能自居于某个洁净空阔的先验世界。离开了"躯壳起念"及现实的气的世界，关于"理"的种种近思或遐想是无从产生的。无论它在人的观念世界中飞升得多高，"理"最初总是从经验的大地上出发的，并且就像风筝一样，总是有根不绝如缕的线将它和经验大地牵连着。如果非要挣断这根线，就有可能陷入执理废事，甚至"以理杀人"的危险境地。

如果料理花花草草时的好恶取舍必然是"躯壳起念"，那么康德式的出于道德义务本身而行道德之事，是否就真的脱离"躯壳起念"而成为可能？康德将感性内容从理性道德主体中完全排除。放置在阳明心学的语境中，康德也认为"躯壳起念"是无法成就真正的道德意识和行动的，必须"一循于理"。当人战胜来自内部外部的各种感性力量的干扰和阻碍，最终毅然决然地出于道德义务本身而非任何其他动机而行动时，我们好像真的能够感受到那种康德式的绝对纯粹的道德。但是，我们还是想问，康德式的纯粹道德意识和行动是如何出现在这个世界上的？或者说，纯粹道德是如何在人

---

① 在对理气关系的理解上，宋代理学之后的元明理学经历一个"去实体化"的过程，从这个趋势可以看出，实体化的理观念及理气二元论在理论上有无法解决的困难，气一元论和作为气中条理秩序的非实体化的理观念，恐怕是在理气关系问题上唯一能够逻辑自洽的答案。关于元明理学的"去实体化"历程，参见陈来：《元明理学的"去实体化"转向及其理论后果——重回"哲学史"诠释的一个例子》，《中国文化研究》2003 年第 2 期。

类观念中占据那样一个崇高地位的？

　　另外，尽管从克服感性力量的干扰和阻挠这个方面看，我们好像能够感受到理性的力量，但是从正面来看，理性命令我们的内容又是从何而来？现实世界中的道德意识和行动都必然要涉及一些有实质性内容的规范，康德的绝对命令要转化为现实世界中的行动法则时，这些实质性内容从何而来，它们又如何通过形式化的绝对命令的检验而成为法则？在这个检验程序中，一条有实质性内容的行动准则能否通过检验而成为行动法则，真的可能在不引入任何实质性考虑的前提之下，仅凭一种完全形式化的考虑而决定吗？康德演示了自杀、许假诺言、不求上进、拒绝助人这几条准则在可普遍化原则检验中是如何无法通过的。[①] 但是，在他所演示的检验程序中，这几条准则之未能通过，真的就仅仅是因为将这些准则普遍化之后，会导致逻辑上的矛盾或意愿的彼此冲突吗？[②] 简言之，完全抽空感性的纯粹实践理性，真的可能仅凭自身就为我们提供实质性的道德行动法则吗？甚至，所谓纯粹实践理性，它真的可能存在于现实世界之中吗？如果存在的话，它究竟以一种怎样的心理机制在运作？

　　一方面，我们对康德所高扬的"善的意志"心有戚戚，对那种出于道德义务而行动的纯粹道德倍加尊崇，但另一方面，我们却又对康德关于道德主体的具体论述，或其道德心理学充满了困惑。[③] 对康德道德哲学的这种困惑，同之前对阳明"无善无恶是心之体"之论中"一循于理"与"躯壳起念"之间关系的困惑是一致的。固然有些"躯壳起念"同"一循于理"是矛盾的，要做到后者，必须克服前者。但是这并不意味着，"躯壳起念"同"一循于理"是必然矛盾的，不意味着如果要做到"一循于理"，必须彻底超越"躯壳起念"。我们可以理解在必要时克服"躯壳起念"，但是却难以想象一种彻底超越"躯壳起念"的"一循于理"。

---

① 参见康德：《道德形而上学原理》，苗力田译，上海人民出版社 2005 年版，第 40—44 页。
② 对相关问题的一个较近的探讨，参见胥博：《论康德定言命令在推导实际义务方面的有效性》，《道德与文明》2020 年第 1 期。
③ 参见李义天：《康德伦理学的道德心理问题》，《井冈山大学学报（社会科学版）》2012 年第 1 期；亓奎言：《"科学地"解读康德伦理学——神经伦理学的视角》，《道德与文明》2011 年第 6 期。

为了消除这些困惑，我们有必要重新反思道德这种现象的起源，及其在世界中的位置。演化论促使我们将观察历史的镜头拉得更高，从而获得一个更加开阔的视野。在这个视野之中，我们对人类生命存在会有一种不同的方位感。人类这种生命形式，其心灵与行为方式，并不是从来就有，也不是突然降临，而是在漫长的生命史中由许许多多微小的变异累积而成的。如果不拘泥于"心之体"在传统儒学中的特定含义，而是将之广义地理解为心灵由以产生的基础，那么自然演化以及有机体同环境的互动过程就是这个意义上的"心之体"。心灵是有机体与环境打交道的一种特殊方式，这种特殊方式是经过无数遗传突变和自然选择过程累积而来的。这个过程充满了随机的偶然性，背后并没有一个仁或不仁的设计者或干预者。就此而论，这个广义的"心之体"是"无善无恶"的，恰如阳明所说的"太虚"。

而对道德心理之自然演化机制的揭示告诉我们，道德并没有什么神秘的来源而首先是一种自然现象，是积累的遗传突变和自然选择的结果。利他品性之所以能够在自然界中留存下来，是因为它增加了拥有这些品性的物种的适应性，使它们获得了更大的生存和繁衍机会，超过了那些未能变异出此等品性的物种，遂得以在生物世界里更加广泛地传布。尽管动物通常只是本能地做出某些看起来利他的行为（即使有"起念"，也基本上只是一些本能性的情感），而并不是有意识地为了自身生存和繁衍的利益而地发出这些道德行为，因此总体而言说不上"躯壳起念"，但是，这些具有道德属性的品质客观上促进了其拥有者的生存和繁衍利益，其发源和保存完全可以通过这一感性因素得到解释，而不必诉诸任何先验理由。由此而论，这些先天的所谓道德本性毕竟与生物之"躯壳"是密不可分的。

先天的道德本性也构成了人类道德的重要基础。当然，人类道德并不止于先天本性教给我们的东西，它还包含了后天的社会建构，就像荀子所揭示的那样，是人类有意识的"伪"。这些后天建构起来的社会道德从其根源上来说，是为了解决一些紧迫的社会共存问题，以求建立和平、合作乃至和谐的社会秩序，促进社会共同利益。从这个意义上来说，这部分社会道德即使不是单个个体的"躯壳起念"，也是个体"躯壳起念"之间长期博弈和妥协的结果。因此，无论是先天道德本性，还是后天建构的社会道德，在其起源处都不可能与"躯壳"脱开干系。

从演化论上追根溯源，道德首先是一种自然和社会现象，其之所以出现和存在于这个世界上，是因为它能为生存和生活带来益处。换言之，道德是从非道德（non-moral，即没有道德意义，而不是不道德immoral）因素中发源的。[1]因为道德在人类生活中地位如此重要，年深日久，道德及其塑造和维持的生活秩序深入人心，人们在实践中就不再总能想到道德在其最初发源处的功能，而是将道德本身视为目的，道德由一种工具价值升华为内在价值，由此便产生了一种为道德而道德的义务论思维。在此基础上，人类发展出日渐精深的道德文化和道德哲学，甚至脱离了道德原本的自然和社会地基，在玄思中将道德纯粹化、理念化、绝对化和无限普遍化，典型如康德的道德形而上学。

阳明"无善无恶是心之体"之论，简言之，其实是要消除一种对道德的执着，即使我们在日常生活中仍然要依循道德，正道直行。当我们将道德还原到其自然和社会地基之上，祛除一些关于道德的高妙玄思给它罩上的罩子之后，一种立足现实世界的道德观应当有利于我们消除对道德的执着。

从根本上说，道德并不是存在于一个自成一体的先验世界或本体世界，而是内嵌于自然和社会之中的。首先，人类道德是相对于人类的（Homo Sapience-Specific），而不大可能像康德认为的那样：道德对所有理性存在者普遍有效，而人类只是理性存在者的一种特殊形式。尽管我们对道德的相对主义观点要非常警惕，例如文化相对主义、种族相对主义等等，但是我们得承认道德的物种相对主义。换言之，人类道德受到我们这个物种生理构成条件与演化的边际约束。假使世界上还存在与人类在生理构成上迥异的其他物种，例如由芯片及塑料、金属等材料构成的某种AI生命，倘若它们在今后也能发展出某种道德的话，那么这种道德与肉身之躯的人类发展出来的道德很可能是完全不同的。[2]其次，道德还会随着人类社会生活的变迁而变迁，因为社会道德实际上是以社会和平、合作、和谐

---

[1] 参见徐向东：《进化伦理学与道德规范性》，《道德与文明》2016年第5期。

[2] 参见 Flanagan, Sarkissian, and Wong, "Naturalizing Ethics," 15–17.

为目的一套解决方案，人类生产和交往方式的变化，使得需要用道德来解决的问题也发生了变化，因此道德也需要与时俱进。

从道德在其根源处关联着人类的生存和生活利益（或曰幸福）相关而言，它都不是"纯粹的"；从道德相对于人类这个特殊物种（或者还应加上与人类相近的某些物种）并随着人类社会生活而不断损益而言，它也不是绝对的、无限普遍的。一旦我们对道德建立起这样一种朴素的认知，在道德实践中，就可以避免受到一些道德玄学的错误激励，走向一种"理执"，甚至"以理杀人"的危险境地。相反，这种朴素的道德观有利于我们形成一种谦虚、开放、宽容的态度，脚踏实地地去理解道德背后曲折复杂的人生和社会世界，对道德形成一种既不轻慢，又不过分固执的平情态度，而这才是阳明"无善无恶是心之体"之论所追求的境界。

第五章

文化社会心理学与道德意动

在阳明四句教中，"有善有恶是意之动"看起来是最平淡不足道的一句，只是对人心活动的一个信息含量相当有限的宏观概括。不过，从心理学家的角度，还是可以提出一些问题供阳明学一方参考。例如，"意"有无不动的时候？或者更准确地说，"心"是否有不动意的时候？这个问题很自然地让人联想起儒家哲学，尤其是宋明理学中非常繁琐的关于所谓"已发"和"未发"的讨论。"有善有恶是意之动"对应于"已发"，而"无善无恶是心之体"则可与"未发"相关联。已发未发问题来源于《中庸》这部儒家核心经典，在宋明理学中，围绕这个话头展开的探讨则牵涉到心性存在（本体论）和修养（工夫论）的基础性问题。宋明理学中的这些探讨，最能体现黄宗羲所说的那种"牛毛茧丝，无不辨晰"[1]的风气。今人对这些探讨的历史研究，也因此难免困于名相，甚至经常与人性心理之真实状况相隔膜，沦为一种学术呓语。我们感兴趣的问题是，能否将古人关于心性的这些探讨带到现实中来，让心理学家也加入其中，看看他们之间能否碰撞出新的火花。

本章将特别关注与之关联的两个问题。第一个问题是，如果将"未发"理解为精神活动的一个偏静的阶段或状态（而不是理解为一切精神活动的所谓"本体"），那么它究竟是一种什么状态？"未发工夫"与心理学上的"正念"训练有何异同？第二个问题是，何种情境和内容的"意之动"会被我们用"善恶"来评价？"善恶"与《中庸》所推崇的"中和"之间是什么关系？

---

① 黄宗羲：《明儒学案发凡》，《明儒学案》（修订本），沈芝盈点校，中华书局2008年版，第14页。

"未发"与"正念"

四句教分别指向心、意、知、物，这对应于《大学》中八条目中的前四个：正心、诚意、致知、格物，而"已发"和"未发"的话头则来自《中庸》，《中庸》首章说："喜怒哀乐之未发，谓之中；发而皆中节，谓之和。中也者，天下之大本也；和也者，天下之达道也。"尽管经典来源不同，但是四句教中"无善无恶是心之体"与"有善有恶是意之动"之间的关系，很自然地就能够和肇端于《中庸》的"未发已发"关系问题关联起来。因为阳明对"意"的基本界定就是"心之所发"，并且阳明此种界定并非一己之创见，而只是沿袭通常的用法。①当然，"意"的范围不限于《中庸》提到的"喜怒哀乐"，而是泛指所有的心理活动，宋明儒学在讨论"未发已发"问题时，也并不限于"喜怒哀乐"一类的情绪活动，而是广泛地涉及心的各种活动。②所以，四句教中的前两句（或者说首句与后三句）的关系问题，同"未发已发"问题在内涵上是完全相通的。宋明儒学关于"未发已发"的探讨更加专门，也更加丰富，对我们理解四句教中的相关问题，有重要的启发作用。

"喜怒哀乐之已发"不会有什么歧义，但是"喜怒哀乐之未发"则可以有不同角度的诠释。至少从程颐开始，宋明理学就纠结于如何理解这个"未发之中"。根据《与吕大临论中书》之记载，程颐曾说，"凡言心者，皆指已发而言"。程颐的言下之意是说，"未发"并不是与"已发"相对的一个时间阶段和心理状态，若以时间阶段和心的活动状态论，心总是处于"已发"的状态，并没有一个绝对不动的"未发"状态。

吕大临对程颐的这句话深感疑惑，向程颐讨教说："然则未发

---

① 阳明完整的说法是"身之主宰便是心，心之所发便是意，意之本体便是知，意之所在便是物。"（王守仁：《传习录上》，《王阳明全集》卷一，吴光等编校，第6页。）朱熹在释《大学》首章时说："心者，身之所主也，……意者，心之所发也。……物，犹事也。"（朱熹：《大学章句》，《四书章句集注》，第3—4页）在这些基本概念方面，二者并无区别。

② 笼统地说，"知善知恶"中的判断活动，"为善去恶"中的意志活动，都是"心之所发"，因而可以涵盖在"有善有恶是意之动"这句之中。当然，这是就概念所指向的事实而言，不代表阳明及阳明学研究者通常的理解。在阳明及阳明学研究者的通常理解中，"知"（良知）有绝对的正确性和特殊的形而上学地位，不可能被认为是"有善有恶"的，但是现实中"知善知恶"的道德判断活动并不总是正确的，混淆善恶，不辨是非的情况并不罕见，甚至一些极端的罪行就是以"良知"之名犯下的。因此，"知善知恶"的"良知"在现实中只是一种特定类型的意识活动，不可能是先验地、绝对地正确的。当然，这已经超出了本章所涉及的范围，我们将在下一章中予以专门探讨。

之前，谓之无心可乎？窃谓未发之前，心体昭昭俱在，已发乃心之用。此所深疑未喻，又恐传言失指，切望指教。"看来吕大临是按照体—用这个概念架构来理解未发—已发，以"未发"为心之体，"已发"为心之用。面对吕大临的质疑，程颐进一步澄清了他的说法，他解释道："'凡言心者，指已发而言'，此固未当。心一也，有指体而言者（寂然不动是也——原注），有指用而言者（感而遂通天下之故是也——原注），惟观其所见如何耳。大抵论愈精微，言愈易差。所谓传言者失指，及反复观之，虽曰有差，亦不失大意。"①程颐根据吕大临的质疑，修改了自己的说法，不再将"心"完全等同于"已发"，而补充说心是兼赅体用的。也就是说，"已发"只能对应心之用，"凡言心者，指已发而言"，这个说法容易导致误解，似乎心只有用没有体，这正是吕大临所质疑的。但是，程颐的观点并没有实质性的改变，他与吕大临之间也没有实质性的分歧。他修改"凡言心者，指已发而言"的说法，并不是承认心除了"已发"的阶段和状态之外，还有一个"未发"的阶段和状态，而是说，在"已发"或者心之用的背后，还有作为心之体的"未发"。所以，程颐对吕大临质疑的回应，只是修改了引发误会的说法，并不认为原来的观点有什么错误。即使是之前"凡言心者，指已发而言"的说法，"虽曰有差，亦不失大意"。这里的"大意"，就是"未发已发"，乃就心之体用言，而非就心在不同时间阶段上的活动状态而言。若就后者而言，只有"已发"，"未发"并不能理解为某一时间阶段上的心灵活动状态。②

不过，程颐对已发未发的理解并不总是一致的，他有时候也在时间阶段和活动状态的意义上来谈论"未发"。程颐在与弟子苏季明讨论"未发"问题时说："若言存养于喜怒哀乐未发之时则可，若言求中于喜怒哀乐未发之前则不可。"为何不可"求中于喜怒哀乐未发之前"？程颐解释说："既思于喜怒哀乐未发之前求之，又却是思也，既思即是已发（思与喜怒哀乐一般——原注），才发便

---

① 程颢、程颐：《河南程氏文集》卷九，《二程集》，王孝鱼点校，中华书局1981年版，第609页。
② "心"这个字在日常语言中，既可以指心灵的某种具体活动，例如恻隐之心、羞恶之心、辞让之心、是非之心等，也可以指承载这些具体活动的主体。当程颐说"凡言心者，指已发而言"，大概可以对应于"心"字的前种用法，当他说"心一也，有指体而言者，有指用而言者"时，则对应于后种用法。

谓之和，不可谓之中也。"①按照程颐在同吕大临的讨论中的观点，"未发之中"根本不是在某一时间阶段上的心灵的未活动状态，而是指心之体。功夫是无法直接下在心之体上的，一种有意识的下功夫（思于喜怒哀乐未发之前求之）已属"已发"，这与前述"凡言心者，皆指已发而言"所欲表达的意思也是相通的。

但是程颐这里又承认"若存养于喜怒哀乐未发之时则可"，我们于此不能无疑。如果说"思求中于喜怒哀乐之未发之前"已经流为"已发"，那么"存养于喜怒哀乐未发之时"难道不也属"已发"吗？即使"存养"不像"思求"那般主动，但毕竟还是有意识参与其中，凡意识活动皆属"已发"，而"未发之中"是所谓"心之体"，它根本不是意识能够直接把握的某种现实的心理状态。程颐这里其实放松了立场，不再坚持按体—用架构来理解"已发未发"，而是也从不同时间阶段上心灵的不同活动状态来理解它们，所以才有"存养于喜怒哀乐未发之时"的说法。本来如果严格按照体—用结构来理解的话，心之体的"未发"并不是时间意义上与"已发"相对的概念，"喜怒哀乐未发之时"并不能等同于心之体。即使没有喜怒哀乐之类显著的心理活动，醒觉状态下的心灵也依然只是相对静止，而非全无活动，即使睡眠时，也仍然难免会有做梦等心理活动。因此，心灵在时间意义上几乎总是处于"已发"状态，只是程度有所区别，"喜怒哀乐未发之时"在体—用架构中也仍然属心之用，而非心之体。但是，我们又不得不承认，心灵活动不同时间阶段上的程度之分仍然是有意义的，心灵确有"喜怒哀乐未发之时"这样相对宁静的阶段状态，因此，程颐说"存养于喜怒哀乐未发之时"，又是可以理解的。其意义是说，在闲居无事之时，也要保持一种警醒内敛的状态，或曰"敬"，不可放逸。他说："敬而无失，便是'喜怒哀乐未发之谓中'也。敬不可谓之中，但敬而无失，即所以中也。"②程颐这句话可以理解为，"敬"是静中涵养心体以致"中"的工夫。

综上所论，在对"未发已发"的理解上，程颐的观点是双重的。一方面，从存在论或本体论的角度看，"未发"是心之体，

---

① 程颢、程颐：《河南程氏遗书》卷十八，《二程集》，王孝鱼点校，第200页。
② 程颢、程颐：《河南程氏遗书》卷二上，《二程集》，王孝鱼点校，第44页。

"已发"是心之用,这种区分是形而上学层面的,或者结构上的,而非指不同的时间阶段。心灵并不存在绝对的"未发"状态,工夫只能在"已发"上做。另一方面,在具体修养工夫的意义上,"未发"和"已发"又获得了时间阶段的意义,分别指心灵显著活动和相对宁静这两种状态,而这两种状态之下需要做不同的工夫。在相对宁静的"喜怒哀乐未发"状态下,工夫主要是"敬",在相对活动的"喜怒哀乐已发"状态下,工夫则主要是格物致知。程颐对"未发已发"的这种包含分歧的理解,在宋明儒学之后的相关探讨中不断复现。

二程门人杨时(1053—1135,字中立,号龟山)就特别重视"未发"工夫。杨时说:"学者当于喜怒哀乐未发之际,以心体之,则中之义自见,执而勿失,无人欲之私焉,发必中节矣。"[1]根据上面的分析,如果将"未发已发"理解为体用关系的话,未发之体就是一种形而上学意义上的存在,而非现实时间中的某种状态,所以工夫并不能直接着眼于它,但凡工夫,总是在已发上做。这大概类似于在一些宗教的观念中,人只能以某种方式侍奉上帝、接近上帝,但是永远也不可能直观到上帝。

杨时说"于喜怒哀乐未发之际以心体之"可以有两种不同的理解。第一种,是将"以心体之"的"之"理解为"喜怒哀乐未发之时"那种宁静的心理状态。按照我们上面分析中已经指出的,即使是这种宁静的心理状态,也只是相对的不动,而非绝对的静止,严格说来,无论是这种相对不动的心理状态,还是对这一心理状态的体验与反思("以心体之"),仍然都属"已发"。"以心体之"作为工夫,仍是下在"已发"上。对杨时之说的另一种可能的理解是,他所谓"以心体之",不仅仅只是对心灵之宁静状态的一种体验,而是在这种心灵的宁静之中去体验所谓"本体"。也就是说,"以心体之"的"之"不是心理状态本身,而是指向本体。这就类似于在另一种宗教观念中,人能够通过一些非常规手段直接与上帝沟通。这种理解下的"以心体之"就仿佛不再是经验性的意识活动,而具有某种神秘的超越性。

---

[1] 黄宗羲原著,全祖望补修:《龟山学案》,《宋元学案》卷二十五,陈金生、梁运华点校,中华书局1986年版,第952页。

这两种理解中哪一种更贴近于杨时的思想呢？我们认为是后一种。因为如果按照前一种理解，"于喜怒哀乐未发之际以心体之"就只是闲居无事时一种收敛身心、沉静庄敬的工夫。这种工夫当然是有用的，但是是否做到这一点，就能像杨时所说的那样，"中之义自见，执而勿失，无人欲之私也，发必中节矣"？我们很难不对此表示怀疑。一个人能够做到闲居无事时收敛身心、沉静庄敬，尽管也是一种成就，但是这并不能保证他遇事时，就能够在情感和行为上无过无不及地处之以中道。"于喜怒哀乐未发之际以心体之"或许确实应当作为工夫的一个重要部分，与之并列的是一种应事接物，"喜怒哀乐已发之时"的工夫，但是杨时显然并不仅仅将前者作为工夫的一部分，而是将之作为工夫的根本。所以，杨时对"于喜怒哀乐未发之际以心体之"更有可能持有上述第二种理解，即主张一种静中直悟本体的工夫，并认为一旦直悟本体，便自能生用，"发必中节"。

杨时的这种工夫论倾向一传罗从彦（1072—1135，字仲素，号豫章），再传而李侗（1093—1163，字愿中，号延平），此即所谓"道南学派"[1]。朱熹早岁曾从学于李侗，他在《延平李先生行状》中说："先生（指李侗——引者注）既从之（指罗从彦——引者注）学，讲诵之余，危坐终日，以验夫喜怒哀乐未发之前气象如何，而求所谓中者。若是者盖久之，而知天下之大本真有在乎是也。"[2]可见，道南一派所强调的"于喜怒哀乐未发之时（之前）以心体之"中的"体"，并不仅仅只是无对象的收敛身心、沉静庄敬的消极活动，而是以"中"，也是"天下之大本"为追求对象的一种积极的体验活动。朱熹回顾李侗对他的教导时也说："李先生教人，大抵令于静中体认大本未发时气象分明，即处事应物，自然中节。此乃龟山门下相传指诀。"[3]

但是，在很长的时间里，朱熹对李侗的上述教导都格格难入，

---

[1] 杨时深得程颢（1032—1085，字伯淳，号明道）欣赏，杨时辞别明道返乡时，后者感叹"吾道南矣"，遂有"道南学派"之名。

[2] 朱熹：《晦庵先生朱文公文集》卷九十七，《朱子全书》（修订本），朱杰人、严佐之、刘永翔主编，第4517页。

[3] 朱熹：《晦庵先生朱文公文集》卷四十，《朱子全书》（修订本），朱杰人、严佐之、刘永翔主编，第1802页。

他在《中和旧说序》中说："余蚤从延平李先生学，受《中庸》之书，求喜怒哀乐未发之旨，未达而先生没。余窃自悼其不敏，若穷人之无归。"①"道南指诀"所追求的静中直悟本体看似简易，实则难以把握，可能依赖特定的性格或体质，以朱熹之理智务实，宜乎其不相契。在这种情况下，朱熹暂时放弃了李侗的教导，在湖湘学派影响下，形成了关于"未发已发"问题的第一个结论，后来称为"中和旧说"。这个结论其实是回到了程颐最初"凡言心者，指已发而言"的观点，湖湘学派的代表人物胡宏（1106—1162，字仁仲，号五峰）亦持同样观点，以性为未发，心为已发："窃谓未发只可言性，已发乃可言心。"②"圣人指明其体曰性，指明其用曰心。性不能不动，动则心矣。"③这种观点被朱熹的"中和旧说"引为同调，朱熹自叙道："一日，喟然叹曰：人自婴儿以至老死，虽语默动静之不同，然其大体莫非已发。"④

与这种"未发为性，已发为心"的观点相适应，工夫就只能在"已发"之处下，要在喜怒哀乐等各种心灵活动中察识端倪，摒除恶念，涵养善德。如胡宏说："情一流则难遏，气一动则难平。流而后遏，动而后平，是以难也。察而养之于未流，则不至于用遏矣。察而养之于未动，则不至于用平矣。是故察之有素，则虽婴于物而不惑；养之有素，则虽激于物而不悖。"⑤朱熹则说："……良心萌蘖，亦未尝不因事而发见，学者于是致察而操存之，则庶乎可以贯乎大本达道之全体而复其初矣。"⑥胡宏所说的"察而养之"，与朱熹所说的"致察而操存之"，大义相通，都是主张在"已发"之端倪处严加监控，存善去恶。

但是朱熹很快又有了转变，他在《与湖南诸公论中和第一书》

---

① 朱熹：《晦庵先生朱文公文集》卷七十五，《朱子全书》（修订本），朱杰人、严佐之、刘永翔主编，第3634页。

② 胡宏：《与僧吉甫书第二首》，《胡宏集》，吴仁华点校，中华书局1987年版，第115页。

③ 胡宏：《宋朱熹胡子知言疑义》，《胡宏集》，吴仁华点校，第336页。

④ 朱熹：《晦庵先生朱文公文集》卷七十五，《朱子全书》（修订本），朱杰人、严佐之、刘永翔主编，第3634页。

⑤ 胡宏：《知言》，《胡宏集》，吴仁华点校，第28页。

⑥ 朱熹：《晦庵先生朱文公文集》卷三十，《朱子全书》（修订本），朱杰人、严佐之、刘永翔主编，第1315—1316页。

中详细地记录了自己的这段心路历程。①朱熹放弃了"性为未发，心为已发"，以性为体，以心为用的"中和旧说"，在体用关系上，采纳了心统性情，性体情用的架构。他用"情"替代了之前用"心"指称的各种心灵活动，亦即心之用，而将"心"确立为统性情、赅体用的主体。但从这些尚看不出其思想上有何本质变化，那套体用的架构还在，只不过承当体用架构的心性情概念有所调整。但朱熹也说，这种调整并不仅仅只是出于"心性之名命之不当"的缘故，而是因为"中和旧说"中"性体心用"的架构导致了工夫论上的缺陷。

具体而言，因为主张"心为已发"，故"日用工夫亦止以察识端倪为最初下手处"，也就是说总是处在一种主动把捉，追逐驰骛的状态之中。在应事接物之时，固当将心思扑在事物之上，细加思量推求，以明其理，合其宜。但是毕竟有"思虑未萌，事物未至"之时，在"凡言心者，皆为已发"的前提之下，即便"思虑未萌，事物未至"，亦只能归诸"已发"，这样就无法将这一相对宁静的状态，同应事接物的积极活动状态相区别，以致相对宁静状态下的工夫论缺失，即朱熹所谓"缺却平日涵养一段工夫"。因此，朱熹重新恢复了"未发已发"概念的时间阶段意义，以"未发"指"思虑未萌，事物未至"时心灵相对宁静的状态，与"未发"状态相对应的工夫就是主敬涵养。这样，就形成了"涵养用敬，进学致知"这样一种兼顾"未发已发"、静时动时各有其方的工夫论。

朱熹在对"未发已发"之理解上产生的纠结，其实早在程颐思想中就已经存在，他多方切磋琢磨形成的定论，也并未超出程颐当

---

① "《中庸》未发、已发之义，前此认得此心流行之体，又因'程子凡言心者，皆指已发而言'，遂目心为已发、性为未发。然观程子之书，多所不合，因复思之，乃知前日之说，非惟心、性之名命之不当，而日用功夫全无本领，盖所失者不但文义之间而已。按文集、遗书诸说，似皆以思虑未萌、事物未至之时，为喜怒哀乐之未发。当此之时，即是此心寂然不动之体，而天命之性，当体具焉。以其无过不及，不偏不倚，故谓之中。及其感而遂通天下之故，则喜怒哀乐之性发焉，而心之用可见。以其无不中节，无所乖戾，故谓之和。此则人心之正，而情性之德然也。然未发之前不可寻觅，已觉之后不容安排，但平日庄敬涵养之功，而无人欲之私以乱之，则其未发也，镜明水止，而其发也，无不中节矣。此是日用本领工夫。至于随事省察，即物推明，亦必以是为本。而于已发之际观之，则其具于未发之前者，固可默识。故程子之答苏季明，反复论辨，极于详密，而卒之不过以敬为言。又曰：'敬而无失，即所以中。'又曰：'人道莫如敬，未有致知而不在敬者。'又曰：'涵养须是敬，进学则在致知。'盖为此也。向来讲论思索，直以心为已发，而日用工夫，亦止以察识端倪为最初下手处，以故阙却平日涵养一段工夫……"（朱熹：《晦庵先生朱文公文集》卷六十四，《朱子全书》（修订版），朱杰人、严佐之、刘永翔主编，第3130—3131页）

初思想的范围。即使在朱熹最后满意的定论之中，程颐思想中蕴含的分歧也仍然未能完全消除，"未发已发"概念的体—用式理解和时间阶段式理解之间，仍然是并存的。按照陈来先生的总结，"己丑之悟（所悟即为"中和新说"——引者注）所谓未发已发包含两个方面的意义，一是指心的未发已发，一是指性情的未发已发。……心的未发已发是区别心理活动及其状态的两个阶段，这里的已发未发是同一层次的概念。而性情未发已发则是与体用相同的概念，两者不但在实际上有过程的区别，层次也不相同"①。

朱熹从"中和旧说"向"中和新说"的转变，从留存下来的文章书信来看，是一个艰苦求索、反复往还的过程，他在这个问题上耗费了很长的时间和巨大的心力。而朱熹的这番思想转变历程，亦转使今日中国哲学史之研究者耗费很长的时间和巨大的心力，去钩沉索隐。像朱熹这样一些杰出的心灵，将自己宝贵的生命奉献给如此这般"牛毛茧丝，无不辨析"的心性之学，每念及此，不免兴叹。

王阳明尽管也不可避免地要谈论这些问题，但是他纠结较少，而且他有一种明确的意识，要尽量避免陷入这些过于细琐的概念和理论探讨。他基本上是以"未发"为体，"已发"为用，二者不可割裂，说："未发在已发之中，而已发之中未尝别有未发者在；已发在未发之中，而未发之中未尝别有已发者存。"②对他而言，体用不可割裂，"即体而言用在体，即用而言体在用"③，体用关系不是时间上的先后关系，"人之本体常常是寂然不动的，常常是感而遂通的。未应不是先，已应不是后"④。如果理解了这种体用不二的观点，阳明的一些看似玄妙的表述就容易理解了：

> 或问"未发已发"。先生曰："只缘后儒将未发已发分说了，只得劈头说个无已发未发，使人自思得之。若说有个已发未发，听者依旧落在后儒见解。若真见得无未发已发，说个有未发已发，原不妨原有个未发已发在。"问曰："未发未尝

---

① 陈来：《朱熹哲学研究》，中国社会科学出版社 1993 年版，第 115 页。
② 王守仁：《传习录中》，《王阳明全集》卷三，吴光等编校，第 64 页。
③ 王守仁：《传习录上》，《王阳明全集》卷一，吴光等编校，第 31 页。
④ 王守仁：《传习录下》，《王阳明全集》卷三，吴光等编校，第 122 页。

不和，已发未尝不中；譬如钟声，未扣不可谓无，既扣不可谓有，毕竟有个扣与不扣，何如？"先生曰："未扣时原是惊天动地，既扣时也只是寂天寞地。"[1]

如果领会了"未发已发"原本体用不二的关系（"若真见得无未发已发"），那么做出这种区分也无妨，若不能领会"未发已发"的这种体用不二的关系，这种区分将误导人陷入支离。如果抛开概念术语的差异，就思想的实质而言，朱熹也应当不反对阳明的这些基本观点。

阳明径直以"良知"为"未发之中"："性无不善，故知无不良，良知即是未发之中，即是廓然大公，寂然不动之本体，人人之所同具者也。""体即良知之体，用即良知之用，宁复有超然于体用之外者乎？"[2]在工夫论上，阳明也更加扼要而灵活，不似朱熹那般刻意地区分静时工夫（涵养用敬）和动时工夫（进学致知）。尽管阳明并不完全抛弃静坐一类工夫，但那只能是入手时的权宜之计，他说："初学时心猿意马，拴缚不定，其所思虑多是人欲一边，故且教之静坐、息思虑。久之，俟其心意稍定，只悬空静守如槁木死灰，亦无用，须教他省察克治。"[3]即使静坐，也不是僵死寂灭的工夫，而仍是"活泼泼地"。弟子九川问："近年因厌泛滥之学，每要静坐，求屏息念虑，非惟不能，愈觉扰扰，如何？"阳明回答说："念如何可息？只是要正。""实无无念时。""戒惧之念是活泼泼地，此是天机不息处，所谓'维天之命，於穆不已'；一息便是死。"[4]"实无无念时"这一看法，其实和程朱说"凡言心者，皆指已发而言"时的思想是一致的。尽管朱熹后来放弃了这一说法，但这一说法所传达的思想他应当并未放弃，亦即心体总是流行不息的。他只是调整了心性情这三个概念的用法，用"情"代替"心"去指"已发"，而非认为心灵有一个绝对的静止状态（当然，他还是强调有相对宁静的状态，也就是"中和新说"中所指的"未发"）。

---

[1] 王守仁：《传习录下》，《王阳明全集》卷三，吴光等编校，第115页。
[2] 王守仁：《传习录中》，《王阳明全集》卷二，吴光等编校，第62—63页。
[3] 王守仁：《传习录上》，《王阳明全集》卷一，吴光等编校，第16页。
[4] 王守仁：《传习录下》，《王阳明全集》卷三，吴光等编校，第91页。

阳明根据其未发已发体用不二的思想，提倡一种立足于日常生活的浑然而灵活的工夫，反对将动时工夫和静时工夫割裂开来。他以"居敬穷理"为一事而非二事："就穷理专一处说，便谓之居敬；就居敬精密处说，便谓之穷理。却不是居敬了别有个心穷理，穷理时别有个心居敬。名虽不同，功夫只是一事。"①尽管朱熹相对清晰地区分了静时居敬与动时穷理，但这是为下手做工夫提供明确的指引，阳明所说的二者浑然一体的道理，朱熹未必会反对。朱熹也强调，居敬并不是僵死地守静，而是中有所主，敬以存理。而穷理亦非一味向外逐物，茫无所归，穷理也有一种敬的态度贯穿其中，理解事物的道理与涵养自身的德性在穷理的过程中是统一的。按照阳明的话，居敬之精密处，也就是穷理，而穷理之专一处，又未尝不是居敬。

总的说来，阳明和程朱在对"已发未发"的理解上并不存在根本的分歧，只是侧重不同。朱熹在"中和新说"中，似乎最终偏向于从时间阶段的意义来理解"未发已发"，将"未发"理解为闲居无事时相对宁静的状态，当然他也并未能完全抛弃从体—用架构来理解"未发已发"。阳明则比较坚定地是从体—用架构来理解"未发已发"，因此在实际的世界中只有"已发"，并无"未发之时""未发之际""未发之前"等时间意义上的"未发"。"未发已发"体用一如，"凡可见诸形容的无非已发，凡言'功夫'皆是已发功夫，只要去做'必有事焉'的功夫，便自然可以反约到未发之体上。未发之中是已发功夫的自然结果，如果自矜于境界，就会落入玩弄光景"②。朱熹因担心"缺却平日涵养一段工夫"，所以特意突出时间阶段意义上"未发"，作为"思虑未萌，事物未至"之时心灵相对宁静的状态，这未尝没有道理。而阳明教人于日用平常处下功夫，力戒凭空臆造本体，所以强调"未发已发"体用不二。

尽管阳明之学以实践为旨归，不喜过分繁琐的概念和理论探讨，以免往而不返，沉迷于名言的游戏之中，反失了做人成德的实践旨归，但是，这个概念和理论游戏一旦开启，似乎便自有其运转的逻辑，将阳明后学卷入其中。黄宗羲"牛毛茧丝，无不辨析"之

---

① 王守仁：《传习录上》，《王阳明全集》卷一，吴光等编校，第33页。
② 孙占卿：《王阳明论未发已发》，《孔子研究》2011年第6期。

描述，其实是针对明代儒学的，他认为明代儒学之发达乃"前代之所不及也"，细密辨析就是一种表现。而阳明儒学所争论之问题中，有一条线索，其实就是我们上面所梳理的关于"未发已发"的两种不同理解，以及由此导致的不同工夫取径。①

如果按照体—用架构来理解"未发已发"的关系，"已发"就是泛指各种心理活动，而"未发之体"究竟指向什么？"无善无恶心之体"该如何理解？则成了问题的难点。结合现实心理活动来看看，如果按照不同时间阶段上心灵的不同活动状态来理解"未发已发"的话，心理学家有没有什么新鲜的视角，可为传统的儒学心性论提供参考和补充。具体而言，根据他们对"意之动"的见解，将如何回应"未发已发"关系问题，这对朱熹曾经反复纠结，同时也是儒学特别重视的工夫（尤其是"未发"工夫）问题，又将提供何种启示。

朱熹早年因为无法领会"静中体验未发气象"的"道南指诀"，走向了"以心为已发"的"中和旧说"，但最终还是部分地回到了道南学派的立场，"重新肯定了延平体验未发的工夫"。②他认为在"思虑未萌，事物未至"的"未发"状态下，有一段"平日涵养"的工夫不能缺失。按照"中和新说"的理解，"未发"也是心体流行的一个阶段："……据此诸说（指程颐关于"未发"的一些言论——引者注），皆以思虑未萌、事物未至之时为'喜怒哀乐之未发'，当此之时，即是心体流行，寂然不动之处，而天命之性，体段具焉。以其无过不及，不偏不倚，故谓之中。然已是就心体流行处见，故直谓之性则不可。……程子所谓'凡言心者，皆指已发而言'，此却指心体流行而言，非谓事物思虑之交也。然与《中庸》本文不合，故以为未当而复正之……"③

这段话清晰地记录了朱熹对程颐两种分歧的"未发已发"论的取舍变化。"中和旧说"时朱熹曾赞同"凡言心者，皆指已发而言"，他解释说，这里的"已发"是指"心体流行"，而不是指与

---

① 关于这些探讨的哲学史研究，参见彭国翔：《良知学的展开：王龙溪与中晚明的阳明学》（增订版），生活·读书·新知三联书店 2015 年版。
② 高海波：《朱子"中和旧说"探析》，《哲学研究》2018 年第 7 期。
③ 朱熹：《晦庵先生朱文公文集》卷六十七，《朱子全书》（修订本），朱杰人、严佐之、刘永翔主编，第 3267—3268 页。

"思虑未萌，事物未至"相对而言的"事物思虑交至"之时心的活动状态。这种"心体流行不息"的思想本身并无问题，但是用"已发"来指称它并不符合它在《中庸》原文中的本义。在后者，"已发"与"未发"不是指心之流行发用与心之本体的关系，而是指心灵之相对活动的状态（喜怒哀乐已发）和相对宁静的状态（喜怒哀乐未发）。所以，朱熹后来接受了程颐关于"未发已发"的另一种理解，也符合《中庸》本文，强调"未发"作为"心体流行寂然不动之处"的含义，与作为"心体流行感而遂通之处"的"未发"相对，而暂时搁置（但在别处也并未完全抛弃）"未发"作为"性"或心之体的意义。"中和新说"中的心之"未发"和"已发"合起来，都属"中和旧说"中的"已发"。在这个转变中，"心体流行"的思想并未转变，只是于心体流行之中区分出静和动两个阶段或两种状态，二者分别对应不同的工夫。

朱熹上述言论中，"心体流行寂然不动之处"一语，特别值得玩味。按说既然是"心体流行"，应该已经是"动"，怎么又是"寂然不动之处"呢？这里"寂然不动"是指"思虑未萌，事物未至"之时心灵的状态，但即使在这种状态下，心灵也不是完全的僵死沉寂，而仍然是醒觉有意识的，仍然属于心体流行的一种形式或状态。"思虑未萌，事物未至"尽管通常发生在独处之时，但即使是独处之时，也仍然可能思虑走作，牵挂于事物。所以，"思虑未萌，事物未至"既可以说是一种现实的处境，但也未尝不是一种需要内在努力才能达成的状态。在闲居无事之时，如何摒除内心纷扰的思虑和意向，保持一种清明庄敬的状态，这就是朱熹认为不可以遗漏的"平日涵养"功夫。

这样一种"静而无静"的工夫，在阳明思想中也有体现。《传习录》记载了如下一段问答：

> 九川问："近年因厌泛滥之学，每要静坐，求屏息念虑。非惟不能，愈觉扰扰，如何？"先生曰："念如何可息？只是要正。"曰："当自有无念时否？"先生曰："实无无念时。"曰："如此却如何言静？"曰："静未尝不动，动未尝不静。戒谨恐惧即是念，何分动静？"曰："周子何以言定之以中正仁义而主静？"曰："无欲故静，是'静亦定，动亦

定'的'定'字，主其本体也。戒惧之念是活泼泼地。此是天机不息处，所谓'维天之命，於穆不已'，一息便是死。非本体之念，即是私念。"[1]

如前已论，阳明反对将工夫刻意地区分为静时工夫和动时工夫，整体而言，工夫都是动静辩证的。从"念不可息"的意义上来说，工夫都是动的、活泼泼地，从"动亦定，静亦定"，动静一循于理的角度来说，工夫又都是静的。尽管如此，但这不息的"念"仍然有相对的动静之分，例如"戒慎恐惧"，尽管仍然是"活泼泼地"心体流行，但毕竟是偏静的。此正可与朱熹"心体流行寂然不动处"合参。我们究竟应该如何理解这种"思虑未萌，事物未至"时"戒慎恐惧"的工夫呢？

按照倪梁康的说法，这是一种"非客体化的意识活动"[2]。感官知觉之类的意识活动是客体化的，它会构造意向对象，喜怒哀乐等情感活动虽然本身不构造意向对象，但是它们是针对或关于意向对象的。"非客体化的意识活动"是感官知觉（以及随后更加复杂的思虑）和情感等心理活动没有发生之时的一种意识活动，它并不构造或指向意向对象，似乎可以称为一种无思之思。从它不构造或指向意向对象而言，它是"无思"的，或者说"思虑未萌，事物未至"，但是从意识并未泯灭，而是保持着一种灵醒的状态而言，它又是在"思"的。阳明后学欧阳德（1496—1554，字崇一，号南野）的一些论述，将这种"无思之思"的含义表达得更加明确："体用一原，显微无间。非时寂时感，而有未感以前，别为未发之时。盖虽诸念悉泯，而兢业中存，即惧意也，即发也。虽忧患不作，而恬静自如，即乐意也，即发也。"[3]

"非时寂时感"，是说心不是时起时灭的，因而并不存在绝对的"未感以前"，可以被称为"未发"，欧阳德的这种观点和朱熹的心体流行，阳明的"心无无念时"等观点是相通的。即使"诸念悉泯"，"忧患不作"，但是心灵仍然保持一种"兢业中存"，

---

① 王守仁：《传习录下》，《王阳明全集》卷三，吴光等编校，第91页。
② 倪梁康：《客体化行为与非客体化行为的奠基关系再论：从儒家心学与现象学的角度看"未发"与"已发"的关系》，《哲学研究》2012年第8期。
③ 欧阳德：《欧阳德集》卷四，陈永革编校整理，凤凰出版社2007年版，第125页。

"恬静自如"的状态，这仍然是"发"，是一种"意"，而不是僵死寂灭。这种"惧意"和"乐意"，想必也是朱熹未发工夫所欲到达的一种境界。

这种看似吊诡的"静而无静""无思之思"的未发工夫，可以与当今心理学上时兴的"正念"（mindfulness）训练做一对比。关于"正念"的一个广被接受的界定是："一种通过将注意指向当下目标而产生的意识状态，不加评判地对待此时此刻所展开的各种经历或体验。"[①]正念包含三个因素：觉知（awareness）、注意（attention）和记住（remembering）。觉知是指个体对发生在自身和外部世界的事物的意识，注意是指对所觉知之事物的定向关注，记住是指每时每刻都要保持这种意识和关注。[②]这三个因素中，最值得注意的正是"注意"。正念中的注意，一方面是一种积极的意识，是对特定对象清晰明确的把握，而不是随意识之波逐流，浑浑噩噩不自知。另一方面，正念中的注意又有其消极性，即它仅停留于一种如实的观照，而不试图去评判和控制注意的对象。

正念能够使人从"行动思维模式"转向"存在思维模式"，前者"是以目的为导向的，致力于不断缩小实际的问题和理想的目标（之间的距离——引者补），需要不断地进行自我参照和评价反馈"，而"存在思维模式"则"不需要对'怎样才能够达到目标'进行不断地检测和评价"，其"关注点是'觉察'并'接纳'当下的事实，不需要强加改变"。[③]实践表明，正念训练能够给身心带来诸多积极效果，包括减轻压力、改善认知能力、增强幸福感、缓解疾病等。

朱熹和儒家所讲的"思虑未萌，事物未至"之时的"未发工夫"，也就是"涵养须用敬"的工夫，当然并不同于正念。一方面，未发工夫中的心理活动，按照倪梁康先生的说法，是一种"非

---

① Jon Kabat-Zinn, "Mindfulness-Based Interventions in Context: Past, Present and Future," *Clinical Psychology: Science and Practice* 10, no. 2 (2003): 144.

② 参见 Matthew Brensilver, "Letter to the Editor: Response to 'A Systematic Review of Neurobiological and Clinical Features of Mindfulness Meditations,'" *Psychological Medicine* 41, no. 3 (2011): 666–668; Zindel V. Segal et al., "Antidepressant Monotherapy vs Sequential Pharmacotherapy and Mindfulness-Based Cognitive Therapy, or Placebo, for Relapse Prophylaxis in Recurrent Depression," *Arch Gen Psychiatry* 67, no. 12 (2010): 1256–1264.

③ 彭彦琴、居敏珠：《正念机制的核心：注意还是态度？》，《心理科学》2013年第4期。

客体化的意识活动"，而正念中的心理活动，仍然是客体化的意识活动，例如对呼吸或者某种心理意象的知觉和注意。另一方面，未发工夫的要求比正念更高，它并不满足于不加评判地如实观照所知觉的事物，而应是包含评价和控制的，它要将心理调整到一种庄敬的、合"理"的状态上去并加以保持。如果说正念是训练人之"存在的勇气"的话，未发工夫则要求人还要承担起"存在的责任"。①

但是，未发工夫和正念在一个大的维度上是一致的，即未发工夫也处于一种积极和消极微妙平衡的状态。从其积极面而言，未发时仍需保持醒觉庄敬，不可昏沉，这也是一种积极的"注意"。从其消极面来说，这种"注意"又不可过度执着，以至精神扰攘而过度紧张，失去了静时工夫涵养中和之性情的本旨。一旦心理处于一种紧张严密的审查和控制状态，未发工夫可能根本就不成立了，因为它已经转变为"察识端倪"的已发工夫。在这个意义上，未发工夫是力图使人处于一种特定的"存在思维模式"，而已发工夫则是在"行动思维方式"中不断调整和改进自身知行。未发工夫所需的这种积极与消极微妙平衡的状态，用孟子的话来说，就是"勿忘勿助长"（《孟子·公孙丑》）。这种状态大概可与陀螺相类比。陀螺必须转动起来才能不倒，但是过分的外力也会使它无法正常转动。就好像未发工夫不是使心灵寂灭，而仍需保持其灵明醒觉，但是刻意用功，又会导致心灵扰乱失衡。相比正念，未发工夫的这种平衡更难把握，因为未发工夫的积极一面的要求更高，不能是单纯的"注意"而已，而是包含着监控和调适的规范性要求，但是作为未发工夫，它同时还得保持内心的宁静。正念只是要求静观，而未发工夫则要求静中持敬。

关于正念的脑机制研究表明，正念可以改变训练者大脑的一些功能和结构。例如，"脑功能的研究发现正念和特定脑区（前额叶、扣带回等）的激活模式或激活模式的变化有关，脑结构的研究发现，正念与注意、学习、记忆和情绪等相关脑区（脑岛、海马、扣带回、前额叶等）皮层厚度或灰质密度变化有关"②。这至少说

①因此，未发工夫才是严格意义的"正"念，mindfulness 翻译为"正念"并不是完全准确，它只是让人"沉浸"在当下之"念"中，因此 mindfulness 有时也被翻译为"沉浸"，参见任俊、黄璐、张振新：《基于心理学视域的冥想研究》，《心理科学进展》2010 年第 5 期。
②汪芬、黄宇霞：《正念的心理和脑机制》，《心理科学进展》2011 年第 11 期。

明，正念不是无念，而是体现为大脑的活动，特别是部分脑区积极的活动。同理，要求比正念更高的未发工夫也必然会涉及更加复杂精密的大脑活动，以及引起大脑的结构变化。

至此，我们获得了一些新的理解"意之动"的资料和角度。"意之动"可以从主观的或第一人称的视角来理解，这时它指向我们能够意识到的心灵活动。"意之动"也可以从一种客观的或第三人称的视角来理解，这时它的指向也许并不为我们所意识，但确是以某种方式发生的心灵活动。这是最基本的一种区分。"意之动"还可以通过上文提及的"行动思维方式"和"存在思维方式"这对概念来区分。有些意动是向外追逐，牵挂于事物，这对应于"行动思维方式"，而有些意动是向内观照，收敛于当下身心，这对应于"存在思维方式"。"行动思维方式"的意动可能是无意识的或不自觉的（"忘我"），也可能是有意识的，"存在思维方式"的意动肯定是有意识的。

换言之，有些意动是一阶的，可以从客观的或第三人称的视角观察，但是可能并不为本人主观所意识。这种对自身意动的无意识，有可能是因为这些意动本身就处在意识直接感知的范围之外，也有可能是因为虽然在意识感知的范围之内，但是注意力并未集中于此。上述正念三要素中，第一个要素"觉知"（awareness）大概就属于这种一阶意动，而第二个要素"注意"则是一种二阶意动。这种阶次的划分在理论上是无穷的，正念的第三要素"记住"，似乎就是使注意力保持的一种意识，相对于"注意"本身而言，似乎又是更高阶的意动。因为这种阶次的划分是相对的，可以无限倒退，所以并不存在一个最后的、掌握绝对标准的主宰意识，只可能存在一种相对的控制意识，这种控制意识也并不能绝对保证其正确性，并不是找到和树立起这样一种绝对的主宰意识，就算解决了工夫修养和人生实践的根本问题。

如果从客观的第三人称视角来看，人的心灵（大脑）几乎总是处于活动之中。有些活动的过程和结果都处于有意识的状态中，但有些活动只是其结果呈现在意识中，而过程是我们无法意识到的。但也有时，心灵活动结果实际地影响了我们，但是我们不仅不知道过程，甚至并没有意识到其结果的影响。过程和结果都处于意识之中的心理活动，最典型的就是推理。①我们无法意识到其过程，但能意识到其结果，并受这个结果影响的心理活动，通常是指直觉。还有那些我们实际上受其影响，但是过程和结果却都在我们意识之外的心理活动，例如一种弥漫性的背景情绪，它潜移默化地奠定人的生存基调，从而影响具体的心理和行为，但是我们很多时候无法将这种情绪基调及其影响在意识中鉴别出来。

传统儒学根据心之未发与已发的理解，来确定应该采取何种修养工夫。按朱熹在"中和新说"中的理解，大概"未发"是指没有明显的直觉和推理活动时，心灵仍然处于某种情绪基调之中，推理和直觉通常涉及具体的事情和行动，而这种情绪基调并无具体对象。直觉和推理是显著的"意之动"，而情绪基调虽然也属"意之动"，但这两种"意之动"的"频率"不同。直觉和推理的"频率"较高，在意识能够接收的范围之内，而情绪基调则似乎"频率"较低，在意识能够清晰接收的范围之外，但仍然能对人的心理和行为发生现实的影响。已发工夫主要是针对直觉和推理这些"频率"较高的"意之动"，未发工夫则将"频率"较低的"意之动"，即某种生存的情绪基调，纳入注意的范围，有意识地加以调整，保持一种"敬"的情绪基调，即一种既安静平和，又不失清明肃穆的生存基调。②

需要说明，这里所谓"频率"高低，是比喻的说法，而非严格的心理科学的说法。比这种情绪基调"频率"更低的，还有自主神经系统（或植物神经系统）的活动。所谓"自主神经系统"，恰恰不是指由人的意识自主控制，而是说它在人的意识之外自动运转，调节呼吸、心跳、消化等基础生理机能。自主神经系统的活动当然

---

① 作为动词的 reason 及其名词形式 reasoning 通常被翻译为"推理"，但这个译法可能造成误解。因为说起"推理"我们联想到的往往是逻辑推理，或者对事实链条的推理（如"推理小说"），但这些不能涵盖 reasoning 的全部内容。例如在诸多考虑中反思权衡做出决定，也是一种 reasoning，但是称之为"推理"似乎又不合汉语习惯。此点关涉 reasoning 的具体内容和形式，后文还将论及。出于方便和统一的考虑，我们还是沿用了"推理"这个译法，作为补救，我们提请读者注意"推理"之"推"除了"推导"，还可能有"推敲""推求"等义。

② 倪梁康先生认为，"（宋明儒学中关于未发功夫的说法）很容易让人联想起海德格尔在《存在与时间》中谈到的基本情绪'畏'（Angst）或'烦'（Sorge）。海德格尔认为这种基本情绪是无对象的，而且是比意向性的意识体验（即客体化的表象行为与情感行为）更为原本的和本真的"。（倪梁康：《客体化行为与非客体化行为的奠基关系再论：从儒家心学与现象学的角度看"未发"与"已发"的关系》，《哲学研究》2012 年第 8 期）

已经不能算是心理活动（但会直接影响心理活动发生于其中的内部生理环境），而是更加偏向于生理活动。但是心理和生理之间并不能截然两分，就像我们在第三章中已经指出的，它们是在人与自然及社会环境互动中发挥作用的有机系统，意识或者心灵并不是独立的实体，而是这个有机系统的某些活动体现出来的功能或性质。因此，一方面，我们不能脱离这个有机系统去孤立地理解"意之动"，工夫不仅仅只是意识或心灵的事情，而是全身心的事情。另一方面，我们更不能脱离人与自然及社会互动的真实世界去孤立地理解"意之动"，人的问题不能仅仅通过个人的身心工夫去解决，而也应着眼于这个真实世界，更加系统性地思量。

善恶与中和

以上主要从"意之动"的概念本身展开分析，并未深入涉及"意之动"的具体内容。四句教中说"有善有恶是意之动"，而"善恶"就涉及"意之动"的内容。并不是所有的"意之动"都具有道德意义、有善恶之分，有些"意之动"是无所谓善恶的。但是哪些事情具有道德意义，会引发道德敏感和善恶判断，并不总是一目了然。同一件事是否具有道德意义，具有道德意义的事情会得到何种善恶评价，对不同的个体和文化而言，或者在不同的历史时代，答案很可能是完全不同的。"道德"是一个边界富有模糊性和弹性的特殊的人生和社会领域，而道德领域之边界的模糊性与弹性这件事情本身关系到"何谓道德"的问题。虽然笼统说来，"有善有恶是意之动"总是事实，但是落实到具体的"意之动"的时候，究竟是善是恶，或是无关善恶，可能会随个体、文化和时代的道德感知之差异而有差异。

根据道德发展心理学的研究，儿童很早就能在道德领域和习俗领域之间做出某种区分。例如，5岁幼儿即懂得，不穿校服是不对的，但如果老师允许或学校没有规定的话，不穿校服就是可以的，而把别人从秋千上推下来是不对的，即使老师允许，学校没有规定，这样做也是不对的。也许儿童尚无法明述这些事情之间的性质差别，但是他们能够对这些事情予以事实上的差别对待，具体体现在判断的普遍性（generality）、权威依赖性（contingency on authority）、规则依赖性等指标上。① 对道德领域事务的判断，在这些指标上不同于对社会习俗领域事物的判断。因此，一些发展心理学家认为，人类对社会规则的认知并不是铁板一块，不是遵循某种普遍的发展规律，而是针对不同的社会领域有不同的认知模式。这是一种认知发展的领域特殊（domain-specific）论。人类从儿童期开始，就会对生活中的一部分事情产生道德敏感，随着心智的不断发育和走向成熟，这种敏感会发展成为一种明确的道德意识，从而开辟出一个特殊的生活领域，即道德领域。

道德之为一个特殊的生活领域，有一些具体表现。例如，道德

---

① 例如，打人在其他学校或国家可以吗？（普遍性）如果父母和老师没有看到，可以打人吗？（权威依赖性）如果没有"不许打人"的规则，可以打人吗？（规则依赖性）参见刘国雄、李红：《儿童对社会规则的认知发展研究述评》，《华东师范大学学报（教育科学版）》2013年第3期。

评价对人而言是一种根本性的评价，如果一个人在道德上被否定，那么这几乎就是对这个人的一种根本的否定，不论他在其他方面多么杰出。另外，道德要求是一种若无合理的理由任何人都不得拒绝的要求。不像其他的规范性要求，后者经常是同我们想要实现的目的相关的，如果我们不再追求那个目的，那个规范性要求对我们就是无效的。但是道德要求并不取决于一个人所选择的生活目的，无论你追求何种生活目的，道德要求都是不能随意放弃或拒绝的。维特根斯坦在一次演讲中，非常生动地呈现了道德的这种特殊性：

> 假如我会打网球，你们中的一个人看见我打网球，对我说，"噢，你打得太糟糕了！"假如我回答说，"我知道，我打得是很糟糕，但我不想打得更好些。"那么，这个人就只能说，"哦，那好吧。"但是假如我对你撒了个大谎，你抓住我说，"你这么做简直禽兽。"然后我说，"我知道我做得很糟糕，但是我并不想做得更好些。"那么他会说，"哦，那好吧"吗？肯定不会，他会说："不，你应该争取做得好些。"①

道德领域的特殊性就在于，"道德规则在人类生活中具有不可置否的重要性，它们就像某些游戏中的王牌，能够推翻所有其他的考虑"②。

以上是对道德领域之宏观形式特征的描述，那么，道德领域包含哪些具体事情呢？或者说，哪些事情会触动人们的道德敏感呢？上述领域特殊论者对道德领域有一个大致的界定，认为道德是关于正义（justice）、权利（rights）和福祉（welfare）的概念。③虽然不同的伦理学流派强调不同领域的道德特征，如义务论和后果论强调遵守道德规则（moral rules）、手段动机关系（motive-means relations）、善目的（good end）等的重要性，德行伦理学重视人的品行、性格、好生活等的重要性，上述的界定大致符合我们对道德

---

① 维特根斯坦：《关于伦理学以及其他》，涂继亮主编：《维特根斯坦全集》（第 12 卷），江怡译，河北教育出版社 2002 年版，第 3 页。译文有改动。

② 徐向东：《自我、他人与道德——道德哲学导论》，商务印书馆 2007 年版，第 23 页。

③ Elliot Turiel, Susan Veronikas, and Michael Shaughnessy, "An Interview with Elliot Turiel," *North American Journal of Psychology* 6, no. 2 (2004): 275–280.

的一般印象，对于一些心理学研究而言，将此作为一个操作定义也是足够的，但是，这个界定能否涵盖现实世界中丰富多样的道德领域，是值得追问的。

有一些事情的道德意义是非常清晰，无甚争议的，例如幼儿就知道打人不对，这说明伤害是触发道德敏感的一个核心因素。又如，儿童打完架之后，也常常用"是他先动手"为由替自己辩护。且不论事实上究竟是谁先动的手，单从儿童的这种几乎是本能的自我辩护可以看出，正义（最简单的和原始的一种形式是"以眼还眼，以牙还牙"）也是一个核心的道德敏感因子。中国传统上有一个说法——仁义道德，将仁和义作为道德的核心甚至代名词。对伤害的敏感以及相应的避免和缓解伤害的意识与举动，对应的正是仁或仁爱，而以直报怨（以眼还眼，以牙还牙）和以德报德，对应的则是义或正义。与仁爱和正义相关的事务，可以说是最为普遍和确定无疑的道德事务，"仁义道德"的说法包含着一种朴素而不失睿智的道德洞见。

尽管仁爱与正义占据了道德的核心领地，但是现实世界中人们的道德敏感并不局限于此。根据在印度奥里萨邦（Orissa）生活和工作的文化心理学家施维德（Richard Shweder）的观察和研究，奥里萨邦人的道德敏感范围，要远远超过与仁爱和正义相关的事情，几乎所有与食物、衣着和两性关系相关的事情，都会引起奥里萨人的道德敏感。在其他文化，例如美国文化中那些完全属于社会习俗或者个体自由选择领域的事情，在奥里萨邦人那里，都会呈现出道德色彩。例如寡妇吃鱼，在奥里萨邦的父老乡亲们看来，竟然也是道德上犯忌之事，而这件事似乎并不涉及明显的伤害，或者不正义。因此，施维德的研究对上述领域的特殊论者如图列尔（Elliot Turiel）的道德领域界定提出了一种挑战[1]。

对此图列尔给出的回应是，这些看起来不涉及伤害或不正义的事情，只是在美国人看来如此。但是在印度文化中，可能包含一些他们特有的对事物之间关联的知识，在这一特殊的文化背景下，这些事情完全可能包含伤害或不正义的因素。例如，在奥里

---

[1] Elliot Turiel, "Moral Development in the Early Years: When and How," *Human Development* 61, no. 4–5 (2018): 297–308.

萨邦人的观念世界中，鱼是一种"热"食，会激发起人的性欲，寡妇吃鱼可能会导致她不守贞洁，这对她丈夫的灵魂是一种伤害。诸如此类，在奥里萨邦人的世界图景中，这些事情以某种美国人无法觉察的方式造成了伤害或不正义，因此，美国人觉得无关乎道德的事情，在奥里萨邦人看来可能恰恰涉及相当严肃的道德问题。如果图列尔的回应成立的话，施维德的文化心理学研究就并没有真正伤及前者对道德领域的界定。印度人只是对世界运转的方式有一套不同于美国人的想象和观念，这并不意味着他们的道德敏感对象与美国人有任何根本差异，他们的道德领域仍然以仁爱和正义为核心。

图列尔对施维德的回应是相当敏锐和有力的，他提醒我们，不能仅仅关注文化之间的表面分歧，还要深入到这种分歧背后的具体原因。一旦深入到背后的原因，表面的分歧可能就并不包含无法化解的根本冲突。然而，即使图列尔的回应，在很大程度上化解了施维德对其道德领域界定提出的挑战，但是后者所发现的道德心理的文化多样性事实中，仍然还是有一些超出了图列尔所界定的道德领域，对后者形成了真正的挑战。施维德的后继者乔纳森·海特（Jonathan Haidt）根据图列尔的回应，调整了研究方案。他在用来调查人们道德感的题目中，对伤害这一因素做了有意识的控制，特别是设计了一些并不包含任何明显的伤害情节的故事，[1]并且在调查中明确地询问受试者，是否有人因为故事中的行为受到了伤害。

根据图列尔的理论可以推论，如果受试者做出否定的回答，那么故事中的行为将被判断为与道德无关的。但是结果却并非如此，那些故事中并不涉及伤害的行为，仍然被来自某些地区、阶层（通常是比较贫困的地区和阶层）和处在某些年龄段（通常是年幼的孩子）的人判定为不道德的。例如，一个人在私下里用鸡肉自慰，然后再吃掉它，他这样做并没有伤害任何人，因为根本就没人知道他这么做，也无从被这种行为伤害。甚至他也没有伤害鸡，因为那不过是一只从超市买回来的，已经被宰杀处理完毕的鸡。但是仍然有一部分人会坚定地认为，这种与伤害无关的行为是一个道德错误，

---

① 一些令人印象深刻的例子包括，吃掉自家死于车祸的狗，用鸡肉自慰然后还吃掉它。

应该受到道德谴责。[①]海特的研究更加清楚地表明，道德领域的疆界并不局限于图列尔等人所限定的仁爱与正义的范围，它涉及更加广泛的议题，或者说，超出仁爱和正义这两个核心道德议题之外的其他事情，也会引发人们的道德敏感。

施维德根据自己所观察到的道德心理上的文化多样性，倡导多元主义道德观，因此对道德领域的理解较图列尔更加丰富。施维德总结了三种伦理，即自主（autonomy）伦理、共同体（community）伦理和神性（divinity）伦理[②]。自主伦理涉及个体自由和权利的保障，当然这也意味着对其他个体自由和权利的尊重。共同体伦理则强调共同体的价值。共同体不是个体的简单相加，而有其自身的实在性。共同体伦理要求个体扮演好自己在共同体中的角色，促进共同体的和谐繁荣。神性伦理要求人净化和提升自己的精神或灵魂，不要自甘于腐化堕落。图列尔所界定的道德，基本上属于以个体自由和权利为核心的自主伦理，这种伦理在美国文化中几乎是一家独大的。但是在其他文化中，共同体伦理和神性伦理可能占据更加重要的地位。根据海特的调查，相当比例的美国人并不认为私下里以一种侮辱性的方式对待国旗（在家把一面不用的旧国旗拿来当抹布用）是一个道德错误，但是在另一种文化中，这种对待本国国旗的方式，很有可能会激起大多数人强烈的道德愤慨，这种道德愤慨就体现了共同体伦理在该文化中的重要地位。而用鸡肉自慰然后又烹食之的行为，在美国文化中通常也算不上道德错误，但是在其他文化，例如印度文化中，就很有可能被视为严重的道德败坏，因为在后者，仍然保有非常深厚的神性伦理传统。

在施维德的伦理三分法的基础之上，海特又参考了另外几种对人类及一些动物（主要是黑猩猩）所呈现出来的道德系统的论述，他归纳出了一个包含5大模块的道德领域理论。这5个模块分别是：

---

① 在这里读者可能很容易会联想到"慎独"，认为这个人即使没有在人前做这等事，但是他没有做到"慎独"，因而是不道德的。但严格说来，"慎独"与道德并没有必然关联。"慎独"包含的内容可以非常广泛，有些内容当然是与道德相关的，但并非所有内容都如此。所"慎"的内容中，哪些是道德相关的，这正是我们目前正在探讨的问题，不能以"不慎独"为理由将一行为判定为"不道德"，而是要思考，这种"不慎独"是不是"不道德"？为什么有人会将这种"不慎独"判断为"不道德"？

② 参见许晶：《道德从何而来：心理认知人类学视野下的儿童道德发展研究》，《社会学评论》2020年第4期。

关爱/伤害、公平/欺骗、忠诚/背叛、权威/颠覆、圣洁/堕落。这其中的前两个较容易理解，分别对应于我们之前提到的仁爱和正义。忠诚/背叛、权威/颠覆可以划归施维德所区分的共同体伦理。以侮辱性的方式对待本国国旗之所以被认为是不道德的，就是因为它触发了忠诚/背叛这一模块的道德感。对师长直呼其名，不够尊敬，这在有些文化中被认为是有道德问题的，这就和权威/颠覆这个模块有关。圣洁/堕落这一模块与施维德所界定的神性伦理可以对应，用鸡肉自慰然后再烹而食之，有些人会对此报以道德谴责，正是因为触发了圣洁/堕落这个道德模块。

　　海特认为，这些道德模块不完全是社会后天建构起来的，而是植根于人的天性。而这些天性又是在漫长的自然演化过程中，经过优胜劣汰的选择而留下来的。这些天性使携带它们的物种更好地适应环境的挑战，应对自然选择的压力。关爱/伤害、公平/欺骗这两个模块为生物个体的生存和合作提供了最基本的条件。忠诚/背叛、权威/颠覆这两个模块对共同体的稳定和团结至关重要，而共同体对早期人类个体生存而言是必须的。圣洁/堕落这个模块使人远离那些肮脏和令人恶心的事物，而这些事物通常会对生命健康带来巨大威胁。这些模块会在一些特定的诱因出现时被触发，它们所敏感的原初诱因都来源于早期人类的生存环境。随着人类历史的发展，这些模块也会被日渐复杂的社会文化环境中的相关因素触发，因此它们所敏感的即时诱因超出了原初诱因的范围。人类在后天社会文化环境中对相关事物的反应，实际上是以古老的先天本性为基础的。这些模块发生作用的途径并不是理智的计算，而是迅捷的情感，因此它们分别关联着一些典型的情感。与这些模块相对应，是我们所欣赏的一些美德。这些具体的情况可以参见下表：

表1　海特的五种基础道德论①

模块 因素	关爱／伤害	公平／欺骗	忠诚／背叛	权威／颠覆	圣洁／堕落
适应性挑战	对儿童的保护和关爱	以双向的合作方式获得利益	形成团结的集体	在等级制内形成收益关系	避免受到污染
原初诱因	自己的孩子表现出来的痛苦、不快以及需求	欺骗、合作、诈骗	对群体的威胁或挑战	支配和服从的标志	废弃物、病人
即时诱因	海豹宝宝、可爱的卡通人物	对婚姻的忠诚、遭破坏的自动贩卖机	运动队、民族	老板、受尊重的专业人士	禁忌观念（种族主义）
特有情感	同情	愤怒、感激、罪恶感	集体荣誉感、对叛徒的愤怒	尊重、畏惧	恶心
相关美德	关爱、仁慈	公平、正义、守信	忠诚、爱国主义、自我牺牲	服从、尊重	节制、贞洁、虔诚、洁净

　　当然，时至今日，人类生活环境早已改天换地，来自不同社会文化背景的人，对这5个道德模块的敏感程度是不尽相同的。海特主持了一个大规模的、持续的跨文化道德感调查项目。调查结果显示，自由主义文化偏重与关爱／伤害、公平／欺骗这两个模块相关的道德，保守主义文化则更加平等地重视所有5个模块的道德。这就像人类的基本味觉原本是一致的，但是在不同的文化中发展出了各具特色的饮食派系。全面地了解人类道德的所有5个模块，有助于不同道德文化之间的相互理解，缓和它们之间的冲突。

　　海特的研究告诉我们，人会对哪些事情产生道德敏感，一方面受到人类乃至动物的先天本性影响，另一方面也会随着社会文化的变化而有所变化。这背后贯彻着一种基本立场，那就是道德并非存在于一个先验的世界，而是深深地嵌在经验世界之中。我们可以从哲学、艺术等角度赋予道德以种种精致复杂的文化修饰，但究其本

---

① 海特：《正义之心：为什么人们总是坚持"我对你错"》，舒明月、胡晓旭译，浙江人民出版社2014年版，第132页。根据经验研究的进展，海特后来加入了另一个模块：自由／压迫。

源，道德还是扎根于人类生存和生活的实践当中，它是一套应对和解决实践问题的方案，确切地说，它要处理那些对人类生存和合作至关重要的实践问题。最开始，这套方案不是出于人类的理智设计，而是依靠自然演化赋予人类的先天本能。随着人类社会的历史发展，这套先天本能一方面仍然发挥着重要作用，另一方面也开始无法完全应对全新的社会和自然环境。后者较人类祖先生活其中的原始环境而言，已经发生了翻天覆地的变化，其中发生的问题也远为复杂。先天道德本能，即使仍然能够为解决这些问题提供最基本的启示和动力，却也并不总是能够给出现成的答案，甚至有些道德本能开始变得不合时宜。例如，在自由主义文化中，就并不认为忠诚于某个共同体、服从等级权威以及过一种节制的生活是什么重要的道德问题。它们崇尚的是个体的自由选择，因此会对伤害和不正义以及相应的个人权利保障特别敏感。这种道德敏感的转移和偏重，与社会生产和交往方式的变化显然是密切相关的。

因此，完全有可能，原本具有道德意义的事情，在某些社会文化中变得与道德无关，而原本不具有道德意义的事情，人们又开始用道德的眼光加以评判。例如，同性恋在一些宗教文化中被视为严重的道德罪恶，这可能与施维德所说的神性伦理，或者海特指出的圣洁/堕落这一道德模块相关。同性恋会引起异性性取向人士的某种本能的不适甚至反感，这种本能感受曾经直接输出为道德上的负面评价。但是，现在人们对待同性恋的态度，已经越来越道德脱敏，更加倾向于视之为一种特别的个人选择，即使对这种选择并不认同，也不再是出于道德批判的立场。相反的事例也是有的。例如，更早的时候人们对屠宰牲畜的方式并没有太深的道德敏感，但是，现在这件事情被赋予了更显著的道德意义，以一种残忍的方式养殖和屠宰动物，被一部分人视为一个应当制止的道德恶行。这种道德敏感的加深也已经和正在改变人类对待动物的实践，例如，很多国家已经专门立法来规范屠宰动物的方式，尽量避免给动物带来不必要的痛苦。

我们目前只是描述一种事实，即人类道德敏感随社会文化的差异和历史变迁，而呈现出一些多样性和变化，我们并不是说这些多样性和变化都是合理的。也许有些道德敏感确实已经过时了，我们需要运用人类特有的理智，克服天性中的动物本能，根据现实情况不断重新调整和设计我们的道德体系，然后依之培养正确的道德敏感。但也许反过来才是合理的，即我们不能过于草率地抛弃心中那些原始的、本能的道德敏感，毫无后顾之忧地投入到某种道德解放中去。例如，用鸡肉自慰然后烹而食之，即使没有伤害任何他人，难道说这种行为真的就能心安理得地免于道德批判吗？

我们之前已经指出，道德是一张"王牌"。道德评价是对人的一种根本性的评价，道德规范是一种若无合理的理由任何人都不得拒绝的要求。所以，我们在打出这种"王牌"时，必须非常谨慎，一方面，不能漏掉重要的道德议题，但另一方面，也不能将道德泛化。当我们用道德这张"王牌"去攻击其他个体或群体时，就特别容易发生泛化的问题。对方任何不同于我们自己的特质，例如肤色，都有可能被当成一种道德缺陷而被我们贬低。我们甚至有一种倾向，会将对其他个体或群体的任何攻击，都自我理解为一种道德攻击，即自以为本方的攻击乃是缘起于对方的道德缺陷而针对之，并因此对自己的攻击产生一种道德使命感和正义感。道德"王牌"的这样一种自私的滥用，将是非常可怕的。为了避免这样的问题，我们需要对道德领域做出理性的鉴别。道德领域的鉴别，不仅仅是一个描述性的问题，即像海特那样，从各种文化的道德实践中归纳出引发人们道德敏感的诸多事项。道德领域的鉴别也是一个规范性的问题，也就是说，哪些事情适合和应当用道德视角来审视和规范，这本身就是一个问题。

阳明四句教句句不离善恶，可以说，人的善恶问题是阳明学乃至整个儒学关注的焦点。道德作为"王牌"，这在人类文化中当是普遍现象，但是在儒家文化中似乎尤其显著。尽管如此，阳明并没有特别关注我们上面提出的问题，即这张"王牌"应该在哪些情境中打出。这是情有可原的，因为在一个社会生产和交往方式相对简单和稳定的社会里，这个问题并不十分显著。但是，这并不意味着这个问题永远不会发生。如果我们今天想继续用阳明学的道德精神来点醒人知善知恶的良知，激励人为善去恶的实践，这个问题就会凸显出来。笼统地说"有善有恶是意之动"当然是没有问题的，但是，要用善恶观念去检视哪些"意之动"，而哪些"意之动"可以权且放过呢？

海特已经告诉我们，与一些特定事项相关的意动，会本能性地触发道德敏感，同时人的道德敏感也会受社会文化的塑造，随社会生产和交往方式的变化而变化。因此，要回答道德"王牌"应该在何种情境中打出这一问题，在当今时代，不能再简单诉诸个人的本能或顿悟，而应系统深刻地反思两个方面及其关系，一方面是人的天性中蕴含的心理和行为模式，另一方面则是日益深广而复杂的社会生产和交往状况。社会生产和交往状况变了，其中需要用道德来规范和解决的问题也会随之而变。有些事情需要提上道德的议事日程，而另外一些事情则可以甚至应该在道德上脱敏。虽然我们的先天道德本能，例如恻隐之心、报恩和报仇之心，仍然十分重要，会继续发挥基础性的作用，但是也需要根据社会生产和交往状况的变化，对它们加以抑扬和调适。

上述关于"有善有恶是意之动"的分析，从"意之动"开始，特别探讨了与此相关的"未发"及"未发工夫"的问题。在谈论过"有善有恶"的问题之后，我们要再次回到"未发已发"的问题。我们已经知道，"未发"是指一种"思虑未萌，事物未至"的状态，在这种状态下，人并无对象化的思虑活动，但是并非全无意识。这时仍有一些"非客体化的意识活动"，仍有一种"基本情绪"，或者一种生存基调。"未发工夫"的核心是持"敬"，这种"敬"并非指向一个外在的对象，而是一种清明庄敬的"基本情绪"。与"未发"相对，"已发"的意义没有什么费解之处，指人应事接物时，对象化的思虑活动。

那么，作为"意之动"之具体表现的"未发已发"，同"有善有恶"之间是什么关系呢？"未发已发"这个话头来源于《中庸》这篇重要的儒家经典，在《中庸》中谈到"未发已发"时，提及的心理活动是"喜怒哀乐"。或者说，《中庸》是用"喜怒哀乐"来泛指人的心理活动。先就"喜怒哀乐之已发"言之。"喜怒哀乐"都是情感性的，其中有一些明显地与道德相关，例如义愤即属于一种道德之"怒"，而恻隐之心中有"哀"的成分。与这些典型的道德情感对应的"已发工夫"，就是力求根据情境，正确而适度地激发这些情感，也就是"发而皆中节"。但是在"喜怒哀乐"中，仍然有大部分不像义愤或恻隐之心这样具有明显的道德意义，像高兴或悲伤这样的情绪，会因非常不同的事情而产生。幸灾乐祸之类，固然不道德，但是因享用美食美酒而乐，或者因下雨或秋风而哀，这些似乎并无我们通常所说的那种道德意义。这部分情感的"发而皆中节"，对个人而言当然是一种难能可贵的修养，但是如果做不到的话，例如过分地伤春悲秋，显然也不至于要遭受道德谴责。

"喜怒哀乐之已发"如此，"喜怒哀乐之未发"就更是如此了。毕竟后者是一种"非客体化的意识活动"，并不与外界人事打交道，这一点似乎直接就切断了它与我们通常所谓道德的关联。"未发工夫"乃是要修炼一种"中"的精神境界，既要"戒慎恐惧"，保持心灵的清明庄敬，又不宜过分拘束苛察，导致紧张不安。这当然也是一种值得追求的微妙而高严的生存境界，但是，在不少现代人的观念中，这种"未发工夫"和它向往的境界与他们通常理解的道德是不相干的，只是个人私下里的一种追求。除非这种个人私下里的活动影响了他在待人接物时的状态，例如闲居时沉迷于打打杀杀的游戏而导致暴力倾向的增强，否则人们一般不会对此加以道德评判。

《中庸》针对心灵的"未发已发"提出的判断标准是"中和"，根据上面的分析来看，"中和"与"善恶"之间，虽然有交叉的部分，因为有些事关善恶的情感，同时有致中和的问题。例如，恻隐之心通常是一种善，但是它也有适度的问题，滥发恻隐之心也可能导致道德错误。但是，在不少人的观念中，"中和"所指向的那些事情，毕竟还是超出了"善恶"评价的范围，"中和"的要求比"为善去恶"的要求更高，已经不是通常所说的道德要求，即使做不到，也不能算是道德上的缺陷。

当然，关于"中和"与"善恶"的关系问题，或者"中和"是否属于道德领域的问题，以上只是一种立场。这种立场接近于海特所描述的自由主义文化，在这种文化中，道德敏感的范围集中在与关爱/伤害、公平/欺骗相关的事情。除此之外，保持情感（"未发"时的基本情绪和"已发"的喜怒哀乐）在其性质（如当怒则怒）和程度上（无过无不及）的恰到好处，并不是道德关切的内容。但是，自由主义只是一种独特的道德文化，保守主义道德文化除了上述两个模块之外，还兼顾其他3个模块。不过，按照海特的5个模块或5种基本道德的理论，"中和"似乎也无法直接划归其中任何一个模块。与之稍有接近的可能是"圣洁/堕落"模块，例如"中和"也会要求欲望的健康和适度，对一些猥琐肮脏的欲望（如用鸡肉自慰然后烹而食之）保持克制，因此与圣洁/堕落这个模块相关的道德要求，与"中和"有相重叠之处。

最后，我们结合施维德的三种伦理，专门谈一谈"未发工夫"。首先，"未发工夫"关注的焦点是自我的精神境界，这与维护和促进共同体的美善并不直接相关（"已发工夫"则可能更多地涉及共同体伦理）。在这个意义上，"未发工夫"应当属于施维德所区分的自主伦理。但是"未发工夫"又显然与个体自由和权利之类的话语无关，它强调的是个体提升自我精神境界的责任。其次，对这种责任的强调，又使我们可以将"未发工夫"和"神性伦理"关联起来。如果我们不将"神性"狭隘地挂靠于某个宗教所信奉的人格神，而是将之较广义地理解为一种神圣性、超越性，那么作为"未发工夫"的持"敬"，就未尝不可以说体现出一种"神性"[①]。"未发工夫"使人暂时摆脱种种具体的思想和事务而直面存在本身，这种"敬"不是指向某个信仰的对象，而是面对存在的一种自我态度，一种清明庄敬的在世基调，人生的肃穆感和人本身的"神圣性"就在这种在世基调中很自然地呈现出来。在这个意义上，"未发工夫"又未尝不可以称之为一种"神性伦理"。"未发工夫"之兼为自主伦理和神性伦理，体现出儒家修身之学的一种特殊性格，即通常所称的那种内在超越，或者即凡而圣的性格。

---

① 儒家所理解的这种神性可以从孟子处得到印证。孟子在解释何为善人、何为信人时提出了人的 6 个境界说："可欲之谓善，有诸己之谓信，充实之谓美，充实而有光辉之谓大，大而化之之谓圣，圣而不可知之之谓神。"（《孟子·尽心下》）《中庸》中也有"至诚如神"的说法，意思就是至诚之人就可以达到"神"的境界。

第六章

社会直觉主义与道德良知的认知机制

阳明四句教中，异见之源在第一句，即"无善无恶是心之体"。如果不是因为对第一句有不同的理解，后三句，即"有善有恶是意之动，知善知恶是良知，为善去恶是格物"，似乎都只是平易之见，并不会引发太大争议。相较而言，第一句比较玄虚，后三句则均有相对明确的意义，它们描述了道德心理的结构和过程，提出了实践要求。

在上一章中，我们探讨了四句教中的第二句："有善有恶是意之动"。这本是对人的心理活动的一句笼统概括，看似平淡无奇，但深究起来，其中还是蕴含一些基础性问题。例如"意之动"的不同形式问题，宋明儒学史上曾就如何理解《中庸》的"未发已发"而长期纠缠不休，就是这个问题的一个变体或具体表现。又如，"善恶"作为一种特殊的价值判断，会因为哪些事情而被触发，又适合应用于哪些事情？更具体地，《中庸》所追求的"中和"同"善恶"之间，是什么关系？我们结合心理学方面的研究剖析了这些问题，加深了对"有善有恶是意之动"这句话的理解。

四句教中紧接着"有善有恶是意之动"的一句，是"知善知恶是良知"。这两句放在一起，给人的印象是良知相对于"意之动"而言，是一个更高级的意识活动，能够对后者具有一种监控、判断和取舍的权能。这句话应当是普通人都有体验和认同的，在一些特殊情境中，我们常能听见良知从心底发出声音，指引我们的判断和行动。仅仅是为了不违背自己的良知，有人会做出英雄般的壮举，例如孟子所说的，"自反而缩，虽千万人吾往矣"（《孟子·公孙丑上》）。即使因为种种原因我们最终未能听从它的指引，但是至少知道其中的善恶是非。就算是为非作歹之徒，良知也会时而冒头，使他陷入内心的挣扎，对恶行起到一定程度的抑制作用。在一些政治动荡、社会失序的乱世，当外在规制力量崩坏之后，个体不灭的良知甚至可能是维系人间之不坠的最后一线生机。总之，良知就像人的心灵中闪现出来的道德之光，不容自已，不容自欺，照亮行动的方向。

抓住良知，也就抓住了道德实践和道德教育中一个敏感而关键的支点。在这个意义上我们可以理解，为何阳明的学说与教法随着往复不辍的思辨和特殊的人生体验而前后数变，但最终确立起"致良知"的宗旨。阳明对人的良知和自己的"致良知"之教非常自信，在他后期的语录和书信中对此有不少情感热烈的表达，时人闻之者常深受触动，今人读之，亦不乏警醒和激励之效。不可否认，这"知善知恶"的良知时常提醒和敦促我们，要履行道德义务，坚守道德底线，有所为有所不为。一般情况下，个体之良知对其道德而言是充分的，而且确实非常重要，值得揭示和弘扬。但是，我们是否真的可以像阳明那样相信个体的良知？这个怀疑首先是说，人是否真的普遍地具有良知；其次是说，对于具有良知的人而言，良知是否真的像阳明所信的那样可靠。我们上一章中的探讨，只是从宏观上勘探善恶评价所适用的领域，或者说就是道德的疆界。而"意之动"的"有善有恶"，正是通过"知善知恶"的良知来判断的。"知善知恶是良知"则涉及善恶判断的具体认知过程，也就是说良知究竟是如何运作的。要回答良知的可靠性问题，需要深入到其认知过程中去，这将是本章的主要工作。在此基础上，我们还会对阳明的"心即理"说重加反思。

良知：恻隐之心与是非之心

关于"良知"，阳明有一些不同的表达，如他说："知是心之本体，心自然会知：见父自然知孝，见兄自然知弟，见孺子入井自然知恻隐，此便是良知不假外求。"①阳明此处说法显然源自孟子。孟子曾说："人之所不学而能者，其良能也；所不虑而知者，其良知也。孩提之童，无不知爱其亲者；及其长也，无不知敬其兄也。"（《孟子·尽心上》）又以恻隐之心说"仁之端"（《孟子·公孙丑上》）。孟子强调良知"不虑而知"的特点，但若仔细分疏，这里的知孝悌、知恻隐或可有两解。

第一种是将此"知"笼统地理解为内心被触动、有知觉，孝悌、恻隐即是这种触动，或者情感性的知觉本身，而不是一种二阶之知的对象。在这个意义上，上述言论中的"知"字完全可以去掉："见父自然孝，见兄自然弟，见孺子入井自然恻隐"，"孩提之童，无不爱其亲者，及其长也，无不敬其兄也"。按照这种理解，此处之"知"其实是一种无知之知，亦即一种未受意识控制的，或说自动的本能反应。

第二种理解则可以将"知"定位为一种道德判断，是对特定情境中蕴含的"应当"道德义务的领会。按照这种理解，上述引文则可以改成："见父自然知当孝，见兄自然知当弟，见孺子入井自然知当恻隐"，"孩提之童，无不知当爱其亲者；及其长也，无不知当敬其兄也"。在一般情境中，这种应当判断通常并不难做出，因此也仍然是"心自然会知"或者"不虑而知"的。

在实践中，上述两个层面互相影响，彼此交融，或许很难截然分开，但是在理论上，指向人的孝悌、恻隐等道德情感，与就事而论的关于某情境中何所当行的道德判断，仍然应当有所区分。以"见孺子入井自然知恻隐"为例，并不是我们先知道在此情境下应当恻隐，然后才调动恻隐之心，而是恻隐之心在此情境之下"本能地"涌现在我们心灵当中，使我们对不幸者产生一种直接的关爱之情。同时，恻隐之心伴随着一种义务感，要求我们施以援手。如果袖手旁观，任由悲剧发生，则会触发负面的道德判断。但是，并非所有情境下，我们都应当根据恻隐之心的指引行事。例如，孟子虽

---

① 王守仁：《传习录上》，《王阳明全集》卷一，吴光等编校，第6页。

然说"君子之于禽兽也，见其生，不忍见其死；闻其声，不忍食其肉"（《孟子·梁惠王上》），意即对禽兽的痛苦也有一种恻隐不忍之心，但是这并不意味着他完全听从恻隐之心的指引，主张绝对不杀生。是否听从恻隐之心的指引，需要根据实际情况来判断。孟子的选择是"君子远庖厨"（《孟子·梁惠王上》），这就不是听从恻隐之心的指引，反而是抑制其产生。所以，尽管二者关联密切，但是孝悌、恻隐等情感，与应否孝悌、应否顺恻隐之心而行事之类的判断还是可以适当地加以区分。

阳明以"见父自然知孝，见兄自然知弟，见孺子入井自然知恻隐"指点良知，在对这句话的上述两种理解方式中，恐怕还是第一种更自然一些。尤其是"见孺子入井自然知恻隐"，这"知恻隐"显然不是发出"应当恻隐"之判断（况且恻隐之心的起灭并非由人自主，因此不能作为应当的道德义务来要求，可以被要求的只能是相关的行动），而是自然产生的恻隐之情感。但是从阳明思想的全局来看，以孝悌、恻隐等情感说良知恐怕只是随机指点的权说，并非阳明对良知的定见。与孝悌、恻隐等情感相比，阳明所理解的良知更加强调道德判断。就像四句教中所说，"知善知恶是良知"。

另外，阳明在更多的地方是以"是非之心"来指代良知。对此他引用孟子的说法来论证："孟子云：'是非之心，知也'，'是非之心，人皆有之'，即所谓良知也。"[1]这是明确地用孟子四端之中作为"智之端"的"是非之心"，而非恻隐之心，来界定良知。阳明还说："良知只是个是非之心，是非只是个好恶，只好恶就尽了是非，只是非就尽了万事万变。"[2]如果说上一句虽然强调是非之心这一判断机能是良知，但也并未将恻隐之心等其他机能排除出良知，那么在这句话中，阳明就更加突出了良知作为是非之心的意义，"良知只是个是非之心"，而不是别的。[3]

阳明这里还说"是非只是个好恶"。"好恶"也是一种情感，

---

① 王守仁：《与陆原静二》，《王阳明全集》卷五，吴光等编校，第189页。
② 王守仁：《传习录下》，《王阳明全集》，吴光等编校，第111页。
③ 王阳明在四端中更重视是非之心，这一点与朱熹不同。后者首重恻隐之心，认为恻隐之心贯穿着四端，恻隐之心所对应的"仁"德能够包含义、理、智等其他德，所谓"仁包四德"。这种差异反映出朱熹和王阳明对何种道德意识是最根本的道德意识的不同理解。对这一差异的分析，参见陈乔见：《从恻隐心到是非心：王阳明良知说对儒家性善论的凝练与发展》，《浙江社会科学》2018年第6期。

但是与孝悌、恻隐不同，它是评价性的。所以，虽然阳明理解的良知落脚于道德判断机能，而非孝悌、恻隐等直接指向他人的情感，但这并不意味着良知与情感就是绝缘的，因为道德判断仍与好恶等评价性的情感相关。好恶是人生在世两种最基本的态度，当然它很多时候与道德并不直接相关，例如好好色，恶恶臭，就只是感官的本能偏好。但是道德评价也常伴随着好恶情感，例如，孟子四端当中有作为"义之端"的"羞恶之心"，"羞恶"其实就是"好恶"中"恶"的一面。另外，作为"仁之端"的恻隐之心常常是关联着不忍之心的，不忍之心意味着对残忍之事有一种抵触心理，这也接近于厌恶，会导致对残忍行为的道德谴责和克制。

理性主义认为道德判断基于理性推理，与好恶情感是完全不相干的，或者是后起于理性判断的。与此不同，阳明说"是非只是个好恶"，这是认为，道德意义上的是非判断是基于某种情感好恶。这个问题与道德哲学史上的两种传统——理性主义和情感主义的对峙有关。近来，道德判断的心理机制成为社会心理学领域关注的一个焦点问题，为这个古老问题的讨论注入了新的活力和智慧。借鉴这方面的研究成果，可以帮助我们更加深入全面地理解阳明良知思想的内涵，为其丰富和发展提供有益的养分。

好恶感的误导与良知的偏差

　　好恶与是非的关系是一个可以直观到的事实，近来也得到一些神经科学研究的佐证。例如，Joshua D.Greene等人围绕"轨车困境"①开展的神经成像研究即验证了如下假设：对亲身伤害（personal harm，例如亲手把一个人推下天桥）的强烈厌恶，使受试者在面临虚拟情境时，对相关行动做出了否定的道德判断，即使这样做可以挽救更多人的生命。②这个结果并没有多少超出常识心理学的地方，很多时候，好恶感基本上就能够帮助我们做出正确的道德判断。在轨车困境中，对亲身伤害的厌恶是一种具有道德意义的情感，它使该困境中道德判断应该考虑的一个重要因素凸显出来，并最终影响了判断，这种影响是合理的。

　　尽管好恶感在很多时候能够为道德判断提供正确的指引，但它毕竟还是无法避免感性通常具有的自动性、含混性等特征，因而会使道德判断受到干扰，尤其是受到一些与道德不相干因素的影响。也就是说，好恶感并非所有时候都能让我们明辨是非，是非判断有时会受到好恶感的误导。

　　比如说，为了进一步验证相关情感对轨车困境中人们所做道德判断的影响，Piercarlo Valdesolo和David DeSteno在Greene实验的基础上设计了一个新的实验。在受试者对轨车困境做出判断之前，让他们先观看一个时长5分钟的短片。其中一部分受试者观看的是欢快的周末娱乐节目，另一部分观看的则是情绪中性（不喜不悲）的纪录片。实验结果表明，相较于观看中性节目的受试者，观看欢快节目的受试者一方面当然获得了更加积极的情感状态，另一方面，在天桥困境下，他们中有更高比例的人将功利主义行动选择（即将人推下天桥，挡住失控轨车）判断为合理的。

　　Valdesolo和DeSteno上述实验的理论预设是，"情感状态是与情

---

① 最典型的两个"轨车困境"是：（1）转轨困境：一辆制动失灵的轨车即将撞死前方轨道上的5个人，如果让轨车转入岔道，可以避免撞死5人，但是会撞死岔道上的1人，试问应该转轨吗？（2）天桥困境：这时轨道上方的天桥上有一个体型较大的人，如果将他推下天桥，足以挡住轨车使5人免于被撞死，试问应该推下这个人吗？从直觉出发，大多数人会赞成转轨，而反对推人。也就是说，大部分人在转轨困境中做出了具有后果主义特征的判断（在撞死5人和撞死1人之间选择损失较小的更好结果），而在天桥困境中做出了具有义务论特征的判断（即使能够挽救5个人的生命，伤害一个无辜的人也是错误的）。

② 参见 Joshua D. Greene et al., "An fMRI Investigation of Emotional Engagement in Moral Judgment," *Science* 293 (September 14, 2001): 2105–2108.

境相关的瞬时信息信号（momentary informational signals regarding to environment），它被很多因素决定。情境中与道德完全无关的因素可能影响做出道德判断时的情感状态。如果时间上接近，这些环境因素激发的随机情感与道德情境激发的情感会发生干涉，从而影响道德判断"。具体而言，"在做道德判断时，通过操控环境因素诱导出积极情感，可能削弱违背道德所引发的消极情感或厌恶信号，从而促进功利主义判断"[①]。最终的实验结果验证了上述预设，表明道德判断确实受到情感的影响，而且，不仅是判断所面对的情境中具有道德意义的情感（对亲身伤害的厌恶）影响了判断，甚至做出判断时偶然所处的情感状态（观看短片引发的愉快）也影响了判断。后者的影响很大程度上是无意识地发生的，它实际上导致道德判断因为不相干因素而发生了偏移。

Valdesolo和DeSteno的实验验证了积极情感对道德判断的影响。还有一些心理学家通过不同方式诱导受试者的厌恶感，来考察这种负面情感对道德判断的影响。Simone Schnall等人分别用4种不同的方式诱导受试者产生厌恶情绪：臭气（实验一）、脏乱的实验环境（实验二）、回忆曾经引发过生理厌恶感的事情（实验三）、观看引发厌恶感的电影片段（实验四），然后让受试者对一些特意编造的事情在道德上可接受的程度给出评分，例如婚姻——表亲结婚合法化，性——表兄弟姐妹之间彼此同意的性行为，开车——很短的路程也选择开车而不步行，电影——纪录片制作者钻法律空子偷拍受访者（将摄像机放在离受访者有一定距离的人群中，使受访者意识不到，但又并未隐藏摄像机因而不违法），狗——吃掉自家遭遇车祸丧生的狗，空难——遭遇空难流落于喜马拉雅山时，为求生存吃掉已受重伤无生还可能的难友，钱包——穷困潦倒中捡到一个富人的钱包，将其中的现金据为己有，简历——虚构经历挤掉更有资格者获得工作，小猫——在逗弄小猫时临时起意用猫自慰，以及之前已经提到的"转轨困境"。

4个实验的结果都表明，与情境所涉道德议题根本不相关的厌恶感对道德判断产生了影响：与控制组相比，那些经诱导而产生

---

① Piercarlo Valdesolo and David DeSteno, "Manipulations of Emotional Context Shape Moral Judgment," *Psychology Science* 17, no. 6 (2006): 476.

了厌恶感的受试者，在评分中整体表现得更为严苛，对实验编造的那些在道德上存在某种问题的事情，他们在道德上接受的程度更低，或者拒绝和谴责更强烈。当然，这种影响在个体之间存在差异。在实验二中加入了一项变量，即私人身体意识（private body consciousness，PBC），该变量用来衡量受试者对自身生理感受的敏感程度，因为厌恶感是一种具身性（embodied）很显著的情感，与生理感受密切相关。加入这一考察维度之后发现，那些对自我生理感受更加敏感的受试者，在做出判断时更加显著地受到外源性厌恶感的影响。另外，厌恶感对道德判断的影响，也并不能简单地理解为一种负面情感增强道德判断的普遍效应。在实验四中，有一个对照组观看的是引发悲伤情感的电影片段，结果表明，同样是负面情感，但诱导产生的悲伤并没有带来和厌恶感相同的影响。

特别值得说明的是，受试者对这种外源性厌恶感的影响是不自知的。在一次不成功的实验中，研究者曾用另外一种方式诱导厌恶感，即让受试者将一只手浸到一种由奶油玉米、羽衣甘蓝和巧克力布丁混合而成的黏糊物质中，然后完成与上述四个实验类似的道德议题评分任务。但是，在这个实验中，外源性的厌恶感对道德判断并没有产生显著的影响。原因很可能在于，该实验中诱导厌恶感的操作太过刻意，受试者能清楚地知道厌恶感与其真实来源之间的关联，甚至可能将道德议题中某些情节激发的厌恶感也归因于手接触黏糊物质，而非相反，将手接触黏糊物质引起的厌恶感不自觉地混淆到道德厌恶感中去，从而做出更加严苛的道德判断。因此，作为改进，在上述四个实验中，诱导厌恶感的方式设计得更加隐蔽，受试者甚至意识不到那是实验的一部分，诱导产生的厌恶感是作为一种背景性的情绪，弥漫在受试者完成道德判断的过程之中，而并不凸显出来。但恰恰因为不自知，这种厌恶感才能够渗透到道德判断的心理过程中去，致使一部分受试者的道德判断更加严苛。[1]

Valdesolo和DeSteno的研究以及Schnall等人的研究分别通过操纵好与恶的情感而使道德判断发生了某种偏移，而那种好恶情感完全是外源性的，即与情境中的道德议题并无实质关联。这并非只是心

---

[1] 上面引述的各种实验及其验证，均来自 Simone Schnall et al., "Disgust as Embodied Moral Judgment," *Personality and Social Psychology Bulletin* 34, no. 8 (2008): 1096–1109.

理学家在实验室里操纵的奇特现象，而是在实验室和现实生活中得到普遍验证的人类心理现实。例如，来自实验室模拟研究和真实司法裁判的证据都表明，面孔特征会对民事赔偿裁决、刑事案件量刑等产生影响。这些面孔特征包括面孔吸引力、可信度、成熟度、种族特征、纹身、表情、熟悉度等。所谓面孔吸引力，通俗地说就是"颜值"，实验室研究和法庭田野观察都验证了所谓"吸引力仁慈效应"（attraction-leniency effect），即一般情况下，面孔吸引力高的原告和被告在司法裁判中会受到更加仁慈的对待，原告获得更高的赔偿，被告获得较轻的定罪和惩罚，除非面孔吸引力被利用来实施犯罪（例如诈骗）。又如种族特征，相比白人，黑人在死刑罪中被定罪的概率更高，即使同是黑人，肤色越深，黑人特征更明显的被告被定罪概率更高，获刑更重。美国司法裁判中的种族歧视问题（很多时候是隐性的）已经引起广泛重视。①

司法裁判中的面孔特征效应有一个发生机制就是情绪唤起，不同的面孔特征会激活一些刻板印象，唤起或正面或负面的情感，其实也就是好恶感，这种好恶感竟然最终影响了司法裁判的结果。并且裁判者对此并无意识，他们都相信自己是在秉公行事。司法裁判事关个人权利和社会正义，面孔特征在司法裁判中完全是一个不相干的法外因素，其影响应该引起裁判者的反省，并在制度层面予以矫正。司法裁判中通常也蕴含着道德判断的维度，这个领域的研究也能佐证之前的观点，即道德判断有时候会受到不相干的好恶感的影响。

在上面引述的这些社会心理学研究中，好恶感还只是在程度上影响道德判断，使之宽松或严苛一些，而在另外一个研究中我们看到，同样是外源性的厌恶感，甚至会使人对本无道德意义的行为做出负面道德判断。Thalia Wheatly和Haidt的实验研究表明，将受试者催眠，给予他们的催眠后暗示②是：受试者读到某个词时会感到一阵厌恶，胃部不适，并忘记这是受催眠者引导而致。其中一半受试者被引导对"take"一词产生厌恶反应，另一半被引导对"often"一词

---

① 参见张倩、陈林林、杨群:《审判决策过程中的面孔特征效应》,《心理科学进展》2018年第4期。
② 在催眠时，催眠师给予的一些暗示，让受试者在催眠后觉醒状态下做出某种反应，被称为催眠后暗示（posthypnotic suggestion）。在一般情况下，催眠师对受试者进行暗示，使其遗忘这个催眠后暗示。在催眠觉醒后，受试者常会出现之前被暗示的那种反应。

产生厌恶反应。受试者清醒之后，研究者要求他们对一些事情的道德错误程度给出评分。每件事情的表述都有两个版本，意思完全相同，只是一个版本中出现"take"一词，另一个版本中出现"often"一词。在实验中，每件事情都会有一半的受试者能够在事情描述中，读到自己被催眠时所接受的暗示词。实验结果显示，对6件事情，在受试者能够在事情描述中读到他的厌恶感暗示词的情形中，它们获得的平均得分更高，也就是受到更严厉的道德拒斥。

这个结果同样验证了如下结论：外源性的厌恶感会使道德判断更加严苛。但这个实验还有一个与众不同的部分。之前用来测试的6件事情都有违某种道德，研究者在此之外又编造了一件事情，说一个名叫Dan的学生委员会代表，负责安排这学期的学术讨论，他选择对师生都有吸引力的话题以刺激讨论。这件事情在道德上中性的，不涉及道德错误，只是在对Dan的行为的描述中分别使用了"take"和"often"这两个暗示词。研究者原本预测即使受试者会因暗示词的出现而产生厌恶感，但并不会在道德上谴责Dan。试验结果表明，确实大部分受试者没有谴责Dan，然而仍有三分之一的受试者判断Dan在道德上错了，有的甚至认为Dan的道德错误非常严重。[1]这意味着，外源性的厌恶感对道德判断的影响，并不仅仅止于严苛程度，它甚至使人对本不具备道德意义的行为给予道德谴责，无中生有地虚构出道德错误。

当代社会心理学的多种实验证明道德判断会受到人的好恶感影响，而影响好恶感也会影响我们的道德判断，从而在心理情感偏向与道德应当与否评价之间建立起了经验性、实证性联系。是非判断确实常常起于好恶感，在这个描述性的意义上，阳明说"是非只是个好恶"很大程度是真的，反映了道德判断的心理现实。并且，好恶情感很多时候也能够正确地指引道德上的是非判断。然而，这里汇集的相关社会心理学研究，虽仍然不免挂一漏万，却已经足以让我们对其中暴露的规范性问题警醒起来。若就道德判断之心理机制的现实而言，"是非"确实"只是个好恶"，那么这样得来的道德判断是否可靠？阳明说"良知只是个是非之心"，如果"是非只是

---

① 参见 Thalia Wheatly and Jonathan Haidt, "Hypnotic Disgust Makes Moral Judgments More Severe," *Psychological Science* 16, no. 10 (2005): 780–784.

个好恶"，这良知是否是"真知"，能否可靠地"知善知恶"？

上述社会心理学研究表明，有些不相干的好恶感会对道德是非判断产生影响，而且这种影响是无意识地发生的。这些好恶感来源不一，它们有的出于对环境因素的反应，例如周围的气味、整洁程度，有的出于对判断对象给予的信息的反应，例如司法裁判中原、被告的面孔特征，有的是出于个人经历的事情，例如回忆过去、观看电影，以及更加奇特的被催眠。但无论来源如何，这些因素却有一个共同点，即都与在议的道德判断问题之间没有实质性的关联，是情境中没有道德意义的外在因素，本不该对道德判断发生影响。

既然不相干的好恶感干扰了，甚至破坏了道德判断，那么在规范性的意义上，"是非"就不应当完全听从"好恶"，而应当去追溯那些影响了"是非"判断的"好恶"感因何而生，并给予检验，做出取舍，以杜绝不相干的好恶感对道德判断的干扰和破坏。因为这种影响是在无意识的状态下发生的，人通过自省并不容易发现，相关的心理学研究在这里就显得特别重要。

"律师模式"的理性与良知的自以为是

在描述性的意义上，"是非只是个好恶"，好恶感驱动了是非判断，但是道德判断并不仅止于一种好恶感的表达或直觉之知，它通常还关联着理由，并由此成为一种理性之知。"良知"知善知恶，并不仅仅只是好善恶恶的情感直接给心灵指示一个答案，知善知恶还表现为关于善恶的信念和辩护。上节的分析似乎给理性主义批评情感主义提供了把柄，看来道德判断不能盲目跟随好恶感，也应当重视理性推理的作用。然而，最近的社会心理学研究表明，理性推理在道德判断中的作用，并不像理性主义者所设想的那样正面。

在上节提到的催眠实验最后，受试者还被要求对他们的判断给出一些解释。本来Dan的行为中并无明显道德过错，但是一些受试者被催眠暗示词诱导产生厌恶感之后，认为Dan在道德上有问题。有的受试者无法给出实质性的理由，索性放弃解释，只是写道："那就是看起来奇怪和令人厌恶。"或者，"我不知道那为什么错，但就是错了。"有些受试者给出了一些理由，例如说"看起来Dan就是想图点什么"，或者，"Dan是个想出名的势利小人"。这些理由在实验者给出的情节描述中并无踪迹，完全是受试者臆造出来的。

社会心理学家乔纳森·海特（Haidt）提出了一种关于道德直觉、判断和推理的社会直觉主义模式（social intuitionism modal），这是近来最重要和有影响的道德心理学理论之一。根据社会直觉主义模式，日常道德判断是基于直觉做出的，只有在必要时，推理才在事后出现，为已经形成的判断提供辩护，在辩护中，它有时候甚至编造本不成立的理由。所以，推理是有所偏倚的，甚至仅仅只是一种"粉饰"（confabulation）。上述催眠实验的结果完全符合社会直觉主义模型的推测。一部分受试者在随机诱发的厌恶感的驱使之下，对Dan给予了莫须有的道德批评。当被要求提供解释时，这些受试者才开始推理，这在判断之后发生的推理完全是为辩护自己已经做出的判断而服务。在找不到理由的情况下，受试者甚至无中生有地编造出一些理由。有些受试者没能编造出任何理由，但仍然坚持认为Dan就是错了，海特将这种现象称为"道德词穷"。他分析认为，在道德词穷现象中，理性推理遇到的困难和失败并没有使受试者改变判断，因此理性推理在道德判断中并没有发挥因果作用。

所以，推理不像理性主义者所认为的那样，抓住或发明了道德真知以形成道德判断。海特将推理的角色比喻为律师，它是直觉的代理人。不像法官是为了寻求真相和正义，律师是对当事人利益负责，为之提供服务的。这更接近于休谟"理性是激情的奴隶"这一观点。①

乔纳森·海特对道德判断中推理之角色的理解，从社会心理学对其他领域推理的研究中受到启发。这些研究发现人类推理有一个普遍的特征，即证实性偏向（confirmation bias）。所谓证实性偏向是说，人总是倾向于维护自己已有的想法，为之寻找证实性的证据和理由，以至仅仅对证实性的证据和理由敏感，而选择性地无视相反的证据和理由。证实己方观点时，找到些许支持的证据和理由就能不断增强立场，而对非己方观点，则倾向于寻找反面证据和理由，一旦有些许这样的证据和理性出现，就能轻易将非己方观点打入另册。总之，个体事先持有的态度、信念、立场等，会影响他之后对信息的摄取与评估，这些活动通常会偏向于维护和增强事先持有的态度、信念、立场。

例如，早在20世纪60年代彼得·沃森（Peter Wason）就设计过关于证实性偏向的实验。他要求受试者根据一组数字，例如2-4-6，去猜测它们遵循的数列规则，猜测的方式是仿照已知数列另组数列，询问主试该数列是否符合规则。大多数受试者的第一反应是，这是一个连续偶数数列，于是组几个这样的数列来询问主试，是否符合答案中的规则，得到肯定回答之后，他们就猜测规则应当是连续偶数，但是主试否定了这个答案。受试者通常继续猜测规则可能是公差为2的等差数列，于是提出一些连续奇数数列，主试告诉他们，这些数列符合答案中的规则，受试者于是猜测规则是公差为2的等差数列，但是这个猜测再次错误。其实主试预设的规则就是递增数列。被试在猜测过程中，很少会提出一个与自己猜测的规则相左的数列来检验自己的预测，例如2-4-3，而是不断提出更多的能够验证自己猜测的数列，然后基于此将猜测确定为答案。其实，提出反例才能更快检验答案正误，缩小答案范围，而人们却习惯于不断

---

① 参见 Jonathan Haidt, "The Emotional Dog and Its Rational Tail : A Social Intuitionist Approach to Moral Judgment," *Psychology Review* 108, no. 4 (2001): 814–834.

单向地证实自己预测的答案。①

实验室和现实生活都发现，这种证实性偏向普遍存在于人类各领域推理之中，②道德推理自然也不可能例外。根据乔纳森·海特的概括，道德推理受两方面动机的影响：关系性动机（relatedness motives）和自洽性动机（coherence motives）。关系性动机是说，我们总是倾向于同群体内部成员保持一致，自洽性动机是说，我们希望保持我们态度、信念的一致性和融贯性，消除不利信息的威胁，避免认知失调。③按照理性主义的标准，很多推理其实是非理性的。现实世界中的推理并不是按照理性主义设想的那样，以一种客观中立的态度去寻找道德真理，它更多时候不是在个体心灵当中孤立地发生，而是发生在社会交往互动之中，为个人和社会的现实目的服务。

乔纳森·海特对比了两种关于道德推理的观点：

> 道德推理的功能是什么呢？它是否是（被自然选择）塑造、调节和制造出来以帮助我们发现真理，使我们知道正确的行为方式并谴责那些行为不当的人呢？如果你相信这一点，那么你就是一个像柏拉图、苏格拉底和科尔伯格那样的理性主义者。或者，道德推理是否是被塑造、调节和制造出来以帮助我们追求社会性的战略目标的呢？比如维护我们的声誉，以及在冲突中说服他人支持我们或我们的队伍。如果你相信的是这个，那么你就是一个格劳孔主义者。④

大量社会心理学研究表明，相比于理性主义，格劳孔主义才更接近于道德推理的真实图景⑤。乔纳森·海特当然是赞同格劳孔主义，"如果你相信理性的演进不是为了帮助我们发现真理，而是为

---

① 参见 P. C. Wason, "On the Failure to Eliminate Hypotheses in a Conceptual Task," *Quarterly Journal of Experimental Psychology* 12, no. 3 (1960): 129–140.

② 参见 Raymond S. Nickerson, "Confirmation Bias: A Ubiquitous Phenomenon in Many Guises," *Review of General Psychology* 2, no. 2 (1998): 175–220.

③ 参见 Haidt, "The Emotional Dog and Its Rational Tail," 820–821.

④ 海特：《正义之心：为什么人们总是坚持"我对你错"》，舒明月、胡晓旭译，第 77 页。

⑤ 所谓的格劳孔主义是从"功能主义"来看待道德推理的，认为人们关心外表和声誉多过于事实，进行道德推理是为了给自身观点寻求辩护，而非追求真理。

了帮助我们在与他人讨论问题时进行争辩、说服和控制，那么大多数离奇或令人沮丧的研究发现其实是很有解释力的"[①]。总之，道德推理的功能首先是服务于社会交往和实践，而非探究道德真理。

阳明心学中的良知知善知恶，一方面表现为情感之知或直觉之知，另一方面也表现为推理之知，即通过推理来支持善恶判断和信念。在上面第二节中，我们已经分析了作为情感之知或直觉之知的良知可能面临的问题。在本节中，我们发现作为推理之知的良知也可能发生偏颇，用来支持善恶判断和信念的推理，并不是客观中立的道德法官，而更像是立场先行，为己方辩护的律师。

之前提及的催眠实验显示，人会为自己做出的道德判断编造莫须有的理由，这里道德判断是指向别人的。当道德判断指向自己时，推理则又会倾向于偏袒个体以及自己所在的群体，维护积极的道德自我认知和形象。社会心理学家发现人对负面道德行为的归因存在一种基本偏误（fundamental attribution error），对于别人的道德错误，倾向将之归因于行为者的品德、动机等内部人格因素，而对于自己的道德错误，则归因于外部情境因素。例如，同样是驾车超速行驶，别人之所以如此，是因为他就是一个行事鲁莽的危险分子，而自己之所以如此，则只是因为当时的交通状况允许开快一点。[②]这两种归因看起来都有点道理，但是对待他人和对待自己时完全是双重标准。为了维持自我道德认知的自洽，推理很自然地调整了归因方向，为之寻找理由或借口。

参照社会心理学所发现的这种情况，我们再转过头来看看阳明心学中所展现的推理性道德归因偏误现象。阳明与人曾有如下对话：

> 问："据人心所知，多有误欲作理，认贼作子处，何处乃见良知？"先生曰："尔以为何如？"曰："心之安处，才是良知。"曰："固是，但要省察，恐有非所安而安者。"[③]

---

① 海特：《正义之心：为什么人们总是坚持"我对你错"》，舒明月、胡晓旭译，第 93 页。
② 参见 Lee Ross, "The Intuitive Psychologist and His Shortcomings: Distortion in the Attribution Process," *Advances in Experimental Social Psychology* 10 (1977): 173–220.
③ 陈荣捷：《传习录拾遗》，王守仁：《王阳明全集》卷三十二，吴光等编校，第 1169 页。

上述归因偏误现象说明，推理会不自觉地服务于"心安"的目标，尽量为个体已经形成的善恶判断提供辩护，使个体相信这就是良知，良知就该如此判断。在这个过程中，良知本身可能沦为一种自我辩护的说辞，任何判断都可以装进良知的口袋而变得理直气壮。一方面，违背良知确实使人不安，对心安的追求使人返归良知。另一方面，良知也有可能通过一种自以为是的方式，沦为自我解脱、自我安慰的由头。

阳明对个体的良知非常自信，他将良知与天理关联起来，因此倾向于忽视或否定道德推理偏差中良知可能起到的任何作用。他说：

> 良知是天理之昭明灵觉处，故良知即是天理。思是良知之发用。若是良知发用之思，则所思莫非天理矣。①

然而，在王阳明所处的时代，人们已经发现了"认欲作理"的弊病。直至今日，俗语仍有所谓"心安理得"，但它也常常用来讥讽那些本不"得理"，不该"心安"之人。推理有时候并不只是简单地为己辩护，以求心安，而且这种辩护有可能上升到"天理"的高度，甚至产生一种自我神圣感。

对"认欲作理"这一流弊的批评自始便伴随着心学，因此如何回应这些批评、如何避免这样的偏差在阳明心学中就具有特别的意义。陈立胜认为，心学内部对此也有自觉，因此他们一方面特别强调自我省察和改过，另一方面也重视师友间的相互砥砺。仅仅自我省察和改过是不够的，因为这一"自力"途径可能存在自我循环的问题："发明本心、致良知之心学进路要避免师心自用、认欲作理，必须诉诸省察，而要省察则又须以本心挺立、良知自觉为先觉条件。问题是，一个人如何知道自家心就是本心？"②也就是说，我们并没有一个绝对客观、理性的起点来实施这种自我省察。他进一步指出："另外一个更为棘手的问题是：现实生活中个人的省

---

① 王守仁：《传习录中》，《王阳明全集》卷二，吴光等编校，第72页。
② 陈立胜：《如何守护良知？——陆王心学工夫中"自力"与"他力"辩证》，《哲学研究》2017年第10期。

察是否足以洞穿私欲的遮蔽？ 一个人的内心生活对其自身而言是否是完全透明的？ '意识主体'能否穿越西方怀疑学派（school of suspicion）的大师马克思、尼采、弗洛伊德所谓的'虚假意识'"乃至'无意识'的迷宫而不迷失？ 一个在打呼噜的人如无他人的提醒，他自己能否意识到在打呼噜？ 换言之，一己的省察是否有其盲点与局限？"①

本节所引述的现代社会心理学研究表明，"认欲作理"的流弊很多时候并不是居心不良者有意为之，而是人类心灵固有的自我证实、自我辩护倾向不经意间表露出来的结果。这使得自我省察这种看似理性的方式，有可能在其起始处就是自我偏私的，因而如陈立胜所说，可能不足以"洞穿私欲的遮蔽"，甚至只是替一己私欲做出合理化的辩护。又因为这种自我偏私是无意识地发生的，即这种偏私本身对人的意识而言是不"透明"的，所以很难通过自我省察发现（通过诸如社会心理学家的客观观察和研究才被揭示出来）。在这一点上，陈立胜的质疑是完全合理的，因为自我省察确"有其盲点和局限"。

这样一来，师友之间的砥砺就显得特别重要了。社会直觉主义指出，推理较少在社会互动之外孤立地发生。因为除了哲学家，一般人在日常道德判断中较少会主动去寻找和权衡可能存在的异见，而总是倾向于（甚至可能编造子虚乌有的理由来）辩护、确证自己的态度和观点，所以我们需要其他人来帮助我们看到事情的不同方面。或许师友也仍然是不够的，因为这些人毕竟还是属于"我们"，人不仅会对个体自我，而且会对"我们"有所偏袒，这就意味着，有时候我们的道德判断和推理更需要接受自己阵营之外的他者的检验和批评。总之，个体道德观点的变化通常不是在其心智中孤立降临的良心发现，而是在社会道德话语的相摩相荡中才逐渐实现的。道德认知在一个反馈循环中不断发展，而且这个反馈循环是跨主体的社会互动过程。

最后需要说明，良知在很多时候能够合理地发挥作用，正确地给出判断和推理，我们并不是说它总是成问题的，根本无法知善知

① 陈立胜：《如何守护良知？——陆王心学工夫中"自力"与"他力"辩证》，《哲学研究》2017 年第 10 期。

恶。但是上述社会心理学的研究确实可以给阳明心学一种适当的提醒和补充：个体良知诚然重要、可贵，但是在现实的个体道德实践和社会秩序建构中，它并非就是一个不容置疑的绝对基点。乔纳森·海特说："社会直觉主义模式的要点，是将道德判断研究的焦点从个体思维上拉出来，扩展到社会世界——在社会世界中，随着人们说长道短、互相争论和讲理，道德判断产生和变化。"①虽然，社会直觉主义对个体道德心智之偏蔽和道德之社会性的揭示与强调，看似卑之无甚高论，但是在阳明心学乃至整个中国哲学研究中，这些常识似乎并未得到充分认知和贯彻。个体良知本身需要放在人类心理的自然本性和社会交往互动的背景中才能得到恰当的理解，特别要在社会互动中去暴露和检讨其中可能发生的偏颇（这些偏颇可能是自我省察的盲区），调整和完善自身。

---

① 参见 Jonathan Haidt, "The Emotional Dog Gets Mistaken for a Possum," *Review of General Psychology* 8, no. 4 (2004): 283.

"心即理"再反思

　　"良知"在阳明学中处于一个极其关键的地位。尽管阳明思想中很早就确立了反身内求的基本方向，但是直到抓住"良知"这个支点，提出"致良知"之教，阳明才感觉自己的思想找到了最恰当有力的表达方式。陈来曾这样总结阳明思想的转进："致知的概念源于《大学》，良知的概念出自《孟子》。阳明哲学在其形成时，就其基本方向来说，明显地继续了宋代陆九渊以来的心学传统。这个传统就儒学传统内部的历史渊源来说，主要根于孟学的传统。然而，在理论的形式方面，由于受到宋代以来程朱学派的影响，阳明思想的结构自始至终是从《大学》提供的思想材料和理论范畴出发的。青年时代他最重视《大学》的'格物'，正德三年在贵州龙场悟道之后，他一方面建立了自己的与朱子学不同的对格物的解释，另一方面把《大学》的重点改变到'诚意'，认为'大学工夫只是个诚意'，用诚意来统率格物。在阳明40岁以后的七八年间，'致知'在阳明思想中并没有确定的地位。……平濠之后提出的'致良知'，表明阳明真正找到了结合《孟子》与《大学》思想的形式，也表明，在《大学》的逻辑结构中，阳明的重点由诚意转移到致知。这样一来，便导致了阳明思想，包括以《大学》结构为表现形式的工夫理论，发生了一次新的调整。'致良知'是阳明哲学发展的最后的形态，对整个中晚明哲学思潮的开展有着重大的影响。"①

　　陈来的这段话堪称经典性总结，非常敏锐地揭示了阳明致思之重点从"格物"到"诚意"，最终归结为"致知"的过程。这种转变，一方面使得阳明的思想同经典诠释的结合更加圆融，但更重要的是，阳明思想本身，也通过这种转变确立了更加全面稳固的架构。对此，陈来还有另一段同样经典的总结："知行合一虽为工夫切要，但未及心体。心外无理虽论心体，但非功夫。格物为正念头虽为反身功夫，终是缺却本体一截，而'致良知'本体、功夫一齐收摄，无怪阳明多次称之为'圣门之正法眼藏'。"②也就是说，以"良知"为支点和以"致良知"为教法，阳明可将知行合一、心外无理、格物（实为正念头）等重要思想全部整合涵盖在内，既确立了本体，又指明了工夫，也就难怪阳明在很多地方非常动情地回忆

---

① 陈来：《有无之境：王阳明哲学的精神》，第148—149页。
② 陈来：《有无之境：王阳明哲学的精神》，第149—150页。

自己体悟"良知"二字及"致良知"之教法的艰难历程，表达对此一学问宗旨的强烈自信和推重。

毫不夸张地说，整个阳明学就是以"良知"为基石。而这作为基石的良知，在阳明看来，不同于一般的"意"而居于一种绝对原点的地位，对"意"起一种监察、调控的作用。表现在四句教中，就是先说"有善有恶是意之动"，然后再说"知善知恶是良知"，阳明是有意识地将良知与意动拉开一个阶次。阳明明确地说："意与良知当分别明白。凡应物起念处，皆谓之意。意则有是有非，能知得意之是与非者，则谓之良知。"[①]"在阳明看来，良知是人的内在的道德判断与道德评价的体系，良知作为意识结构中的一个独立的部分，具有指导、监督、评价、判断的作用。"[②]"在晚期阳明思想中，人的意识结构中最重要的是两部分，即良知与意念。意念包括思维与情感，有是非，有善恶；良知是人的更深一层的自我，又表现为判断意念善恶的能力。"[③]在阳明的学说中，良知本身必须是一个无可怀疑，绝对正确的基点，他的本体论、工夫论都建立在这个基点之上。

但是，从我们前面所援引的社会心理学研究来看，人对各种事情做出善恶判断，或直接根据情感，或提供某种推理，并且相信这些判断是出于自己的良知做出的。然而，这些当事者自以为是出于良知做出的善恶判断，有很多时候并不公正，它们会受到不相干的情感的干扰而出现偏差，而且在不自觉的情况下表现出一种事实上的自我偏倚。因此，从良知发生作用的实际经验看，它仅仅具有一种形式上相对于其判断对象的高阶地位，这种高阶地位并不是绝对的。在现实生活中运转着的良知并非一个无可怀疑，绝对正确的基点，相反它本身就需要被置于反思之下，避免发生偏颇。

阳明说"凡应物起念处，皆谓之意"，而上引心理学研究则表明，良知的活动无论是从情感直觉直接得出判断，还是加上理智推理强化判断，都受到主观意向和客观情境的双重影响，亦皆是"应物起念"，因此亦无非是一种"意"而已。良知无论是"作为意识

---

① 王守仁：《答魏师说》，《王阳明全集》卷六，吴光等编校，第217页。
② 陈来：《有无之境：王阳明哲学的精神》，第155页。
③ 陈来：《有无之境：王阳明哲学的精神》，第45页。

结构中的一个独立的部分"也好，还是"人的更深一层的自我"也罢，这些都只具有相对的意义。确实有不少人主张这些区分是先验的、绝对的，但是在现实生活中，人的心理并不像先验论者所设想的那样运转，良知并不作为一个掌握了绝对标准、本身绝对正确的判断者。在很多时候，良知可能是运转良好的，甚至在一些挑战人性的危急时刻，良知可能会起到一种扭转乾坤的作用，但这并不能改变良知本身的经验性，它并不是无所依傍，而总是与当事人实际的情感和理智状态及所处情境密切相关。良知之"知善知恶"，从一个客观的视角来看，其实也无非就是一种"有善有恶"的"意之动"。预设一个与"意"绝缘但又高于"意"、能够对"意"做出判断和取舍的先验的"良知"，这或许能够满足人的某种理论需求或冲动，但是我们并不能在实践中找到其真正的对应物。前引陈来之说，谓阳明学思有一个从"格物"到"诚意"，再到"致（良）知"的重心转移。阳明自早年发现与朱熹格物穷理的追求格格不入之后，便确立了反身内求的精神取向，从"格物"到"诚意"的重心转移，即体现了这种取向的变化。但是"诚意"仍面临着"何以可能"的问题，直至找到"良知"，阳明才自信找到了反身内求之学之所以可能的最终基础，将"致良知"确立为自己学问的最终宗旨。良知在阳明学中，大概充当了类似"第一推动"或"不动的推动者"在宇宙论中的角色。但是上述社会心理学实验表明，良知本身，无论多么高阶，作为一种个体经验意识，能否作为个体道德修养，乃至社会政治秩序建设的"第一推动"，仍是一个有待论证的问题。

阳明高倡致良知教，当然有其特殊的个人和时代原因，因而自有其合理性与针对性。对良知受蔽者，阳明之教有时确能起到一种立竿见影的警醒激励之效。我们也丝毫不怀疑阳明本人良知之精纯与伟大，及其良知之学的真诚恳切。但是，如果脱离阳明学说的语境和阳明本人的身教，良知能否普遍地作为修身之学的绝对起点，仅仅依靠致良知能否解决个人乃至社会的道德弊病，对此我们并不总能自信地加以肯定。良知本身是在个体心理、特定情境以及社会结构等现实因素的互动中发展和运转的，因此，个体之致良知即使确有一种关键地位，也不能将之过分拔高，甚至绝对化。良知本身也可能出问题，而且良知本身的问题，不能仅靠个体的自我修养就能完全解决，它还有赖于社会情境和社会结构的合理化。片面强调个体修身的重要性，甚至决定性，有可能使我们错失同等重要，甚至更加重要的社会系统性问题。

致良知之外，"心即理"是阳明学的另一个标志性的论断，与程朱学派的"性即理"说适成对照，被视为阳明学的"第一原理"①。"心即理"和"知善知恶是良知"在理论上有一种紧密的内在关联。阳明相信，良知不仅"知善知恶"，而且"知善知恶"所根据的不是某种外在的规范，而是本心自己制定的规范，因此可以看作是"道德自律"。在一定意义上，这类似于"心为自我立法"，因为规范根源于本心，而不是事物，因此规范是不假外求的。只有这样，良知才是自足的和自我做主的，它本身掌握着判断善恶的标准，是最后的决定者，而非仅只是充当某种外在原则的执行者，也惟其如此，良知才能够担当得起阳明赋予它的那种特殊地位。否则，如果规范需要在事物之上外求，一方面会使人面临沉重的认知负担，陷入茫然无所归的境地，另一方面，还得说明这些外在规范如何与人心发生关联，成为人心所遵循的法则。这也就是阳明学经常批评朱熹"析心与理为二"所导致的"支离"之病。而根据"心即理"说，本心乃是自我立法，自我服从的主体，一旦本心挺立，便自能通情达理，知行合一，这就避免了向外求理的"支离"之病。

在上一节中，我们已经简要地指出了普遍存在的"认欲作理"问题。这种现象当然有一部分是出于一种有意的"欺人"，即明知自己的动机是恶的，或者不那么高尚，但是强词夺"理"，以混淆视听，维护自己的声誉、内心的安宁或偏私利益，这样的"道德虚伪"现象在古代和当代都屡见不鲜。但是也不能排除，一部分"认欲作理"者乃是真诚地以为，自己的判断和选择就是合"理"的，尽管事实上这些判断和选择有这样那样的偏颇，但是这部分"认欲作理"者成功地欺骗了自己。那些"欺人"式的"认欲作理"者，还多多少少会有一些心虚，而当"认欲作理"已经达到了一种"自

---

① "第一原理"之论出自陈来。他提出，"可以毫不夸张地说，'心即是理'或'心外无理'是阳明伦理学的第一原理，集中体现了心学自孟子以来的伦理哲学"。（陈来：《有无之境：王阳明哲学的精神》，第18页）

欺"的层次，这些人将会"理"直气壮。这种"自欺"式的"认欲作理"，对王阳明学说而言是一个致命的问题，严重威胁"心即理"这一阳明心学的"第一原理"。

当然，"认欲作理"只是"心即理"的一种变态的表现方式。阳明主张"心即理"，自有其合理之处。阳明"心即理"说中的"理"主要是指实践领域的道德规范，而不包括事实领域的客观规律。后者并不因为人的认识而存在，也不因为人对其无知而不存在，而道德规范则不同，道德规范的建立离不开人的理解与认同。客观规律是一种发现，而道德规范则离不开人的发明。从这个意义上来说，阳明说"心即理"有其合理性。"心即理"说突出了人在道德领域的主体性，人并不只是服从强加于己的道德规范，而是按照自己对事情的理解，根据自己所认同的道德规范行动。

阳明说："理也者，心之条理也。是理也，发之于亲则为孝，发之于君则为忠，发之于朋友则为信。千变万化，至不可穷竭，而莫非发于吾之一心。故以端庄静一为养心，而以学问思辩为穷理者，析心与理而为二矣。"[1]在阳明看来，道德规范是遇事时，本心自然生发出的处理之道，这不必在所遇到的客观对象上去寻找。客观对象千变万化，但是应该如何对待和处理，则需由主体来选择和决定。阳明当然相信人有正确地抉择的能力。

阳明说"千变万化，至不可穷竭"的情形中，所有的道德规范"莫非发于吾之一心"，这恐怕是有点夸大其词。显然不太可能每个个体所遵循的道德规范都经过了他自己的发明，有时候这种规范可能是从家庭和社会生活中习得的。但即便如此，对于习得的规范而言，也有一个主体理解和认同的问题。如果没有主体的理解和认同，一项道德规范对主体而言就仅仅只是一种外在约束，而不具备严格的道德意义，或者说不构成一种真正的"理"。另一方面，尽管现实生活中的道德规范可能并不总是通过有意识的选择程序建立起来的，而是在潜移默化中逐渐形成一种"百姓而用而不知"的习俗。但是，这种习俗的道德规范背后，仍然有某种集体意向性在隐隐地发生作用。尽管人心并不总是显性地在场，但是它始终对道德规范有一种作用力，而绝不是完全被动的。特别是在一些移风易俗

---

① 王守仁：《书诸阳伯卷（二）》，《王阳明全集》卷八，吴光等编校，第277页。

的时代节点上，人心的作用会由隐性在场走向前台。

人的主观方面的因素，很可能是道德规范出现的一个必要条件。这里"人的主观方面的因素"，可能是个体的，也可能是集体的，可能是相对主动的建构与损益，也可能是相对被动的理解和认同。道德规范的出现及其运转、变化，都不可能完全离开这些因素。用阳明的术语，可以说"心"是"理"的必要条件，或者说"心外无理"。

但细究起来，"心外无理"并不能等同于"心即理"，尽管无论是王阳明本人，还是当今对阳明心学的研究，似乎都将这两种说法视为等价的。"心外无理"是将"心"作为"理"的一个必要条件，而"心即理"则似乎将"心"认定为"理"的充分条件。这会导致两个问题。首先是我们前面提到的"认欲作理"的问题。"心"在阳明心学乃至整个儒学中，是一个含义可宽可严的概念。如果笼统地将"心"理解为意识活动的承载者，那么显然其内容是良莠不齐的，并不是所有的内容都是合理的或能够普遍化为道德规范的。如果"心"是取这样一种广义，而非限定为所谓的"本心"，那么"心即理"就难于避免"认欲作理"的问题。当然，对"心"做出这样一番限定，也至多只是在理论上自圆其说，在实践中或会掩耳盗铃，而无法根除实践中"认欲作理"的弊病。

将"心"认定为"理"的充分条件，还会导致另外一个问题。在阳明看来，似乎道德规范的内容完全是从人心中生发出来的，就像引文中所说："发之于亲则为孝，发之于君则为忠，发之于朋友则为信，千变万化至不可穷竭，而莫非发于吾之一心。"在一些简单的情境中，阳明所说确实并无多大问题。例如当别人遭遇一点小麻烦，需要帮助，而这种帮助又恰好只需举手之劳的话，我们内心中就很容易做出正确的决定。但是，如果事情稍微复杂一点，那么很可能内心就无法轻易给出答案了。还以阳明所说为例，在一个家庭生活已然变迁的时代，对待父母的原则是什么？"孝"可能并不是唯一和充分的正确答案。如何孝？甚至是否应该孝？这些都已成为新的时代课题。有的人已经开始认为，一种更加平等的、朋友式的亲子关系，可能比强调父母权威的孝更好。又如忠君，现在我们已经无君可忠，即使仍然保留君主的国家，如今对待君主的合理方式，也已经迥异于古代。也有人解释可以代之以忠于国家，但这个含义并没有包含在原来"忠君"的道德之心。现在的忠国或爱国的内涵与外延又会随时间地点的变化而变化。比较起来,在阳明提及的由"心"自然知之、自然行之的基本道德原则中,可能只有"朋友有信"的变化相对较小。

在这样一个剧烈变化,日渐广泛且复杂的社会交往环境中,各种事情究竟应该如何做,才算是道德上合理的?这些问题的答案显然并没有在个体心灵当中事先就完全准备好,而是需要根据对各种事情的研究和理解,去寻求和不断改善应对之道。在这个过程中,那个道德的"初心"以及一些基本的道德直觉也许依然非常重要,但是对当下事情本身的认知也是同等重要的。我们认同阳明"心即理"说中的合理部分,即道德规范总是离不开主观意向的认同,反对一种道德实在论,即将道德视为与人的意识投射根本无关的某种自成一体的客观存在。但是,我们也应当警惕阳明"心即理"说所流露出的一种极端的个体主义和主观主义。在一些简单的情境之中,"心即理"说或能唤醒和激励个体的道德初心,但如果忽视对客观情境的研究和了解,必然会导致低估社会道德问题的复杂性,使所谓的道德初心陷入武断或迷茫之中,无法转化出真正合理的行动。

以上指出的问题,还不同于阳明学研究中经常讨论的道德与知识的关系问题。关于后一个问题,阳明曾与徐爱有过讨论,徐爱问:"如事父一事,其间温清定省之类有许多节目,不亦须讲求否?"阳明回答说:"如何不讲求?只是有个头脑,只是就此心去人欲、存天理上讲求。就如讲求冬温,也只是要尽此心之孝,恐怕有一毫人欲间杂:讲求夏清。也只是要尽此心之孝,恐怕有一毫人欲间杂。只是讲求得此心,此心若无人欲,纯是天理,是个诚于孝亲的心,冬时自然思量父母的寒,便自要去求个温的道理;夏时自然思量父母的热,便要去求个清的道理。"[①]在阳明看来,树立道德意志是最重要的事情,至于树立了道德意志之后,如何具体地落实为行动,尽管离不开一些知识,但后者并不是关键。在这个讨论中,阳明认为知识只具有工具性的价值,对道德并无实质性的影响,在道德动机的驱使之下,人为了实现自己的道德动机,自然会

---

① 王守仁:《传习录上》,《王阳明全集》卷一,吴光等编校,第2—3页。

去寻求相关的有用的知识。但是，如上所论，道德并不止于一个良好的动机，而且还需要智慧，形成可靠的道德知识。沿着徐爱和阳明讨论的话题，我们会说，不仅如何孝亲所涉及的"冬温夏清"等技术性问题属于知识的范围，而且更根本地，子女应该如何处理同父母的关系，这个道德问题本身也是一个知识问题，需要专门加以探究，而不像阳明所说的那样"有个头脑"，也就是有个"去人欲存天理"的道德动机就够了。何为人欲？何为天理？如果仅仅只有个"去人欲存天理"的"头脑"，其实并不总是能够清楚地回答这些问题。知识不仅仅只是道德借以实现自身的外部工具，道德本身也是一种需要探求的知识。

　　道德知识不是拥有了最初的道德动机，就能自动拥有的东西，它要求我们不仅关注自身内部的道德动机，也要关注、研究和理解我们所面对的各种事情。但是，阳明对这种主张似乎是相当抵触的。徐爱曾经问阳明："至善只求诸心，恐于天下事理有不能尽。……如事父之孝、事君之忠、交友之信、治民之仁，其间有许多道理在，恐亦不可不察。"我们和徐爱其实有相同的担心和疑惑，"天下事理"恐怕不是仅仅只追问本心就能够穷尽的，言下之意就是说还得在心外的世界中去探寻。然而，对徐爱的问题，阳明叹曰："此说之蔽久矣，岂一语所能悟！今姑就所问者言之：且如事父不成，去父上求个孝的理；事君不成，去君上求个忠的理；交友治民不成，去友上、民上求个信与仁的理；都只是此心，心即理也。如心无私欲之蔽，即是天理，不须外面添一分。"[1]阳明这里一连串的反问，似乎显示出物上求理的荒谬性，恰好可以反证"心即理"。顺着他的逻辑，显然孝、忠、信、仁的理确实不在亲、君、友、民身上，所以，这些理看来就只能是出自我心了。

　　阳明的上述论证预设了一个前提，即如陈来所指出的，"对于阳明而言，只承认两种可能性：或者理是内在，或者理存在于外物，二者非此即彼"[2]。这个前提为真吗？陈来似乎有所怀疑，但是他并未明言。在我们看来，这个前提并不能成立。固然，说孝、忠、信、仁的理存在于父、君、友、民身上，这是荒谬的，同时我

①王守仁：《传习录上》，《王阳明全集》卷一，吴光等编校，第2页。
②陈来：《有无之境：王阳明哲学的精神》，第15页。

们也得承认，这些理之成立，确实离不开个体和集体的意向。但是，还有一种可能。理既不单纯在心，也不单纯在物，它恰好在心物之间，这种观点恐怕是更合理的。

要说明理在心物之间的观点，我们需要再次澄清一下"物"在这个语境中的含义。在阳明的连串反问中，他似乎将"物"理解为父、君、友、民，亦即社会交往中与主体相对的"对象"，这恐怕是对理论对手的一种曲解。主张格物穷理的朱熹并没有将"物"理解为"对象"，而是理解为"事"，在这一点上，阳明和朱熹本无分歧。孝、忠、信、仁的理，并非父、君、友、民之理，而是事父、事君、交友、治民之理。"物"所指的，应该是这些社会交往关系和过程，而不是作为关系和过程之特殊节点的对象。在社会剧烈变革的时代，作为父亲和儿子的个体都还是原来的那两个人，但是父子关系，以及作为家庭关系之背景的社会生产和交往关系，却可能已经悄然生变。理的作用是使整个社会交往关系建立并维持一种良好的秩序，它需要着眼于社会交往关系的全局，而不是关系中的个体。个体在这个社会交往关系的全局中，才显现为某种特定的对象，扮演特定的角色。因为有君主制度，才会有人在其中扮演君臣，而一旦君主制度已经走进历史的博物馆，也就物（事）非人亦非了。这其中的理，固然要落实为扮演特定角色的个体的操行，但从根本上看，它却并非因应着个体，而是因应着个体及其扮演之角色所置身的整个社会交往关系和过程。换言之，理是事之理。

在此，我们也有必要回顾一下之前关于心物关系的探讨。根据米德和杜威一系那种真正的"社会"心理学思想，笛卡尔式的心灵只不过是个神话，因为心灵作为一种自然和社会现象，需要在人同自然环境与社会环境的互动过程中才能说明其起源。笛卡尔的推理中，那个怀疑一切之后唯一不可怀疑的、作为绝对起点的心灵实体，只是心灵的一种特殊产物，而心灵本身的起源，无法通过笛卡尔的普遍怀疑推理得到说明。当我们将目光局限在个体的某次行动时，似乎确实是他的心灵起着某种决定作用，或者按阳明的说法，"意之所在便是物"。但是，当我们将目光拉远，考察心灵的个体发生学和种系发生学，会发现心灵并不是从来就有的，而是经过了漫长的自然和社会进化过程。那个后来貌似与世界相对而独立的心灵，原本发源于世界之中。

这是一个漫长的演化过程。简单地说，在心灵诞生并能发挥作用之前，存在物在与自然环境互动的过程中，逐渐从无生命物进化出生命、低等生物、植物、动物。高级动物在维系自身生存、与环境互动的过程中所表现出来的那种灵活性甚至主动性，或者生命之为生命的那种"活"的性质，可以称为心灵的前奏或萌芽。人与自然环境打交道的过程，也是与其他人打交道的社会过程中（这两个过程其实是一个过程的两个方面），逐渐将原本隐没在这一过程中的人、事、物对象化，并将其意义表象出来，从原本混沌的姿势互动，进化为有声姿势的互动，亦即语言的互动。在这个将原本隐没在客观互动过程中的意义表象出来并有意识地使用表象展开互动的过程中，心灵才逐渐起源，并日益朝着更加复杂、精致甚至奇诡（例如发展出笛卡尔式的对心灵的自我理解）的方向发展。

阳明的"心外无物"论强调的是心灵的意向性、能动性和决定性，而非断然否定外物的存在。如前所述，王阳明也从另一个维度来理解心物关系，认为人心乃是天地万物之"发窍最精处"，应当放在一个更广大的物（天地）和理（道）的背景中来理解。在一个更加健全，也更加真实的视野中，不仅心外有物，而且心生于物（这里的"物"就是指客观的自然和社会互动过程），"心外无物"或"意之所在便是物"（这里的"物"则指个体意向和行动引发的事态）只有放在这个视野中，才能获得妥善的理解，而不至于由个体主义和内省主义的心灵观而步步陷入唯心主义、神秘主义、甚至狂妄自大的境地。阳明不仅通过"心外无物"论来强调个体心灵的意向性和能动性，而且通过一种暗含的"心外有物"和"心生于物"论，提示了个体心灵所面临的客观性和规范性限制。只有从这样两个方面来考虑，我们才能全面把握阳明心物论在主体性和客观性之间原本的平衡。

既然我们得承认（阳明事实上也并非不承认）心外有物，这个"物"（自然和社会互动过程）并不是个体心灵主观地创造出来的，相反，它先在于心而孕育了心，并保持着其自身的客观性，那么，这个"物"也就自有其"理"。人心并不能超然于此"物"之外来决定此物之"理"，而只能在此"物"之中，发挥自身作为"发窍最精处"的功能，去体贴、发现和参赞物之理，并以之作为调适自身言行的标准。在日常生活中，我们大多数时候身处的情境是非常简单的，其中之理也常常可以清晰地直观到。在这些情形中，阳明主张"心即理"是很自然的，而且有其合理性，这可以唤醒人本有的道德意识，明确人的道德责任。但是，当社会处于快速激烈的变化中，我们需要处理的不仅仅是零星生活琐事，而是系统性的社会问题时，恐怕就很难再自信地宣称"心即理"了。

其实，阳明也不是对"理"与"物"的关系全无意识。徐爱问阳明："'知止而后有定'，朱子以为'事事物物皆有定理'，似与先生之说相戾。"阳明回应说："于事事物物上求至善，却是义外也。至善者心之本体，只是'明明德'到'至精至一处'便是。然亦未尝离却事物。"①"明明德到至精至一处"本身就有个如何实现的问题，究竟如何做才算达到这种境界，并不总是自明的。举一个十分简单的例子。试想，假如没有合理的交通规则以及相应的交通标志标线，即使我们想做一名好司机、好行人（即在交通事务中做到"明明德到至精至一处"），在车水马龙中也会无所适从、不堪其乱。只有在一个设计合理的交通制度体系中，司机和行人的美德才获得了清晰而确定的内涵。在交通这样相对简单的情境中尚且如此，遑论更加复杂的社会和政治事务。

这背后的道理在于，社会并非个体的简单相加，社会的问题也非来源于每个单独个体，而是在人与人之间的复杂交往中涌现出来的。既要承认个体的独特性、能动性和主导性，在行为选择和行为过程中起着决定性作用，也要看到社会问题还是应当着眼于社会本身去寻求专门的解决，而不能简单地化约为社会成员单个个体的问题。因此，知道如何"在一起"，反而是知道如何"做自己"的重要前提。若是如何"在一起"的问题没有解决好，我们在如何"做

---

① 王守仁：《传习录上》，《王阳明全集》卷一，吴光等编校，第2页。弄明白"事事物物"的实情，寻求妥善的处理之道，然后自觉地依之而行，其实并不能算是"义外"。"义外"可以从两个角度来理解。首先是道德规范之内容的来源。从这个角度来说，道德规范并不总是人心本能提供的（内），它也有可能来源于社会后天建构（外）。因此我们很难在这个角度上主张完全的"义内"。另一个理解"义外"的角度，是从道德实践的动机来说。如果说道德实践是出于真挚的道德情感，或者出于对道德理由的认同和尊重，那就是"义内"，不论所实践的道德规范是出于内心本能，还是得自社会学习。在谈论孟告"仁义内外"之辩时，这两个角度通常是混淆的。其实，孟告双方辩论的焦点是道德实践的动机问题，而非道德规范的来源问题。参见王觅泉：《仁义内外与人性善恶——重审孟告之辩的两个主题及其关系》，《中国哲学史》2018年第2期。

自己"的问题上也会陷入迷茫。①

　　阳明在对徐爱问题回应的最后，也不忘加上一句，"然亦未尝离却事物"。这也在最低限度上承认，即使"心即理"，也不是说"心"任由自己凭空臆造"理"，而还是要顾及事物的实情，根据事物的实情来确定"理"。只不过如果事物比较简单的话，心就能直接把握到其中的理了。而我们这里需要强调的则是，心对理的体贴和寻求，不能仅仅只是不"离却事物"而已，在那些复杂的社会系统性问题面前，恐怕还必须深入认识事物自身的性质和发展规律。

　　不可否认，阳明对良知之"知善知恶"和"心即理"的肯定，都包含着非常朴素的真理，并洋溢着积极的道德精神。对当时的社会而言，阳明这种简易直截的学问，也有其实践上的针对性，并且确实也在士农工商各阶层发挥了很大的影响。但是，当我们离开阳明所处时代的语境，将阳明心学作为一种一般化的思想理论加以研究时，我们就要根据事实和逻辑对它提出反思和批评。尤其是当我们还想在研究之外，将阳明心学作为应对我们当前时代和社会问题的一种良方加以宣传推广时，这种反思和批评就显得尤为必要。而我们上面对于其心学的反思和批评，可以作出如下概括：

　　个体心灵虽然体现出一种能动性，有时这种能动性可以发挥非常积极的作用，但是个体心灵并不因此就是一个绝对可靠的基点。我们不能简单地认为，只要激发个体心灵的这种能动性，道德和政治问题就能迎刃而解。相反，个体能动性本身也需要加以检省。心灵虽然发生于个体之中，但却是社会之事。个体心灵能动性的发挥，需要充分考虑他身处的社会环境条件，任何片面突出个体心灵能动性的个体主义和主观主义都是不足取的。

---

① "做自己"和"在一起"的说法借用自王博，他曾在很多场合巧妙地使用这对概念说明各种问题。参见王博：《做自己和在一起：探索中国成熟的哲学教育》，《中国高校社会科学》2017年第1期。

第七章

心理场论与知行关系问题

阳明心学的实质是对人性向善、人心自觉的高度自信，并因此提倡一种纯任自力的工夫。在阳明看来，尽管"意之动"不免"有善有恶"，但是这些"意之动"都逃不过"知善知恶"的"良知"之监控，只需老老实实听从良知发出的声音，自然会转化出为善去恶的行动。工夫就是这样简易直截，并不需要像朱子学派那样在"物"上穷索其理，徒陷支离。在阳明学派看来，随着朱子学日渐僵化，学问沦为一种与提升德性毫不相干的玩物丧志或者求取功名利禄的手段。在这种情况下，阳明反身内求，唤醒良知的做法，于时弊有很强的针对性。但是，我们前面的分析已经一再表明，如果抛开这些特定背景，将阳明心学当成一种一般化的思想理论来考察，甚至将之作为一种普遍性的教导加以推广的话，就不能不对他可能存在的偏颇和极端保持警惕。这其中最值得反思的问题，就是阳明心学的目光过于单一地集中于个体，并且对个体良知及其自决有一种过分的信任和依赖。在道德认知和道德活动领域，我们并不是说个体的责任和努力不重要，也不是说个体良知及其自决完全不值得信赖，而是说，除了个体之外，至少还应该同等重视，甚至更加重视社会这个维度。个体良知及其自决乃是发生和运转于社会情境和结构之中，它首先是经验性的、有赖前提的，而不是一种绝对正确的先验机能。

本章我们将在社会心理学的提示下重新诠释四句教中的最后一句："为善去恶是格物"。这一句列在"知善知恶是良知"之后，也可以看作阳明心学实践所达到的目的。阳明一方面相信个体普遍具备良知，而良知能够可靠地"知善知恶"，另一方面，这"知善知恶"的良知，又能够自然地转化为"为善去恶"的动机和行动。因此，"格物"在阳明思想中基本失去了"工夫论"的内涵，而只是良知之发用过程。"物"不是有待探索和理解的对象，而是有待良知于其中发用的场域。从"知善知恶是良知"到"为善去恶是格物"，涉及阳明学的另一个重要命题：知行合一。在很多时候，个体确实能够听到自己内心良知的声音，告诉他一件事情是善还是恶，或者该怎样做是善，而怎样做是恶，并且，他也会在这种声音的引导之下，去做出正确的行动，抑恶扬善。也就是说，在很多时候，"知善知恶是良知"是个事实，而且良知能够"知行合一"地转化为"为善去恶是格物"，这也是事实。然而，阳明似乎对与此相左的情形并没有给以重视，他通常只是从正面鞭策和鼓舞人"致良知"，而较少严肃地反思良知蒙蔽，或者知而不行的真正原因，并针对这些负面情形提出有针对性的解决办法。

在上一章中，我们揭示了一些良知自以为是、自欺欺人的现象，论证良知不仅仅只是单纯的善良动机，同时它也需要深入事情事理之中，寻求关于事情本身的可靠知识和高明智慧。总之，建立一种健全的良知并非易事。在这一章中，我们将探讨从"知善知恶是良知"到"为善去恶是格物"之间的距离，建立良知已非易事，那么由知到行呢？是否"知难行易"，建立良知之后，人很容易就能做到"知行合一"呢？在阳明提出"知行合一"的主张时，就引起很多人的怀疑和担心，阳明的回应是否能够充分地消除这些怀疑和担心？站在社会心理学家的立场上，又会如何看待这个问题，评价阳明在这个问题上的观点呢？

知行合一

　　"知行合一"说与生活中我们所经验的事实并不相符，对此阳明的弟子们也深感困惑。阳明针对这些困惑阐发他的"知行合一"之论。《传习录》记载有阳明与其弟子们的如下一段讨论：

　　　　爱因未会先生"知行合一"之训，与宗贤、惟贤往复辩论，未能决，以问于先生。先生曰："试举看。"爱曰："如今人尽有知得父当孝、兄当弟者，却不能孝、不能弟，便是知行分明是两件。"先生曰："此已被私欲隔断，不是知行的本体了。未有知而不行者，知而不行，只是未知。圣贤教人知行，正是复那本体，不是着你只恁的便罢。故《大学》指个真知行与人看，说"如好好色，如恶恶臭"。见好色属知，好好色属行，只见那好色时已自好了，不是见了后又立个心去好。闻恶臭属知，恶恶臭属行。只闻那恶臭时已自恶了，不是闻了后别立个心去恶。如鼻塞人虽见恶臭在前，鼻中不曾闻得，便亦不甚恶，亦只是不曾知臭。

　　　　就如称某人知孝、某人知弟，必是其人已曾行孝行弟，方可称他知孝知弟，不成只是晓得说些孝弟的话，便可称为知孝弟。又如知痛，必已自痛了方知痛；知寒，必已自寒了；知饥，必已自饥了。知行如何分得开？此便是知行的本体，不曾有私意隔断的。圣人教人，必要是如此，方可谓之知。不然，只是不曾知。……若不知立言宗旨，只管说一个两个，亦有甚用？①

　　徐爱关于"知行合一"的疑问，是很多人都有的。现实生活中，知道怎么做是应该的，但是我们却并没有那样做，这样的事情并不罕见，为什么阳明还要坚持说"知行合一"呢？阳明的回答似乎回避了问题，他只是重新对"知"作了规定，所谓"未有知而不行者，知而不行，只是未知"。也就是说，只有付诸行动的知才是真知，只有合一的知行才是"知行的本体"或者"真知行"。按照这种新的规定，在"知"的概念中就已经包含了能"行"，"知行

---

① 王守仁：《传习录上》，《王阳明全集》卷一，吴光等编校，第3—4页。

合一"差不多就是一个分析命题了。这种能行方为真知，真知必能行的观点，也并不是什么特别的观点，宋儒说过很多类似的话。但是这种做法未免有掩耳盗铃之嫌，并不能消除徐爱等人的疑惑，他们的问题会继续：虽然真知必行，但是这并不能否定"知而不行"和不那么真的知之存在。

阳明下面还通过对日常语言中"知孝知弟"的用法的分析，来证明在人们对"知"的理解中，是包含"行"的。他说："就如称某人知孝，某人知弟，必是其人已曾行孝行弟，方可称他知孝知弟，不成只是晓得说些孝弟的话，便可称为知孝弟。"这个日常语言分析有其道理，但是这似乎只能说明，"行孝悌"通常是我们评价一个人"知孝悌"的必要条件，并不能说明，在一般情形下，"知孝悌"是"行孝悌"的充分条件。天底下那些不行孝悌的人，并不都是因为他们不懂得孝悌的道理，而是虽然懂得孝悌的道理，但却有这样那样的原因而不践行孝悌。"知而不行"并没有什么逻辑上的矛盾，在现实生活中也是司空见惯的现象，不可能通过一种概念的重新界定，或者上述这样一种日常语言分析，就可以无视或否定这种实际存在的现象。

除此之外，阳明还借助类比来说明和论证"知行合一"。首先是"好好色，恶恶臭"。阳明说"见好色""闻恶臭"属知，而"好好色""恶恶臭"属行。对此，我们可以从两个角度提出疑问。第一个角度比较明显，即"好好色"与"恶恶臭"是否就是"行"？常言道，"有色心，没色胆"。"好好色"即是"有色心"，但是"有色心"并不意味着靠近和追逐美色的行动，似乎"好好色"仍然是属"知"，而非属"行"。这里还有一些中间状态，在界定上会有一些麻烦。例如，因为"闻恶臭"而引发的反胃、呕吐等反应，是否属于"行"的范畴？在行为主义者看来，这些可观察的反应都属于行为，并且行为主义者主张，应该将心理都还原为这些行为来解释。"好好色"和"恶恶臭"都包含了一系列反应，从直觉性的心理和生理反应（恶心、皱眉），到有意识的身体活动（掩鼻、退避），这些反应分布在一个连续谱上，究竟到何种程度的反应称得上"行"呢？

第二个角度是，"见好色""闻恶臭"同"好好色""恶恶臭"之间究竟是什么关系。是先"见好色""闻恶臭"，然后"好好色""恶恶臭",还是先有"好好色""恶恶臭"的态度,然后才有"好色"和"恶臭"的判断?"好色"和"恶臭"之"好"和"恶"的属性,根据洛克的理论,并不属于第一性质,而是属于第二性质,其中包含着主观投射的作用。我们似乎更有理由说,是因为有喜好和厌恶的态度,才有"好色"和"恶臭"之"好"和"恶"的属性判断。喜好与厌恶的态度同"好色""恶臭"之"好"与"恶"的属性判断之间,或许没有时间上的先后关系,但是有逻辑上的先后关系,后者乃是奠基于前者。关于"好色"和"恶臭"的"知",其实是寓于"好好色"和"恶恶臭"的态度和行为之中的。从单纯描述性的角度,可以说不是因为某物"好"(hǎo),所以"好"(hào)某物;因为某物"恶"(è),所以"恶"(wù)某物,而是恰好相反,因为"好"(hào)某物,所以某物"好"(hǎo);因为"恶"(wù)某物,所以某物"恶"(è)。

所以,阳明试图通过引申《中庸》所说的"好恶",以"如好好色,如恶恶臭"来类比和证明"知行合一",并没有使问题得到澄清,因为"见好色,闻恶臭"与"好好色,恶恶臭"能不能分别对应"知"与"行",本身就要打一个问号。就"好好色,恶恶臭"这件事情而言,知行不一仍然是有可能的,毕竟喜好和厌恶的态度,并不一定转化为趋避的行动。非但原本的问题没有得到澄清,阳明的类比本身还引发出更多值得反思的问题,例如"见好色,闻恶臭"之类的知,究竟是通过一种什么样的认知过程实现的?在这个过程中,心理和生理的关系是什么?见闻中好(hǎo)和恶(è)的性质判断,同见闻时好(hào)和恶(wù)的态度之间的关系如何?如果说道德意义上的好恶,同"好好色,恶恶臭"有可比之处的话,那么关于后者的这些问题,对于前者也将是值得反思的。当然,道德意义上的好(hào)恶(wù)感与好(hǎo)恶(è)判断,可能会比视觉、嗅觉方面基本的感受性与性质判断更加复杂一些,后者偏于本能,而前者可能涉及更多后天社会性文化因素。

如果非像阳明那样,说"见好色,闻恶臭"属"知","好好色,恶恶臭"属"行",那就不是"知"蕴含着"行"的必然性,而是"行"在先而"知"寓于其中。如果一般而论,"好好色"和

"恶恶臭"中既有"知"的成分（心理态度），又可能有"行"的成分（身体的趋避活动），还有介乎知与行之间的成分，例如上面提到的恶心、呕吐等生理反应。其实这里已经很难区分所谓心理和生理，例如恶心，是属于生理活动还是心理活动呢？似乎是二者兼有，它是一种具身化（embodied）的态度。我们上面的分析，其实已经涉及一个根本性的问题，那就是究竟应该如何界定"知"和"行"。

有学者提出一个"心理行为"的概念，说："在阳明的了解中，行不仅指物质实践活动或人的身体的物理性行为，也包含纯粹心理行为、心理事件。"[①]"心理行为"的概念耐人寻味，什么样的心理活动称得上是"心理行为"呢？如果但凡心理活动，都被称为"心理行为"，那么这又是一种通过重新界定概念的方式，使"知行合一"成为一个分析命题。尽管心理活动总是通过大脑活动以及相关的具身活动实现的，但是我们并不能因此就认为所有的心理活动都是某种行为。人的心理活动有不同的类型，例如，一种围绕概念和逻辑展开的思辨活动，尽管它也是个动态的过程，但是从动机的方面看，它完全是中立和惰性的，不会在思辨者那里激发起特定的行动动机，因此它和"物质实践活动或人的身体的物理性行为"可以说是截然相对的两种类型。然而，有些心理活动和"物质实践活动或人的身体的物理性行为"会离得更近些，例如包含了评价性态度的情感活动，包含了某种行动方向选择的理性和意志活动，它们都不像思辨活动那样，基本上只是大脑的活动，而是一方面它们本身表现出很强的具身性（例如愤怒的情感伴随着明显的身体变化），另一方面又直接导致"物质实践活动或人的身体的物理性行为"（例如"路见不平"，受义愤驱使或经道德反思而选择"拔刀相助"），甚至我们很难在这些心理活动同"物质实践活动或人的身体的物理性行为"之间划出一条明确的界线，仿佛这个界线的一边是"知"，而跨过了这条界线就是"行"。

上述"心理行为"概念对理解阳明"知行合一"说有所启示，但是"纯粹心理行为"之类的说法，又暴露出其中有一种根深蒂固的心物二元论前见。确实有些心理活动，例如围绕概念和逻辑展开

---

① 陈来：《有无之境：王阳明哲学的精神》，第101页。

的思辨活动，可以说是"纯粹"的心理活动，但是另一些心理活动，例如道德情感、理性和意志活动，它们非但不是行动中立或惰性的，而恰恰会导致特定行动，甚至就是后者的一个有机部分。对这些心理活动而言，心理"行为"的概念显示了它们的行动属性。但是它们并不是"纯粹"心理行为。从包含心理表象而言，它们是心理性的，但是从它们的具身性和与"物质实践活动或人的身体的物理性行为"之间的连续一体性而言，它们未尝不能说是物质性的。心理性和物质性并非二元对立，非此即彼，基于心物二元论的知行二元论同样是成问题的。阳明"知行合一"说也不是先预设知行二元，然后认为二元以某种方式"合一"，而是主张"知即是行"的知行一元论。

除了"好好色，恶恶臭"之外，阳明还用知痛、知寒、知饥来类比说明知行合一。但是，这个类比更值得商榷。阳明说："知痛，必已自痛了方知痛；知寒，必已自寒了；知饥，必已自饥了。"[1]他似乎是将知痛、知寒和知饥视为"知"，而将痛、饥、寒视为"行"，这多少有些别扭。直观地看，痛、饥、寒，和上面讨论过的"好好色，恶恶臭"是不太一样的事情，一为无对象的内感，一为有对象的外感。但是二者之间也有相似之处，那就是痛、饥、寒也不是一种单纯的心理感受，而是同时会涉及具身反应。例如疼痛，除了一种心理表象之外，总是伴随着诸如肌肉紧张、流汗，以至龇牙咧嘴、哭喊之类的行为，当然，也很自然地会延伸出一些缓解疼痛的举动。如果非要用"知""行"这对概念来描述疼痛这件事情的话，那么可以说疼痛的心理表象属知，而这些与疼痛相关的生理反应和身体活动属行。当然这两个方面只能在理论上分开，在现实中它们是水乳交融的。

但是，痛、饥、寒的例子和弟子们所困惑的知行合一问题之间的距离，比"好好色，恶恶臭"例子与后者之间的距离更大。弟子们感到困惑的是，在现实生活中，人明明知道怎么做是对的、是应该或必须的，但是却并没有那样做，这样的现象屡见不鲜，为什么阳明还要主张"知行合一"呢？"好好色，恶恶臭"的例子涉及态度（好恶）和行为（趋避）之间的关系，这与弟子们所困惑的知行

---

[1] 王守仁：《传习录上》，《王阳明全集》卷一，吴光等编校，第 4 页。

关系问题还是相关的，但是痛、饥、寒的例子中，并不涉及类似的关系。痛、饥、寒只是最直接的感受，尽管这些感受通常会引发一些举动以求缓解，但是这些感受本身只是一种一阶的、事实性的知，而非评价性或规范性的知，因此也并不涉及评价性或规范性的知是否落实为行动，亦即知行是否合一的问题。

因此，如果我们严格地追究阳明所用的两个类比同知行合一问题的相关性，恐怕很难接受他对"知行合一"的这种解释和辩护。但是，我们还是能够感受到，阳明通过这两个类比所想要传达出的那种精神。"好好色、恶恶臭"之知（阳明认为此属行）与痛、饥、寒之知，有一个共同的特点，那就是它们都是"真切笃实"的切身之知，在阳明看来，道德之知也应该和这些切身之知一样"真切笃实"。而且在"好好色、恶恶臭"的情形中，尽管有例外，但是评价性的态度（好恶之感知）和相应的行为（趋避之反应）通常是密切相连，配合一致的。这也是阳明希望道德之知所能达到的境界，即对某事物道德上真切笃实的好恶感，也能够自然地与行动上对该事物的趋避配合一致。

阳明"知行合一"说的要旨其实并不复杂，就是相信道德知识蕴含着道德动机，而道德动机与道德行动是连续的，因此道德知识与道德行动也是一体连续的。这可以从阳明对"知行合一"所做的其他解释看出来。阳明说："知是行之始，行是知之成。若会得时，只说一个知已自有行在。只说一个行已自有知在。"[①]道德知识不是关于"世界是什么样子"的事实性或描述性知识，而是关于"世界应该是什么样子"的评价性或规范性知识，他不像前者那样是一种静态的知识，而是蕴含着行动的动机的。知道在某种情境之下应该怎样做，也就意味着在该情境之下，会涌现出那样做的动机。[②]否则，我们不能说一个人有这种道德知识，这种道德知识对于他而言只是一些外在的声音。他能够理解道德判断和道德规范的内

---

① 王守仁：《传习录上》，《王阳明全集》卷一，吴光等编校，第4页。
② 道德知识是否蕴含道德动机的问题，在元伦理学中有专门的讨论。在这个问题上存在两种相对的立场，内在主义认为道德动机内在于道德知识，外在主义则认为并不如此，道德知识并不蕴含道德动机。这个讨论非常技术化。本书持一种内在主义立场，但在此无法详细讨论这个元伦理学问题。一个相关的探讨，可参见何松旭：《康德是道德内在主义者吗》，《道德与文明》2012年第6期。

容，但是他不理解为什么要那样判断和要求，因而并不能真正认同这些判断和规范。真正的道德知识必然包含一种理解与认同，并激发特定情境下依据这些道德知识行动的动机。从真正的道德知识必然能够激发相应的行动动机来看，一方面，动机还只是一种心理状态，在这个意义上，它更接近于"知"。但另一方面，动机于未动之中蕴含着将动的势能，在这个意义上，它属于"行"之端倪，这也就是阳明所说的"知是行之始"。

有时阳明也直接将"知"理解为行动动机，如他曾在一段对"知行合一"说的解释中这样举例："夫人必有欲食之心然后知食：欲食之心即是意，即是行之始矣。食味之美恶必待入口而后知，岂有不待入口而已先知食味之美恶者耶？必有欲行之心然后知路：欲行之心即是意，即是行之始矣。路岐之险夷必待身亲履历而后知，岂有不待身亲履历而已先知路岐之险夷者耶？"[1]这段话比较典型地体现出阳明在谈论"知行合一"时，所涉问题意识的多重性甚至混乱。他这里实际上谈到了两种意义上的知行关系，他既将"知"定位在行动动机（"意"），以"欲食之心""欲行之心"为"行之始"，这应当是他"知行合一"说的核心内涵，这是"知是行之始"的两个具体例子。但他又顺带着说了一番"在行中知"的道理，例如对食物和道路的知识，是在食和行的行动之中获得的。这番"在行中知"的道理，乃是针对顾东桥来书所持的一种接近朱熹立场的"知先行后"说。但是"在行中知"和"知是行之始"中的"知"并不是一种"知"，二者一为客观知识，一为动机意识，"知行合一"主要是针对后者而言的，不宜将这些道理混为一谈。朱子学并不会反对这里"在行中知"的道理，甚至也并不反对"知是行之始"的观点，他们与阳明学立场不同的地方在于，他们对作为"行之始"的"知"如何可能的问题考虑得更多，不仅仅只是寄望于一个单纯的善良动机，而同时考虑这个善良动机应该掌握如何处理事情的知识和智慧。

阳明还有一个与"知是行之始"含义相通的说法。在谈到自己立"知行合一"之说的宗旨时，阳明说："此须识我立言宗旨。今人学问，只因知行分作两件，故有一念发动，虽是不善，然却未曾

---

[1] 王守仁：《传习录中·答顾东桥书》，《王阳明全集》卷二，吴光等编校，第41—42页。

行，便不去禁止。我今说个知行合一，正要人晓得一念发动处，便即是行了。发动处有不善，就将这不善的念克倒了，须要彻根彻底，不使那一念不善潜伏在胸中，此是我立言宗旨。"①所谓"一念发动处，便即是行"，与"知是行之始"所传达的意思都是，动机是行动的端倪，也属于行动的一部分。不仅道德的动机如此，不道德的动机也是如此。就"知是行之始"和"一念发动处便即是行"这个意义来看，"知行合一"是一个相当可靠的命题，它点出了道德之知自带动机的行动属性。这里的"合一"，不仅只是从一种外在的视角说两件不同的事情之间有彼此相符合之处，而是说"知"就是"行"，这里没有两件不同的事情，而是只有一件事情，只是从不同的视角看，它既具有"知"的属性，又具有"行"的属性。

行动是过程性的，动机的作用并不仅仅只是在行动的开端，它通常是贯穿在整个行动之中，是驱动和引导整个过程持续的力量。因此，"知行合一"也并不只是动机发动之初的情形，而是在整个行动过程中都是如此。从动机的心理属性来说，这个过程是"知"，而从行动的物质属性来说，这个过程又是"行"。所以阳明说："知之真切笃实处，便是行；行之明觉精察处，便是知。若知时，其心不能真切笃实，则其知便不能明觉精察；不是知之时只要明觉精察，更不要真切笃实也；行之时，其心不能明觉精察，则其行便不能真切笃实；不是行之时只要真切笃实，更不要明觉精察也。"②阳明"知行合一"说的内涵，除了可以用前面提到的"知是行之始""一念发动处便即是行"二语解释之外，也可以通过这里所说的"知之真切笃实处便是行"来解释。道德知识及其蕴含的道德动机如果"真切笃实"，自然能够衍生出行动。或者说，只有衍生出行动，道德知识和动机才称得上是"真切笃实"的。"知之真切笃实处便是行"这句话再次表明，阳明"知行合一"说所主张的不是两件不同的事情以某种方式相符合，而是主张知就是行，只有一件事情，知和行只是从不同视角观察这一件事情而得出的不同面向。

上面我们以一种"同情地了解"的态度分析了阳明"知行合

---

① 王守仁：《传习录下》，《王阳明全集》卷三，吴光等编校，第96页。
② 王守仁：《答友人问》，《王阳明全集》卷六，吴光等编校，第210页。

一"说，展示出其合乎常理的内涵。现在我们跳出阳明心学的内部视角，看看其中可能存在的问题。阳明在解释"知行合一"时，更多的是从"知即是行"的角度，而较少从"行即是知"的角度。这可能是因为，在确定"知"或良知存在的前提之下，比较容易通过这种道德之"知"自带行动动机的特征，来说明它同时有"行"的属性，以此论证"知即是行"。但是反过来，"行"并不像"知"或良知那样容易被确定为前提。我们能够观察到现实生活中，很多"行"都是所谓"冥行妄作"，要么是浑浑噩噩地无心瞎行，要么甚至是故意胡作非为。即便如此，我们大概还能坚持乐观地认为，这些"冥行妄作"的人并非没有良知，只是他们的良知暂时蒙尘而已。一旦良知发现，他们定能知行合一地弃恶从善。但是，面对这些现实的"冥行妄作"，其中显然并不包含什么道德之知，因此，可以说"知即是行"，但却不能反过来说"行即是知"。

所以，阳明的"知行合一"说必须和他对人之良知的坚信结合起来理解，"知行合一"之"知"不是任意某种知识，而是良知。在坚信人人本有良知的前提之下，"知行合一"其实并不是一个不合常理的命题。即便在朱子学里，其实也主张真知必能行，不行不足以谓之真知。只是朱熹并不将良知视为一个现成的前提，而是一种需要通过工夫不断加以澄明和丰富的智慧。良知不仅仅只是一个简单的动机，而且应当是一种以对事情的健全知识和理解为基础的判断和行动智慧。知识不仅涉及"这个世界是什么样"的问题，也涉及"这个世界应该是什么样"的问题，与前一个问题相关的知识有真假，与后一个问题相关的知识同样有真假。良知主要是关于"这个世界应该是什么样"这一问题的，良知的知识也有真假，所以我们不能仅仅关注良知的动机方面，而且也应该关注良知的知识方面。良知的动机方面可能确实如阳明认为的那样比较易得，但是良知的知识方面，却更应该像朱子学所主张的那样，不懈地深入到那些我们要与之打交道的事情中去探寻和建构。

陈来认为，"在朱子哲学，确实从整体上更凸显了'知'的重要性，强调理性对道德法则的了解是伦理实践的前提。而在阳明，由于良知观念的预设，指导伦理行为的'知'是本心自然而有的，故更为强调行，因此在阳明哲学中知行观的解决与心理观有着内在的逻辑的联系，所以阳明也说，以心理为二故知行为二，以心理为一故知行合一，从而阳明知行观的基本精神是强调行，而不是强调知"①。阳明将朱子学的立场界定为"心理为二"并不一定公平，严格地说，朱熹反对将"心即理"视为当然的前提，而是主张通过对事情的踏实研究，一方面澄清和发明处理这些事情的应然之道，另一方面也使心灵在这个过程中获得训练，变得更有智慧。经过此番功夫，在结果上朱子学并不反对"心即理"。而且在这种经过踏实的工夫所达到的"心理为一"的状态下，朱子学也会欣然同意"知行合一"的观点。因此，朱子学和阳明学的根本分歧，其实不在于"心理为二"还是"心理为一"，也不在于"知行为二"还是"知行为一"，而在于"心理为一""知行合一"的境界究竟应该如何理解和达到，良知是否现成完备。

阳明自陈，"知行合一"说是针对朱子学的"知先行后"说提出的："今人却就将知行分作两件去做，以为必先知了然后能行，我如今且去讲习讨论做知的工夫，待知得真了方去做行的工夫，故遂终身不行，亦遂终身不知。此不是小病痛，其来已非一日矣。某今说个知行合一，正是对病的药。"②但是，从我们上面的分析来看，阳明学真正与朱子学"知先行后"立场相反对的，不是"知行合一"，而是良知现成或"心即理"。其实朱子学的"知先行后"立场，严格表述应该是，知先而"知行合一"后，即先通过格物穷理的工夫致知，而真知必能行。阳明因为认定良知现成，所以无须致知的工夫，直接就是"知行合一"，但朱子学并不接受良知现成，所以强调"知先行后"。"知行合一"并不一定以"良知现成"为其必要条件，朱子学可以不承认后者，但这不妨碍他们在另外的条件下也认可"知行合一"。

总之，阳明有时通过"知行合一"说真正想要强调的重点，其实并不是"知行合一"本身，而是良知现成或"心即理"，这是阳明心学不同于朱子学的根本所在。"知行合一"本身不是重点，"知行合一"的前提才是重点。在阳明心学，"为善去恶是格物"不必刻意强调，但"知善知恶是良知"则必须保证其现成完具，不假外求。朱子学若真像阳明所说有"病痛"，那也并不在于知行不

---

① 陈来：《有无之境：王阳明哲学的精神》，第 99 页。
② 王守仁：《传习录上》，《王阳明全集》卷一，吴光等编校，第 4—5 页。

一，而在于不承认良知之现成完备，因此阳明主张"知行合一"，就并不是"对病的药"。当然，不承认良知之现成完备（而是将之视为一种通过努力，并且外在条件适合，才能实现的成就），这恰恰不是"病痛"，而是一种更加务实合理的立场。这种立场，在我们上一章对"知善知恶是良知"以及"心即理"的批判反思中，已经有所揭示。

勒温心理场论视野下的知行不一

　　如果我们将良知是否现成的问题搁置起来，阳明心学和朱子学在知行关系上的观点其实并没有那样大的分歧，他们都同意真知必能行，不行不足以谓之真知。这样的观点有一种直观上的合理性，成为信念的道德知识通常蕴含着相应的行动动机，而动机和行动之间有很强的连续性，从"知善知恶是良知"到"为善去恶是格物"之间的过渡当然就是一个非常自然的过程。"知行合一"这个命题本身的意义，即在于说明道德知识、动机以及行动之间的连续一体性，用阳明的其他话语表达，就是"知是行之始"，"一念发动处便即是行"，或者"知之真切笃实处便是行"。

　　尽管这个意义上的"知行合一说"有一种直观上的合理性，但如上所论，它并不是一个分析命题，而是一个经验命题，有时会涉及到对一事一物的欲望、追求与对它的道德认知关系。我们欲求一事一物是因为它是善的，还是相反，我们认为它是善的才去欲求？两者何为先后，涉及到我们如何评价行为，如何理解动机等一系列问题[1]。然而，在现实生活中，并不是任何时候道德之知与求善之行都是合一的，道德知识都转化为了道德行动。显然在不少时候，真诚的道德知识并没有转化为道德行动，明明知道应该怎样做，但是结果并没有那样去做。对这种知行不一现象，我们还要再精确地限定一下。在前面的讨论中，我们笼统地将"知行合一"中的"知"理解为道德知识，但是并未对道德知识的不同内容展开具体分析，为了将真正值得反思的知行不一问题凸显出来，我们需要先对道德知识的内容做出一些区分。

　　有些道德知识是评价性的，对行动和行动者的道德性质做出或善或恶的判断，而有些道德知识是规范性的，对行动者提出某种要求或希望。笼统而言，"知善知恶"的评价性知识与"为善去恶"的规范性要求是统一的，但是规范性要求有不同的模态，有些是禁止性的，有些是义务性的，还有些是鼓励性的。为恶当然是被禁止的，但是为善则有可能是义务性的，或者是鼓励性的。义务性的善

---

[1] 在这一问题上，西方理性主义伦理学家斯宾诺莎虽然没有得出类似知行合一的观点，但他对人的欲求动机与善恶判断、情感与理性等的关系提出了他自己的看法，认为"对于任何事物并不是我们追求它、愿望它、寻求它或欲求它，因为我们以为它是好的，而是，正与此相反，我们判定某种东西是好的，因为我们追求它、愿望它、寻求它、欲求它"（斯宾诺莎：《伦理学》，贺麟译，商务印书馆1997年版，第107页）。

事是道德规范强制我们必须去做的，而鼓励性的善事则并无这种道德强制性。当然，如果有人能够做到鼓励性的善事，我们会认为他的道德格外高尚，值得赞扬，但如果没有做到，也不至于受到道德谴责。例如，在力所能及的情况下，对处于紧迫危难中的人施以援手，就是一项严格的道德义务。举手之劳就能救人于危难之中却袖手旁观，应该受到道德谴责。但是当帮助别人需要我们承担非常高的风险，付出很大的代价时，我们也有理由认为不实施这种帮助并不是道德错误。例如，一个人省吃俭用，将自己的大部分收入捐献给慈善事业，这无疑是一种非常伟大的道德善举，但是我们显然不能以此作为道德义务来要求所有人。

我们所说的知行不一问题，最好限定在关于禁止性和义务性的道德规范性知识这个范围之内。对于鼓励性的道德行为而言，明知其善而不为之，也算是情有可原，不必苛责。但是明知某事在道德上是被禁止的，却仍然那样做，明知某事在道德上是一项必须履行的义务，却仍然不那样做，才是真正成问题的知行不一。这种知行不一一方面在道德上是一种错误或瑕疵，要予以谴责，另一方面，也需要在事实上澄清造成这种令人费解现象的原因。

阳明对知行不一现象不可能视而不见。因此，他的"知行合一"说有时候其实表达的是一种规范性含义，不是说知行在事实上都是合一的，而是说知行应该是合一的。而且，阳明最终以"致良知"为旨归，如果知行合一是个普遍的经验事实，就不必再强调"致"良知了。所以，"致良知"的说法其实也表明，"知行不一"仍然是可能的，而"知行合一"则是需要通过努力才能达到的。陈来非常敏锐地分析了阳明"知行合一"说与其晚期"致良知"说之间的关系：

> 若从知行合一的立场，知即是行，于是"良知"即是"致良知"了，这当然是阳明不能赞成的。阳明晚年的良知学说，正是要明确区别"良知"与"致良知"，认为良知人人本有，惟不能致其良知于事事物物，这明显地是区别知行的思路，与知行合一的思路不同。知行合一正是强调知与行之间的同一性，如说"知而不行只是未知"，若用于良知与致良知，就可能得出良知不致便是未知，把良知视同未知，而这肯定是阳明

不能接受的。这也表明良知与致良知的学说与早年知行本体的说法侧重不同。在致良知的思想中不再有良知（知）和致良知（行）相互包含、相互渗透的意义。在致良知学说中，至少在逻辑上良知是先于致知的，从这个方面说，阳明晚年的致良知思想中已不强调知中有行、行中有知、知即是行、行即是知的思想。当然，无论是知行合一还是致良知，都是强调把所知付诸践履，它们只是为了达到同一目的的不同方式而已。[①]

虽然阳明思想并不一定是沿着这样一条清晰的线索前后变化，但是至少阳明学说中"知行合一"和"致良知"这两个重要命题之间存在某种微妙的不一致。这种不一致表明，阳明在事实上也不得不承认，知行有可能不合一，而"知行合一"是需要"致"的工夫的。"致良知"是强调知行在工夫实践中的达到合一，尽管阳明似乎认为这种"致"也是相当自然的事情。

既然"知行不一"是王阳明事实上不得不承认的一种可能情况，那么我们也就应该正视它，并从经验层面去研究和理解它，而不仅仅只是固执于王阳明对知行概念的某些特殊界定和论述，试图以"知行合一"说在某些局部的合理性来不加区别地捍卫这个观点，以至无视或忽视经验世界里并不鲜见的"知行不一"问题。我们注意到，在哲学领域对"知行不一"问题都有所关注，但关注的焦点在于意志薄弱或不自制这个概念，并对它是否内涵矛盾，能否与实践理性概念相容等问题进行过发掘。[②]这些探讨对于我们重新理解王阳明的"知行合一"及其与"知行不一"之间张力的问题，也具有启发意义。

在日常生活中，知行不能合一或意志薄弱会让人恼恨。例如，明知应该努力学习和工作，却仍然犯懒、拖延而不行动，这样的情况可以说是司空见惯。对此，很多人可能都有切身经历，但在事实层面并没有什么特别让人困惑的。然而，哲学家却对此感到困惑，并提出一些非常技术化的解释，试图揭示和消除其中所谓的矛盾或非理性，而哲学家的困惑以及力求解释本身不仅没有帮助我们理解

---

① 陈来：《有无之境：王阳明哲学的精神》，第103页。
② 参见吴童立：《理性的意志薄弱与慎思自我》，《世界哲学》2015年第2期。

这样的问题，反倒让常人感到愈加困惑。哲学家之所以有此困惑，与他们对个体实践理性及其行动转化机制的抽象理解有关。在这种理解中，个体实践理性能够做出正确的判断和选择，意志根据这些判断和选择来决定行动，身体服从意志的决定将行动付诸实施，在这个前后一贯的链条中，知行不一似乎没有可乘之机，因此这一现实生活中司空见惯的现象竟成了待解之谜。然而，现实生活中人们的行为并不总是，甚至很少是沿着上述链条发生的。仅凭概念思辨恐怕无法完全理解和消化知行不一现象，也无助于在实践中改正和防范它。只有回到更为原初的生活世界中去，我们才能更加真实地了解知行的动力机制和知行不一现象，而勒温（Kurt Lewin，1890—1947）的"心理场论"恰好为我们提供了一种指引。

在勒温看来，行为是在"生活空间"（life space）中发生的，是后者的"函数"。他说："为了理解或预测行为，人和他的环境必须作为由相互依存的因素构成的一个总体来考虑。我们将这个由各种因素构成的总体称为该个体的生活空间，然后可以得出 $B=F(P, E)=F(LSp)$。"[1]勒温的这个函数式的前半部分 $B=F(P, E)$ 是说"行为是个体和环境的函数"。直白地理解，行为并不是由个体单方面决定的，个体所处的环境也是很重要，甚至有时是对行为影响更大的因素。这个常识已经足以对知行不一现象给出一个初步的解释："知"毕竟只是个体方面的一个因素，即使对行为有影响，其影响力也仍然可能因为受制于环境而打折扣，导致最终的行为对作为初衷的知有所偏离，甚至与之背道而驰。

但是仅仅只关注 $B=F(P, E)$，说"行为是个体和环境的函数"，即使不能说是错的，也很可能错失勒温想要表达的一些很重要的思想。我们容易将这个函数的两个自变量个体（P）和环境（E）作一种主客对立式的理解，这是勒温不能同意的。在勒温的思想中，个体和环境并不是彼此独立的变量，它们本身就是彼此的函数：$P=F(E)$；$E=F(P)$。[2]并没有一个先在的纯粹个体，带有某种意向或行

---

① 库尔特·勒温：《作为整个情境之函数的行为及其发展》（"Behavior and Development as a Function of the Total Situation"），《社会科学中的场论》（Field Theory in Social Science），中国传媒大学出版社 2016 年英文影印版，第 239—240 页。函数式中 B、P、E、LSp 分别是 behavior、person、environment、life space 的缩写，"一个"所加着重号为原书所有。

② 参见库尔特·勒温：《作为整个情境之函数的行为及其发展》，《社会科学中的场论》，第 239 页。

动趋向，在那里等待环境的影响。个体原本都是融嵌在环境之中，在一些特定条件下才凸显出来。这种从环境中凸显出来的个体并不是一个边界清晰的原子式的存在，而是勒温所说的那种本身就是动态的"心理紧张系统"（mental tension system）。另一方面，心理紧张系统置身其间的环境，也不是纯粹客观的存在，而是对个体发生实际影响的事物的总体，用勒温的话说，就是"生活空间"。"心理紧张系统"和"生活空间"是勒温理解人类心理和行为的两个基本概念，二者不是主客对立的关系，而是从不同角度对一个统一的心理场的两种描述。

"心理紧张系统"的说法来源于勒温的一个日常生活经验。勒温和师友们经常在咖啡馆长时间聚谈，在这个过程中他们不时会让侍者添加咖啡或点心，无论多么细琐，最后他们离开结账时，侍者都能快速准确地报出费用几何。但是有一次，勒温结账后又在咖啡馆待了半小时，然后他再去问侍者是否还记得他们刚才的账单，发现此时侍者已经全然忘记了。咖啡馆侍者的算账行为似乎不宜理解为一个意志在算账那一刻发动的行为，而应当理解为侍者在自己的工作情境中所保持的心理紧张系统的一种相当自然的反应。当顾客结完账，他的心理紧张系统也就跟随调整，半小时前记得清清楚楚的东西也迅速从记忆中消退了。

勒温的"心理紧张系统"描摹了一个在情境中意识和行为的个体的形象，这明显不同于那种弓弩式的个体行动者形象——意志的机栝将行动发射出去。前者似乎并没有经过一个先有"我要如何如何"的念头，然后再如何如何行为的过程，他的知和行都是那个"心理紧张系统"的有机组成部分。在这个心理紧张系统中，知和行自然就是合一的。而这位咖啡馆侍者的"心理紧张系统"又不是一个边界清晰的孤立、静止的系统，而是整个咖啡馆情境中的一个有机组成部分，与情境中的其他系统和部分持续密切地互相影响，彼此塑造，它们共同构成了勒温所说的"生活空间"。

从外在视角来看，一个人的生活空间似乎是客观的。例如，作为侍者的一个生活空间，咖啡馆里的陈设和来往的客人都是在他之外客观存在的。但是从内在视角看，一个人的生活空间不等于客观环境，而是实际对他发生影响的事物的总体。也就是说，客观环境对个体的影响与个体的感受和理解有关，在同样的客观环境之下，不同个体受到的实际影响可能是不同的。个体所受客观环境之影响，并不一定如客观环境之所是。例如，一位夜行者以为自己走过的是一片平原，所以当时不以为意，但后来得知自己走过的其实是一片冰封的湖面，就会惊惧不已。另外，个体之受环境影响并不总是一个有意识的过程。例如，母亲在家与否，对一个小孩的行为会有影响，但是在小孩行为过程中，母亲在家或者不在家这个事实并不总是直接呈现于孩子的意识。

所以勒温所理解的生活空间，既不是纯粹的客观环境，也不是纯粹地为主观所意识到的环境，而是对个体心理和行为发生实际影响的事物之整体。勒温说："据动力说的观点，我们须认为整个情境为对于有关个体所可发生影响之物的全体。由此推论起来，我们可以说'现实的为有影响的'可用为存在的标准。"[1]按照这个标准，生活空间包括三类事实：准物理的事实、准社会的事实和准概念的事实。所谓"准事实"，也就是实际发生影响的事实。例如一场丰盛的宴席，对生计艰难，食不果腹者和日日应酬，不胜其烦者而言，尽管物理上没有区别，但是影响却不同，因此构成了不同的"准物理事实"。又如，一位母亲吓唬孩子再不听话就会被警察抓走，小孩其实对社会中警察工作的真实情形并不真正了解，但是母亲这招对小孩起效了，警察的权威对小孩而言就是一种"准社会事实"。再如，在解决某数学问题时，实际考虑的也许与该数学问题本身的逻辑结构并不相符，但真正对人心发生影响的不是该数学问题本身的逻辑结构，而是实际的考虑，后者就是所谓"准概念事实"。当然，勒温也强调，"准物理的、准社会的及准概念的事实之间没有严格的区别，我们所要讨论的实为一个统一的心理生活空间，而这个空间之内的三种事实，仅可视为大致可以区别的三类"[2]。虽然"准事实"或实际发生影响的事实与客观事实并非总是不一致，但是勒温区分二者，并揭示出"准事实"及生活空间的存在，这对理解人之心理和行为的发生机制而言，仍然不失为重要的洞见。

心理紧张系统和生活空间是心理场的两个方面。生活空间是从

---

① 勒温：《拓扑心理学原理》，高觉敷译，商务印书馆 2003 年版，第 21—22 页。
② 勒温：《拓扑心理学原理》，高觉敷译，第 29 页。

心理场的客观面来说的，这个场或空间并不是一个静态的实体，而是由各区域或部分相互之间的力和关系动态地构成的。心理紧张系统则是从心理场的主观面来说的，它与心理场中其他区域或部分持续地互动，并在这种互动中凸显和界定自我。人的行为直接地受心理紧张系统驱动，而心理紧张系统的状态则取决于整个生活空间。勒温的心理场论及其对行为动力的解释有一种整体论的眼光，不是将个体行动简单归结为个体的意向性和能动性，也不是在一种主客对立的图景中将个体行动等同于对环境刺激所做的反应，而是在更为原初的生活空间或心理场的整体中，对个体行动形成一种有机性的理解。因此，勒温对行为动力的解释在心理学史上有其特殊意义，如学者所指出的："弗洛伊德和麦独孤一样，所追求的都是对行为动力作一种实体性的解释，把动力本质归结为'里比多'或'本能'，都具有某种实体的内涵，遵循了一种旧物理主义的能量说。在他们那里，行为的动力模式带有很大的机械性，人的行为基本上取决于'里比多'或'本能'所提供的能量本身。然而，勒温则倾向于对行为动力作一种关系性的理解，把人的心理与行为的动力本质，归结为包括人与环境在内的各种力之间相互作用而产生的心理紧张系统。这种从实体概念到关系概念的转变，不但是一种动力解释的差异，而且涉及到一种动力观的转变。"①

　　生活空间是一个整体，其中可以划分出不同的区域，这种区分不仅是在空间的意义上，也是在时间的意义上。例如在勒温常举的一个经典事例——小孩吃药时，对小孩而言，在药入口之前和已经入口之后，就意味着生活空间中的两个不同区域。在药入口之前，小孩心理和行为上一直在抗拒；而当药已入口，他就会将药迅速下咽，以求解脱和奖励。再如，尽管一个学生知道应该好好准备即将到来的考试，但是考试前一周和前一晚，他的生活氛围和节奏可能是截然不同的，相应地，他的心理紧张系统和行为方式也会有很大差异。生活空间中目前所在区域与周围某些区域可能经常处于一种不平衡的状态，这时心理也会处于某种紧张状态，对周围区域有一种趋近或抗拒，或者说周围区域对心理有某种吸引力或排斥力。有

① 申荷永：《充满张力的生活空间：勒温的动力心理学》，湖北教育出版社1999年版，第36—37页。

时一个区域可能既有吸引力，又有排斥力。例如，吃药能使人恢复健康，这是它有吸引力的地方，但是良药苦口，吃药的痛苦又使人排斥它。有些情况下，可能会有两个区域同时具有吸引力或排斥力，从而形成吸引力或排斥力之间的冲突和竞争。总之，"由于在同一时间，可能会有几个系统或区域处于紧张状态，而且每一紧张系统，又都与其周围区域中的一种或几种引拒值有关，因而，行为便成为这一动力场中各种力相互作用的结果"①。

勒温借鉴物理学中的场论构建了心理场论及行为动力学，尽管其表达方式非常理论化，甚至有故弄玄虚之嫌，但是内核却是一些朴素的真相。在现实生活中，人的行为较少是由个体自由意志决定的，而更有可能是整个情境的产物，这其中充满了潜移默化的影响、纠结、挣扎、妥协等等过程。个体的意志虽然在某些时候具有决定作用，但是它无法独立于情境之外，也无法独立于整个动机系统中的其他因素。如我们在分析"知善知恶是良知"时已经指出的，良知（其中有意志的成分）即使有时表现出一些强大的力量，但这并不意味着它总是能够超越于情感、欲望等其他心理之上起决定作用，无论从内容还是从形式上，良知都只是经验心理的一部分，它无法完全脱离情感、欲望而起作用。用阳明心学的术语来说，知善知恶的良知，归根结底也仍然是一种"意"。而在认知神经科学中，我们也找不到与意志相对应的某种独立机能。

尽管与植物和其他动物相比，人的行为表现出更大的自觉性和灵活性，而且这种自觉性和灵活性还会随着个体的成长而不断增强，以致产生一种关于自由意志的意识，但是无论如何，人自以为自由的意志和行为并不是发生在真空之中，而总是与外在的自然和社会条件、内在的生理和心理条件有着千丝万缕的关联。假设宇宙中存在其他星球和文明，在那里生活着与人类肉身之躯截然不同的智慧物种，而且碰巧他们也有一种关于自由意志的意识，那么，这些物种的自由意志引导他们所做的事情很可能也会和人类截然不同。也就是说，自由意志不是完全无中生有地做出决定，而总是在现实的内外部条件所蕴含的选项中做出决定。自由意志体现在这个自我决定的力量在同其他力量的较量之中占据上风，但是个体意志

---

① 申荷永：《充满张力的生活空间：勒温的动力心理学》，第42页。

的力量能否战胜其他力量，这不是先验地就确定好的，而是取决于现实条件下的力量对比。自由意志是一种在同其他力量的斗争中取得的成就，而不是一项先验为真的前提条件。

按照那种以自由意志为核心的行动者形象，知行不一或许是令人费解的，但是在勒温心理场论的视野之下，这并没有什么令人费解的。做出或者没有做出某种行为，需要放在整个生活空间和心理紧张系统中去理解。

心理紧张系统是一个综合性、整体性的系统，"知"以及与之相连的意志只是这个系统中的一部分因素。心理紧张系统不仅涉及意识层面，也涉及无意识层面，"紧张"（tension）是整个心理系统表现出来的一种状态，它有可能只是使个体相对模糊地感受到有某种行动的冲动或压力，个体并不总是对与行动相关的因素有深思熟虑的权衡取舍。因此，在个体行动中，道德之知有时候并不会清楚明白地出场，而可能只是浮光掠影式地若隐若现，最终淹没在整个心理紧张系统中，不足以决定行动的方向。因此，现实生活中的很多行为都不是深思熟虑之后有意为之，而是在特定情境之下自然而然地，或者稀里糊涂，半推半就地如此。例如受贿的官员，他们并非不知道相关的法律法规和职业道德，一开始也可能没有主动索贿，但是他终日被各种明里暗里的腐蚀所包围，在这样的生活空间中，他心里那根弦（亦即"心理紧张系统"）稍有松懈，就滑进了腐败的泥潭。而一旦走出第一步，他的生活空间和心理紧张系统就会发生微妙但致命的转变，使他难以挽回地滑向更深的腐败泥潭。

还有，近年来不时发生一些见死不救的道德悲剧，例如2011年发生在佛山的小悦悦事件，如果事后站在旁观者的角度看，会觉得不可思议，会震惊于当今社会的道德冷漠。已经有很多人从社会层面去分析造成这些惨剧的原因，这些分析很有必要，但是似乎很少有人关注，先后从小悦悦身边经过而置之不理的那18位路人当时心理究竟是什么状态。造成惨剧的原因除了社会问题造成的道德冷漠，[①]是否还与目击者在那个具体情境下的状态有关。在承平已久的年代，大多数人对这种有人受伤倒地的情形其实是相当陌生、缺乏经验的，即使有一种关切和救助的冲动，面对生活空间中的这种

---

① 在这个问题上，2006年南京彭宇案和类似案例都造成了巨大的负面影响。

突发状况，不能排除有些人是发蒙而不知所措的。在经过小悦悦的那一瞬间要做出救人的决定，其实并不如想当然地那样简单，而一旦错失那一瞬间，已经走过之后，心理紧张系统又会有微妙的转变，即使有所后悔，再返回施救的可能性也已经更小了。目击者并非完全没有良知，他们很可能有过救人的闪念，但是在当时的情境下，这个闪念淹没在他们的心理紧张系统中未能脱颖而出。最终，有人受伤倒地这个状况并没有激发起他们心理紧张系统应有的紧张状态。这种对当事者微观心理状态的分析，当然不是为道德冷漠开脱，而是为了更加清楚地理解造成道德冷漠的原因，以便更加全面地总结教训，避免类似惨剧继续发生。

如果上述微观心理状态分析是成立的，那么我们除了要构建对爱心人士更加友好，人与人之间更加信任的社会环境之外，还应该加强应急处置方面的普及教育，使人们遭遇类似情境时更有经验，这样心理紧张系统能够给出沉稳而明确的应对。另外，人的意志力并不仅仅只是一种良知决断能力，而且也有与肌肉力量类似之处。因此它也需要通过有意识的训练不断增强，从而使个体能够抵抗凡庸的生活空间对意志力温水煮青蛙式的消磨，从浑浑噩噩中超拔出来，同怠惰、冷漠作斗争，掌控自己的行为。

然而，即使良知呈现，它也仍然只是心理紧张系统中的一股力量。尽管很多时候人的行为（或不作为）只是在当时生活空间之中随波逐浪的结果，但是仍然有一些时候，我们面临困境和抉择，会有意识地做出权衡取舍。在这类情形中，虽然良知的力量相较生活空间中其他力量可能权重更大，但如果其他力量的绝对值过于强大的话，将权重计算在内的良知的力量也仍然敌不过其他力量。例如，腐败官员的良知，以及对惩罚的忌惮，在特别巨大的利益诱惑面前，就都被压抑下去了。再以上述道德冷漠事件为例，即使一个人明确地知道，那种情境下应该去搭救小孩子一把，不能见死不救，以致他内心中形成了一股强大的道德压力。但是他马上又会想到，这样做很有可能会给自己带来无尽的麻烦。如果他读过一些相关的社会新闻，就会很自然地担忧，假使施救失败，会不会被追究责任？出手相救之后，会不会被家属怀疑为事故责任者，遭受泼皮无赖式的缠斗和讹诈？再考虑到自己还需为家庭生计奔波劳碌，容不得半点闪失，权衡再三，尽管于心不忍，这个人很可能就会理智地选择离开。在生活空间中现实存在的巨大阻力面前，尽管良知强烈地驱动他伸出援手，但这股力量终究还是败下阵来。

　　良知及意志力确实可以在锻炼中不断增强，但假如在生活空间中，它们总是要与来自其他方面的强大阻力搏斗，那么良知及意志力得到的将不是锻炼和增强，而是过劳、麻木和自暴自弃。良知可以很强大，但是它归根结底仍然只是肉体凡胎中的一股力量，并非绝对、无限的强大。同生活空间或社会环境中的其他力量相比，个体的良知就会显得没有那么强大，甚至是十分弱小的，这可贵而弱小的良知本身就需要呵护，而不能总是让它暴露在巨大的考验之中。如果一个人时时被权力和利益的巨大诱惑包围，而制约机制又付之阙如，或者本来举手之劳的小事却会招致无穷无尽的麻烦，结果坚守良知变成一件高难度、高风险以至令人备受煎熬的事情，那么可想而知，良知失守的几率将变得非常之大，良知非但无法抵御邪恶或冷漠，反而自身就会被恶和冷漠侵蚀殆尽。因此，个体当然需要努力保持自己的良知，承担自己应当承担的义务，但是另一方面，我们不能让良知总是承受那些它不该承受，也无法承受的重量，这就需要同时完善社会制度和环境，使作恶者恶有恶报，寸步难行，而行善者善有善报，畅行无阻。

　　道德哲学通常所预设的人类行动者形象，是实践理性与自由意志的结合体，相较于此，勒温心理场论所勾勒的人类行为图景可能更加真实。在这幅图景中，人的行为既不能还原为个体的内在特质或活动，也不能还原为个体对环境刺激的反应，要理解人的行为，应该将之置于由生活空间和心理紧张系统构成的心理场中去。心理场是一个动态的整体，心理紧张系统和生活空间不是主客对立，而是互相作用，彼此塑造的关系。个体自我在一些特定时刻才从这个整体中浮现出来，它并不是一个始终存在、坚固不化的实体，很多时候它其实是边界模糊的、流动的。①

　　按照勒温心理场论所勾勒的人类行为者形象，知行不一现象可以得到合理的解释。行为是整个生活空间的函数，与之直接相关的

----

① 与此相关，近来对美德伦理学的一个质疑是，稳定的个体美德是否存在？参见李义天：《情境主义挑战为什么不成功？——基于现代美德伦理学立场的辨析与回应》，《哲学动态》2018 年第5 期。

是个体在当前生活空间中心理紧张系统的状态。而"知"只是心理紧张系统中的一个因素,它很多时候会隐没在心理紧张系统之中,或者只是模模糊糊地闪烁,并不总是能够从心理紧张系统中清楚明白地站出来。即使它清楚明白地站出来,也还要考虑它的力量同心理场中其他力量之间的关系,最终的行为取决于这些力量的合力。当良知的力量抵挡不住生活空间中其他事物的诱惑力,或者无法克服其他事物的阻力时,良知就无法转化为行动,导致知而不行。因此要解决这一问题,固然一方面要着眼于个体良知的唤醒和意志力的锻炼,但另一方面也要建立和维护惩恶扬善的正义制度和环境,营造利于良知呈现的生活空间。

"路西法效应"与"致良知"

在王阳明的"知行合一"说中,知(亦即良知)是无可置疑的前提,行则是知的一个自然而然的结果,甚至知在某种意义上同时就是行("知是行之始","知之真切笃实处便是行")。无论如何,在阳明心学思想中,知已经足以作为行的充分条件,行完全可以通过知来预测和解释。然而,知仅仅只是个体主观方面的一个因素,即使它有时可能对行有直接的、决定性的影响,但是如勒温心理场论所揭示的,现实世界中人的行为通常是受其所身处的生活空间的综合影响的结果,而且这些行为本身就是生活空间的有机组成部分。我们不能脱离生活空间抽象地理解知行关系,虽然知有时候会影响甚至决定行,但是,一方面,行也会影响和改变知,另一方面,也是更重要的,知和行都是生活空间中的有机组成部分,知本身也并不像王阳明所相信的那样稳固和可靠,它不仅可能无法转化为现实的行动,甚至本身还有可能在生活空间中被压抑和扭曲。

勒温的心理场论只是对人类心理和行为机制的一个相当形式化的概括。社会心理学上有一些著名的实验,通过构设一些特殊的情境,来观察这些情境对人的行为的影响,这些实验为勒温的心理场论提供了生动的经验佐证。人在这些特殊情境下的行为之恶触目惊心,远远超出了事先的预期,良知在这些情境之中并没有发挥它本该发挥的作用。日常生活中的平凡人,甚至好人,在一些特殊情境之下会做出令人意想不到的恶行。好人在情境中会变坏,这个令人痛心的事实,使我们无法对阳明的知行合一说盲目自信。

米尔格拉姆(Stanley Milgram,1933—1984)的"电击"实验和津巴多(Philip George Zimbardo,1933—)的斯坦福监狱实验是这类社会心理学实验研究中的两个经典案例。米尔格拉姆是犹太人,他试图弄清楚,二战中德国人为何会轻易地服从纳粹的命令,对犹太人施加系统性的歧视和屠杀。他认为,这种极端的罪行与普通人之间的距离其实并没有想象中的那般遥远。为此,他设计了一项实验来观察人在权威之下的行为,具体而言,"当权威角色下命令,要求一个人做出挑战其个人认知和道德的行为,会对这个人产生怎样的直接和即刻影响"[1]。

---

[1] 菲利普·津巴多:《新版序言》,斯坦利·米尔格拉姆:《对权威的服从:一次逼近人性真相的心理学实验》,赵萍萍、王利群译,新华出版社2013年版,第4页。

米尔格拉姆以研究"记忆与学习"为名，向全社会招募受试者，并告诉受试者，实验是为了验证"惩罚对学习效果的影响"。通过一个被做了手脚的抽签程序（两张签条上都写着"教师"），受试者在实验中被分配扮演"教师"的角色，而"学生"的角色则由实验者的同谋扮演。接下来，作为教师的受试者被要求根据学生在记忆任务中的表现对该学生施加惩罚，惩罚的方式是电击。电击器的强度分为30档，最低为15伏，每档提升15伏，最高为450伏。这30个档位的开关每4个为一组，依次用文字注明：轻度电击、中等电击、强电击、超强电击、重度电击、超重度电击、危险—剧烈电击，余下两个开关则以"XXX"表明。当按下开关时，会有一些声光效果，使受试者相信电击是真实的。如果"学生"在记忆任务中回答错误，"教师"就要电击他以示惩罚，并且电击强度要随着错误次数逐档提升。在实验过程中，当电击强度不断提升，"教师"开始犹豫不决时，负责实验的主试者就会敦促他继续，而作为主试同谋的"学生"会根据电击强度做出各种痛苦表演。

在正式实施实验之前，实验者曾请心理学家、大学生和来自不同职业的社会人士预测，假如自己扮演这个"教师"角色，会作何表现？结果全部110名受访者都认为，自己会在电击达到一定强度时（平均下来，不超过第10档，150伏）停下来，不再服从主试者的命令。因为人总是倾向于把自己想象得美好一些，所以实验者还请受访者预测他人在实验中会作何表现。结果并没有本质不同，受访者认为只有极少数变态者才会将电击进行到底，大部分人都会在电击超过一定强度时停手。也就是说，受访者普遍认为，电击会给人造成伤害，因为并不严重的错误而对人施加过度的伤害，这有违一般人的同情心和正义感，而且人们能够根据这种同情心和正义感来决定自己的行为，不会盲目服从主试者的要求。

但是，实验结果与上述预测大相径庭。有4组共160名受试者接受了实验，在其他程序不变的前提下，在这4组实验中，实验者调整了作为"教师"的受试者同作为"学生"的实验同谋之间的距离。在"远距离"情境中，"教师"和"学生"被安排在距离较远的房间，前者看不到后者，也听不到后者的声音。在"声音回馈"情境中，二者被安排在隔壁房间，"教师"能够听见"学生"的反应。在"接近"情境中，二者被安排在同一房间。在"接触"情境中，二者不仅共处一室，而且，"学生"在电击强度达到150伏时，会拒绝将手放在电击盘上，这时"教师"需要动手强制学生就范。在所有4组实验中，都有"教师"将电击惩罚进行到底。尽管这些受试者在电击达到一定强度时会有所迟疑，或者抵触，但是在主试的要求下，他们仍然会将实验继续下去，直到电击强度达到最高的450伏，即使他们知道，如此高强度的电击将给"学生"带来致命的伤害。在4组实验中，这部分将电击进行到底的受试者所占的比例并不相同。即使在"接触"情境中，这个比例也达到了30%，而在"接近"和"声音反馈"情境中，则分别有40%和62.5%的受试者"坚持"到了450伏的最高强度电击惩罚，而在"远距离"情境中，这个比例竟然高达70%。另外，每组实验最后的"平均最高点击级别"也远远高于事先的预测调查（不超过第10档，150伏），4组实验的这个数值分别是27.0（对应405伏）、24.53（约对应375伏）、20.8（约对应315伏）、17.78（约对应270伏）。这个结果表明，即使每种情境下都有一部分"教师"在电击达到一定强度时选择终止，而不愿意对"学生"继续施加更加严重的伤害，但是这些"教师"们停手得比预测的要晚得多，或者说，他们对"学生"施加了一些据普遍预测，本应当是不可能忍心为之的严重伤害。

　　这个实验鲜明地印证了勒温的心理场论。4种不同的情境中，因为"教师"与"学生"之间距离的不同，实验对"教师"也构成了有所不同的生活空间，在其中"教师"又形成了不同的心理紧张系统，并进一步影响了他们的行为。当然，我们更应注意的是，实验者通过这4种情境所欲构造的一个共同情境，也就是主试在实验中对受试者发出指令，在后者迟疑或抵触的时候要求他们继续，主试相对于受试的权威是这组实验所构造的心理场的一个核心特征。不过根据常识推断，一个心理学实验中的主试对受试而言，即使享有某种权威，也应当是相当微弱的。这个实验对受试并没有什么强制性，他完全可以选择不听从主试的指令，随时终止实验，而不必硬着头皮将电击惩罚一直进行下去。这个实验最后的结果给我们最大的警示就在于，一个如此微弱的权威，竟然会对人的行为有如此强大的影响，换言之，人对权威的服从倾向是远远超乎寻常想象的。一个心理学实验中受试对主试的权威尚且如此服从，那么，在像纳粹那样极其强大、森严的权威系统之下，普通人服从自上而下的命令，对犹太人犯下种族屠杀的罪行，也就不足为奇了。日常生活中平凡善良的人，同灭绝人性的罪恶之间的距离，比我们想象的要近得多。

实验中另外一个值得注意的现象是，从观察受试者事后给出的报告来看，受试者在执行电击惩罚的过程中普遍经受着相当强烈的紧张情绪。"一方面，不要伤害他人是一种根深蒂固的倾向；而另一方面，服从权威的倾向也具有同样强大的力量。这两者之间产生了冲突，很快将受试者带入一个困境。高度紧张感还反映出，这两个相矛盾的矢量的力量都很强。"[1]受试者对电击他人是心存疑虑的，他对这种行为在道德上的问题并非完全没有意识，或者说，他仍是心存良知的。不过，实验中受试者在做出行为时，对心理学家所分析的上述冲突也未必有如此清晰的认知，无论是"不能伤害他人的倾向"，还是"服从权威的倾向"，很可能都未走向意识的台前，他们是在一片紧张的混沌中，被情境推向了那个最终的行为。尽管心存良知，但是受试者在做出电击行为时，可以说陷入了一种"知行不一"的状况。一方面，这道德之"知"并未明确地出场，另一方面，这隐默的道德之"知"在情境所涉的实际力量角逐中，败给了权威的压力。

米尔格拉姆"电击"实验鲜明地验证了勒温描述的人类行为机制：$B=F(P, E)=F(LSp)$。如"电击"实验所揭示的，人们在情境之外对该情境之下自身行为所做的预测，与实际在该情境之下表现出来的行为差距很大。在现实生活中，人的行为并不像道德哲学或一般人想象的那样理性自主，而相反，情境的力量则比想象的要大得多。不仅是个体的意志，就算是通常被认为比较稳定的人格因素，也有抵挡不住情境之压力与驯化的时候，以至日常生活中善良平凡的人，会在一些特定的情境之下做出令人发指的罪恶行为。因此，勒温的公式并不止于$B=F(P, E)$，这个函数式虽然强调了情境（E）的力量，但是似乎高估了人格因素（P）的独立性和稳定性。勒温更加激进地提出$P=F(E)$，即个体人格本身也是情境的函数。当然，勒温也提出$E=F(P)$，即情境并不是完全客观的因素，而是对个体真实地发生了影响的因素。

---

[1] 米尔格拉姆：《对权威的服从：一次逼近人性真相的心理学实验》，赵萍萍、王利群译，第47页。

米尔格拉姆"电击"实验生动地展示了人面对权威时的行为方式，尽管在想象中，二者的权力地位并非高下悬殊，但就主试相对于受试者的这点看似微不足道的权威，居然会对受试的行为造成如此压迫性的影响。而权威通常是嵌在某个系统中的，以"电击"实验为例，主试的权威就是嵌在心理学实验主试与受试的权力结构中，一旦离开实验所规定的系统，二人在其他场合（例如咖啡馆）相遇时，一方对另一方的权威就会消失。因此权威的力量不可能脱离其所在的系统，不仅是服从权威者，而且权威本身，他们的心理和行为都会受到整个系统情境的塑造。这一点在"电击"实验中尚不明显，因为主试很清楚地知道自己在从事科学研究，而且知道自己在实验中扮演"权威"的角色，这在很大程度上能够使他们从情境中超离出来，严格按照预先的计划行事。而在津巴多主持的"斯坦福监狱实验"中，我们能够清楚地看到，系统如何影响和塑造个体，无论是服从权威者，还是权威者。

这个实验招募了24名受试者，随机分配给他们"狱卒"和"犯人"的角色，让他们共处于一个模拟监狱之中，以观察他们的行为变化。津巴多描述说："基本的原理是这样的：我们的研究试图区分，是人们带着什么走进监狱情境，情境又带出了什么给那儿的人们。经由事先挑选，我们的受试者普遍代表了中产阶级、受教育的年轻人，他们是学生的同质团体，有许多相类似的地方，随机将他们分为'狱卒''犯人'两个角色，但事实上这些人不但可以比对，而且随时可以互换角色。犯人并不一定比狱卒凶残邪恶、充满敌意，狱卒也不一定是强烈寻求权力的权威者，在这个情况下，犯人和狱卒是相同的，没有人真的想当狱卒，也没有人真的犯罪而需要矫正监禁和处罚。两个星期以后，这些年轻人是否还难以辨别？他们的角色会不会改变他们的人格？我们能不能看见他们角色的转换？这就是我们计划去发现探讨的！"[1]

这个原本计划开展两周的实验，最终不得不在第5天就宣告结束，因为模拟监狱里"狱卒"的暴行已经出格，而"犯人"们则受到相当严重的实质性的身心摧残。实验一开始，"狱卒"们很快就

---

[1] 津巴多：《路西法效应：好人是如何变成恶魔的》，孙佩妏、陈雅馨译，生活·读书·新知三联书店2015年版，第35页。

进入了角色，发明了让"犯人"们报数的仪式，并且逐渐花样翻新，从调戏和折磨"犯人"中宣示和强化自身的权威。开始时，"犯人"对"狱卒"日渐升级的暴政会提出抱怨，进而策划反抗，但是被"狱卒"用挑拨离间、关禁闭、剥夺睡眠和食物等手段化解和镇压。很快就有"犯人"无法坚持而被"释放"和替代，而"狱卒"依然在羞辱"犯人"的路上越走越远。在短短几天之内，"狱卒"和"犯人"之间的关系就像螺丝和螺帽一样越拧越紧，双方都超乎预期地进入了自身所扮演的角色之中，扮演和真实之间的界线变得越来越模糊，这座模拟监狱越来越像真实的监狱。最后，"狱卒"和"犯人"的言行和状态逐渐脱离了一个心理学实验的轨道而失去控制，以至不得不提前终止。

在实验开始之前的人格测验中，看不出扮演"狱卒"的受试者和扮演"犯人"的受试者之间有任何显著的差异，这两种角色的分配完全是随机的。所以，我们有理由相信，双方在实验中的不同表现受个体性格差异的影响有限，而更主要是受"监狱"系统和情境的影响。也就是说，并非从一开始"狱卒"就是比"犯人"更加粗鲁凶暴之徒，而"犯人"们显然也不是真的犯罪分子，他们都是差不多的、受过良好教育的年轻人，是"监狱"系统中的权力结构，以及围绕这种权力结构形成的具体情境改变了这些年轻人，使他们表现得越来越像真正的"狱卒"和"犯人"。这一好人在系统和情境中变坏的现象，就是津巴多所谓的"路西法效应"（Lucifer effect）。①

这个过程中有两个变化尤其值得注意。一方面是"狱卒"的"去个人化"（deindividuation）。实验为"狱卒"准备了统一的制服和警具，并且要他们佩戴墨镜，要求"犯人"统一称呼他们为"狱警先生"。通过这些实验设置，可以使"狱卒"们强化自己在"监狱"系统中和在"犯人"面前的角色身份，而淡化他们的个性身份。更极端的情形就是，个体淹没在系统之中，成为执行系统指令、维系系统运转的机器。在这个去个人化的角色身份的掩护之下，"狱卒"们淡化了个体意识，自我豁免了个体责任，放任自己

---

① 路西法之名见于《圣经·旧约·以赛亚书》，原或指晨星（金星），但在后世传播中，逐渐用来指一个堕落为魔鬼的天使。

虐待羞辱"犯人"的行为。另一方面是对"犯人"则不仅是"去个人化",更是"去人性化"(dehumanization)。"犯人"也需穿着统一囚服,戴头套(模拟真实监狱中的剃发),并且用数字代号代替姓名。这首先也是一种"去个人化",但是这种"去个人化"当中增加了贬低甚至羞辱的含义。囚服就像一个布袋一样,非常粗糙丑陋,头套是用丝袜改制而成。一踏进"监狱","犯人"就必须接受裸体检查,被喷上"除虱粉",之后的种种待遇会反复地明示或暗示,他们是低人一等的戴罪之身。这既使"犯人"变得压抑和消沉,更使"狱卒"对他们的虐待和羞辱言行变得理直气壮。

对于斯坦福监狱实验最终出乎意料的结果,津巴多说:"经过时间的洗礼,实验真正的意义开始浮现,它强有力地刻画出恶劣的系统与环境所产生的潜在毒害,能够让好人们做出有违本性的病态行为。……一个平凡、正直且心智健全的年轻人屈从于行为发生背景中的内在社会力的可能极限,或者说会被诱惑到什么程度;进入同样情境背景时,同样的事情也发生在我以及许多成年人和专业人士身上。善恶之间的界限原本被认为是牢不可破,但我们却证明,这条线其实相当脆弱。"[1]我们看到,在系统和情境或硬或软的力量之下,个体行为并没有我们预期的独立性和稳定性,相反,个体常常难以抵抗系统和情境的力量,而是在其或显或隐的控制与驯化之下,做出服从或符合系统和情境的行为。如果我们将这一发现和推论带入到现实生活中,就可以更清楚地看到一个坏的,或打着正义旗号但实质邪恶的社会系统(如政治制度、意识形态、偏激舆论等),可以很容易泯灭人性中的道德良知微光,将本来良善的人际关系塑造为相互伤害且不自知、无羞恶的关系。

从知行关系的角度来看"路西法效应",后者正是一种"知而不行":个体之知迷失于系统和情境之中,未能转化出相应的行动。更有甚者,在这种知行不一的情况下,个体还会扭曲自己的知,对行做出合理化的解释,最终达到一种病态的自我安慰式的知行合一。因为知行不一会使个体陷入一种"认知失谐"(cognitive dissonance)的状态。例如,"狱卒"们可能会良心发现,虐待和羞辱"犯人"的行为实际上是与他们在日常生活中持守的道德信念相

违背的，这时候"认知失谐"就出现了。"认知失谐"会使人陷入紧张不安，需要通过某些方式来消除。但是人们消除"认知失谐"的办法，通常不是调整行为，而是调整认知，因为后者比前者更加简便易行。所谓调整认知，通常是构造一些理由，使原来违背自身信念的行为得到某种合理化的解释。这样，在为自身行为杜撰的新故事中，行为与认知不再冲突，"认知失谐"带来的紧张不安也就随之解除了。这就不仅是"知而不行"，而且是"知"本身都被扭曲了。也就是说，不仅做出恶行，而且并不以之为恶，反以之为善，甚至反以之为伟大崇高的事业。

因此，在考虑知行关系问题时，我们不能仅仅着眼于个体内部，而且也应当注意个体身处的系统和情境，对人类行为机制形成一种更加全面、现实的理解。津巴多区别了理解人类行为的两种取向，一种是"特质取向"，即将行为主要归因于个体的某些特质，另一种是"情境取向"，也就是更加重视情境对个体行为的影响和塑造。津巴多特别指出，"从情境取向这种观点来解释问题，并非仅是概念分析上的抽象变化，更提供了解决个人与社会问题极为不同的方式"①。在个人与社会关系的问题上，"特质取向"是个体主义的，而"情境取向"是社会本位或整体主义的。从勒温的心理场论，到米尔格拉姆"电击"实验和津巴多斯坦福监狱实验，显然都是主张和证实"情境取向"而非"特质取向"。但是，从王阳明所坚持的知行合一论来看，他显然相信，个体之知就是个体之行的充分条件，他对于个体行为机制的理解，可以归属于个体主义的"特质取向"。因此，如果今天我们仍然简单固守阳明的知行合一之论，那么将难以回应以上述理论和实验为代表的社会心理学研究的挑战。后者已经广泛证实，个体之知不是个体之行的充分条件，知而不行，甚至曲知就行的情况，在人类行为的现实世界里是相当普遍的。现实世界里的人类行为机制更大程度上不是个体主义的，而是情境主义的。

面对人们在现实世界里的行为偏差，阳明心学可能会依然非常乐观地认为，这不过是个体良知蒙尘的结果，只要"致良知"，人自然就会正道直行，这些偏差也就不会发生。"路西法效应"也只

---

① 津巴多：《路西法效应：好人是如何变成恶魔的》，孙佩妏、陈雅馨译，第7页。

是因为好人在一些系统和情境之中未能挺立起自身的良知，由此恰可说明"致良知"之必要性。这种乐观而简捷的思路不能说全无道理，王阳明本人在这方面也确为世人树立了光辉的典范。他所身处的明代政坛阉竖当道，黑暗凶险，但在这种系统和情境之下，王阳明却能良知挺立，坚贞不屈，与强权周旋和斗争，拒绝同流合污。正因为系统和情境特别地黑暗凶险，他所捍卫和展现的良知尤其显得可贵。如果像王阳明这样的坚贞之士多一点，世道难道不会因此而更趋光明吗？

面对令人遗憾的"路西法效应"，王阳明"致良知"之言教与身教确实有其意义，鞭策和激励我们保持良知的醒觉和挺立，勿使之沉沦于系统和情境，浑浑噩噩地做出恶行。在米尔格拉姆"电击"实验和斯坦福监狱实验中，阳明的"致良知"教很可能会起效，因为这其中只有模拟的权威力量。只需稍加反思，就能意识到这种模拟的权威力量在现实世界里是微不足道的，因此抵抗这种力量，拒绝加害于人，也就并没有什么困难。困难的只是从实验的特定情境之中超拔出来，恢复对虐待他人之事的正常感受和基本良知，这就足以使人停止虐待，拒绝继续参与实验。然而，假如邪恶的权威并不是虚拟的，而是来自真实存在的系统，例如纳粹，我们就不能仅仅关注"致良知"的必要性，也要关注其可能性了。虽然在纳粹的威权之下，仍然有一些人能够坚守良知，冒着巨大的风险，对犹太人伸出人道主义的援助之手，但是，却有更多的人被纳粹的权威折服和驯化，麻木地，甚至积极地执行这个邪恶系统发出的指令，成为这架机器中一个称职的零件。他们为什么没能够"致良知"呢？在这种邪恶的系统之中，一种仅仅对个人发出的"致良知"的呼喊，势必是虚弱而徒劳的。像王阳明或辛德勒（Oskar Schindler，1908—1974）那样在邪恶系统中坚守良知者是勇气可嘉的英雄，但是能成为英雄的毕竟是少数。对大部分普通人而言，除了"致良知"之教外，恐怕更应该通过合理的制度安排，避免社会沦为扭曲甚至邪恶的系统，也就避免让普通人的良知陷入艰难的考验之中。

我们无意为邪恶系统中那些个体所犯下的"平庸之恶"开脱，而是希望从中汲取教训。这要求我们更加全面准确地把握现实世界中人类的行为机制，在此基础上也更加全面准确地对人类行为偏差问题做出归因，并提出解决和预防之策。津巴多打了一个颇为生动的比方，他说，"'特质取向'和'情境取向'就如同'健康医疗模式'和'公共卫生模式'。医疗模式尝试在受影响的个人身上找寻病灶的来源，相对地，公共卫生模式的研究者认为，疾病的触角衍生自环境创造出的致病状态，生病常常只是环境病原体导致的最后结果"①。就此而论，王阳明"致良知"教确有一种激励人心的力量，但终究还只是一种个体"特质取向"的"医疗模式"，而且是一种不加药石，纯凭个体内在生命力和免疫力的医疗模式，但对于消除和避免人类行为偏差而言，"医疗模式"和"公共卫生模式"是不可偏废的，后者甚至起到更加基础的作用。这就要求建立一个合理和正义的制度，使得个体在其中"为善去恶"的行为是自然而然、畅通无阻的，而"为恶去善"的行为是扭捏难堪、寸步难移的。我们一定要避免相反的情景，因为在不合理、不正义的制度之下，个体终日暴露于邪恶力量的诱导和威逼之下，很可能被驯化为邪恶系统的一部分。

人类世界不会自动变好，这需要通过人的努力才能实现。在这个意义上，阳明说"为善去恶是格物"是正确的，人类确有一种通过自身努力来改变世界，使之向善的责任。但是在考虑努力的方向时，我们又不得不深刻反思，个体为什么没有"为善去恶"，反而是"为恶去善"，如何才能够使个体"为善去恶"？这个问题不能仅从个体身上找寻答案，而应汲取勒温心理场论、米尔格拉姆"电击"实验、津巴多斯坦福监狱实验等众多社会心理学工作所揭示的经验和教训，到个体行为身处的系统和情境中去找寻答案。这个答案警示我们，要在实践中解决个体"为善去恶"的问题，不能将着力点仅仅集中于个体主观世界的改造，还应充分重视个体主观世界之外的制度和环境的改造。在这个意义上，"格物"（探索社会制度之理并使之合理）反而是个体"为善去恶"的必要前提。

---

① 津巴多：《路西法效应：好人是如何变成恶魔的》，孙佩妏、陈雅馨译，第 7 页。

第八章

自我意识与阳明学的『第一等事』

在之前的章节中，我们将阳明学的四句教——无善无恶是心之体，有善有恶是意之动，知善知恶是良知，为善去恶是格物分别带到演化心理学、文化社会心理学、社会直觉主义和心理场论面前。这样做使我们获得了对阳明心学的新认识和新理解。一方面，当代社会心理学对我们理解四句教可以形成一些新视野，例如，演化心理学的道德起源论有助于我们在自然和社会的经验大地上把握道德在世界和生活中的位置，破除对道德的先验迷思和执着，从而更加接近阳明学"无善无恶是心之体"的境界，而文化社会心理学根据对不同文化中人道德感的调查，描绘了道德领域的边界及区块构成，对"什么是道德"的问题提出了一种立足经验的回答，这使我们能够更加细致地了解，何种情境和内容的"意之动"会触发人们的善恶感知和评价。

另一方面，社会心理学与阳明四句教的碰撞也给后者带来一些严肃的挑战。例如，社会直觉主义关于道德判断的研究表明，个体的道德判断会受到一些不相干的情感直觉的影响，而个体的道德推理又通常是自我偏私的，因此号称"良知"的道德直觉和推理在很多情况下并非真能"知善知恶"，甚至有可能是自以为是、自我欺骗的。而心理场论以及米尔格拉姆"电击"实验、津巴多斯坦福监狱实验则告诉我们，系统和情境对人类个体的行为机制有根本性的影响，这种影响甚至会压倒个体的意志和人格因素。也就是说，即使真有"知善知恶"的良知，也并不一定会有"为善去恶是格物"的行动，从"知善知恶是良知"到"为善去恶是格物"之间的距离远远超出了王阳明乐观的预期，知行不一（以至曲知就行）的问题不能简单带过，而应给予充分重视和专门解决。

在本章中，我们将围绕"自我"这一概念展开探讨。阳明心学中的良知其实并不限于狭义的道德领域，它还会反躬自省，面对一个根本性和全局性问题——人生在世如何"做人"。"做人"固然不能脱离所处社会实践的规范和价值观，但是也涉及如何将这些规范和价值观整合、内化为自我认同的问题，良知在广义上也包含这种追寻和建立自我认同的意识。王阳明是学行合一的典范。他的一生并不仅仅只是满足于做一个道德完善的人，而是从青少年时期就已经萌发一种不同凡俗的人生志向，并且在随后的岁月里不断求索这一人生志向的实现道路，这个过程也就是他追寻和建立自我认同的过程。王阳明无疑最终建立起了一种坚定而积极的自我认同，他的"狂者胸次"与这种自我认同是相为表里的。借助社会心理学关于"自我"概念的研究，我们可以对阳明良知学说更为广义的人生哲学内涵，以及王阳明本人的人生历程获得更加丰富的理解。

"学圣贤"：广义的良知与自我认同

"良知"无疑是阳明心学中的核心概念，也许是因为良知二字今人亦常挂嘴边，不像理学中理、气之类的概念那样陌生和难解，所以良知的意义好像是无需深究，不言而喻似的。实则不然，从王阳明关于良知的论述中，我们实际上能够梳理出不同的层次。良知有时候就是指情感性的道德本能，例如："知是心之本体，心自然会知：见父自然知孝，见兄自然知弟，见孺子入井自然知恻隐，此便是良知不假外求。"①

王阳明此处说法显然源自孟子以孝悌说良知良能，以恻隐之心说仁之端。②这里的"知"是孟子所谓"不虑而知"，即不是认知控制下经思虑得出的结果，而是本能性地涌现在心头的情感。甚至有时候人对这些情感是不自知的。例如齐宣王不忍见一头即将为祭祀而屠宰的牛恐惧颤抖的样子，所以下令放了它。本来他以为这就是人的自然情感，但经孟子点醒之后，他才意识到自己当时行为背后是何种心理，故说："《诗》云：'他人有心，予忖度之。'夫子之谓也。夫我乃行之，反而求之，不得吾心。夫子言之，于我心有戚戚焉。"（《孟子·梁惠王下》）恻隐之心最典型地体现了良知的这个本能层次。

在王阳明的论述中，良知有时候指向的是道德判断，例如"良知原是完完全全，是的还他是，非的还他非，是非只依着他，更无有不是处，这良知还是你的明师"③"良知只是个是非之心，是非只是个好恶，只好恶就尽了是非"④"知善知恶是良知"⑤。

与上文从孝悌恻隐言良知不同，这里以是非之心言良知。是非涉及判断，尽管它有时候通过好恶这样的情感表达出来。有的好恶可能不涉及是非，比如好好色、恶恶臭，仍然可能是本能性的，因是非判断而发的好恶之情也仍然有可能是油然而生的，但作为其基础的是非判断，与本能性的孝悌恻隐相比，是更高阶的道德意识，可以对本能性的情感反应（当然不限于此）做出评价。

---

① 王守仁：《传习录上》，《王阳明全集》卷一，吴光等编校，第6页。
② "人之所不学而能者，其良能也；所不虑而知者，其良知也。孩提之童，无不知爱其亲者；及其长也，无不知敬其兄也。"（《孟子·尽心上》）
③ 王守仁：《传习录下》，《王阳明全集》卷三，吴光等编校，第105页。
④ 王守仁：《传习录下》，《王阳明全集》卷三，吴光等编校，第111页。
⑤ 王守仁：《传习录下》，《王阳明全集》卷三，吴光等编校，第117页。

在王阳明的论述中，良知有时候又超越具体情境中的情感或理智活动，指向更具普遍意义的自我认知，例如在一段有名的"拔本塞源"论中，王阳明说，"呜呼！士生斯世，而尚何以求圣人之学乎！尚何以论圣人之学乎！士生斯世而欲以为学者，不亦劳苦而繁难乎！不亦拘滞而险艰乎！呜呼，可悲也已！所幸天理之在人心，终有所不可泯，而良知之明，万古一日，则其闻吾'拔本塞源'之论，必有恻然而悲，戚然而痛，忿然而起，沛然若决江河而有所不可御者矣"①。

"圣人之学"并不仅止于道德完善，而是整体性的做人、成人之学。这里的良知不再仅仅只是一时一地的道德情感或判断，而是一种事关自我人生之全局的责任感和志向。"良知之明"所照耀的，不是某个特殊情境，而是自我人生之整体。王阳明非常强调立志，只有树立起一种做人、成人的根本志向，让良知之明照亮整个人生，才能够"拔本塞源"，去除人生之病的病根，避免混沌度日甚至误入歧途，走上人生的正道。良知觉醒之后，那种"恻然而悲，戚然而痛，忿然而起"的状态，并非是为他人的不幸处境，而是为自我人生的迷失和沉沦而悲、而痛、而起，有此悲痛之感和奋起之志，方能"拔本塞源"。这个意义上的良知，意味着一种自我意识的觉醒。

王阳明很早就对人生有一种反思意识。十一岁时他就曾问塾师："何为第一等事？"塾师说："惟读书登第耳。"王阳明却并不以为然，而是说："登第恐未为第一等事，或读书学圣贤耳。"②一个只有十一岁的少年问出"何为第一等事"这样的问题，可谓早慧。这表明他对自己置身其中的世俗常轨已经有所不满，开始反思人这一生究竟应该怎样度过的问题，并且也已经得出了自己的答案。登第只是世俗常轨中的一个现实目标，但是小小年纪的王阳明已经意识到，这个现实目标不是人生的究极目标，人活一世应该还有更加根本的内在目的，即应该成为更好的人、完善的人，所谓"圣贤"是也。登第与"学圣贤"并不一定就是冲突的，但是，追求科举登第的努力有可能发生异化，不是成就完善的人，而是使

---

① 王守仁：《传习录下·答顾东桥书》，《王阳明全集》卷三，吴光等编校，第56—57页。
② 钱德洪：《年谱一》，王守仁：《王阳明全集》卷三十三，吴光等编校，第1221页。

人生成为实现外在目的的手段，陷入一种蝇营狗苟，茫然无归的境地。

事后来看，以"学圣贤"为人生"第一等事"，就是王阳明自己经历的"拔本塞源"之悟。人生在世，当然难免要依循社会常轨，追求世俗所谓价值，自我意识不是凭空而降，而是在社会互动中逐渐觉醒的。但是随着自我意识的觉醒，它就会对自己所经历和接受的社会塑造有所反思，重新定位自我人生同社会习俗常轨之间的关系。一方面，经过理性的反思，自我可能更加深刻地理解了一些社会常轨习俗的理由和价值，从而在自觉而非仅仅习惯的层次上继续按照社会常轨习俗生活。但另一方面，自我也有可能对社会常轨习俗的合理性和价值发生怀疑，认为人生应该有另外的追求和活法。无论结果如何，个体都不再随波逐流，而是开始按照经过反思的自我认同来抉择人生的道路，做自己人生的主人，肩负起自我存在的责任。"圣贤"并不等同于取得世俗成功之人，而毋宁说是人格完成之人，因此，"学圣贤"也就并不是效仿圣贤外在的形迹，而是努力完成自身人格。相比那些特定情境下的道德良知，这种"学圣贤"的志向，或者对自身人格的反思与自我完善意识，是一种更加根本的"存在的良知"。

这个意义上的良知其实不是王阳明的发明，而是贯穿在整个儒家传统之中的。与王阳明合称"陆王"的陆九渊曾说："今人略有些气焰者，多只是附物，元非自立也。若某则不识一个字，亦须还我堂堂地做个人。"[1]陆九渊（1139—1193，字子静，号存斋）在南宋先发心学之先声。王阳明所谓"学圣贤"，其实也不过是学习"堂堂地做个人"。象山批评时人"附物"而不"自立"，意思也无非是说，他们只是追求一些外在的目的，而未能挺立自身的人格，未能"堂堂地做个人"。这和王阳明不满意"读书登第"，而立志要"读书学圣贤"的态度是一致的。曾有人议论象山说："除了'先立乎其大者'一句，全无伎俩。"这本是讥评，但象山闻知，曰："诚然。"[2]大方地接受这个评价。所谓"先立乎其大"，

---

[1] 陆九渊：《象山语录》，《象山语录　阳明传习录》，杨国荣导读，上海古籍出版社2000年版，第74页。

[2] 陆九渊：《象山语录》，《象山语录　阳明传习录》，杨国荣导读，第25页。

直言之，也就是立志"堂堂地做个人"。"堂堂地做个人"，比起我们所熟悉的"堂堂正正做人"，似乎能够包容更加普遍的意义，后者偏指道德完善，而前者则超出道德领域，意味着人格的完善和挺立。"附物"，或者追求一些外在的目的，总是需要一定条件，但是无论条件如何，例如像象山所说，即使"不识一个字"，也都应该"堂堂地做个人"。在现实生活中，"附物"与"自立""识字"与"做人"当然并不能够截然分开，因为自立和做人不是某种纯粹的精神活动，而总是要落实为具体的生活，这里的关键在于，不能无反思地陷溺在具体生活之中，而还应从中超拔出来，挺立起自我人格。象山强调"堂堂地做个人"，王阳明立志"学圣贤"，甚至可以说，这就是陆王之学的全部。在这个意义上，陆王之学确如象山所欣然承认的那样，"除了'先立乎其大者'一句，全无伎俩"。

虽然陆王之学敏锐地抓住"先立乎其大"这一为人的根本志向，并围绕这一点展开了以简易直截为特色的心学，但是这种思想显然不是陆王心学的专利，而是儒学的基本共识。程颐（1033—1107，字正叔，人称伊川先生）青年时曾作《颜子所好何学论》，其中就表现出与王阳明相仿的问题意识：

> 或问：圣人之门，其徒三千，独称颜子为好学。夫《诗》《书》六艺，三千子非不习而通也。然颜子所独好学者，何学也？伊川先生曰：学以至圣人之道。……不求诸己而求诸外，以博闻强记巧文丽辞为工，荣华其言，鲜有至于道者。则今之学与颜子所好异矣。①

王阳明对"读书登第"不以为然，伊川也不认为"诗书六艺"是学之根本。为追求科场功名而读书学习，会把人生异化为实现外在目的的手段。诗书六艺之学也可能在追求"博闻强记巧文丽辞"的道路上往而不返，玩物丧志。和王阳明立志"读书学圣贤"一样，程伊川也清醒地坚持，"至圣人之道"才是学之根本。用伊川

---

① 陈荣捷：《近思录详注集评》，华东师范大学2007年版，第40—41页。朱熹撰《伊川先生年谱》，此文为伊川十八岁时作。

的话说，学应该"求诸己"而非"求诸外"，亦即应该追求自身人格的完善，而非离开这个内在目的，一味地驰骛于外而不知所归。虽然伊川与陆王在为学的具体阶梯上可能存在分歧，但是他们对学之根本又有共同的理解，都认为学之根本在做人，要像圣贤那样，追求个体人格的完成，"堂堂地做个人"。

宋明儒学的这种基本共识与孔孟是一脉相承的。陆象山的"先立乎其大"，语出孟子：

> 公都子问曰："钧是人也，或为大人，或为小人，何也？"
>
> 孟子曰："从其大体为大人，从其小体为小人。"
>
> 曰："钧是人也，或从其大体，或从其小体，何也？"
>
> 曰："耳目之官不思，而蔽于物。物交物，则引之而已矣。心之官则思，思则得之，不思则不得也。此天之所与我者，先立乎其大者，则其小者不能夺也。此为大人而已矣。"（《孟子·告子上》）

人生在世，当然有其动物性的一面，要服从一些生理上的必然性，在这个意义上，人也不过是一物，与其他物处于同一个自然因果性的链条之中，这也就是孟子所说的"耳目之官不思，而蔽于物。物交物，则引之而已矣"。其实这种"物交物引之而已"的情形也并不仅仅发生在感官生物性的领域，也发生在社会领域。当一个人无反思地在社会世俗常轨中追逐沉浮时，他又何尝不是处在一种"物交物引之而已"的状态呢？无论是盲目地服从自然必然性，还是盲目地服从社会常轨习俗，都是"从其小体"的"小人"，将人的生命活成了一物。孟子认为，人虽然不能摆脱自然必然性和社会常轨习俗的影响，但是人仍然可以有所选择。例如，虽然人不能斩断饥食渴饮的自然欲望，但是如果要付出人格尊严的代价才能获得饮食，人宁愿选择饥渴而死，也不愿屈辱苟全——沿用至今的成语"嗟来之食"所表达的就是这个意思。对孟子来说，人的选择体现出"心之官则思"的作用，人能够在各种自然欲求和社会影响之中做出评价、权衡和取舍。这种"心之官则思"的能力其实就是一种自由的能力，它将人和物区分开来，使人成为真正的人。这种

"思"的能力不仅能将注意力指向具体的为人处世，它甚至还会以其本身作为对象，理解这种能力之于"人之所以为人"的意义，以之为"大体"。所谓"先立乎其大"，就是基于对人之自由本质的反思，而选择承担起自由的责任，"从其大体"而成为真正的人，成为"大人"。

孟子"先立乎其大"之论包含了后来陆象山力主的"堂堂地做个人"，而且他对"小体""大体"的区分是对"人之所以为人"或人之本质的一种反思，因为"心之官则思"是人之"大体"，体现了"人之所以为人"的本质所在，这就从根本上回答了人何以可能"堂堂地做个人"的问题。孟子思想有一种内转的趋向，直探心性之根本，这一方面直接地影响了后世的心学传统，另一方面则又是上承孔子仁学而来。

在本书第二章第三节中，我们已经论证说"仁"的意思实质就是要做一个"算得上人的人"，这也就是陆象山所说的做一个"堂堂的人"。因为人不仅是现成的生物学意义上的人，更是通过人生实践做成的。生物学意义上确定无疑属于智人（Homo sapience）的人，却有时候被骂"不是人"，有时候立志要"混出个人样儿来"。从日常语言中的这些说法来看，"人"不仅是个描述性的生物分类概念，而且是个内涵规范性的价值概念，也就是说，只有达到某些标准才能称得上是人。所以，孔子的仁学并不仅仅只是讲仁爱，而是一种整全的人生哲学，唤醒个体自我意识，追求个体人格的完成，做成一个真正"算得上人的人"。[1]孔子说："古之学者为己，今之学者为人。"（《论语·宪问》）他是批评后者，而主张"为己之学"的。程伊川所说"学以致圣人之道"，陆象山所说"堂堂地做个人"，还有王阳明所说"读书学圣贤"，都反对那些求取功名利禄的手段之学，或者玩物丧志的技艺之学，表达了一种追求自我人格完成的"为己之学"的志向。孔子说："我欲仁，斯仁至矣。"（《论语·述而》），"为仁由己，而由人乎哉？"（《论语·颜渊》）则将学以成仁的动力归结为自我的决断。孟子

---

[1]2018 年在北京召开的第二十四届世界哲学大会选"学以成人"为其主题，所要表达的中国视域就是说人必学而后成。这一主题在西方哲学、非洲哲学、印度哲学中都有不同程度、不同层次的反映。

发展了这个思想，特别揭示出人有"心之官则思"的能力，并将此定位为"大体"或者人之所以为人的本质所在。王阳明在"拔本塞源"论中提揭的广义的"良知"，所对应的不是孟子思想中"孩提之童，无不知爱其亲；及其长也，无不知敬其兄"之类具体的道德良知，而是作为"大体"的"心之官则思"。

所以，王阳明对人生"第一等事"的理解其实是传承孔孟的基本思想，这个基本思想看起来似乎无甚高论，不过，我们可以从两个比较的维度来显示其意义。首先，与一些以神为中心的宗教传统比较，儒家追求个体人格完善的"为己之学"将目光集中在此岸世界的人身上，作为榜样和目标的"圣贤"和普通人一样也是人，只不过他们是做人的典范，而不是身居彼岸世界的"神"。在神性宗教传统中，人和神之间的距离通常是不可跨越的，而在儒家这里圣贤是普通人通过努力可以达到的。所以，儒家有一种浓重的人文主义色彩，甚至可以称之为"人文主义宗教"[①]。其次，与现代规范伦理学比较，儒家追求个体人格完善的"为己之学"所关注的并不仅仅只是人际关系中的行动规范，不仅是要回答"怎样正确地行动"，而且要关注人生的全局，除了正确行动这个相对"薄"的问题，他还要回答"怎样做人""怎样过好自己的人生"这样更"厚"的问题。在这个意义上，儒家仁学可以说是一种古典意义上的德性伦理学。[②]

如果我们不只是在"具体情境中如何道德正确地行动"这个狭义上理解阳明心学的良知，而是在"人应该如何做人"这个广义上来理解它的话，那么良知就意味着自我意识的一种觉醒。对此，社会心理学关于"自我"的研究可以为我们理解阳明心学中广义的良知概念提供一些启发。

社会心理学上通常将"自我"区分为"主我"（I）和"宾我"（Me）。所谓"主我"，是指那个意识和行动的主体，而所谓"宾

---

① 关于宗教的不同类型之间的异同，以及在何种意义上可以把儒家传统视为人文主义宗教，参见姚新中：《儒教与基督教：仁与爱的比较研究》，赵艳霞译，第13—20页。

② 对此点的详尽展开，参见余纪元：《德性之镜：孔子与亚里士多德的伦理学》，林航译，中国人民大学出版社2009年版。在《中国哲学季刊》2021年第一期和第二期上（Journal of Chinese Philosophy, 2021, 48:1, 48:2），来自世界各地的9位学者集中讨论了"德"在儒家早期经典《尚书》《诗经》《春秋左传》《周易》《礼记》《论语》《孟子》《荀子》中的起源、地位和使用，以及儒家"德伦理"与古希腊哲学"德性"伦理之比较。

我"是指人能够将自我对象化，使之成为感觉、反思和塑造的对象。主我能够将我和我之外的世界区分开来，我对我的世界里发生的各种事情，诸如记忆、感觉、知觉、思想、行动等等，有一种特殊的熟悉和亲密，能够加以控制和调节，也就是说，我是这个世界的主人和作者。而且，除了这种归属和做主的感觉，主我还具有一种跨越时空的连续感和统一感，也就是说，我是我的世界的一以贯之的主人和作者，往日之我与今日之我是同一个我，彼事中之我与此事中之我也是同一个我。①一般的物，即使是有意识的动物，其存在和活动都缺乏像人所拥有的这种自我意识的统领，因而通常只是如其所是地、自动地展开，与它们所处的环境世界浑然不分。②当王阳明立志"学圣贤"，或者再向前追溯，当陆象山放言要"堂堂地做个人"，当程伊川以"学以至圣人之道"回答"颜子所好何学"之问，当孟子号召"从其大体为大人"，当曾子直陈"仁以为己任"（《论语·泰伯》），这其中都首先有一种"主我"意识：我是这人生的作者和主人，应该对这人生负起责任。

　　当然，"主我"只具有一种形式的意义，所谓主我负起人生的责任，也基本上只是同义反复，这一点只不过是将人的生命同随顺自然大化的物区别开来。但是，这里还有一个更为实质性的问题，就是主我应该如何负起人生的责任，怎样做自己，活出一个怎样的人生。当这个问题出现时，自我就成为反思的对象，也就是所谓"宾我"。"宾我"是指"人们对于他们是谁以及他们是什么样的看法"，或者说对自我的实质性理解。按照社会心理学上的一般划分，"宾我"包含三个方面：物质自我、社会自我和精神自我。物质自我是指我的身体，以及可以被视为我的延伸的一些其他物质，例如服饰、用具，以至财产等。社会自我是指我在社会结构中所扮演的角色身份，例如家庭角色、职业角色、阶层身份等，或者所归

---

① 参见乔纳森·布朗、玛格丽特·布朗：《自我》（第2版），王伟平、陈浩莺译，人民邮电出版社2015年版，第28—29页。
② 有研究似乎表明，某些动物也有一定程度的自我意识，例如能够识别出镜子中的自己。参见弗朗斯·德瓦尔：《共情时代》，刘旸译，湖南科学技术出版社2014年版，第136—140页。但是镜像测试与自我意识之间的关联是存疑的，即使通过测试的动物，我们大概也只能确定它们能够发现镜子内外的现象之间的相关性，而并不能确定它们能够认出镜像是"自己的镜像"。退一步言，即使承认这里有某种朦胧的自我意识，但是这种自我意识离发展出一种"主我"意识也仍有相当遥远的距离。

属的群体，例如地域、民族、种族等。精神自我是指我的性格、能力等方面的内在品质。①当然，这三个方面有时候会有一些交叉，例如社会自我或精神自我有时候会通过物质自我的方式来表达。

"宾我"除了有一个实然的维度，也就是说我实际上是什么样子外，还有一个应然的或理想的维度，也就是说我真正认同、希望保持或达到的样子。在回答"我是谁"这个问题时，有时候我们只是对自己的实际情况加以客观地介绍，而有时候我们是在探寻某种"真正的我"，探寻那些被我们作为核心纳入自我认同的要素。无论是物质自我、社会自我，还是精神自我，都可以区分出实然和应然这两个维度。有时候自我所是的样子，并不是自我所认同的样子，自我认同里包含了对宾我之实然的反思、批判，以及对宾我之应然的期许。

根据社会心理学的上述区分，我们可以对阳明心学乃至整个儒学传统中的广义良知做出一种新的描述。这种立志"学圣贤"、追求人格完成的良知，当然首先体现了一种"主我"意识，即自己作为这段内涵连续性和统一性的人生的作者和主人，应当肩负起作者和主人的责任。不过，在这个意义上，立志"读书学圣贤"还无法与"读书登第"完全区分开来，因为后者未尝没有这种"主我"意识。将"读书学圣贤"和"读书登第"真正区分开来的，是二者对"宾我"的反思程度及反思结果上的差异，或者说自我认同的差异。读书登第可能是一个未经反思，只是沿袭社会常规习俗的目标追求，或者说，虽然经过反思，但很多人不加批判地将这个目标追求纳入自我认同，成为他们社会自我或精神自我的一部分——作为"读书人"，科举登第就是应当应分和核心重要的事情。王阳明所反对的，也许不是读书登第这一目标追求本身，而是这一目标追求与一个更深层的、根本的自我认同的脱节。

这个更深层的、根本的自我认同，就是对自身作为"人"的认同，这一认同激励人去"学圣贤"，追求人格完善，努力将自己做成"人"。读书登第不是不能追求，而是不能在追求它的道路上往而不返，丧失根本。但是在王阳明所处的时代，读书登第已经普遍地成为士人追求的全部，甚至绑架了他们的生命，使生命异化为一

---

① 参见乔纳森·布朗、玛格丽特·布朗：《自我》（第 2 版），王伟平、陈浩莺译，第 36—44 页。

种手段，学问完全沦为求取功名利禄的工具之学，而非"为己之学"，迷失了"人之为人"这一根本的自我认同①。这种迷失似乎不能说是道德上的错误，但却是对人生的一种辜负。王阳明高倡良知，在这个意义上，就是要唤醒"人之为人"这一根本的自我认同，唯有重树这一自我认同，才能"拔本塞源"。此情此理，确有动人之处。其实岂止王阳明时代的人有此病痛，今人又何尝不是终日为一些身外之物奔波劳碌，不由自主？今人生命之异化、支离，较之以往任何时代，恐怕都有过之而无不及。因此，王阳明对"良知之明"的呼唤，今人闻之，亦不免心有戚戚焉。不过，我们还是需要指出，就像我们之前已经反复指出的，这种个体自我认同的重建，应当与社会制度环境的改善并重并行，而不可将问题过分简单化，以为解决前者即可一了百了。

---

① 《儒林外史》中所描述的诸如"范进中举"等各种走火入魔的乱象，折射出把追求功名当作目的而遗弃"为己之学"核心价值目标的荒诞。

埃里克森的自我发展理论与王阳明追寻自我认同的历程

尽管王阳明十一岁时就立志以"学圣贤"为人生"第一等事",但是他当时大概只是怀疑"读书登第"不是"第一等事",至于"圣贤",或者说人格完成之人,究竟意味着什么,或者究竟应该如何将人生"第一等事"付诸实践,在他那个年纪,想必尚无法定夺。王阳明的早期生涯一直在探索和尝试各种不同的实践道路,他的自我认同的建立当然不乏一些天才式的顿悟,但也离不开这个漫长曲折的过程。

王阳明思想的发展及最后达到的境地,与他的人生经历密不可分,阳明其学与其人是一体的。孟子早已认识到:"颂其诗,读其书,不知其人,可乎?"(《孟子·万章下》)我们今天理解王阳明留下的教诲和文章,当然也需要"知其人"。但如何"知其人"?孟子只说到"论其世"(《孟子·万章下》)。"知人论世"固然不错,生活于不同时世之人,自受当时当世之影响与限制,了解其人所处之时世,也就为了解其人提供了最基本的背景。但是仅仅论其所处之时世,未免仍嫌笼统。同一时世之人,尽管相对于另一时世之人而言,会在最宏观的层面上显示出一时世人之共性,但是在同一时世之内,个人与个人相比,还是会存在人生经历及性格上的巨大差异。"论世"只能知一世之人的共性,欲真知其人,还需对其人本身之人生经历与性格有更加细致的了解。

关于王阳明的学思历程,他的同道与门人曾提出一些概括性的说法,流传甚广。例如关于他的早年经历,有湛若水(1466—1560,字元明,号甘泉)的"五溺"之说,关于他的学问和教法的演变,有钱德洪和王畿的"前三变"和"后三变"之说(前后之分以"龙场悟道"为界)。这些概括当然为把握王阳明的生平与思想提供了一些基本框架,但是他们并不是完全客观的实录,而是基于各自立场对王阳明人生故事做了某种建构。[①]例如钱、王二人对王阳明思想之最后一变的描述就有实质性的分歧,这与他们对"无善无恶是心之体"或为学之最高境界的不同理解是密切相关的。另外,

---

[①] 按照章太炎的说法,"贬龙场驿丞以后,阳明的学问大进。他看得世间别无可怕,只有死是可怕的,所以造石棺以尝死的况味,所主张的'致良知',就在卧石棺时悟出"。章太炎又说:"不过阳明的'知行合一'主张,是在贵州时讲的。后来到南京,专讲静坐,归江西后又讲'致良知'了。《传习录》是他在贵州时的产品,和后来有些不合。"(章太炎:《国学入门课:章太炎国学讲义》,中国华侨出版社2015年版,第47—48页)

如此之多的"变",有一些可能难免穿凿,例如将王阳明因应不同
情境所说的看似不同的话,理解为他思想观点上的前后变化,但其
实这些所谓"变"是莫须有的,只是不同情境下讨论问题有不同侧
重而已。[①]尽管在一个人的一生中,他的思想肯定会发生一些变化,
但是真正转折性的变化不太可能频繁地发生。我们反而要注意,在
表面的变化背后,有没有一以贯之的线索和动机。例如,王阳明早
年的"五溺",同他十一岁时萌发"读书学圣贤"的志向之间,有
何种关系?[②]

"五溺"之说,见于湛若水为王阳明所作墓志铭:"初溺于任
侠之习;再溺于骑射之习;三溺于辞章之习;四溺于神仙之习;五
溺于佛氏之习。正德丙寅,始归正于圣贤之学。"[③]

湛若水所述,大抵是实情,只是这"五溺"并没有如此截然的
先后顺序,王阳明对这些事情的探索在他人生很早的阶段就已开
始,而且持续很长时间。在王阳明的早年经历中,除了湛若水所
说的"五溺",还有一条线索值得注意,那就是他与朱子学的纠
葛。1488年,王阳明携妻子诸氏归余姚,途中拜访了娄谅(1422—
1491,字克贞,号一斋)。后者为王阳明讲宋儒格物之学,谓"圣
人必可学而至",王阳明"遂深契之",《年谱》以"是年先生始
慕圣学"。第二年,王阳明祖父去世,其父也自京归越治丧,其间
要求王阳明和子侄辈四人一起读书学习。"(阳明)日则随众课
业,夜则搜取诸经子史读之,多至夜分。"这段时间,王阳明进步
很大,但是他勤奋读书学习并不是为了科举中第,四位同伴也看出
他"游心举业外矣"。甚至王阳明的性格也发生了改变,从一个
"放逸"的人,变得收敛端庄。[④]1492年,王阳明到北京事奉父亲于
左右,"遍求考亭遗书读之",继续钻研朱熹格物之学。也就是在
这期间,发生了"格竹"这段历史公案:"(阳明)一日思先儒谓
'众物必有表里精粗,一草一木,皆涵至理',官署中多竹,即取

---

① 关于"五溺"、前后"三变"诸说的问题,参见陈来:《有无之境:王阳明哲学的精神》,第
294—305 页。
② 需要说明,"阳明"之号是1502年他辞官归越,隐修于阳明洞之后,才开始使用和流传。但因"阳
明"之号已成学界尊称,本书在论述"阳明心学"及其主要论题时,循例使用"阳明",而在其
他历史语境中,则转称王阳明。
③ 湛若水:《阳明先生墓志铭》,王守仁:《王阳明全集》卷三十八,吴光等编校,第 1401 页。
④ 钱德洪:《年谱一》,《王阳明全集》卷三十三,吴光等编校,第 1223 页。

竹格之，沉思其理不得，遂遇疾。先生自委圣贤有分，乃随世就辞章之学。"①

当然，就像我们不能将湛若水所说的"五溺"理解为严格的先后关系，这里我们也不能将"格竹"失败与"就辞章之学"理解为严格的先后关系。"五溺"诸科与格物之学说明了王阳明早期探索的多元性，可能在不同的阶段有所侧重，但是这些多元的探索总体上是此起彼伏，持续并进的。"格竹"失败之后，又经会试落第，王阳明确有一段时间将注意力集中在文学上，但他同期亦受边情告急之刺激，究心于兵法谋略。而且朱子格物之学仍旧挥之难去。《年谱》载，二十七岁（1498）时，"（阳明）自念辞章艺能不足以通至道，求师友于天下又不数遇，心持惶惑。一日读晦翁上宋光宗疏，有曰：'居敬持志，为读书之本，循序致精，为读书之法。'乃悔前日探讨虽博，而未尝循序以致精，宜无所得。又循其序，思得渐渍洽浃。然物理吾心终苦判而为二也。沉郁既久，旧疾复作，益委圣贤分。偶闻道士谈养生，遂有遗世入山之意"②。可见王阳明对朱子格物之学是反复用力，然而最终还是觉得这种向外求理的学问与自己的心灵和生命有隔膜。当然，他的"遗世入山之意"在经过阳明洞的实践之后，也最终打消了。

尽管王阳明始终与朱子格物之学格格不入，但是他前半生艰苦的多元探索最终还是回到儒家，不过回归的动机是一点难以割舍的人之常情。阳明洞修行以"簸弄精神"告终之后，王阳明一度想"离世远去"，但是，"惟祖母岑与龙山公在念，因循未决。久之，又忽悟曰：'此念生于孩提，此念可去，是断灭种性矣。'明年遂移疾钱塘西湖，复思用世"③。因为对祖母和父亲割舍不下的眷念，王阳明没有"离世远去"，并最终从迷惘中走出，回归社会。由此看来，王阳明似乎走过了一些相当艰苦曲折的探索道路，却最终还是回到了一个与凡俗无异的原点。湛若水说王阳明在"五溺"之后，"正德丙寅，始归正于圣贤之学"，是年（1506）王阳明与湛"一见定交，共以倡明儒学为事"。④但是，按照杜维明的理解，

---

① 钱德洪：《年谱一》，王守仁：《王阳明全集》卷三十三，吴光等编校，第1223页。
② 钱德洪：《年谱一》，王守仁：《王阳明全集》卷三十三，吴光等编校，第1224页。
③ 钱德洪：《年谱一》，王守仁：《王阳明全集》卷三十三，吴光等编校，第1226页。
④ 钱德洪：《年谱一》，王守仁：《王阳明全集》卷三十三，吴光等编校，第1226页。

王阳明真正的精神转变其实是"1502年他在阳明洞的生存抉择"。[①]

　　"五溺"之说容易给人造成一种理解，似乎"五溺"期间，王阳明偏离了"圣贤之学"，误入歧途去尝试各种错误的生活，经历曲折痛苦之后才最终回到"圣贤之学"。站在一个外在的视角来看，这种理解当然不能说错。王阳明在"五溺"期间的人生形迹确实在很大程度上偏离了时人普遍接受的儒家常轨。然而，从王阳明的内在视角来看，他并不认为"五溺"是对圣贤之学的偏离，而恰恰是他探索圣贤之学的尝试。在为《朱子晚年定论》所作的"序"中，王阳明总结自己的学思历程说：

　　　　守仁早岁业举，溺志词章之习，既乃稍知从事正学，而苦于众说之纷扰疲迩，茫无可入，因求诸老、释，欣然有会于心，以为圣人之学在此矣！然于孔子之教间相出入，而措之日用，往往缺漏无归，依违往返，且信且疑。其后谪官龙场，居夷处困，动心忍性之余，恍若有悟，体验探求，再更寒暑，证诸《五经》《四子》，沛然若决江河而放诸海也。然后叹圣人之道坦如大路，而世之儒者妄开窦逵，蹈荆棘，堕坑堑，究其为说，反出二氏之下。[②]

　　按照这段自述，王阳明其实从未根本偏离圣贤之学。他"求诸老、释"，是因为没能在所谓"正学"中找到真正的"圣人之学"，所以要到道家和佛教中去找寻可能的答案。反倒是在道家和佛教中，王阳明"欣然有会于心"，以之为更加贴近圣人之学的人生选择。

　　王阳明十一岁时就立下"学圣贤"之志向，但这只是一个朦胧的志向，其意大概无非是说，要严肃认真地对待自己的人生，把自己活成一个合格，以至完满的人。但是，究竟成圣成贤意味着什么，这对彼时王阳明而言，尚是有待探索的问题。圣贤并不是某种具体的职业或生活方式，而是指人生的一种合格和完成的境界。将人生活成何种样态才算是达到了圣贤的境界，尽管一个时代和社会

---

① 杜维明：《青年王阳明（1472—1509）——行动中的儒家思想》，朱志方译，生活·读书·新知三联书店2013年版，第68页。
② 王守仁：《传习录下·朱子晚年定论》，《王阳明全集》卷三，吴光等编校，第127页。

中往往存在一套广为接受的标准答案，但是仅仅按照这套标准答案去做，对于成圣成贤而言是不够的，成圣成贤还有一个自我实现的维度。成为众人眼中的圣贤还不够，还要问自己，这种生活是不是我真正理解、认同，并从中受用的？或者说，在这种生活中，我是否实现了真正的自我？

当然，并不是所有人都发展出了这种自我意识，即使发展出了这种自我意识，也并不是所有人都能够坚持这种自我意识。有很多人只是随波逐流地生活，并不去反思这是不是自己想过的生活。也有很多人虽然意识到现实生活并不是自己所认同的生活，但是受主客观条件之限制，最终只能屈服于现实生活。但王阳明不是这样的人，他不仅有这样的自我意识，很早就萌生"何为人生第一等事"的思考，而且非常敏感、真诚和执着。在问出"何为人生第一等事"的问题时，他恐怕就已经对当时读书人习以为常的埋头举业的人生产生了怀疑。即使他的父亲已经为他做了最好的榜样，[①]周围人也都相信以他的文才，在科场取得成功是指日可待之事，但是在众人的期待甚至吹捧下，王阳明并未就范。虽然他仍然发奋读书，但是眼光却并没有停留在举业上。

不唯举业，王阳明对辞章之学、佛老之学，以及朱熹格物之学的取舍，也都不是以外在因素为转移，而是根据自己对这些事情的深度探索和内在体验。即使依世俗标准看来，他在这些事情上都取得了相当高的造诣，但经过深度体验之后，如果发现与自己的身心性命不相契合，他都会毅然决然地放弃。对辞章之学，他决定不再"以有限精神为无用之虚文"，对佛老之学，他修习之后醒悟过来，觉得是"簸弄精神，非道也"。对朱熹格物之学，他反复琢磨，但最终还是不满于"物理吾心终判而为二"。

湛若水所谓"五溺"之"溺"，固然带有贬义，但却也是王阳明之曲折探索的真实写照，即他不只是粗浅地涉猎，而是以全副身心投入其中，在这个过程中，他真切地去感受自己的心灵和精神，体贴这些事情与自己身心性命的内在关联。杜维明先生敏锐地发

[①] 阳明之父王华（1446—1522，字德辉，号实翁、海日翁，人称龙山先生）是明宪宗成化十七年（1481）辛丑科状元。父亲的这个难以逾越的成就对阳明人生选择的影响可能是复杂的，参见杜维明：《青年王阳明（1472—1509）——行动中的儒家思想》，朱志方译，第58—59页。

现："他决定改变以前的精神方向的每一次抉择，几乎都伴随着强烈的心理冲突和身体疲竭。"[①]之所以如此，是因为王阳明的这些探索不是年轻人漫无目的地在不同兴趣之间做选择，误入歧途，而是始终贯穿着他十一岁时就萌生的问题意识，用自己的生命锲而不舍地在追寻如何做圣贤。因此，王阳明并不是像甘泉所说的那样，历经"五溺"之后，最终回到"圣贤之学"，而是他从来就没有离开过"圣贤之学"，"五溺"所表明的正是他求索"圣贤之学"所经过的曲折道路。[②]

所谓圣贤之学，固然是要学习如何做圣贤，但同时是学习如何做自己。当王阳明觉悟到"读书登第"不是人生"第一等事"，读书学做圣贤才是人生"第一等事"之时，他已经建立了一种形式化的自我认同，即将圣贤理想纳入到自我认同。这种自我认同意味着，自我生命乃是一个内在目的，而不只是实现其他目的的手段。正因为如此，成为圣贤，或者说完善和完成自我生命，才成为人生"第一等事"。但是这个形式化的自我认同还有待注入内容，也就是说，还要对何谓圣贤，或者如何完善和完成自我生命形成一种实质性的理解，这就是王阳明辗转于"五溺"之间一直在探寻的。

我们可以借助埃里克森（Erik H. Erikson，1902—1994）关于自我认同发展的理论，[③]来与王阳明早年生涯的"五溺"经历互相观照。埃里克森是精神分析学派重要的心理学家，与弗洛伊德（Sigmund Freud，1856—1939）重视本我（id）不同，以埃里克森为代表的精神分析后学更加重视自我（ego）。弗洛伊德是精神分析的开山巨擘，其理论有一个重要特点是强调本我冲动（性和攻击，或生和死）在人格结构中的动力作用。自我要协调本我、现实情境以

---

① 杜维明：《青年王阳明（1472—1509）——行动中的儒家思想》，朱志方译，第69页。

② 参见苏晓冰：《成圣与其他：阳明早期围绕"成圣"问题的探索与尝试》，《思想与文化》（第二十一辑），华东师范大学中国现代思想文化研究所编，华东师范大学出版社2018年版。

③ 杜维明早年关于"青年王阳明"的博士论文研究即曾受埃里克森的影响。这部论文1976年出版时，杜先生在"致谢"中特别提及对这项研究有直接指导的四位学者，其中埃里克森的研究生课程使他"了解到王阳明的个性的……心理因素"。在该书"前言"中，杜维明将王阳明和路德（Martin Luther，1483—1546）相提并论，认为"阳明对儒学所作贡献同马丁·路德对基督教所作的贡献一样深刻"，而埃里克森恰好有一部作品，即题为"青年路德"。（Erik H. Erikson, *Young Man Luther: A Study in Psychoanalysis and History* [New York: Norton, 1958]. 中译本《青年路德：一个精神分析与历史的研究》，康绿岛译，远流出版事业股份有限公司1989年版）参见Tu Wei-Ming, *Neo-Confucian Thought in Action: Wang Yang-Ming's Youth (1472-1509)* (Berkeley: University of California Press, 1976).

及超我，任意一个方面照顾不周，就会出现焦虑。为了避免焦虑产生，自我形成了各种防御机制。最典型的防御机制是压抑，亦即阻止不可接受的思维、情感和冲动进入意识层面，但是它们会埋藏在潜意识之中，导致某些身体或人格方面的障碍。在此基础上，弗洛伊德发展出了一种人格发展理论，即心理性欲阶段论（psychosexual stage theory），认为婴儿和童年期心理性欲获得满足的情况，决定了一个人成年后的人格。任一阶段与心理性欲相关的冲突没有解决好，都会给成年后的人格留下负面影响。

　　弗洛伊德的经典精神分析理论在揭示人的潜意识向度这一点上，对理解人的心理做出了卓越贡献。他对潜意识之内容、形成与作用机制的分析，也包含很深刻的洞见和解释力。但是，弗洛伊德将力比多（libido）或性本能作为理解人的心理及人格发展的那个最重要的密钥，这不能不说是偏颇的。所以，弗洛伊德之后的精神分析学家虽然继承了他的一些基本理念，例如潜意识、童年期影响、冲突解决与人格发展等，但是他们对这些基本理念之内容的理解已经完全不再局限于性本能，而是注入社会文化、家庭关系等更丰富的因素。埃里克森是这一新精神分析运动的重要代表。他沿袭了弗洛伊德心理性欲阶段论中将人格发展与不同阶段之冲突解决关联起来这一基本思路，但是不再将冲突的焦点集中于所谓本我释放和心理性欲满足的问题上，而是认为人生不同阶段面临不同的冲突，这些冲突是社会性的，个体在解决这些心理社会冲突（psychosocial conflicts）的过程中不断建立和发展自我，而未能妥善解决这些冲突会导致人格发展不健全和人生问题。埃里克森从弗洛伊德关注人的"本我"，转而更加关注人的"自我"，将认同（identity）视为自我的核心和人格发展的重要成就。认同使一个人的人生成为一个连贯的、有主题、有意义的故事。从青春期开始，自我认同问题会逐渐凸显出来，并贯穿人的一生。相较于弗洛伊德的本我心理学（id psychology），埃里克森的自我心理学（ego psychology）显得更加平易，也具有更广泛的解释力。①

_____

① 参见拉森、巴斯：《人格心理学——人性的科学探索》（第 2 版），郭永玉等译，人民邮电出版社 2011 年版。Identity，或译"同一性""身份"。这两种译法只是指向"认同"的主、客观静态结果，而遮蔽了达到结果的主、客观互动过程。"认同"之译，既含作为结果的"同"，亦含作为过程的"认"，似更信达。

弗洛伊德主义者可能会对王阳明经历中的一些特定因素发生兴趣，例如在科举考试登上巅峰，高中状元的父亲可能对王阳明造成的影响，王阳明新婚之夜的诡异举动，以及王阳明一生的诸多奇梦等等。[①]但是，对于王阳明早期生涯的"五溺"经历而言，还是埃里克森的自我心理学能够提供一些更加切近的资源。埃里克森将人的心理社会发展（psychosocial development）归纳为八个阶段，其中第四个阶段青春期（约从十二岁开始）面临的主要心理社会冲突是"认同对角色混乱"。青春期的青少年一方面自我意识逐渐明确，但另一方面他又要消除过去的自己与未来的自己、自我感知与社会压力之间可能存在的不一致甚至冲突，建立起稳定协调的自我认同。具体而言，青春期的自我认同问题涉及三个方面：职业、意识形态（建立一种宗教信仰、政治倾向和一般性的世界观）和性取向。[②]

王阳明提出人生"第一等事"之问时是十一岁，塾师的回答表明，"读书登第"是王阳明所处家庭和社会对他的一致期待，但王阳明对这种期待并不以为然，这可以视为职业方面的自我认同问题。王阳明后来的"五溺"经历中，与佛老二氏的交涉，以及同朱子格物之学的纠缠，更像是意识形态方面的自我认同问题。性取向的问题没有明显的迹象，毕竟埃里克森是现代西方人，性取向成为一个显著的问题可能是相当晚近的事情。以上比较无疑相当粗略，甚至略显尴尬。但这恰好也能够提醒我们，古代中国人的自我认同问题和现代西方人的自我认同问题并不完全一致，通过对比可以使前者的一些特征更加凸显。

埃里克森谈论自我认同问题的三个方面，但是似乎这种自我认同的选择缺乏一个基底，自我好似一个空空如也的衣架，可以挂上各种各样的衣服。但是对王阳明而言，他在"五溺"诸科中去寻求

[①] 陈立胜在其新著《入圣之机：王阳明致良知工夫论研究》（生活·读书·新知三联书店2019年版）中对王阳明之梦有所着墨，他发现"《年谱》中记载阳明本人所做之梦多发生在其人生的关节点上"（第82页），并总结阳明之梦有将军梦或外王梦、论道梦或内圣梦，以及文人梦等类型（第84页），但他的目的只是补充阳明龙场悟道这一特殊经验（"忽中夜大悟格物致知之旨，寤寐中若有人语之者"）的一般背景，对阳明之梦更深入的分析似乎未见。相关资料考述，还可参见张克伟：《记王阳明父子梦兆二三事》，《朱熹学刊》（第十三辑），黄山书社2003年版；崔海东：《阳明的神迹——以〈年谱〉为中心》，《贵阳学院学报（社会科学版）》2017年第6期；曹诣珍：《王阳明〈纪梦〉诗考论》，《文艺研究》2019年第1期。

[②] 参见乔纳森·布朗、玛格丽特·布朗：《自我》（第2版），王伟平、陈浩莺译，第134页。

某种更加具体的自我认同，是有一个作为基底的自我认同的，后者体现在王阳明的圣贤之志中。这一圣贤之志蕴含着对自我生命作为目的，而非手段的一种基本认同。"五溺"诸科，朱子格物之学，以及王阳明最终回归的儒家式家国责任，都是在此基底自我认同之上更加具体的自我认同选项，是完善和完成自我生命的可能途径。

据此，我们也可以对王阳明思想中儒释道三教关系的问题略作澄清。结束在阳明洞的修行之后，王阳明确实是回归了儒家立场。但是，这种回归是建立在王阳明的某种本真性的个体生命经验之上。在深度体验了道家生活方式之后，王阳明仍未从中找到安身立命之方，以至起念"离世远去"。在这艰难的人生抉择时刻，王阳明发现还有他无论如何均难以割舍的情感纽带："惟祖母岑与龙山公在念，因循未决。久之，又忽悟曰：'此念生于孩提。此念可去，是断灭种性矣。'明年遂移疾钱塘西湖，复思用世。"[1]王阳明回归儒家，是因为对他的自我认同而言，与祖母和父亲的情感纽带在遍历歧途后，仍然显示出一种不可磨灭的根本性。王阳明回归儒家只是表象，他的自我认同的抉择才是实质。即使回归儒家，王阳明也不是执定儒家的立场去批判释道，而是根据自己的生命体验和自我认同在儒释道之间做出取舍。

所以，尽管王阳明在与家国情怀相关的伦理价值上回归了儒家，但是在精神境界方面仍然汲取了来自释道二氏的智慧。用陈来的经典概括，这融合为阳明学独见精神的"有无之境"。圣贤之学不等同于儒学，儒释道都是圣贤之学可能的途径和资源。实现生命之完善与完成的圣贤之学才是根本，因为立足这个根本，而不是立足于儒家的传统权威或外在教条，王阳明才能在倾心于儒家价值的同时，也毫不忌讳地，以至创造性地将释道精神境界与儒家价值融会贯通。也因为立足圣贤之学这个根本，不仅是释道的智慧，举凡骑射之术、军事谋略、诗文书法艺能，都并没有因为所谓"归正于圣贤之学"就被彻底摒弃，而恰恰是融入了王阳明后半生对"圣贤之学"的追求之中，成就了儒家历史，乃至整个中国历史上最多姿多彩的圣贤阳明。

对自我生命作为目的而不只是作为手段的认同，以及由此而来

---

[1] 钱德洪：《年谱一》，王守仁：《王阳明全集》卷三十三，吴光等编校，第1226页。

的追求自我生命之完善与完成的志向，正是王阳明在"拔本塞源"等论说中提揭的广义的良知。而他也相信，这种良知是人人都有的。确实，一个心理正常发展的人，势必会对自我生命形成一种认同和责任感。但是，这种必然性不是先验性的，而是经验性的，因而也存在发展失败的可能性。社会心理学家指出，青春期的自我认同危机既有可能以获得稳定协调的自我认同而告结束，但也可能发生自我认同的延缓、迷失，或者过早闭合。①所谓过早闭合，是指认同危机没有充分暴露，未经充分反思，就接受和固定了某种自我认同。其实王阳明自我认同的形成就经历了很长时间的延缓和迷失，在延缓和迷失的过程中，王阳明不仅陷入心灵的迷惘，甚至身体也遭受疾病折磨。由此而论，自我认同的建立也还是需要积累生活经验，培养反思能力，有时也需要一些外力的帮助，才能克服过程中的迷惘和痛苦，最终度过这段青春期的危机。

当然，自我认同不只是青春期才有的问题，而是贯穿一生的问题。不仅是古人的问题，更是今人的问题。王阳明前半生历经"五溺"，真诚而执着地探索和建立起自我认同，而他的后半生，则在各种艰苦的条件下坚守这种自我认同，即使所要对抗的势力异常强大，处境极其凶险，他也仍然不为所动，表现出一种崇高的英雄主义气质。虽然从学理上讲，我们并不完全认同王阳明的个体主义思路，但是从人格上讲，我们敬佩王阳明的个人英雄主义。即使在一个黑暗的时代和社会，他也仍然保持一己良知之光明不灭，甚至将生死置之度外，绝不同流合污，苟且偷生。虽然我们还是要重视并致力于社会制度和环境的整体改善，但是，现实的社会制度和环境永远不可能完美，而总是会存在这样那样的问题，因此，阳明式的个体良知和英雄主义也永远值得宝贵和弘扬。

---

① 参见乔纳森·布朗、玛格丽特·布朗：《自我》（第2版），王伟平、陈浩莺译，第134—135页。

第九章

『群际区别』意识与『万物一体』情怀

本书之前的探讨基本上属于描述性或事实性的领域，心物关系涉及心灵如何在自然和社会世界之中产生和运作，"无善无恶是心之体"更具体地涉及道德心灵的起源与道德这一现象在自然和社会世界中的地位，四句教中的另外三句涉及的则是微观层面的道德认知和行为机制，而上一章探讨作为一种自我意识的广义的良知，关注的是自我认同在个体生命中历时发展的问题。与之前诸章不同，本章将会触及规范性的领域，探讨阳明学"万物一体"理想中包含的伦理主张及其合理性问题。

尽管阳明的一生雄奇多姿，迥出儒门，但是在一个基本点上，他还是体现出了儒家的底色，那就是对天下苍生的关怀，这种关怀鲜明而浓重地体现在他的"万物一体"论说中。虽然其情可感，但是我们还是不得不冷静地反思，这种博大胸怀如何在纷繁复杂的现实世界中真正展开。具体而言，人是否有充分的心理动力做到"万物一体"式的爱，如何克服其中可能存在的障碍。例如，社会心理学研究表明人是根深蒂固的群体动物，而群体通常有其范围和边界，内外有别是很自然的心理态度和行为方式，如何跨越这种内外界线实现"万物一体"呢？内部不仅有别，在很多时候内外还可能发生冲突甚至敌对，仅凭一种"万物一体"的胸怀能够平息这些冲突和敌对吗？这些问题在现实世界普遍存在，任何理想主义都不能轻易回避，而必须正视它们，并理性地反思应对和解决方式。这个问题不是今天才有，而是古已有之，从儒家和墨家的仁爱与兼爱之争就已经可以看出端倪，本章在很大程度上只不过是再次回到这个古老的争议，并希望能够找到一些解决争议的方向。

"万物一体"

关于"万物一体",阳明有不少豪迈慷慨的表达。这些表达有时候是抒发对生命存在的一种浪漫恢宏的感受,即将自我生命体验为一个宇宙大生命。一方面,人心被扩展为天地之心,另一方面,天地万物被收归为宇宙大生命的身体,人心(同时即是天地之心)能够与之相感应。如《传习录》中记载如下问答:

> 问:"人心与物同体,如吾身原是血气流通的,所以谓之同体。若于人便异体了。禽兽草木益远矣,而何谓之同体?"先生曰:"你只在感应之机上看,岂但禽兽草木,虽天地也与我同体的,鬼神也与我同体的。"请问。先生曰:"你看这个天地中间,甚么是天地的心?"对曰:"尝闻人是天地的心。"(先生)曰:"人又甚么教做心?"对曰:"只是一个灵明。"(先生曰:)"可知充天塞地中间,只有这个灵明,人只为形体自间隔了。我的灵明,便是天地鬼神的主宰。天没有我的灵明,谁去仰他高?地没有我的灵明,谁去俯他深?鬼神没有我的灵明,谁去辩他吉凶灾祥?天地鬼神万物离却我的灵明,便没有天地鬼神万物了。我的灵明离却天地鬼神万物,亦没有我的灵明。如此,便是一气流通的,如何与他间隔得!"①

如果将阳明这段话作为严格的理论表述,加以刻板的逻辑分析的话,我们也许会陷入困惑之中。

第一,关于"天地鬼神万物"与"我的灵明"的关系,从阳明提出的实质性论点来看,能够确定的只是,天地鬼神万物的某些属性(天之高、地之深、鬼神之吉凶灾祥)离不开我的灵明的感知能力。但这只是一种认识论层面的关系,即使我们确定在认识论层面,我的灵明的感知能力是天地鬼神万物的这些属性的必要条件,这也并不意味着在本体论层面,天地万物鬼神的存在本身依赖于我的灵明,所以,王阳明从认识论层面的前提,推出本体论层面的结论,说"天地鬼神万物离却我的灵明,便没有天地鬼神万物",显

---

① 王守仁:《传习录下·朱子晚年定论》,《王阳明全集》卷三,吴光等编校,第124页。

然是非法的跳跃。

第二，如果我们从"感应"的角度来理解"人心与物同体"的意义，确实可以说我与天地鬼神万物是"同体"的，因为我的灵明能与它们发生某种感应。但是，与天地鬼神万物发生感应的并不只有我一个，每个发生这种感应的灵明似乎都有资格宣称，自己的灵明也是"天地的心"，每个灵明和它所感应的天地鬼神万物似乎都构成了一个"同体"的宇宙大生命，但是，这些宇宙大生命之间又如何"感应"而"同体"呢？是否应该有一个更大的、统一的宇宙大生命呢？在很多场合王阳明都表达过类似"人者，天地万物之心也，心者，天地万物之主也"[①]的意思，但是，人心即使能够相互感应，也是各个不同的，每个个体似乎都可以从自己的角度说，我的心同时就是天地万物之心，但是如果跳出个体的角度，可被理解的天地万物之心，似乎只能是某种类似于上帝之心的超越性东西。

当然，这种分析风格与阳明的表达风格是格格不入的。对阳明这些豪言壮语，恐怕我们应该以一种读诗的心态，去体会他所感受和表达的意境。这种意境大概就是将一己之生命从眼下的蝇营狗苟中超拔出来，放到天地宇宙中去感受，开阔胸襟，忘却小我一时的艰辛、烦恼，以大我的姿态，顶天立地地存在于宇宙之中。这种生存视角的转换有时候能够起到一些心理抚慰和激励的作用，但是如果现实生活中的事情没有解决好，仅仅生存视角转换，带来的心理效果只能是一时的，宇宙大我的存在姿态如果没有刚健有为的现实生活作为基础，也很难支撑起来，不可能稳定维持。王阳明之所以能够维持这种豪迈的心态，是因为他首先已经在现实世界中顶天立地地活着。我们不能本末颠倒，就虚避实空喊口号无法成就，而必须首先落实在我们每一个人的生活之中、生命之中。

王阳明那种浪漫恢宏的"万物一体"的存在感受，是有现实生活作为基础的。他并不总是在这种存在感受的意义上，诗一般地发挥"万物一体"的想象，而是也会通过非常具体的生活感触来表达"万物一体"的含义。在《大学问》中，王阳明说：

大人者，以天地万物为一体者也，其视天下犹一家，中国

---

① 王守仁：《答季明德》，《王阳明全集》卷六，吴光等编校，第214页。

犹一人焉。若夫间形骸而分尔我者，小人矣。大人之能以天地
万物为一体也，非意之也，其心之仁本若是，其与天地万物而
为一也。岂惟大人，虽小人之心亦莫不然，彼顾自小之耳。是
故见孺子之入井，而必有怵惕恻隐之心焉，是其仁之与孺子而
为一体也；孺子犹同类者也，见鸟兽之哀鸣觳觫，而必有不忍
之心焉，是其仁之与鸟兽而为一体也；鸟兽犹有知觉者也，见
草木之摧折而必有悯恤之心焉，是其仁之与草木而为一体也；
草木犹有生意者也，见瓦石之毁坏而必有顾惜之心焉，是其仁
之与瓦石而为一体也。①

如果说前一种"万物一体"论是仰望星空，洋溢着浪漫恢弘的
情绪，那么《大学问》中的这段"万物一体"论则脚踏实地，流露
出沉郁慈悲的关怀。陈来也区分了"万物一体"论的两种含义，一
种"是儒学精神性（Spirituality）的一个表达，要人培养和追求一种
精神境界，它是要落实到内心生活中来"，另一种"是作为'博施
济众'的人道主义关怀的内在基础，它要落实到社会关怀和忧患之
上"②。

在这里，"万物一体"就不再是一种抽象的存在感受，而是一
种具体的伦理关系，所谓"视天下犹一家，中国犹一人"是也。具
体而言，对待天下人好像对待家人一样，对待一国之人好像对待自
己的手足一样。不仅对人类同伴如此，就算是对鸟兽、草木、瓦
石，也有一种顾惜之情。按儒家的理解，这种普遍的伦理关怀的基
础，是人对其他存在者的一种普遍的恻隐不忍之心，其他存在者遭
受的痛苦，就好像是我们自己遭受的痛苦。在一些文字中，王阳明
将这种情感表达得极为恳切，他说："生民之困苦荼毒，孰非疾痛
之切于吾身者乎？不知吾身之疾痛，无是非之心者也。是非之心，
不虑而知，不学而能，所谓良知也。……世之君子惟务致其良知，
则自能公是非，同好恶，视人犹己，视国犹家，而以天地万物为一
体，求天下无治，不可得矣。古之人所以能见善不啻若己出，见恶
不啻若己入，视民之饥溺犹己之饥溺，而一夫不获，若己推而纳诸

---

① 王守仁：《大学问》，《王阳明全集》卷二十六，吴光等编校，第 968 页。
② 陈来：《有无之境：王阳明哲学的精神》，第 239 页。

沟中者。"①语气中我们能体会到阳明对生民之苦的那种强烈的感同身受，以及想要解救生民之苦的急切心情。

这种对其他存在者之痛苦的感同身受，在儒学史上有另外一个经典表达，出现在程颢对"万物一体"的解说中：

> 医书言"手足痿痹为不仁"。此言最善名状。仁者以天地万物为一体，莫非己也。认得为己，何所不至？若不有诸己，自不与己相干。如手足不仁，气已不贯，皆不属己。故博施济众，乃圣之功用。仁至难言，故止曰"己欲立而立人，己欲达而达人。能近取譬，可谓仁之方也"，欲令如是观仁，可以得仁之体。②

人对其他存在者的痛苦会有一种切身的感受和怜悯之情，就好像那就是我们身体的一部分。所以，如果一个人对其他存在者的痛苦无动于衷，就好像他手足麻痹，不知身体之疾痛一样，医书上正好也将这种病状称为"不仁"。当然，无论是阳明将"生民之困苦荼毒"都感受为"疾痛之切于吾身者"，还是程颢将对其他存在者之痛苦的漠不关心比拟为医书上所称之"手足痿痹不仁"，此中透露出的情感的原型，就是孟子通过"乍见孺子将入于井"这一情景所指示的人皆有之的恻隐不忍之心。所以，这个意义上的"万物一体"论在儒家传统中乃是源远流长的。

因为人对其他存在者的命运有一种不容自己的关切之情，这是人的天性使然，所以"万物一体"是人自然会如此的，但是，因为这种天性受到私欲的遮蔽，所以才使自己和万物形成隔阂。人应该去除私欲的遮蔽，使天性中的美德重新彰显，从而恢复与万物一体的状态。所以，在《大学问》中，阳明接着说：

> 是其一体之仁也，虽小人之心亦必有之。是乃根于天命之性，而自然灵昭不昧者也，是故谓之"明德"。小人之心既已分隔隘陋矣，而其一体之仁犹能不昧若此者，是其未动于欲，

---

① 王守仁：《传习录中·答聂文蔚书》，《王阳明全集》，吴光等编校，第77页。
② 陈荣捷：《近思录详注集评》，第14—15页。

而未蔽于私之时也。及其动于欲，蔽于私，而利害相攻，忿怒相激，则将戕物圮类，无所不为，其甚至有骨肉相残者，而一体之仁亡矣。是故苟无私欲之蔽，则虽小人之心，而其一体之仁犹大人也；一有私欲之蔽，则虽大人之心，而其分隔隘陋犹小人矣。故夫为大人之学者，亦惟去其私欲之蔽，以明其明德，复其天地万物一体之本然而已耳。非能于本体之外，而有所增益之也。①

如果说前一种将一己之生命体验为宇宙大生命的"万物一体"论有些大而无当的嫌疑，甚至有人会反感和警惕其中流露出来的个体过度膨胀和傲慢，那么与后一种主张对天下苍生有一种普遍伦理关怀的"万物一体"论相比起来，就显得切实和严肃许多。它击中了人最基本的恻隐不忍之心，更容易引起我们的共鸣。

尽管王阳明将这种饱含感情和责任意识的"万物一体"情怀表达得淋漓尽致，激动人心，但它不是王阳明的发明，而是儒者的共同底色。至少我们还会很自然地想起张载（1020—1077，字子厚，世称横渠先生）《西铭》这篇雄文，其中说道：

> 乾称父，坤称母。予兹藐焉，乃混然中处。故天地之塞，吾其体。天地之帅，吾其性。民，吾同胞；物，吾与也。大君者，吾父母宗子；其大臣，宗子之家相也。尊高年，所以长其长；慈孤弱，所以幼其幼；圣，其合德；贤，其秀也。凡天下疲癃、残疾、茕独、鳏寡，皆吾兄弟之颠连而无告者也。于时保之，子之翼也；乐且不忧，纯乎孝者也。②

这段话的前半部分讲自己在天地之间的位置，从"民胞物与"之论开始，讲自己与天地间其他存在者的关系。这正好分别对应我们之前分析的"万物一体"论的两个层次，先是表达一种宇宙大生命的存在感受，然后表达一种超越一己一家之私的普遍伦理关怀。以大君、大臣为己家之宗子、家相，以天下高年、孤弱，为己家之

---

① 王守仁：《大学问》，《王阳明全集》卷二六，吴光等编校，第968页。
② 又题《订顽》，取自《正蒙·乾称篇》。陈荣捷：《近思录详注集评》，第88页。

长幼，以圣贤为己家之德业优良者，以世间颠连无告的苦命人为自己的兄弟，这正是王阳明所谓"视天下犹一家"的具体写照。

张载和王阳明的"万物一体"论代表了儒家的一种基本精神，一种难以抑制的对现世和苍生的关怀。"自我与万物是一体的，只要天下还有苦难的民众未得解放，儒者就会觉得他自己的责任还未尽到，他自己也不能真正得以实现。"[①]在一定意义上，万物一体所体现的普世关怀、大成佛教所推崇的菩萨精神、马克思"每个人的自由发展是一切人只有发展的条件"的观点有很多不谋而合之处，甚至还可以说，是中国知识分子在20世纪初接受马克思主义并走向苏联式社会主义的重要精神因素之一。推广开来，"万物一体"所表达的是一种普遍的伦理关怀，它甚至不再局限于人性和人心的范畴，不仅仅是对天下苍生的关切，而是代表着古老东方关于宇宙的深度智慧，是中国人的宇宙观、价值观和人生观的基础。这一普遍伦理对于今天理解人在宇宙万物中的地位，对于解决当代世界性难题，如气候变化、环境污染、生态危机等，都是重要的思想资源，需要我们加以创造性地转化与创新性地发展，使之成为21世纪全人类所共同拥有的价值。[②]

---

① 陈来：《有无之境：王阳明哲学的精神》，第248页。
② 关于万物一体思想的生态学意义及其对当代环境哲学的启示，众多中外学者都进行了广泛而深入的探讨。可参看姚新中：《气候变化与道德责任——〈礼记〉中"天地"概念的当代伦理价值》，《探索与争鸣》，2015年第10期；Yao Xinzhong, "An Eco-Ethical Interpretation of Confucian *Tianren Heyi*," *Frontiers of Philosophy in China* 9, no. 4 (2014): 570–585; Yao Xinzhong, "Philosophy of Learning in Wang Yangming and Francis Bacon," *Journal of Chinese Philosophy* 40, no. 3–4 (2013): 417–435.

"万物异体"

　　尽管这种"万物一体"的情怀深沉博大，加上诸多儒者恣肆雄健的语言表达，更使其焕发出一种感人至深的力量，但是，如果我们从情感的激越中冷静下来，考虑如何在现实世界里将这种"万物一体"情怀转化为行动时，马上就会发现，在现实世界里，恐怕"万物异体"才是更真切的事实。"万物一体"的情怀碰上"万物异体"的事实，是情怀在事实面前悄然失色，还是事实因情怀而得以扭转改善，恐怕不容妄下论断。这个问题在先秦时代儒墨两家的仁爱兼爱之辩中就已经体现，而且墨家已经指出儒家的立场是内含矛盾的。宋明时期，墨家虽然早已没落，但是墨家的问题仍然会挑战主张"万物一体"的儒者：难道"万物一体"论不是更加接近墨家的兼爱立场吗？它又如何与儒家坚持的仁爱或差等之爱的立场相容呢？

　　为理解和解决这一问题，我们有必要再次简要地回顾一下先秦时代的儒墨仁爱兼爱之辩。《孟子·滕文公上》末章中记载了两家的一次短兵相接般的交锋，这次交锋将一些核心问题非常尖锐地摆了出来，可以作为儒墨之辩的一个标本加以分析。交锋发生在孟子和墨者夷之之间，孟子率先发难，曰："……吾闻夷子墨者。墨之治丧也，以薄为其道。夷子思以易天下，岂以为非是而不贵也？然而夷子葬其亲厚，则是以所贱事亲也。" 孟子质疑夷之厚葬其亲的做法与墨家的"节葬"主张互相矛盾，是"以所贱事亲"。孟子的质疑一箭双雕，一面指出墨家自己都没能实践"节葬"原则，但更重要的一面，在于揭露夷之厚葬其亲的做法，实质性地体现了儒家爱有差等的原则，而有违墨家兼爱原则。

　　所以，夷之回应的重点也不在"节葬"问题，而在差等之爱与兼爱的问题。他说："儒者之道，古之人若保赤子，此言何谓也？之则以为爱无差等，施由亲始。"（《孟子·滕文公上》）《尚书·康诰》有"若保赤子，惟民其康乂"之说，是指君王要像爱护婴儿一样爱护百姓，唯以人民康宁、社会平治为务。但是夷之这里提及"若保赤子"，当是在一般意义上，并不特指君王。他想说的无非是一种人之常情，即对于婴孩我们总是细加呵护，这种心理和行为具有普遍性，并不只是针对自家子弟。孟子有一段论述广被称引，说"今人乍见孺子将入于井，皆有怵惕恻隐之心"（《孟子·公孙丑上》），换成夷之的话，正是一种"保赤子"之心。显然，并不是因为身陷险境的"孺子"与我们沾亲带故，我们才对他生出怵惕恻隐之心，而是说，怵惕恻隐之心是人在遭遇这种情境时一种情不自禁的普遍反应，至于那个孩子与我们是什么关系，彼时彼刻根本不暇顾及。所以说，夷之的回应也具有明显的针对性，和孟子的质疑一样，意图"以子之矛攻子之盾"：您孟子最著名的"人皆有恻隐之心"之论，不正说明人有一种超越关系之亲疏的普遍之爱吗？所以，夷之以为"若保赤子"的"儒家之道"，所体现的恰恰是墨家"爱无差等"的原则。

应当说，夷之的上述回应是聪明而有力的。我们甚至可以设想，如果墨家听到宋明儒者的"万物一体"之论会作何反应，恐怕他们也会提出夷之式的质疑，认为这倒向了墨家的兼爱立场。在这里，夷之因为还要解释自己厚葬亲人的行为，所以在"爱无差等"的后面还加上了一句"施由亲始"。"施由亲始"的问题容后再议，这里我们首要关心的还是在"爱有无差等"这个问题上，对于夷之的"以子之矛攻子之盾"，孟子又将如何化解。孟子说："夫夷子信以为人之亲其兄之子，为若亲其邻之赤子乎？彼有取尔也，赤子匍匐将入井，非赤子之罪也。"（《孟子·滕文公上》）孟子的意思是说，夷之不会真的主张同等地爱兄之子和邻人之子，他之所以这样主张，只不过是因为他选择了"孺子匍匐将入井"这样特定的情境（"彼有取尔也"）。在这样的情境下，每个人都不忍心无辜的孩子横遭惨祸，如果条件允许都会出手相救。这种不忍之心和救助之举，无疑是对孩子的一种爱。这种爱对痛苦本身敏感，而通常对"遭受痛苦的人与我们处于何种关系"并不特别敏感。除非极其特殊的情况，即便对仇人和罪人，尽管人们有报仇雪恨、以牙还牙的强烈义愤，但如果他们遭受非常严重的刑罚（终身监禁甚至死刑）或者不法伤害，人们还是难免会生某种程度的恻隐不忍之心。既然恻隐不忍之心的对象具有高度的普遍性，而其中流露着对正遭受痛苦者的一种关怀，[①]那么主张人皆有恻隐不忍之心的孟子大概也不会反对，因为这里体现出人有一种普遍性的爱。

---

① 恻隐不忍之心的对象不仅是遭受痛苦的人，而且至少还包括动物，所以这里笼统地说"遭受痛苦者"。

回到宋明时期儒者关于"万物一体"的宏论，我们也能发现，这些论述有一个共同点，就是他们基本上都是在表达对天下苍生之疾苦的同情与不忍。例如，程颢以手足不知痛痒、麻痹不仁来反显"万物一体"之意，而"万物一体"的首要意义就是对其他存在者的"痛痒"不能麻木不仁，而应感同身受。张载《西铭》中最感人的，其实是这句"凡天下疲癃、残疾、茕独、鳏寡，皆吾兄弟之颠连而无告者也"，对社会弱势群体苦难的同情与不忍，是"万物一体"论的情感基调。王阳明在《大学问》中将鸟兽、草木，甚至瓦石都纳入"一体"的范围，但是当他这样主张时，想到的情形分别是"见鸟兽之哀鸣觳觫，而必有不忍之心"，"见草木之摧折而必有悯恤之心"，"瓦石之毁坏而必有顾惜之心"，这都是其他存在者遭遇不幸的情形，当然更不用提王阳明那种视民生之疾苦如己身受，急欲拯救之的热切心情。我们似乎也有理由说，"万物一体"论虽然表达了一种对天下苍生的普遍关怀，但是这种普遍关怀又通常是因天下苍生之不幸而引起，也就是说有其情境特殊性。

当孟子说夷之"有取"时，言下之意是夷之选择的这个情境具有特殊性，并非所有的爱都是如此，不能以偏概全。毕竟"孺子匍匐将入井"之类情境，只是生活中的某种紧急状态，并不是常态。爱除了避免和解救他人痛苦之外，还可能有更加积极的内涵，不仅仅是不忍心别人遭受痛苦，而是希望别人活得更加幸福。根据情境和内容，爱可以区分为消极之爱和积极之爱，避免和解救他人痛苦是消极之爱，增益他人幸福是积极之爱。[1]尽管避免和解救他人痛苦也对后者的幸福做出了贡献，但那毕竟只是减轻其不幸，这和增益其幸福还是能够区分开来。当孟子说夷之"有取"的时候，他心中所疑问的是夷之"未取"的是什么呢？按照刚才的界定，夷之所"取"的恰恰只是消极之爱，那么，我们可以合理地说，夷之所"未取"的正是积极之爱。孟子在对夷之的回应中隐而未发的观点

---

[1] 有必要说明，这里消极和积极的区分类似于柏林的"积极自由"与"消极自由"，前者是"free to"，主体积极主动自由地去做自己希望做的事情，而后者则是"free from"，是主体免于受到外界约束、限制的自由。然而类比必须有一个限度。这里的消极之爱与积极之爱是根据爱的情境和内容而加以区分的，而不是动机或境界，因此不能说消极之爱就是不主动或境界不高之爱。积极之爱也不限于对万物之爱，而是可能体现为不同的形式，例如亲情之爱、友情之爱、爱情之爱等等。

很可能是：积极之爱可以甚至应当是有其差等的。所以，当孟子怀疑夷之说"夫夷子信以为人之亲其兄之子为若亲其邻之赤子乎"（《孟子·滕文公上》）时，意思就是，尽管当邻人家的小孩儿身陷危难之际，我们也会不忍其惨，施以援手，这种消极之爱有其超越关系之亲疏的普遍性，但这并不意味着，在生活的常态中，我们会对亲人的孩子和邻人的孩子同等对待，在他们身上投注同等的积极之爱。孟子有可能是想在"保赤子"和"亲赤子"之间做出一个区分，二者可以分别对应消极之爱和积极之爱，"保赤子"具有某种普遍性，但"亲赤子"则无，后者仍会有差等。

上述区分也能够帮助我们理解孟子在对夷之的回应中关于善葬亲人的说明："盖上世尝有不葬其亲者，其亲死，则举而委之于壑。他日过之，狐狸食之，蝇蚋姑嘬之。其颡有泚，睨而不视。夫泚也，非为人泚，中心达于面目，盖归反虆梩而掩之。掩之诚是也，则孝子仁人之掩其亲，亦必有道矣。"（《孟子·滕文公上》）孟子论及善葬亲人之事，当然与他最初是以"节葬"问题致诘于夷之相关，但二者辩论的核心还是在"爱有无差等"这个问题。孟子对善葬亲人合理性的论证，在何种意义上与"爱有无差等"这个问题相关呢？善葬亲人与"赤子匍匐将入井"应当是适成对照的两个事例。"赤子匍匐将入井"之例乃是孟子顺承夷之之说，对其"爱无差等"观点做出的一种同情理解和让步。与此相对，孟子当然是想通过善葬亲人这个事例来说明，人对自己的父母有一种特殊的爱和义务，亦即"爱有差等"。如前文分析，"爱无差等"只在消极之爱的意义上能够成立，积极之爱则可以甚至应该有差等，而"赤子匍匐将入井"这一事例对应消极之爱具有某种"无差等"的普遍性，那么，从逻辑上我们似乎可以推论，善葬亲人这一事例体现的是特殊的、有差等的积极之爱。

然而，说善葬亲人体现了一种差等之爱比较容易理解，说它体现的差等之爱是一种积极之爱就略显奇怪了。当然，如此设想也不是完全没有理由。我们说消极之爱是指避免和解救他人的痛苦，那么对于已经逝去之人而言，他们已经失去感知能力，根本就无所谓痛苦，即使遗体被狐狸啃食，被苍蝇蚊子吸吮，也不能说逝去的人陷入了某种痛苦的处境，因此谈不上解救他的痛苦，也就谈不上所谓消极之爱了。而对于一个已经逝去、没有感知的人，我们还细心料理他的身后事，这就不仅仅只是一种消极之爱，而可以说是一种积极之爱。但是上述理由也面临反驳。如果说逝去之人没有感知能力，那么他既没有感知痛苦的能力，不也没有感知幸福的能力吗？积极之爱如果是指增益他人幸福，那么细心料理一个人的身后事，又在何种意义上会增益他的幸福呢？

有人会认为，幸福不仅仅与人的感知有关，或者说幸福不仅仅是一种主观状态，甚至主观状态不是幸福最重要的因素；幸福是一种客观状态，衡量幸福更根本的标准是要在人生当中实现一些重要的价值。[1]所以，幸福不等同于主观的幸福感，即使逝去之人，也仍然可能有某种幸福与否的问题。如果人生没能实现那些重要的价值，达成某种相应的客观状态，即使当事人自己没有感受到不幸福，我们也仍然有理由说他不幸福，这种不幸可以说是一种客观的痛苦。按照这种幸福观，死后曝尸荒野虽然不会影响逝者的主观感受，但是仍然会影响他的幸福，仍然是一种痛苦。"孝子仁人之掩其亲"如果只是以一种最基本的方式避免亲人曝尸荒野之不幸，那么可以说这是一种消极之爱。如果不仅只是"掩其亲"，而是辅之以的葬礼和祭礼，使死者达成"生荣死哀"的圆满之境，那么我们也可以说这是一种积极之爱。

孟子要用"孝子仁人之掩其亲"这件事来说明爱有差等，这种说明是在何种具体意义上成立的呢，是消极之爱还是积极之爱？如果是在积极之爱的意义上，那么就与我们先前的结论相一致，即增益他人幸福的积极之爱可以甚至应当有所差等。而如果是在消极之爱的意义上，那么我们上一部分的结论可就需要进一步精确化。也就是说，从对象来说，恻隐不忍之心具有普遍性，即使对陌生人，甚至鸟兽草木，我们也不忍其受伤害，但是从恻隐不忍的程度以及后续行动来看，对不同的对象而言还是会有差等。

拿如何对待曝尸荒野者这件事情来说，我们当然对这些不幸者有一种恻隐不忍之心，这使我们有一定的动机，想做点什么来缓解他们的不幸，这种心理是普遍的。但是有人曝尸荒野，比起"孺子匍匐将入井"之类的情境更加难以处理。在后者，解救孺子之危难，只需举手之劳，但是在前者，则要求更高的主客观条件，例如

---

[1] 参见徐向东编：《编者导言》，《后果主义与义务论》，浙江大学出版社 2011 年版，第 2—7 页。

克服生理不适和害怕，拥有合适的工具（如蔂楎之类）等等。在这种情况下，如果遭遇不幸的是亲人，我们很可能会克服困难，想方设法不让这种惨状继续。但如果遭遇不幸的是与我们无亲无故的陌生人，我们的恻隐不忍之心就很可能无法突破主客观条件的限制，因而无法转化为真正的解救行动。又如在"孺子匍匐将入井"的情境中，假设解救行动需要承担很高的风险，例如搭上自己的性命，这时候尽管我们对那个孩子充满恻隐不忍之心，但是仍然很可能会犹豫不前，除非那个孩子是我们自己的或者亲人的孩子。

在这些对主客观条件要求很高，需要解救者做出相当大的努力甚至牺牲的情况下，消极之爱也会表现出差等性。这种差等性并非就是道德错误，而是可以得到某种辩护。在复杂、高危等情况下仍然见义勇为、舍身施救固然值得称颂，但这可能是一种超义务的分外善举，以超义务的分外善举作为社会成员的普遍义务，可能是对他们提出了过高的道德要求①。积极之爱的差等性也可以基于同样的理由得到一种辩护，因为积极之爱通常比消极之爱要求更高的主客观条件，而且积极之爱不像消极之爱那样涉及危急的情境和紧迫的需要，因此这种要求付出甚至牺牲的积极之爱有其差等性，未必是不合理的。

有一种极端的情境，将消极之爱可能的差等性最为鲜明地呈现出来，那就是当亲人与陌生人同时身处危难，而条件只允许救一个时，是应该救亲人，还是救陌生人？分析至此，我们发现宋明儒者高倡的"万物一体"论有可能陷入矛盾之中。"万物一体"论要求视天下为一家，关怀天下苍生之疾苦，但是在这种极端的情境之下，一个人必须在天下人和家人之间做出取舍，他又该如何坚持"天下一体"的理念呢？在这个问题上，王阳明给出的回答是："至亲与路人同是爱的，如箪食豆羹，得则生，不得则死，不能两

---

① 康德哲学中论述了思辨理性尤其是知性所常犯的"僭妄"（Anmaßung）错误，指"知性本来只能认识作为本体表现给我们的现象"，但"却进一步要求自身去扩展知识，认识现象背后的物自体"，就是"僭妄"，因为"这是一个超越知性能力之外，知性根本无法胜任的事情"（邓安庆：《警惕"美德伦理学"的僭妄》，《伦理学术》2021第2期）。借用这一概念，我们也需要警惕阳明心学或一般儒学研究中的另一种"僭妄"——道德主义僭妄，即任意普遍化儒家的道德义务、拔高道德要求，建构出听起来很高大上，但在实践中不仅很难展开而且甚或带来灾难性的后果的理论。

全，宁救至亲，不救路人，心又忍得。"[①]

在此极端情境下，消极之爱不仅面临条件的极端匮乏（或者说条件的极端匮乏使得一些人身处困境，需要消极之爱），而且仅有的条件不足以支持对全部人，只能支持对一部分人施以这种爱，这就是所谓的"箪食豆羹，得则生，不得则死，不能两全"情景。爱有差等论者面对此种情境，虽然在实践上也会痛苦纠结，需要"忍得"，但还能得出一个与自身理论相一致的行动选择，即"宁救至亲，不救路人"，但对爱无差等论者而言，此种情境则构成了一个几乎无解的难题。[②]即使是消极之爱，在这种情境下，也势必表现出差等性，不可能同等对待至亲和路人。

所以，笼统地说消极之爱是普遍性的，这还不够精确。精确地说应该是，消极之爱的对象是普遍性的，但施爱仍会有程度上的差等之别。消极之爱的一个重要基础是恻隐不忍之心，而恻隐不忍之心的对象是普遍的，它对痛苦本身敏感，而对"遭受痛苦的人与我们处于何种关系"并不特别敏感。但是恻隐不忍的程度，[③]以及它是否会转化为实际的关爱行动，仍然敏感于遭受痛苦的人与我们的关系，特别是在一些相对复杂的情境中。如果行动所需主客观条件很高，可能就只有对关系特别亲近的人，我们的恻隐不忍之心才会转化出实际的关爱行动，而对陌生人就止于恻隐不忍之心了。在条件只允许我们从亲人与陌生人之中选择一个来施救的极端情境下，尽管我们对陌生人并非没有恻隐不忍之心（"至亲与路人同是爱的"），但恐怕就只能舍陌生人而救亲人了。

由此而言，宋明儒者高倡的"万物一体"论从其初衷和基本精神上来看，是非常感人的。因为人对其他存在者遭受的痛苦不幸有一种感同身受的本能，并且不忍心他们遭受这些痛苦不幸，由此而生一种普遍的关怀和救助意识。在关怀和救助只需举手之劳的情境下，我们还能够保持住这种"万物一体"的感觉和情怀，并且转化为行动。但是，如果实施关怀和救助不是举手之劳，而是要求做出努力甚至牺牲，我们就会对彼此关系的亲疏远近更加敏感，内外有

---

① 王守仁：《传习录下》，《王阳明全集》卷三，吴光等编校，第108页。
② 在这种情境下，坚定的爱无差等论者恐怕只能主张根据救人成功的几率来决定救谁（救谁更可能让他活命就救谁），才不致与自身理论相冲突。
③ 参见刘娜、李晶：《共情的内群体偏爱及群体差异研究综述》，《社会心理科学》2016年第3期。

别、重内轻外就会是很自然的选择。这个时候，"万物一体"的情怀就悄然隐没了，而"万物异体"的现实则成了行动抉择时考量的核心因素。我们对与自己关系更亲近的人有更深的情感和义务，如果不考虑这一点而将他们与陌生人同等对待的话，甚至在道德上是应该谴责的。王阳明"宁救至亲，不救路人"的立场即符合人的心理实际，在道德上也有站得住脚的理由。

以上的讨论主要是围绕消极之爱展开的，然而，尽管王阳明乃至儒家的"万物一体"论以对社会弱势群体苦难的同情与不忍为其情感基调，但是他们也并没有明确地将自己的"万物一体"理想限定在消极之爱的层面。有些"万物一体"论看起来也是相当积极的，例如王阳明说："夫圣人之心，以天地万物为一体，其视天下之人，无外内远近，凡有血气，皆其昆弟赤子之亲，莫不欲安全而教养之，以遂其万物一体之念。"[1]这句话给人的感觉，似乎更接近于墨家的"爱无差等"。所以，陈来甚至说："事实上，在宋明理学中，兼爱精神与差等原则的对立已几乎不再存在。"[2]"安全而教养之"，是一个不高但也不低的目标。如果说保天下人之"安全"还属于消极之爱的范畴，那么使之获得"教养"就含有较多的积极之爱了。

但是，连消极之爱都是有差等的，与消极之爱相比，积极之爱的差等性只能更加明显。如上文所引孟子质问夷之时所说："夫夷子信以为人之亲其兄之子，为若亲其邻之赤子乎？"（《孟子·滕文公上》）这种内外之别乃是显而易见的人之常情，它甚至不仅止于深浅程度之别，而可能是有与无之别，即对有些人我们可能完全没有积极之爱。如果说避免和缓解他人不幸的消极之爱，有恻隐不忍之心这一普遍性的自然情感作为其基础，那么正面地增益他人幸福的积极之爱，又来源和奠基于何处呢？特别是，我们所能掌握的资源条件总是有限的，因而能够施予的积极之爱也是有限的，如果要在积极之爱的层面上主张"万物一体"，很自然地就会出现如何分配这些积极之爱的问题，厚亲薄疏在所难免。即使每个人都以自己为圆心形成了一个"万物一体"圈，但是每个人的"万物一体"

---

① 王守仁：《传习录中·答顾东桥书》，《王阳明全集》卷二，吴光等编校，第54页。
② 陈来：《有无之境：王阳明哲学的精神》，第240页。

圈也还是会有核心和外围之分。一个人对自己核心圈层的积极之爱极有可能难以扩展到外围圈层，而且，不同个体对自己核心圈层的积极之爱还可能形成彼此竞争，以致一个人对自己核心圈层的积极之爱，有可能限制甚至破坏其他人对他的核心圈层的积极之爱的机会。在特定条件下，人们不仅会为了自己，而且会为自己的家人或族群的幸福，而陷入互相争斗之中。

王阳明对这种"万物异体"的现实并非没有意识，之前所引用的"宁救至亲，不救路人"之语还有一段上下文：

> 问："大人与物同体，如何《大学》又说个厚薄？"先生曰："惟是道理，自有厚薄。比如身是一体，把手足捍头目，岂是偏要薄手足，其道理合如此。禽兽草木同是爱的，把草木去养禽兽，又忍得。人与禽兽同是爱的，宰禽兽以养亲，与供祭祀，燕宾客，心又忍得。至亲与路人同是爱的，如箪食豆羹，得则生，不得则死，不能两全，宁救至亲，不救路人，心又忍得。这是道理合该如此。及至吾身与至亲更不得分别彼此厚薄。盖以仁民爱物，皆从此出；此处可忍，更无所不忍矣。《大学》所谓厚薄是良知上自然的条理，不可逾越。"①

从这个提问来看，王阳明同时代人对其"万物一体"论与儒家差等之爱立场之间的关系，也是颇感困惑的。王阳明的回答看起来非常巧妙，他用身体打比方。一方面，我们身体各部分当然是"一体"的，但是在遇到危险的时候，为了保护头部和眼睛，我们会用手足去格挡外物的打击，宁愿手足受损，也不能使头目受伤。头目和手足当然是一体的，但是我们对待它们仍然有厚薄之分。所以，有厚薄之别是理所当然，这并不妨碍"一体"。

但是比喻终究是比喻，一个有机体内部不同器官组成部分之间的关系，与不同有机体之间的关系仍然是有本质区别的。用手足护卫头目时，牺牲和受益的主体其实都是同一个个体，这归根到底只是两种自我利益之间的权衡取舍，因此牺牲一个来保全另一个，并不会妨碍它们的"一体"性。然而，假如牺牲和受益的主体是两个

---

① 王守仁：《传习录下》，《王阳明全集》卷三，吴光等编校，第108页。

不同的个体或群体，那么他们之间的"一体"性就已经现实地瓦解了，这时候真正起作用的是他们之间的"异体"性。当为了饲养禽兽而牺牲草木的时候，我们已经事实性地将草木排除在"一体"的范围之外。当为了养亲、供祭祀、宴宾客而牺牲禽兽时，我们也已经事实性地将禽兽排除在"一体"的范围之外。

当然，为人类生活而牺牲草木禽兽，至少在王阳明的时代，还不会引起太过严重的道德问题。但是，如果这个系列比喻按其逻辑延续下去的话，接下来恐怕会到为了亲人牺牲外人的情形。我们不妨模拟王阳明的推论："亲人与外人同是爱的，牺牲外人以利亲人，心又忍得。" 这样，就会得出了"牺牲外人以利亲人"也是"道理合该如此"的结论，但是这个结论显然是无法得到道德证成的。所以王阳明悄悄偏转了一下比喻的原本逻辑，回避"牺牲外人以利亲人"的情节，换成危急状态下在救亲人和救路人之间做选择。这与"牺牲外人以利亲人"相比有两个基本的差异，第一，在危机状态下救亲人，比在一般状态下为亲人谋福利更加紧迫，这是消极之爱和积极之爱的区别。第二，尽管选择救亲人而放弃救路人，但这种选择并没有主动给路人造成伤害。在只能救一人的情况下，救亲人而不是救外人，这还属于"道理合该如此"的人之常情[①]。

从王阳明这段回答中，我们应该能够发现，在"万物一体"和"万物异体"之间，他的实质性立场究竟在哪一边。尽管他试图通过一个巧妙的身体比喻将二者辩证地统一起来，但是这个比喻如若究其理论实质，是不恰当的。一个个体"以手足捍头目"，与一个个体或群体牺牲其他个体或群体来保全自身的利益，是性质完全不同的两件事。在行动抉择中，个体或群体之间真实如铁的"异体"性，超过他们之间似有还无的"一体"性，成为据以权衡取舍的

---

① 在本书第六章第二节中，我们引述了当代社会心理学关于伦理学著名的"电车难题"的论证，其不同困境实验结果之间的差异可以很好地说明主动伤害与非主动伤害的道德区别。在"转轨困境"中，对于为了避免撞死五人而使电车转轨，虽然会撞死一人，但多数人也会认可这一选择，因为从后果主义的视角，毕竟五人的生命要大于一个人的生命价值。但在"天桥困境"中，需要主动将一个身材魁梧之人从桥上推落轨道，从而挡住疾驰而来的电车。虽然结果同样以一人之生命换来五人的生还，但多数人还是选择说"不"，因为主动"杀人"在道德上是不允许的，也即人们的道德权衡中，义务论的考量明显压过了后果论的理由。这样的思想实验还变体为"亲人困境"，如果为了救五人而需要牺牲一个人，而这个人刚好是自己的亲人时，王阳明又会如何选择、如何为自己的选择辩护？为救自己的亲人而"让"五人遇难还会不会是很自然的"道理合该如此"？

核心因素。不仅如此，他还认为，这种厚薄之别是"道理合该如此"。王阳明坚持了儒家爱有差等的立场，在这种坚持之中，他实质性地奉行了"万物异体"的原则。在这个现实面前，"万物一体"似乎就只是一个高悬的抽象理想，成为一个遥远的背景。

王阳明在"万物一体"和"万物异体"之间做出的这种选择，其实可以算是宋明儒者的一个标准选择。程门弟子杨时（1053—1135，字中立，号龟山）也曾对程伊川提出过类似的疑问，他说："《西铭》言体不及用，恐其流遂至于兼爱，何如？"这也是担心张载的"万物一体"论违背了儒家爱有差等的立场，导向了墨家之兼爱，这与王阳明所面临的疑问是完全一样的。对此，程颐给出了一段经典的解释：

> 《西铭》之书，推理以存义，扩前圣所未发，与孟子性善养气之论同功，岂墨氏之比哉？《西铭》明理一而分殊，墨氏则二本而无分。老幼及人，理一也。爱无差等，本二也。分殊之蔽，私胜而失仁。无分之罪，兼爱而无义。分立而推理一，以止私胜之流，仁之方也。无别而迷兼爱，以至于无父之极，义之贼也。子比而同之，过矣。[1]

尽管程颐高度赞扬张载的《西铭》，但是在这段辩护中，他却并没有特别强调"万物一体"，而是强调"理一分殊"，从形而上学的高度为儒家主张的差等之爱确立根据：差等之爱是"分殊"，但是这种分殊之爱是合乎道义的，是统一的"理"的不同体现。反倒是无差等的兼爱将亲人与路人等同视之，这种"无父"的立场是不合道义的。程颐虽然强调"理一"，但这个"理一"并没有导致"万物一体"的结论，而恰恰只是用来说明差等之爱的合理性。这和王阳明说的对待不同的存在者"道理自有厚薄""合该如此"如出一辙。

王阳明等"万物一体"论者意识到了"万物异体"的事实，并且实质性地坚持儒家差等之爱的立场，但是他们似乎并不觉得"万物一体"和"万物异体"之间有真正的冲突，在实质性地坚持"万

物异体"立场的同时，也仍然慷慨激昂地高倡"万物一体"。在有些情境之下，"万物异体"可能还只是表现为爱的厚薄之别，如王阳明所说的"宁救至亲，不救路人"。这时"万物异体"和"万物一体"还可以勉强共存，通过"理一分殊"之类的说辞达到某种"辩证统一"。但是，在另外一些情境之下，"万物异体"的表现可能会超过爱的厚薄之别这个层次，上升为爱与竞争，甚至爱与伤害之别。例如，为了救亲人，不仅不得不舍弃同陷危机的路人，甚至要损及其他路人。或者，不是为了救急，而是为了让亲人过得更好，而必须和他人竞争有限的资源。一旦"万物一体"的表现上升到这样的层次，"万物一体"就连貌似的"辩证统一"都难以维系了。但是王阳明似乎有意无意地回避了这个问题，在上面引用的论述中，他没有将类比按照原本的逻辑继续下去，而最终仅仅停留在"宁救至亲，不救路人"这个层次上，未能将"至亲"与"路人"之间可能存在的更加严重的矛盾暴露出来。程颐尽管提到"分殊之蔽，私胜而失仁"的问题，但是他更担心的似乎是"无分之罪，兼爱而无义"，前者并未引起他的警惕和重视。

以上还只是从常识的角度指出"万物一体"论者对"万物异体"的认知存在疏失，一些社会心理学研究则表明，人是根深蒂固的群体动物，而群体通常是有其范围和边界的，换言之，"万物异体"是人类社会存在的一个基本事实。任何"万物一体"的理想主义都不能忽视这个基本事实。

人的生存离不开群体，人们结成各种各样的群体，对自己所在的群体形成认同和忠诚，进而对自己人和外人产生不同的感知和行为方式，这些都是毋庸置疑的常识。不过，当我们说起群体的时候，想到的可能都是一些共同纽带比较明确的，甚至建制化的群体，例如家庭、种族、国家等。这些群体之所以形成，是因为群体成员有共同的生活，或者具有某些共同特征。换言之，这些群体形成的基础是比较厚实的，个体对这些群体的认同以及相关的态度和行为倾向，也都是相对持续和稳定的。然而，人的群体意识其实比想象的要更容易激发，有时候生活中一些非常微不足道的偶然因素，都可以导致人们快速地形成群体划分，进而区别对待本群体和外群体。

泰弗尔等人曾通过一些实验来探明群际区别（intergroup

discrimination）的最小条件（minimal condition）。例如，让受试者比较一些克利（Paul Klee，1879—1940）和康定斯基（Wassily Wassilyevich Kandinsky，1866—1944）的抽象画，并报告他们偏好哪些画，然后假装根据他们报告的偏好将他们分为"克利组"和"康定斯基组"，但其实这两组完全是随机划分的。因此，这种分类唯一的实际意义，就是它们对被试的心理意义，除此之外，这个分类没有任何实质性的基础。在另外一些实验中，通过抽签的方式来确定分组，受试者被告知，根据他们抽中的图案，相同的人被分为一组。但实际上所有受试者抽到的图案都是一样的，因此其实只有一组，另外一组完全是制造出来的想象。①

通过这样一些操作，社会心理学家试图制造一些所谓的"最简群体"（minimal group）。也就是说，群体的划分完全是随机的。而且，"在群体之间或群体内没有社会互动或接触；没有利益冲突、先前的敌意，或成员的个人利益与群体成员身份之间的联系；在群体内或群体之间也没有其他任何形式的功能性相互依赖；而且群体成员身份也是匿名的，即个体知道自己属于哪个群体，但并不知道其他人属于哪个群体"②。在受试者通过这种方式被分组之后，他们中的一些人会被安排在两组成员之间分配报酬、做出评价之类的任务。结果表明，无论是分配报酬还是认知评价上，受试者都表现出明显的内群体偏好（ingroup favouritism）和外群体歧视。"因此，社会归类或'最简群体'范式的研究似乎表明，特定个体之间无论是吸引还是相互依赖并非群体形成的必要条件；而只是把共同的群体成员身份加于人们身上就足以在他们之间产生吸引。"③换言之，人的群体意识极容易被一些莫须有的因素激活，对这样一种"最简群体"的群体认同完全是虚构的意识形态，但它却真实地导致人们对己群和他群的差异化认知和行为。

除了关于"最简群体"的实验室研究，还有一项更加真实的现场实验——罗伯斯山洞实验（Robbers Cave Experiment），也对我们理解人类的群体意识深具启发意义。事实上，类似的实验分别在

———————

① 参见温芳芳、佐斌：《最简群体范式的操作、心理机制及新应用》，《心理科学》2018年第3期。
② 特纳等：《自我归类论》，杨宜音、王兵、林含章译，中国人民大学出版社2010年版，第29页。
③ 特纳等：《自我归类论》，杨宜音、王兵、林含章译，第30页。

1949年、1953年和1954年开展过三次，罗伯斯山洞实验是1954年那一次。在这个实验中，谢里夫（Muzafer Sherif，1906—1988）挑选了21个11岁的中产阶层出身的白人男孩，这些孩子各方面都比较接近，例如都来自同一个地区，都信仰基督教，智商都在平均线以上等等。谢里夫将他们带到罗伯斯山洞州立公园，让孩子们以为自己就是来参加一个普通的夏令营。谢里夫将21个孩子分成两组，开始的一个星期，这两个小组分别活动，并不知道彼此的存在。在第一周的活动里，小组内部培养起了最初的友谊，两个小组还选了队名——老鹰队和响尾蛇队，并将队名印在衬衫和队旗上。接下来，两个小组相遇了，他们知道了彼此的存在，马上冲突就开始了。接下来两组孩子被安排参加一些竞争性的游戏，在竞争过程中，同组的孩子们变得更加团结，对自己的小组更加忠诚，但是两个小组之间的敌意则越来越重，冲突不断升级，从语言羞辱发展为暴力袭击。例如在一场棒球比赛过后，获胜的响尾蛇队将自己的队旗插在了球场上，宣称那是他们的地盘，而落败的老鹰队则烧掉了前者的队旗，一场群架一触即发，以致实验人员不得不出面制止。他们还互相偷袭彼此营地，将对方的寝室破坏。不过，最后实验人员设置了一些新的条件，终于让他们冰释前嫌，团结为一个集体。[1]

关于这群孩子是如何发生改变，从冲突走向团结，我们留待后面再揭晓答案。这里首先需要关注的是在此之前他们各自群体意识和行为的激化过程。因为另外一个群体的出现，特别是当两个群体处于一种竞争格局之中时，我们看到，一方面，每个群体内部的忠诚和团结愈加强烈，另一方面，两个群体之间的敌意也越来越深，冲突很快升级到暴力相向的程度。这两个方面是相互刺激的，对己群的认同越深，对他群的冒犯就会越敏感，而他群的竞争压力又会使己群内部骤增一种同仇敌忾的凝聚力。尽管这些孩子在来夏令营之前，甚至在夏令营的头一周，都还是互不相识、无冤无仇的正常少年，但是在随后很短的时间里，他们却成了势不两立的两群人，做出一些之前他们可能自己都难以想象的暴力举动。而这一切的起因，只不过是实验者随机的群体划分，然后让他们彼此竞争。

---

[1] Muzafer Sherif et al., *The Robbers Cave Experiment: Intergroup Conflict and Cooperation* (Middletown: Wesleyan University Press, 1988).

群体意识是一把双刃剑，它之所以出现，也能在自然演化中找到根源。群体意识能够增强群体内部的凝聚力和战斗力，进而增强群体的适应性。演化论告诉我们，人天生就是社会动物或者具有亲社会性，这一方面表现人对其他个体的一些本能情感，例如同情心、对合作者的感激之心、对欺骗者的厌恶之心等等，另一方面也表现为对整个群体的依恋与忠诚。一些研究表明，"人类是有条件的蜂巢式生物，（在特殊情况下）我们拥有一种能力，即在比自身更大的群体中放弃自我利益并忘却自我（暂时且沉迷）。……这种能力称为'蜂巢开关'（the hive switch）。……蜂巢开关是一种让群体更有凝聚力的适应性，因此在与其他群体的竞争中卓有成效"[1]。蜜蜂是一种完全的社会性动物，而个体蜜蜂的一生完全服务于整个蜂巢（蜂后），它们的行为客观地看来，是绝对以群体为本位的。尽管不像蜜蜂这样极端，但是人类也具有一种群体本能，在某些条件下会被激发。我们说群体意识是一把双刃剑，这一方面是因为它可能被欺骗，依恋和忠诚于一个虚构的，甚至邪恶的群体，另一方面是因为它可能会导致群体之间的关系紧张乃至敌对，而群体之间的敌意甚至可能会盖过人的同情本能，导致一些群体灭绝式的人道主义悲剧。

综上所述，虽然人对其他存在者的痛苦不幸有一种普遍的、本能性的同情或恻隐不忍之心，这似乎能够引起一种"万物一体"的感觉，但是，即使是恻隐不忍之心，也会因为关系的亲疏远近而有程度上以及后续行动上的差异。连这种避免和缓解其他存在者之痛苦不幸的消极之爱也是有差等的，就更不用说增益他者幸福的积极之爱了。而且差等之爱的终点并不是爱的厚薄之别，而是对有些人我们根本无爱，还要与之竞争，甚至与之敌对。差等之所以存在，是因为在现实世界里，万物毕竟还是"异体"而非"一体"的。"万物异体"不仅指个体之间相异，而且也特别指群体之间相异。因群体意识而造成的隔阂、仇视、冲突，其惨烈程度甚至要远远超出单纯个体之间的竞争与伤害。在"万物异体"的冷峻现实面前，"万物一体"的理想情怀似乎很难避免支离破碎的命运。

---

[1] 海特：《正义之心：为什么人们总是坚持"我对你错"》，舒明月、胡晓旭译，第243页。海特在该书第10章对群体意识或曰人的某种"蜜蜂"性的演化机制提出了一个较全面的新解释。

"万物益体"

　　虽然"万物异体"是这个世界的基本现实，但是这并不意味着我们只能接受这个现实，而是应该努力去探寻相异的个体、相异的群体如何相处之道，在现实主义的前提之下，尽量去接近"万物一体"的理想。在消极之爱的层面上，"万物一体"毕竟还是有普遍的恻隐不忍之心作为基础，但是如果"万物一体"的境界不仅止于消极之爱，而且也包含积极之爱的话，那么我们就必须回答一个问题：积极之爱来源和奠基在何处？或者说，人如何可能突破"异体"的界线去施予积极之爱？

　　有一些积极之爱来源于与恻隐不忍之心类似的自然情感，例如父母对子女的爱。这种爱显然不仅止于消极之爱，父母通常是想方设法，甚至乐于牺牲自己，帮助子女过上更好的生活，这是积极之爱的一个典范。尽管父母对子女的爱在不同历史阶段和社会文化中有不同的表现，被赋予不同的意义，但是从根源上说，它离不开人类共同的生物本性（参看本书第三章中关于演化论的论述）。但陌生人之间的积极之爱是如何发展出来的？对这个问题，孟子有段话通常被奉为经典的回答："老吾老，以及人之老；幼吾幼，以及人之幼，天下可运于掌。《诗》云：'刑于寡妻，至于兄弟，以御于家邦。'言举斯心加诸彼而已。故推恩足以保四海，不推恩无以保妻子。古之人所以大过人者，无他焉，善推其所为而已矣。"（《孟子·梁惠王上》）按照通常的理解，孟子这段话是在主张，对陌生人之爱是将对亲人之爱推扩到陌生人身上的结果，所谓"举斯心加诸彼"，简言之也就是"推恩"。王阳明大概也有相同的意思，在上引一段关于"一体"与"厚薄"的问答中，他曾说道："吾身与至亲更不得分别彼此厚薄，盖以仁民爱物皆从此出，此处可忍更无所不忍矣。"这就是认为仁民和爱物都是从亲亲那里发展出来的。

　　但问题在于，这种"推恩"如何可能？或者，其动力来源于哪里？推的动力来源于对亲人之爱本身吗？好像不大可能。何怀宏意识到这个问题，他说："博爱，或者说对世人的爱是否是由对亲人的爱中推扩出来的呢？这两者之间看来并没有一种逻辑的联系，事实上，我们应当把这种推扩看作一种比喻，就像'爱邻如己'一样。'爱邻如己'是一种比喻式的号召和呼吁，意思是说你对邻人的爱要强烈和执着，它并不是对如何获得这种对邻人的爱的一种解释，并不是说爱人可以从自爱中逻辑地推演出来，因为这里根本推不过去，或者推过去也是只有越来越稀薄一途。"①确实，在对亲人之爱和对陌生人之爱之间，我们并不能发现一种因果关系。相反，我们甚至经常发现二者是冲突的，对亲人之爱占据了人们大量的情感和资源，以致很难再顾及陌生人，有人甚至为了促进亲人的幸福而不惜损害陌生人的正当权益。所以，虽然我们不必像有些学者那样，夸张地认为孟子上述"推恩"论中存在所谓"深度悖论"，②因为对亲人之爱与对陌生人之爱之间也并不存在逻辑上的必然矛盾，在实践上还是有可能二者兼顾，但是"推恩"也绝不像孟子所轻描淡写的那样自然而然，不成问题。推的动力何在？这是一个不容忽视的重大问题。③

这个问题还有一个经典体现，涉及对"孝弟为仁之本"（《论语·学而》）这句话的理解。④一种直观的解释是，"孝弟乃仁之本"的意思就是孝悌是仁爱的基础。按照这种理解，大概会认为，对亲人之爱是对陌生人之爱的动力。另一种解释认为，这里的"为"不是系词，而是动词，是行或者实践的意思，"孝弟为仁之本"是说孝悌是实践仁最基本的内容和步骤。按照这一解释，对亲人之爱还只是行仁的初阶，至多可以为对陌生人之爱提供一种示范，而不可能是其动力。宋明儒者多倾向于后一种理解，如程颐与弟子有一段对话，弟子问："孝弟为仁之本，此是由孝弟可以至仁否？"伊川答曰："非也。谓行仁自孝弟始，盖孝弟是仁之一事。谓之行仁之本则可，谓之是仁之本则不可。"⑤也就是说，孝悌只是仁

---

① 何怀宏：《良心论——传统良知的社会转化》，上海三联书店1994年版，第132页。

② 刘清平：《论孟子推恩说的深度悖论》，《齐鲁学刊》2005年第4期。

③ 英语中国哲学研究界对孟子思想中"推"这一问题有专门关注，参见 David B. Wong, "Reasons and Analogical Reasoning in Mengzi," in *Essays on the Moral Philosophy of Mengzi*, ed. Xiusheng Liu and Philop J. Ivanhoe (Indianapolis: Hackett Publishing Company, 2002), 187–220; Emily McRae, "The Cultivation of Moral Feelings and Mengzi's Method of Extension," *Philosophy East and West* 61, no. 4 (2011): 587–608. 这些探讨在题材上更加关注齐宣王"恩足以及禽兽，而功不至于百姓"（《孟子·梁惠王上》）的事例，在问题上更加关注"推"的形式特征（逻辑的、情感的抑或类比的），而对"老吾老以及人之老，幼吾幼以及人之幼"这个意义上的"推"，特别是"推"的动力问题，则关注不够。

④ 对"孝悌为仁之本"之诠释史的一个全面梳理，参见韩星：《仁与孝的关系及其现代价值——以〈论语〉"其为人也孝弟"章为主》，《船山学刊》2015年第1期。

⑤ 程颢、程颐：《河南程氏遗书》卷十八，《二程集》，王星贤点校，第183页。

的一种形式，它并不是仁的根本，并不能从中推出仁的其他形式。①

突破"异体"界线对陌生人施予积极之爱，其困难一方面在于自然本性中没有类似恻隐之心的基础，另一方面在于亲亲之爱也不可能真正构成其动力，所以，这种积极之爱究竟如何可能依然是个问题。相较于墨家，儒家对这个问题的考虑恐怕有欠周全，因为墨家倒是提供一条解决思路。《墨子·兼爱下》有云："姑尝本原之，孝子之为亲度者。吾不识孝子之为亲度者，亦欲人爱利其亲欤？意（读为抑，下同）欲人之恶贼其亲欤？以说观之，即欲人之爱利其亲也。然即吾恶先从事即得此？若我先从事乎爱利人之亲，然后人报我爱利吾亲乎？意我先从事乎恶人之亲，然后人报我以爱利吾亲乎？即必吾先从事乎爱利人之亲，然后人报我以爱利吾亲也。……姑尝本原之，先王之所书，《大雅》之所道曰：'无言而不雠，无德而不报，投我以桃，报之以李。'即此言爱人者必见爱也，而恶人者必见恶也。"

这段话的大意是说，孝子希望别人爱利其亲，而要使别人爱利其亲，需要自己先爱利别人之亲。在这里，"爱利人之亲"是孝子为了达到"人爱利其亲"之目的而采取的一种手段，这是一种另类的"老吾老以及人之老"的思路。②但在实际上，这一思路是儒家所

---

① 当然，程颐的回答有其特殊的理论脉络，他接着说："盖仁是性也，孝弟是用也。性中只有个仁、义、礼、智四者，几曾有孝弟来？仁主于爱，爱莫大于爱亲，故曰：'孝弟也者，其为仁之本欤！'"程颢、程颐：《河南程氏遗书》卷十八，《二程集》，王孝鱼点校，第183页。他是在体用架构中看待仁与孝悌的关系，孝悌是作为性体的仁之一用。仁的主要内容是爱，而孝悌是一种特别重要的爱，所以说孝悌为仁之本。在程颐的理论脉络中，我们的观点可以表述为，对亲人之爱与对陌生人之爱作为仁体的两种不同的用，它们是并列关系，而非本末或源流关系。但是，像程朱理学这样预设一个先验的仁体（性），也并不能实质性地说明对陌生人之爱在实践上动机何来。
② 尽管如此，我们认为对"老吾老以及人之老，幼吾幼以及人之幼"，可能朝"消极之爱"这个方向去理解会更加合理。孟子为何特提老幼？因为他们是更加脆弱的群体，更加容易遭受伤害，陷入危难，所以应该对他们多加保护。如张载《西铭》亦特别关注"尊高年，所以长其长；慈孤弱，所以幼其幼"，以及"凡天下疲癃、残疾、茕独、鳏寡，皆吾兄弟之颠连而无告者也"，强调"于时保之"，这些都明显带有避免和缓解痛苦的"消极之爱"色彩。因为孟子此语是在劝勉齐宣王，所以不仅涉及个人道德，更指向政治正义，即为政者和政府不能对百姓疾苦无动于衷，不要主动制造疾苦，应当让老百姓能够活下去。不忍自家老幼无所养，亦不忍别家老幼无所养，因此尽量为自家老幼提供保障，也尽量让别家有条件能够为其老幼提供保障。而这也就是孟子苦口婆心反复唠叨的"五亩之宅，树之以桑……"（于《孟子·梁惠王上》、《尽心上》等篇中凡三见），以及"明君制民之产，必使仰足以事父母，俯足以畜妻子，乐岁终身饱，凶年免于死亡"这套仁政主张的核心。不能简单因为孟子为民生鼓呼，就认为这体现了一种功利主义原则（例如王楷：《当代儒家伦理研究的方法论省思》，《道德与文明》2019年第2期），严格说来，孟子的仁政主张不是追求幸福最大化的功利主义，而更靠近确保民生之底线的道义论。

不屑的，儒家会认为这是一种功利性的爱，归根到底不过是一种自私。陈来就说，"表面上看，墨学的兼爱要比孔子来得广泛，但兼相爱与交相利联成一体，博爱原则掺入了功利原则，爱别人是为了使别人爱自己，这使得墨子的境界就比孔子、孟子低了一级"[①]。确实，墨子提倡的对他人父母的爱不是无私的爱，而是期待从中得到他人对自己父母的回报，如果得不到回报，这种爱就将难以为继。尽管不如无私的爱那样崇高，但这不失为培育对陌生人的积极之爱的一条现实路径。

墨子的话体现了一个核心观念，即"互惠"，具体而言是家与家之间的互惠。有的人会说，孝子也并不一定希望别人爱利其亲，他可能自身就拥有足够的能力让父母过得幸福，不需要他人帮助。这里墨子的推理确实有不够严谨的地方，但是他强调互惠的思路仍然具有重要意义。互惠并不局限于家与家之间，而是广泛地存在于人与人之间。也许确实有人在赡养父母这件事情上不需要他人帮助，但是几乎没有人能够完全脱离社会合作而生存，即使能够生存，也必定是一种非常贫苦的生存，而互惠乃是社会合作的本质要件。

对陌生人的积极之爱不可能凭空产生，互惠性的社会合作是培育这种爱最现实，也最基本的路径。[②]与其宣扬一种高调的无私之爱，不如虚心承认人难免有私心这一事实。尽管人有恻隐不忍之心，由此能够生发出对遭受痛苦者的一种相当普遍的消极之爱，但是增益他人幸福意义上的积极之爱，其对象却并非天然地就具有相同的普遍性。我们不忍心看到别人哪怕是陌生人遭受痛苦，因而有动机去救急解难，[③]但是我们的本性中似乎并没有一种积极意义上帮助别人过得更好的动机（或难以消除相反的动机如嫉妒心等），除非该人与我们有某种利益和情感关联。互惠合作当然是首先建立起一种利益关联，在这个阶段人们只是做"正义"的事情，即对等地回报那些与我们合作，促进我们利益的人，同时，也期待和要求

---

① 陈来：《有无之境：王阳明哲学的精神》，第249页。
② 还有一种可能的路径或许是诉诸宗教，或者某种乌托邦理想，但是如果没有互惠合作的现实社会生活作为基础，这些路径就只能寄望于虚幻的信念，而且可能以爱之名行罪恶之实。这在历史和现实中都不乏先例。
③ 当然，也有一个词叫"幸灾乐祸"，但严格说来，"幸灾"容或有之，"乐祸"则实非常情。

别人对我们相同的行为给予对等的回报。但是，随着社会合作的稳定开展，这种互惠关系就有可能进化为一种情感关联。换句话说，"一旦利害交换关系的相互性受到了有效的保障，人们就不必再担心自己的行为能否得到回报。久而久之，他们对回报的有意识期待就会淡化；他们就会将目光转向过去，更多地考虑如何用善意来回报别人曾经给予自己的善意。在这种情况下，人们不但无须考虑回报的问题，反而会对这类问题产生情感上的抵制，以便在心里维护一种默契的、带有人情味的合作关系"①。概言之，在稳定的社会合作中，人与人之间的互惠关系由"相互利益"进化为"相互善意"，由"正义"进化为"仁爱"。至此，我们才真正有力地说明了"对陌生人的积极之爱如何可能"这一问题。儒家"天下一家"的仁爱理想，不能脱离互利互善的社会合作秩序来理解和实践。②

　　现在回过来看上述的罗伯斯山洞实验，在该实验中原本势同水火的两个男孩群体最后冰释前嫌、走向团结，其原因其实非常简单，也很容易从理论上加以说明。因为实验者使他们具有了一些共同目标，例如修复和保卫对双方都十分重要的供水系统，通过合作完成任务得到奖励等。所以，在这个"万物异体"的现实世界中，如何才可能接近"万物一体"的理想？恐怕真正有希望的唯一路径，反倒应该是从墨家所主张（但是儒家认为境界不高）的互利互惠出发，首先形成一种利益共同体，在此基础上再继续朝互信互善的更高境界前进，形成一种爱的共同体。通过发展互利互惠、互信互善的社会合作秩序和共同体，逐渐打破原有的"万物异体"的界线，形成"异体"之间的良性互动和交融。简言之，在逐步建立"万物益体"的基础上，从"万物异体"向"万物一体"靠近。

　　在回答了上述问题之后，我们也获得了一个新的观察亲人之爱的视野。孟子批评夷之说："天之生物也，使之一本，而夷子二本故也。"（《孟子·滕文公上》）朱熹注曰："人物之生，必各本于父母而无二，乃自然之理，若天使之然也。故其爱由此立，而推以及人，自有差等。今如夷子之言，则是视其父母本无异于路人，

---

① 慈继伟：《正义的两面》，生活·读书·新知三联书店2001年版，第160页。
② 参见向世陵：《儒家的仁爱——博爱观念与亲社会行为》，《中国哲学史》2016年第3期。

但其施之之序，姑自此始耳。非二本而何哉？"①这里"一本"的意思是说，父母之于我们有一种唯一性，他们赋予了我们生命，因此我们对父母也应该有一种特别的爱。夷之讲"爱无差等"，否认了父母的这种唯一性，将路人等同于父母，因此是为"二本"。

父母之于我们，无疑具有一种唯一性，但是如果这唯一性仅仅指向生与被生的关系，那么它是否足以解释和证明我们应该特别地爱父母？反过来说，假如不幸生在一个父母不称职的家庭，是否依然有充分的理由要求儿女尽孝？例如，舜就很不幸，他的父母（还有弟弟）非但不爱他，反而对他坏事做绝，到了要害其命，谋其财，霸占其家室的地步。②但是对这样的父母，舜仍然"尽事亲之道"（《孟子·离娄上》），到五十岁时还思慕不已，孟子视之为"大孝"。③亲子关系确实是一种特别的缘分，值得特别珍惜和维护，而亲子不睦是世上最令人痛心的事情之一，所以，我们并不怀疑舜孝的伟大，即使面对那样不堪的父母，他也仍然苦心周全，始终没有放弃这段缘分。但是，我们能否要求与舜遭遇相似不幸的人，都能够像舜这样逆来顺受，尽孝终身？或者说，在不得已的情况下，应该允许子女对等地对待不称职的父母，不必强责以孝？

由此引出的问题是，除了亲子关系这一缘分的特殊性，孝爱是否还需要别的理由？在儒家文化的语境中，孝爱是天经地义的事情，似乎追问这件事情有何理由已然是大逆不道了，但是类似于舜的家庭不幸，还是将这个问题凸显了出来。因为文化上的反差，英语学界并没有将孝爱视为天经地义，而是细致地探讨孝爱的道德理由和这一义务的具体性质。这些讨论尽管头绪纷繁，但是都围绕一个核心观念，即"回报父母的恩惠"。无论是主张儿女有，还是没有孝爱的义务，都是基于"父母对儿女有所恩惠"这一前提。只是因为对这种恩惠的性质理解不一样，导致对子女是否有义务回报父母，以及这种回报的义务性质理解不一样。如有人根据恩惠是否经过受惠者的"请求"，而将受惠者对施惠者的义务区分为偿债式的义务和友谊的义务，并认为，子女没有请求父母的恩惠，所以子女

---

① 朱熹：《孟子集注》卷五，《四书章句集注》，第262—263页。
② 《孟子·万章上》："父母使舜完廪，捐阶，瞽瞍焚廪。使浚井，出，从而掩之。象曰：'谟盖都君咸我绩，牛羊父母，仓廪父母，干戈朕，琴朕，弤朕，二嫂使治朕栖。'"
③ 《孟子·万章上》："大孝终身慕父母。五十而慕者，予于大舜见之矣。"

对父母没有偿债式的义务（即子女不欠父母什么），至多只有像对朋友那样的友谊义务。① 还有人提出，父母对子女的恩惠很大一部分是父母应当履行的义务，因此也主张，子女对父母的这些恩惠没有偿债式的义务，但仍然有一种感激的义务。②

英语学界对孝爱义务斤斤计较，讨价还价式的探讨，同墨家对孝爱的理解有相通之处。墨子不仅基于互惠来理解一个人对其他人的父母的爱，甚至也基于互惠来理解亲子之爱。墨子说："虽有慈父，不爱无益之子。"（《墨子·亲士》）按照这个逻辑，父之爱子，居然也是因为子对父有益；可想而知，子之爱父，也是因为他要得到或者回报父亲对他的助益。郭齐勇说："墨子是在'兼爱'或'兼相爱'、'交相利'的系统中来讨论'孝亲'的。也就是说，即使在亲人之间，视人或爱人如己，从效果上看，也是互惠互利的。"③

站在儒家文化的立场上，可以批评墨家将亲子之爱理解为一种纯粹的利益交换，批评英语世界的这些探讨不合理地将家庭关系视为一种基于个人主义的契约关系。一个完美的家庭不会以这样一种斤斤计较，讨价还价的方式来谈论子女是否应该，以及如何孝爱父母。"在（家庭）这样的人类社团中，人们之间的首要关系不是建立在契约基础上，而是建立在彼此施惠受惠的信托关系上。"④ 父母固然有对儿女慈爱的义务，但是儿女并不能说，因为父母的慈爱是自己应该享有的权利，自己就不欠父母什么，所以没有孝爱父母的必然义务，这在儒家是不可想象的。"在儒家伦理学中，首先要考虑的是一个人的义务，而不是一个人的权利。在这方面，儒家伦理学与西方的权利中心伦理学有很大不同。"⑤

这个不同固然重要，然而，不论是义务中心，还是权利中心，

① Jane English, "What Do Grown Children Owe Their Parents?," in *Having Children: Philosophical and Legal Reflections on Parenthood*, ed. Onora O'Neill and William Ruddick (New York: Oxford University Press, 1979), 351–356.
② Jeffrey Blustein, *Parents and Children: The Ethics of the Family* (New York: Oxford University Press, 1982), 176–183.
③ 郭齐勇：《儒墨两家之"孝""丧"与"爱"的区别和争论》，《哲学研究》2010年第1期。
④ 李晨阳：《道与西方的相遇：中西比较哲学重要问题研究》（中国增订版），中国人民大学出版社2005年版，第138页。
⑤ 李晨阳：《道与西方的相遇：中西比较哲学重要问题研究》，第138页。

恐怕都不可能只讲一边，讲义务就不讲权利，讲权利就不讲义务。儒家君子虽然不直接主张自己有这样那样的权利，而总是以尽己之义务为念，但是他也期待别人能履行义务，期待对方自觉地对等相待，大家在默契中各得其所，不必互相要求、争讼。一个所予与所得长期不对等的社群，是很难靠其成员崇高的个人道德维持下去，而必然会走向崩坏。如果用前文论及的"相互利益"和"相互善意"这对概念，大概可以说，儒家的理想是"相互善意"的社群，在其中"相互利益"不必主张就会自然而然地实现，而在个人主义盛行的西方或者现代社会，则是通过更加明确的权利义务体系首要确保"相互利益"，当然这在一定程度上可能导致了"相互善意"的缺失。虽然"相互利益"不是"相互善意"的充分条件，但却是其必要条件。尽管有时候"相互利益"的稳定实现会使人们"遗忘"最初的利益动机，而走向"相互善意"的状态，但是，"任何时候，只要互利局面失去了保障或稳定性，被遗忘的正义原初动机就会再现于人的意识"①。所以，尽管儒家的理想确实更体面，但在现实和实践中却不得不严肃对待利益对等这样的问题。

就孝爱问题而言，尽管东西方（或者传统与现代）对家庭关系的情态以及亲人相待的方式有不同的感觉和理解，但他们之间却在一点上是相通的，即互惠性。儒家讲家庭的互惠性可能更加含蓄，更加偏重各尽义务和"相互善意"，不像英语世界的研究者那样露骨地表现其讨价还价的关系。但是儒家也不能反对，子女对父母的孝爱应当建立在一种互利互善的亲子关系基础之上，而不应该是一种不能问缘由的天经地义，或者轻巧地宣称这是自然本性使然，并在理论上支持将孝爱作为绝对的、单一向度的义务（如传统社会中所宣扬的"二十四孝"以及法律惩罚来消除不孝现象等）。也许文化可以赋予孝爱这样那样的特殊意义，但是在实践上和理论中，稳定的孝爱不可能脱离互惠性所提供的基础。宰予嫌三年之丧费时费事，提议改为一年，孔子批评他说："予之不仁也！子生三年，然后免于父母之怀。夫三年之丧，天下之通丧也。予也有三年之爱于其父母乎？"（《论语·阳货》）孔子的意思当然不是一种斤斤计较的盘算，以子之三年之丧抵父母之三年怀抱，而是说应当感念和

---

① 慈继伟：《正义的两面》，第200页。

回报父母养育之恩。但这也未尝不是在承认，三年之丧以及对父母的孝爱应当是有其基础的。舜对他那刻薄寡恩的父母依然"大孝"，这是一种也许在特定条件值得称赞的品德，但是不能也无法普遍要求的分外善举。

家庭关系在中国传统中被称为"天伦"，家庭成员之间的很多情感和行为都有天性作为基础，而且确实正是这些天经地义的情感使得家庭关系表现出更多的包容和更强的韧性，中国文化常常被称为以家庭为基础的家族主义（familism）。但是我们也要注意到，很多时候，人们可能恰恰是因为轻信了其中的自然性，对所谓的天经地义习而不察，以至忽视了家庭关系也需要经营，需要明理，所以现实的家庭关系常常不像我们视为理所当然的儒家式理想家庭关系那样完美。又因为亲子关系是一种天伦，是任何人都"无所逃于天地之间"的连接，它不像朋友之类的关系那样可以好合好散，而是日日厮磨，绵绵无绝，所以亲子关系不睦会造成沉痛的慢性伤害。借用孟子和夷之对话中用到的"一本"和"二本"来说，孝爱父母确实可以从亲子关系的唯一性和自然情感中找到"一本"，但是这个本是不够的，它还需要在互利互善的后天家庭生活中培育和维护，后者也是孝爱父母之"一本"，甚至这个本才是更重要的。

经过以上讨论，我们可以对儒墨两家的仁爱兼爱之辩作出一个更加公允的评估。笼统地说爱有差等，或者爱无差等，都是成问题的，应该根据对象和情境来考量爱是否、应否有差等，以及何种差等。

因为人对遭受痛苦者有一种普遍的恻隐不忍之心，所以首先是自己不忍心对其他存在者造成无端的痛苦，其次也不忍心其他存在者因为自己之外的社会或自然原因而遭受痛苦。恻隐不忍之心使人尽量地避免和缓解其他存在者的痛苦，这是一种消极之爱。在自己不对其他人类同伴造成无端的痛苦这一意义上，这种消极之爱不仅有普遍的恻隐不忍之心作为其情感基础，而且应当成为所有人必须平等地对所有人都履行的一项义务。即使是为了避免或缓解与自己有某种亲密关系者的紧迫痛苦，在选择手段时也应考虑是否会给他人造成痛苦，不可因为救亲而过分损人。对人类之外的其他存在者，不要无端地给它们制造痛苦，这仍然构成一项较严格的义务，但可能在优先性上低于对人类同伴的相同义务，为了避免和缓解人类同伴的严重痛苦，有时候可能不得不"忍心"牺牲一些非人类存在者，即便如此，这种牺牲也应当尽量克制。

在尽量避免和缓解其他存在者因为某种社会或自然原因而遭受痛苦这一意义上，这种消极之爱也有普遍的恻隐不忍之心作为心理基础，在力所能及的情况下，对其他存在者所遭受的紧迫而严重的痛苦，我们也应有一种解救义务，尤其是对人类同伴，这种解救义务就更加严格，这也应当成为所有人必须平等地对所有人都履行的一项义务。但是，假如解救所需的主客观条件非常之高，以致解救者必须做出巨大努力甚至牺牲，这时候依然见义勇为者值得称赞，但是也应当允许我们根据待解救者与我们之间的关系亲疏，做出带有一定偏私性的选择。特别是当我们只能在亲者与疏者之间择一而救时，选择亲者是可被允许的，甚至应该的。

消极之爱有普遍性的恻隐不忍之心作为心理基础，[①]但是增益他人（遑论其他存在者）之幸福这一意义上的积极之爱，却并不能在人类本性中找到相同的心理基础。我们在家庭里最易见到积极之爱，这种积极之爱当然有与血缘相关的一些自然本性作为基础，尤其是父母对子女的慈爱，但即便如此，自然本性也无法完全解释和证成家庭中的积极之爱，典型如子女对父母之孝爱。作为自然本性的血缘亲情，只有在长期互利互善的后天家庭生活中才可能得以保证、发展，逐渐在家人之间形成一种博大无私的积极之爱。尽管"不幸的家庭各有各的不幸"，但最终结果都是，原本美好的自然本性在失败的家庭生活中被绞杀消磨殆尽。而互利互善的家庭生活需要其成员的用心经营和适当的外部社会条件，实属难能而可贵。

家庭中的积极之爱尚且如此，更大范围内社会成员之间的积极之爱，就更加依赖一种互利互善的社会合作秩序了。既然积极之爱很大程度上奠基于社会合作，而社会合作可以在各种范围尺度上，以非常不同的互动方式展开，那么积极之爱表现出差等性也就会是

---

① 当然，仅仅有心理基础还是不够的，与消极之爱相关的道德义务还需要得到理性的证成（justification），而且它不仅依赖个人道德，而且需要正义制度的保障。这些问题都还需要另外专门的探究。

非常自然的。这种差等性除了深浅程度差异，还可能有性质差异，[①]
如亲情、友情和爱情之间的差异，就更宜界定为性质差异。不像消
极之爱在对象上具有普遍性，积极之爱则通常有其界限——积极之
爱意义上的博爱在现实世界是非常罕见（因而也非常伟大）的。积
极之爱的这种差等性一方面是人类社会之实然，另一方面也具有其
合理性和应然性，不能盲目地将普遍的积极之爱作为一种道德义
务。因为积极之爱的差等性根源于社会合作的范围弹性和形式多样
性，因此降低或调节其差等性也应当着眼于扩大或者丰富社会合
作。而无论怎样扩大或者丰富社会合作，正义对其成功而言都是必
不可少的条件，因此，仁爱的实现往往离不开正义作为其基础。

在"爱有无差等"这个问题上，我们不能一概而论，而是需要
综合考量多维因素，概括起来，包括对象与我之关系的亲疏、情境
的紧迫程度、能力和资源条件的满足程度等。只有在充分考量这些
因素的情况下，我们才能决定究竟是否要爱，如何去爱，才能看出
爱是否、应否有差等，以及何种差等。上面的分析显示，除了一些
特定的消极之爱，如不对人类同伴造成无端的痛苦，在力所能及的
情况下解救人类同伴紧迫而严重的痛苦，具有一种普遍平等性之
外，总体而言，无论消极之爱还是积极之爱都根据情境的紧迫程
度、能力和资源条件的满足程度，而在不同的对象之间具有某种
差等性，解释二者之差等性的原因以及证成它们的理由并不完全
相同。

孟子曰："杨子取为我，拔一毛而利天下，不为也。墨子兼
爱，摩顶放踵利天下，为之。子莫执中。执中为近之。执中无权，
犹执一也。所恶执一者，为其贼道也，举一而废百也。"（《孟
子·尽心上》）通常考虑"爱有无差等"的问题，只是聚焦于爱的
对象与我关系之亲疏这个单一因素，由此而有两种极端立场，即杨
子的"为我"与墨子的"兼爱"，前者将爱的范围极端收缩到一
己，后者则将爱的范围极端扩展到所有人。而通过我们上面的分
析，无论是消极之爱和积极之爱，都既不是极端的自私，也不是极

---

① 黄勇主张将儒家的"爱有差等"理解为爱有不同性质，而非爱有不同程度。参见黄勇：《儒家
仁爱观与全球伦理：兼论基督教对儒家的批评》，华东师范大学中国现代思想文化研究所编：《思
想与文化》（第二辑），华东师范大学出版社 2002 年版，第 206—211 页。黄勇从爱的不同性质
来诠释"爱有差等"是对的，但由此而完全否定差等的程度意义，并不符合儒家文本精神和人之常情。

端的无私，而是在为我和为他之间取得一种平衡。而且这种平衡并非如子莫那样执定一个不变的"中"，而是需要针对不同的对象，根据情境的紧迫程度、能力和资源条件的满足程度等因素，时时调节爱的程度和方式，在"权"中不断地寻找爱的"中道"。

至此，儒墨仁爱与兼爱之辩终于可以得一善解。如果在如下两种消极之爱——不对其他人类同伴造成无端的痛苦，在力所能及的情况下解救人类同伴紧迫而严重的痛苦——的意义上讲兼爱，是可以成立的。而孟子所提揭的恻隐不忍之心为此提供了一个普遍的心理基础，这是墨家兼爱可以取资于儒家之处。除这两种消极之爱外，在大多数情境中，儒家"爱有差等"的原则会更加现实，也更加合理。而儒家要实现其"天下一家"的仁爱理想，在实践上不得不重视利益问题，不能以为从"亲亲"中就能轻易获得"仁民"的动力。[①]在这个问题上儒家非但不能轻蔑墨家的所谓"功利性"，反而应当明确"互惠"的重要性。没有互利互善的合作秩序作为基础，不仅"仁民"不可能实现，连"亲亲"也会是一种奢望。

阳明的"万物一体"论以对天下苍生之疾苦的怜恤为情感基调，表达了一种"视天下犹一家"的伦理理想。这与孟子以恻隐不忍之心论性善，主张"老吾老以及人之老，幼吾幼以及人之幼"，以及张载的"民胞物与"论等，都是一脉相承的，他们共同闪耀着一种人道主义光辉。但是，任何超越个体的共同体，如果要维系其和谐稳定，都需要以互利互善的合作秩序为其基础，即使是我们视为天经地义的"家"也不例外。家因为有良好的基础，一方面是血缘之亲，另一方面是长期密切的共同生活，所以能够相对自然地形成互利互善的合作秩序。"视天下犹一家"，看起来是要求像爱我们小家的成员那样，去爱天下这个大家的成员，但对此更加务实的理解应该是，要在天下也建立起像在家庭中的那种互利互善的合作秩序。使人跨越"异体"的界线迈向"一体"的健康而持续的动力，只能是一种互利互善的合作秩序，而非道德圣徒的博爱胸怀，或者某些虚构的意识形态。

当然，即使这样来理解"视天下犹一家"，它也仍然只是个比

---

① 孟子曰："君子之于物也，爱之而弗仁；于民也，仁之而弗亲。亲亲而仁民，仁民而爱物。"（《孟子·尽心上》）

喻的说法。因为在家庭之外的社会建立互利互善的合作秩序，比在家庭之中建立这种秩序要复杂和困难许多，涉及需要专门加以解决的问题，而不是一个轻巧的类比就可以带过的。如赵汀阳所指出的："由家庭的合作模式推出整个社会的合作模式是否可能？也就是说，家庭的成功经验是否能够推广为整个社会的成功模式？这恐怕依然是儒家难以对付的问题。要从家庭模式有效传递地推广成社会模式，显然需要更多的条件，这个'传递性'问题是儒家社会的一个关键的技术性问题，一直没有得到充分的解决。"①

目前看来，一种具有真正意义而非浪漫诗情的"万物一体"在地球上还看不到实现的希望，甚至，我们离这样的理想的距离比阳明时代可能还要更加遥远。当今时代，不同社会阶层、种族、宗教、国家之间的撕裂和对抗，令人揪心，"万物异体"的情形因为利益、价值和意识形态冲突而加剧。"万物一体"是一种仁爱的理想，但是我们这个世界当前面临的更急迫的任务是定分止争。在实践中首先要做的是尽量阻止"异体"状态的进一步激化，为应对那些事关全人类生存的迫切问题达成一些最基本的合作，在此基础之上循序渐进，在各层次寻求更多的共同利益和合作机会，使这个世界从"异体"的这端不断向"一体"的那端靠近。而对于共同利益和合作秩序而言，正义是比仁爱更为基础和可靠的条件。因此，"万物一体"的仁爱理想没有直接实现的通道，而必须以追寻正义为当务之急。今天我们重温王阳明的"天下一体"论，仍然会在情感上激起强烈的共鸣，但在冷峻的现实面前，我们也同样需要把情感共鸣转化为理性的思考和行动。

---

① 赵汀阳：《身与身外：儒家的一个未决问题》，《中国人民大学学报》2007 年第 1 期。

第十章

结语

　　至此，我们从当代社会心理学视域来审视阳明心学的工作已经基本完成。在本书的第一章，我们曾对中西方哲学之间进行比较研究的可能性与必要性，对于从起源于西方的当代社会科学出发来审读中国古典理论的合法性以及可能产生的积极意义进行了初步论证。在随后的各章中我们努力进行了双向的解释，既说明社会心理学中具体的理论研究、实验结果是否可以帮助解答或解决阳明心学的问题，也研判阳明心学的命题如何可以为社会心理学的定理提供哲理上的支持或经验上的例证。我们的目的是要揭示并论证当代社会心理学与阳明心学之间是有共同话题的，从前者所提出的问题出发来反思和评判后者，可以为我们揭示出阳明心学中一些不为今人关注的维度和层次，可以加深或扩展我们对于阳明心学乃至整个儒家心性哲学的理解。在基本结束这一工作之后，我们再回到这一问题上，重新检查我们这一研究所可能面临的挑战，重新论证这一研究的可能性与必要性，进行批判性地总结从当代社会心理学视域来理解阳明心学所给予我们的义理警示与方法论启示。

对于反驳的反驳

反对或不同意将社会心理学和阳明心学放在一起进行比较研究的学者可以有很多理由，这些理由也并非全无意义，因为在两者之间确实横亘着一道道鸿沟，表面上似乎很难逾越。首先，它们之间有着中西古今之别，即阳明心学是中国的、古代的，而社会心理学是西方的、现代的。其次，它们之间有着学科内在性质和关注焦点的差异，即阳明心学更为关注的是人之安身立命之本，主要是形而上的，而社会心理学更加关心人生经验中的心理倾向与特质，主要是形而下的。然而，我们的研究表明，这样的区别过于简单化或不全面，执着于如此简单分界并无益于我们对于双方的理解。退一步说，即使我们承认两者之间有差异，但这也不妨碍我们对它们进行比较研究，因为有比较才有鉴别，有鉴别才能创新。广而言之，差别不仅不应该是拒绝对两种不同理论进行有意义比较的理由，反而在急切呼唤着比较的研究，增加从一个视域来探讨另一个的必要性，因为比较可以为我们更深刻地理解双方提供一些全新的进路和思路。

在最基本的意义上说，人和世界上的其他存在物一样都是物理性的。用极简的模式来概括，可以说一些特殊的物理性的组合构成了生命，而生命形式演化到一定程度，出现了意识这样一种特殊的机制和能力，意识越来越复杂，发展出了人类心灵。因为心灵及其特殊的能力，人类距离自己赖以起源的自然越来越远，发展出越来越发达的物质文化与社会文化，发展出族群、社会、国家，而族群、国家之间也由于地理环境的隔离、生产方式的不同、语言体系的区别等等原因越来越显出差异，发展出性质不同的社会制度、价值体系和意识形态。中西古今之别虽然在物质文化发展的方式、路径、后果等方面的区别也非常重要，但就我们的研究而言，所关注的主要还是其社会文化层面的意义。然而，即使在社会文化层面，也不能一概地说中西古今决然不同，因为社会文化无论多么发达，它仍然与人的物质生活、自然本性有着千丝万缕的联系。只有在相对高层的社会制度和文化现象中，才逐渐显现出中西各自的文明类型，并在近现代的现代化过程中，显现出传统与现代、东方与西方的矛盾和对立。从生产方式、经济关系和社会结构，到文化、政治、道德，再到哲学、审美、信仰，越是形而上的取向，中西古今之别越多元化，其差异也就越难化解。

20世纪以后的科技进步、经济发展、文化多元，极大地推动了全球化的进程，地球村的观念广为传播，人们也越来越倾向于接受文化多样性、思想多元性和人类命运共同体的理念。然而，全球化发展的不平衡导致民粹主义、民族主义、原教旨主义兴起，并在21世纪达到高潮，西方主要国家涌现反全球化、逆全球化、去全球化的浪潮，文明冲突取代文明融合成为不少人的一时之选。但我们坚信人类作为整体是具有共在性、共通性、共同性的。不同国家的不同政治体系、价值体系不应该排斥不同哲学、艺术、伦理、宗教之间的沟通和融通，更不能拒绝在基本价值层面上中西古今之间相通的方面、共同的态度、普遍的价值。例如，古往今来，无论在东西文化和伦理中，欺骗、残暴、背信都会受到道德的鄙视和谴责。也许人们对于这些恶德产生的原因、作用的观点不同，但对欺骗的痛恨、对残暴的摒弃、对背信的不屑并没有改变。而且，我们相信目前全球化虽然遇到了极大的困难，不同政治体系之间的对立在不断加剧，全球化的形式和内容都在经历着深刻的变化，但全球化作为人类发展的唯一途径是不可能绕开的。从长远的眼光看，中西古今分离或隔绝是历史的产物，虽然至今仍然没有完全消解，但我们有理由相信，随着世界各国之间的交流、交通以加速度的方式进行，传统与现代、东方与西方的价值追求也会沿着共存、互鉴、沟通、相融的方向不断演化，在不同程度上和不同形式下演化出各种各样的人类生活共同体、文化共同体和价值共同体，从而使我们提出问题的方式、对于问题的理解趋于一致。

哲学与非哲学

有些人也许会说，本书所沿用的进路和采取的方法使之很难被称为一本"哲学"著作。我们承认，我们从社会心理学出发来审视阳明心学，使得本书带有交叉学科的性质，但这并没有消解我们分析的哲学性。"哲学"本身并没有一成不变的边界，而是一个有待规定和不断重新定义的概念。20世纪初，章太炎把"哲"训作"知"，因而认定"哲学是求知的学问，未免太浅狭了"，只是因为没有更为"精当""适用"的术语，"今姑且用"之。[①]西方传统曾经对哲学有着明确的规定，但时至今日，"对于哲学曾经是什么，应当成为什么，当代哲学家的想法已经莫衷一是了"[②]。因此，哲学与非哲学的边界并非一目了然，需要我们更为细心地把握。

哲学家对于哲学的看法有两类。有时候它指向一些特殊的问题领域，例如形而上学、知识论、实践哲学（伦理学和政治哲学）、美学等等，但有时候它又是指个人或者民族的某种特殊的精神生活方式，是人的世界观、人生观和价值观。就哲学是关于特殊问题的研究而论，哲学和自然科学及社会科学的关系不应该分裂。事实上，形而上学与物理学、知识论与认知科学的关系就非常密切，前者所能提出的问题和达到的境界受后者的影响也非常明显。实践哲学和美学涉及价值、规范性问题，尽管这些问题不能简单地还原为事实性问题，但也不能完全离开对事实的了解，所以，最好的切入方式依然是与相关学科进行合作，从后者中汲取必要的营养。同时，由于哲学涉及对特殊问题的认识和提炼，不同文化的哲学即使存在一些具体方法、观点的差异，但是并不会完全无法互相理解和沟通。因为只要它们的问题是共同的，它们的推论是逻辑的，那么它们之间就存在共同性，就不仅能够而且应该相互切磋、交流和比较。

当然，在更高的层面上，哲学不仅仅指向具体的问题，而且是关于问题的问题和回答问题的方法论，只有以哲学的方法论我们才能真正把握世界、把握人生、把握社会。这里的关键是如何理解哲学研究的基本方法论特征。卡斯顿·哈里斯明确指出，"哲学因此是批判性的，特别是自我批判的事业。这并不是说哲学能得出牢不

---

① 章太炎：《国学入门课：章太炎国学讲义》，第35页。
② 拉格兰、海特编：《哲学是什么？》，韩东晖译，人民出版社2014年版，第2页。

可破的结论，知道我们该往何处去。恰恰相反：只有当'哪条路才是正确的？'这个问题继续被问及，哲学才会继续有生命力'"。①我们从社会心理学视域审视阳明心学，来确定诸多不确定性中的确定性，来检查多种可能性的最大可能性，这本身就是一种批判性的研读。我们虽然不能保证我们重新研读的结论绝对正确，但这一过程既产生于也产生出关于阳明心学某些解释的质疑，因此，在基本研究方法上，本书无疑是哲学的。

将哲学理解为研究特殊问题的学问，这本身就是现代西方学科分类的产物。哲学应当是某种更加深邃的精神生活方式，但具有明显的文化内涵与民族特征。对有些人来说，如果承认哲学是个人或民族关于世界、人生的总体把握，所反映的是特殊文化对于世界的独特解读，那么建立在不同文化传统之上的不同哲学体系之间的差异并不能通过具体问题的解决而化解。这一文化相对主义的哲学观把哲学体系之间的差别解释为如同艺术鉴赏或个人偏好的差异，不仅无法相互化解，更不能随意地以一方去解释另一方，否则会造成曲解，就如过去一百多年来以西释中一样。可以说，这样的观点对我们从当代社会心理学视域出发来检查、审视阳明心学的进路构成了一个直接的挑战。

虽然这种挑战不能说全无道理，但其实问题的关键不在于能不能"以西释中"，而在于如何理解以西释中、如何看待中西哲学之间的关系以及如何使用"解释"这一工具。文化相对主义哲学观虽然有一定的合理性，但也存在自身难以克服的困难，既无法作为哲学理解的基本方法论（如果普遍化必然走向认识上的不可知论和实践中的文明毁灭论），也不符合人类发展演化的历史过程与方向（文明冲突是暂时的，而文明融合过去是、将来也是人类的命运）。如果我们能跳出简单的二元论立场，我们就可以很容易发现中西之间的差异更多地在于表达方式而不在于实质内容②，而我们的研究就是要发现不同表达的形式之间更多的共同点。第一，哲学

①拉格兰、海特编：《哲学是什么？》，韩东晖译，第65页。
②参见张祥龙所言，"只要是拥有真正的悠久的文明，只要是对某些终极问题有自己的理性回答，就有哲学思想的传统。而且理性也不限于概念化逻辑化的理性，完全可以有情境化、操作化、直观化、几象（显现'几微'之象，比如易象、'大象无形'之象）化的理性"。（吾敬东、刘云卿、郭美华主编：《对话：东西方哲学》，上海三联书店2012年版，第59页）

是"爱智慧"或对智慧的追求，中西智慧都追求真理，无论是人生真理还是宇宙万物的真理，在求真这个最基本的层面上，中西哲学没有差别，它们的区别仅仅在于西方哲学家更愿意沉思关于宇宙的普遍真理，而中国哲人则更为关注造成人事变化的根本原因。第二，虽然西方更擅长形上学、认识论、逻辑论证，而中国更注重人生哲学、价值论和伦理比喻，但中西哲学的不同形态最终都要指向人的本质、本性、本体，都要为理解世界提供一套自洽的完整工具体系，因此在理论建构的落脚点上也具有共同性质。第三，即使采用西方哲学的方式来解释中国的思想文化，这也不是解释者简单地用毫不相干的东西来解释，而是经过认真思虑从西方哲学中选取最为可用的工具。"工欲善其事，必先利其器"，选择本身就是一个改造，选取之后又会经过解释者的吸收与转化，融为自己的资源，把"以西释中"，改变为以"中国化的西"来解释"可以西化的中"，或者相反以"西化的中"来解释"置于中国语境的西"。无论哪一种，研究都会呈现为一个诠释学的全过程。因此，能否从一方的视域出发来解释、观照另一方，问题的关键不在于双方是否有差异，而在于解释者是否具有吸收转化的能力，能否掌控解释的过程，可否实现解释的目的。我们深知从当代社会心理学的视域来解释阳明心学的深度和难度，因此从一开始就为这一研究设定了必要的边界，即在有限的语境中通过社会心理学的一些重要理论来关照阳明心学的一些主要命题，尽可能将前者消化为我们的理解，揭示出后者目前尚不太为人们所重视的一些维度或层次。就此而论，本书可以说基本上达到了自己的目标。

哲学解释与解释哲学

作为一种比较哲学的特殊研究类型，我们还面临着对这一研究进路的挑战。一些学者依然固守于哲学解释力在不同性质的哲学研究中，具有高下之分的立场①。对他们来说，从高深的或精致的学问如形上学、语言分析来解释比较"平常"的学问如伦理学、政治学似乎更"像"哲学，而从知识、道德、经验来解释形上存在（如中国的"道"，古希腊的*pneuma*，基督教的logos，笛卡尔的"心"，德国哲学的物自体等）则不仅是一种"僭妄"，而且是一种"肤浅"，不具或具有较低的"哲学性"。由此在一些哲学工作者心中，不可避免地出现不同形式的"鄙视链"，如形而上"鄙视"形而下，超越性"鄙视"世俗性，理性思辨"鄙视"经验归纳，分析哲学"鄙视"规范哲学等等。在同一哲学学科如伦理学内部，一些人也会争辩说，就分析力和解释力而言，元伦理学要高于规范伦理学；规范伦理学中，义务论要高于后果论，后果论高于德性论，德性论高于应用伦理学等等。这些说法在传统的哲学范畴中也许还有一定的根据，但对于今天的大多数学者来说，当今的哲学早已跨过了二级学科隔膜、价值与事实二分的阶段，不同的领域、不同的方法、不同的视角不仅不是绝对的排斥，而且已经开始逐渐融为一体。比如，今天任何应用伦理学的研究如果不使用元伦理学的分析方法，不涉及义务论与后果论的不同视角，不关注人的品行与社会繁荣问题，不理会如社群主义、女性主义的关切，都很难称得上是"好的"应用伦理学。从另一方面来看，元伦理学虽然在分析问题时依然犀利、高效，但也越来越携带工具性的价值，也日益成为小众的哲学。

要为从社会心理学视域来研究阳明心学这一进路进行辩护，我们还需要明晰哲学解释中的思辨与知识的关系。因为与一般的比较哲学课题不同，我们更为关注的是阳明心学的知识层面而不是其思辨层面，社会心理学正是在经验知识层面为我们提供了从新的视角来审视阳明心学的路径。从思辨来研究知识自然会增益我们对现象认识的逻辑性、连贯性，而从知识论证思辨也同样会避免在基本层

---

① 前述的黑格尔把中国古代哲学纳入到其哲学史中，用精神自我展开的不同阶段来评价哲学形态的高下，可以说是一个典型的例证。但这一哲学进路早已受到当代中西方哲学的共同批判和摒弃，构不成反对哲学比较的理由。

面的无知和误解。事实上，许多哲学的问题、无谓的争论并非出现在思维方式上，而是与哲学论证似乎无关的知识性层面。如果知识性的问题不纠正，一个哲学论证无论再逻辑、深刻、前后一贯，也会"失之毫厘，差之千里"，在无解的轨道上走上一条不归之途，或者演化为一门自说自话的纯象牙塔学问。这也再次证明了我们把社会心理学和阳明心学放在一起做比较研究的必要性和正当性，因为在这里，作为我们视域的社会心理学并非是用来否定阳明心学中所包含的人文精神的工具，而是通过分析心理学的研究成果来帮助我们更清楚地认识阳明心学在经验层面可能的误解、重新划定其应用的范围。我们的基本目标是要借助社会心理学尽量完善关于人类心理和行为机制的知识，为理解和解释阳明心学打下坚实的认识论基础。从知识维度来理解心学，不仅不会降低心学的哲学价值，反而会使阳明心学成为具有雄厚基础的理想主义学说，不仅具有思想史的价值，而且还可以在21世纪得到新生，继续发挥其指导人生的作用。

笼统地诉诸中西古今之别，是以抽象对抗具体，对阳明心学与当代社会心理学的比较研究也构不成实质性的反对理由。出于简单化的中西古今之别来否定人类之间的共同性、共通性，既没有历史根据也没有任何科学根据。人类心理和行为机制有相当古老的自然演化根源，这些机制普遍地装配在人类的本性之中，沿传至今。从人类演化史的角度看，从王阳明时代到今天这几百年时间只是非常短暂的一瞬。自然演化的速率相当缓慢，在如此短暂的时间里，人类基因和大脑还不足以发生显著的演化。尽管进入现代社会以来，科学技术进步一日千里，我们身体之外的自然世界、社会生活发生了翻天覆地的变化，但是我们作为人类，其身体机能与心理本性仍然和我们的先祖大致相同。很多时候，人们倾向于高估意识对身体的掌控而低估自然本性对生理、心理和行为的影响。因此，社会心理学所揭示的心理和行为机制有很大部分，例如情感直觉和推理在道德判断中的作用方式，人作为情境动物和群体动物的基本特性等，都不存在显著的中西古今之别。社会心理学对人类道德现象的一些客观描述，例如利他行为的演化，道德领域的文化差异，社会体系对个人选择的影响等等，都是一些事实性问题，即使对此观点存在争议，也并不涉及中西古今在哲学思想上的差异。这些又一次证明了从社会心理学视域来研究阳明心学的可能性与增益性。

任何哲学解释都有必要保持一种基本的价值中立，这是保证我们比较的过程和结果不仅对我们自己具有学术意义，而且对于其他学者也具有较高公信力的必要条件。阳明心学作为近代之前最具有创造性的学说，成为几百年以来矗立于中国哲学史的思想丰碑，有些学者对它怀有强烈的主观认同甚或精神信仰，也毫不奇怪。作为在中华文化中浸润多年的学者，我们对阳明心学也无疑具有景仰的情怀；作为经历过"破四旧""文化革命"式历史虚无主义的中国学者，我们对中国传统思想秉持"同情性理解"的态度。譬如，我们由衷敬佩王阳明的人格，特别是他不以世道污浊为借口随波逐流，始终坚守良知，不畏黑暗强权，正道直行。王阳明其人可谓其学之化身与光辉典范。因此，我们的研究不可能将其仅仅作为与己无关的分析对象，保持完全的情感中立。然而，我们虽然十分明晰诠释学的"前见"不可避免，但也更知道作为研究者，必须避免"一叶障目不见泰山"的偏见，力争开展前后一致、逻辑自洽的比较研究。事实上，我们正是以一种相对客观的态度，借鉴社会心理学所提供的特殊视域来重新理解阳明心学。在任何一个问题的研究结束之前，我们非但没有盲目地认同或信仰，反倒是对阳明心学的个体主义立场以及能否达到王阳明所期许的目的抱有合理的怀疑，并且从不同角度阐发了我们疑虑的原因。正是在这样的批判精神和方法鼓励下，我们的研究提出了一些为其他人忽略的问题，并对这些问题进行了追踪其源的探究。

阳明心学再评价

在本书的导言中我们已经提到最近一个时期出现的"阳明心学热"。这里面固然有非学术的因素，但经过上述的细致考察，我们也更加意识到，阳明心学虽然是产生于明代的一种儒家学说，但它在思想资源上直通孔孟，兼收朱子学、佛学和道学，是一个在当时令人耳目一新的学说。至今虽然已经六百多年，但我们依然可以领会其中所包含的丰富思想资源，感受到其鼓舞人心的道德理想。

阳明心学高扬人的道德主体性，把孔子的"为仁由己"、孟子"先立乎其大"学说发挥到了极致。其对宋明理学的反抗与批评，自然有其学理的依据和道德实践的积极意义。阳明心学坚持人心的自主性，主张"我心自然光明"，即使在污浊的环境、黑暗的社会制度下也要保持自己的人格，建立起了令人敬佩的英雄主义式良知德业。由于系统和环境的改善不是一朝一夕之事，我们不能以系统和环境的问题为借口放弃自身的良知责任，等到系统和环境改善才回归正途。在恶劣的政治体制和社会环境之中，恰恰更需要个体良知来维持住道德的底线，保存火种，积蓄力量。因此，即使我们对阳明心学有所批评，但阳明心学中所洋溢的道德担当意识和刚健洒脱的生命精神使我们深受感召。然而，正如当代社会心理学的研究所揭示的那样，个体良知之发挥作用深受制度系统和社会环境之影响和制约，因此，我们必须在揭示和激励个体良知的同时，也要看到个体良知的有限性，反对将所有的道德重担都压在个体头上。个体自主性的良好发挥与建立起保护个人权利与自由的社会制度必须结合起来，才能使得个体良知得以发展，个人自主性得到保障。

阳明心学不仅主张个体道德自主性，而且要激发个体的创造性，鼓励个人在体制压抑中的反抗精神。王阳明曾说："夫学贵得之心。求之于心而非也，虽其言之出于孔子，不敢以为是也，而况其未及孔子者乎。求之于心而是也，虽其言出之于庸常，不敢以为非也，而况其未及孔子者乎！"[1]不以传统为圭臬，不以制度为当然，不以体系为标准，这在传统社会是不可多得的新见和创新精神，在今天依然能鼓励我们不要因循守旧、不要故步自封而要高立

① 王守仁：《传习录中·答罗整庵少宰书》，《王阳明全集》卷二，吴光等编校，第76页。

自我的主动性、创造性，才能使得我们本人的生活和我们生活于其中的社会更具活力。然而，社会心理学的各种实验表明，仅仅"求之于心"并不是故事的终结，而要求人们把真理标准、道德标准全部内化则说明阳明心学归根结底没能跳出其个体主义的本体论，因此，其创新精神也有其局限。

阳明心学致力于个体良知之觉醒与发用，并没有局限于个体内部，而是要将之推广开来，作为治人救世之锁钥。这样的"内圣开外王"精神发端于孟子，并在阳明心学中得到实质性论证。儒家心性之学固然有其合理性和有效性，在特定条件下能提振人类精神、整顿社会风气，但另一方面，正如当代社会心理学所揭示的那样，个人生活于、思想于纷繁复杂的社会结构中，受着群体意识和社会结构的影响和决定，尤其是在当代民主和法治社会时代，过分拔高个体责任和无限度推广良知的作用，并将其作为社会控制的手段，并不利于个人与社会之间的良性互动，不利于建立和完善正义的系统和环境。如果大家都不去关注改变社会设置，不去在社会制度、政治体制、管理机制中深化改革，只是要求人人在个人良知上下功夫，在内心深处"闹革命"，就不仅会扭曲社会群体和谐发展的机制，而且也必然妨碍和阻滞人类文明的进步和人类命运共同体的建设。

作为中华优秀传统的代表之一，阳明心学有着重要的历史意义和思想价值，而且至今依然为人们所高扬。然而，如上所论，我们也必须看到阳明心学的历史局限，在当代推广应用时要时刻牢记唯有通过"创造性转化"与"创新性发展"，才可以使之更好地服务于今人的生活世界和思想世界。当代社会心理学出现在阳明心学创立的六百多年之后，其理论、实验、定律可以补充阳明心学的不足，如果善加利用，更可弥补其某些缺憾，这不仅没有丝毫减弱阳明心学的当代价值，反而更加映照出阳明心学本身的光辉和其具有的时代适应性。我们攫取其中的一些来进行研究，希望以此说明中西、古今并非截然不同而是可以相通、互相增益的，特殊性与普遍性具有内在的统一性。一方面因"人心之灵莫不有知，而天下之物莫不有理"（《大学》）而诉求学理的探索，另一方面也由"人同此心、心同此理”①而寻找经验的推论，这些具有普遍真理的独特表达不仅适用于同一文化前后，而且存在于不同文化之间，在我们从当代社会心理学视域进行阳明心学的研究中也得到了有力的证明。

---

① 这一理解在心学道统中曾以各种方式表述过。如《孟子·告子上》的“欲贵者，人之同心也”，“圣人与我同类者”。陆九渊《杂说》中也说：“千万世之前，有圣人出焉，同此心同此理也。千万世之后，有圣人出焉，同此心同此理也。……人皆有是心，心皆具是理。”

参考文献

一、中文著作类

杜威:《经验与自然》,傅统先译,商务印书馆1960年版。

G. 墨菲、J. 柯瓦奇:《近代心理学历史导引》,林方、王景和译,商务印书馆1980年版。

张岱年:《中国哲学大纲(中国哲学问题史)》,中国社会科学出版社1982年版。

傅伟勋:《儒家心性论的现代化课题》,《从西方哲学到禅佛教》,生活·读书·新知三联书店1989年版。

高觉敷主编:《西方社会心理学发展史》,人民教育出版社1991年版。

王守仁:《王阳明全集》,吴光等编校,上海古籍出版社1992年版。

陈来:《朱熹哲学研究》,中国社会科学出版社1993年版。

何怀宏:《良心论》,生活·读书·新知三联书店1994年版。

达尔文:《物种起源》,周建人、叶笃庄、方宗熙译,叶笃庄修订,商务印书馆1997年版。

费孝通:《乡土中国 生育制度》,北京大学出版社1998年版。

牟宗三:《心体与性体》,上海古籍出版社1999年版。

申荷永:《充满张力的生活空间——勒温的动力心理学》,湖北教育出版社1999年版。

周晓虹:《现代社会心理学史》,中国人民大学出版社1999年版。

张学智:《明代哲学史》,北京大学出版社2000年版。

慈继伟:《正义的两面》,生活·读书·新知三联书店2001年版。

冯友兰:《三松堂全集》,河南人民出版社2001年版。

葛兆光:《中国思想史》,复旦大学出版社2001年版。

牟宗三:《从陆象山到刘蕺山》,上海古籍出版社2001年版。

黄勇:《儒家仁爱观与全球伦理:兼论基督教对儒家的批评》,《思想与文化》第二辑,华东师范大学中国现代思想文化研究所编,华东师范大学出版社2002年版。

徐复观：《中国人性论史·先秦篇》，《徐复观文集》（三卷），李维武编，湖北人民出版社2002年版。

勒温：《拓扑心理学原理》，高觉敷译，商务印书馆2003年版。

余英时：《朱熹的历史世界——宋代士大夫政治文化的研究》，生活·读书·新知三联书店2004年版。

劳思光：《新编中国哲学史》（三卷上），广西师范大学出版社2005年版。

李晨阳：《道与西方的相遇：中西比较哲学重要问题研究》，中国人民大学出版社2005年版。

伊曼努尔·康德：《道德形而上学原理》，苗力田译，上海人民出版社2005年版。

陈来：《有无之境：王阳明哲学的精神》，北京大学出版社2006年版。

迈克尔·J.贝希：《达尔文的黑匣子：生化理论对进化论的挑战》（修订本），邢锡范等译，中央编译出版社2006年版。

陈嘉映：《哲学 科学 常识》，东方出版社2007年版。

陈志武：《对儒家文化的金融学反思》，陈明、朱汉民主编：《原道》（第十四辑），首都师范大学出版社2007年版。

徐向东：《自我、他人与道德——道德哲学导论》，商务印书馆2007年版。

陈立胜：《王阳明万物一体论：从身—体的立场看》，华东师范大学出版社2008年版。

陈来：《竹帛〈五行〉与简帛研究》，生活·读书·新知三联书店2009年版。

达尔文：《人类的由来及性选择》，叶笃庄、杨习之译，北京大学出版社2009年版。

迪尔凯姆：《社会学方法的原则》，狄玉明译，商务印书馆2009年版。

徐复观：《学术与政治之间》，华东师范大学出版社2009年版。

杨国荣：《心学之思——王阳明哲学的阐释》，华东师范大学出版社2009年版。

余纪元：《德性之镜：孔子与亚里士多德的伦理学》，林航译，中国人民大学出版社2009年。

梁家荣：《仁礼之辨：孔子之道的再释与重估》，北京大学出版社2010年版。

威廉·杜瓦斯：《社会心理学的解释水平》，赵蜜、刘保中译，中国人民大学出版社2010年版。

约翰·特纳等：《自我归类论》，杨宜音、王兵、林含章译，中国人民大学出版社2010年版。

兰迪·拉森、戴维·巴斯：《人格心理学——人性的科学探索》（第2版），郭永玉等译，人民邮电出版社2011年版。

刘笑敢主编：《伦理、推理与经验科学》，《中国哲学与文化》（第九辑），漓江出版社2011年版。

余纪元：《亚里士多德伦理学》，中国人民大学出版社2011年版。

赵汀阳：《天下体系：世界制度哲学导论》，中国人民大学2011年版。

米尔格拉姆：《对权威的服从：一次逼近人性真相的心理学实验》，赵萍萍、王利群译，新华出版社2012年版。

北京大学《儒藏》编纂与研究中心编：《儒家典籍与思想研究》（第五辑），北京大学出版社2013年版。

徐英瑾：《演化、设计、心灵和道德——新达尔文主义哲学基础探微》，复旦大学出版社2013年版。

杜维明：《青年王阳明（1472—1509）——行动中的儒家思想》，朱志方译，生活·读书·新知三联书店2013年版。

弗朗斯·德瓦尔：《共情时代》，刘旸译，湖南科学技术出版社2014年版。

乔纳森·海特：《正义之心：为什么人们总是坚持"我对你错"》，舒明月、胡晓旭译，浙江人民出版社2014年版。

理查德·道金斯：《盲眼钟表匠》，王道还译，中信出版社2014年版。

陈少明：《做中国哲学：一些方法论的思考》，生活·读书·新知三联书店2015年版。

菲利普·津巴多：《路西法效应：好人是如何变成恶魔的》，

孙佩妏、陈雅馨译，生活·读书·新知三联书店2015年版。

乔纳森·布朗、玛格丽特·布朗：《自我》（第2版），王伟平、陈浩莺译，人民邮电出版社2015年版。

彭国翔：《良知学的展开：王龙溪与中晚明的阳明学》（增订本），生活·读书·新知三联书店2015年版。

吴震：《阳明后学研究》，上海人民出版社2016年版。

道格拉斯·肯里克、史蒂文·纽伯格、罗伯特·西迪奥尼：《西迪奥尼社会心理学：群体与社会如何影响自我》，谢晓非等译，北京联合出版公司2017年版。

米哈里·契克森米哈赖：《心流：最优体验心理学》，张定绮译，中信出版集团2017年版。

理查德·道金斯：《上帝的错觉》，陈蓉霞译，阎勇校订，海南出版社2017年版。

郑也夫：《神似祖先》，中国发展出版社2017年版。

尼尔斯·艾崔奇：《灭绝与演化》，董丽萍、周亚纯译，北京联合出版公司2018年版。

乔治·H·米德：《心灵、自我与社会》，赵月瑟译，上海译文出版社2018年版。

苏晓冰：《成圣与其他：阳明早期围绕"成圣"问题的探索与尝试》，《思想与文化》（第二十一辑），华东师范大学中国现代思想文化研究所编，华东师范大学出版社2018年版。

陈立胜：《入圣之机——王阳明致良知工夫论研究》，北京三联书店2019年版。

二、中文期刊类

俞国良：《论麦独孤的本能论社会心理学思想》，《社会心理科学》1997年第3期。

江怡：《哲学就是对语言的误用——试论中期维特根斯坦对哲学的消解》，《自然辩证法通讯》1999年第5期。

方文：《社会心理学的演化：一种学科制度视角》，《中国社会科学》2001年第6期。

方文：《欧洲社会心理学的成长历程》，《心理学报》2002年第6期。

陈来：《元明理学的"去实体化"转向及其理论后果——重回"哲学史"诠释的一个例子》，《中国文化研究》2003年第2期。

张汝伦：《中国哲学的自主与自觉——论重写中国哲学史》，《中国社会科学》2004年第5期。

刘清平：《论孟子推恩说的深度悖论》，《齐鲁学刊》2005年第4期。

陈亚军：《杜威心灵哲学的意义和效应》，《复旦学报（社会科学版）》2006年第1期。

赵汀阳：《身与身外：儒家的一个未决问题》，《中国人民大学学报》2007年第1期。

刘春雪：《两种取向的社会心理学的整合研究》，《南开学报（哲学社会科学版）》2007年第5期。

龙漫远、陈振夏：《达尔文和他改变的世界——纪念达尔文诞辰200周年》，《科学文化评论》2009年第4期。

李建会：《自然选择的单位：个体、群体还是基因？》，《科学文化评论》2009年第6期。

郭齐勇：《儒墨两家之"孝""丧"与"爱"的区别和争论》，《哲学研究》2010年第1期。

任俊、黄璐、张振新：《基于心理学视域的冥想研究》，《心理科学进展》2010年第5期。

亓奎言：《"科学地"解读康德伦理学——神经伦理学的视角》，《道德与文明》2011年第6期。

孙占卿：《王阳明论未发已发》，《孔子研究》2011年第6期。

汪芬、黄宇霞：《正念的心理和脑机制》，《心理科学进展》2011年第11期。

陈立胜：《恻隐之心："同感""同情"与"在世基调"》，《哲学研究》2011年第12期。

李义天：《康德伦理学的道德心理问题》，《井冈山大学学报（社会科学版）》2012年第1期。

何松旭：《康德是道德内在主义者吗》，《道德与文明》2012年第6期。

倪梁康：《客体化行为与非客体化行为的奠基关系再论：从儒家心学与现象学的角度看"未发"与"已发"的关系》，《哲学研究》2012年第8期。

刘国雄、李红：《儿童对社会规则的认知发展研究述评》，《华东师范大学学报（教育科学版）》2013年第3期。

吴林林等：《非人灵长类的亲缘选择》，《兽类学报》2013年第3期。

彭彦琴、居敏珠：《正念机制的核心：注意还是态度？》，《心理科学》2013年第4期。

何怀宏：《试析〈天演论〉之双重"误读"》，《北京大学学报（哲学社会科学版）》2013年第6期。

陈少明：《"心外无物"：从存在论到意义建构》，《中国社会科学》2014年第1期。

孙亚斌等：《共情中的具身模拟现象与神经机制》，《中国临床心理学杂志》2014年第1期。

陈壁生：《经学与中国哲学——对中国哲学学科建构的反思》，《哲学研究》2014年第2期。

张祥龙：《孝道时间性与人类学》，《中州学刊》2014年第5期。

郭慧玲：《"危机"与"脱危"：西方社会心理学近期发展》，《甘肃社会科学》2015年第2期。

吴童立：《理性的意志薄弱与慎思自我》，《世界哲学》2015年第2期。

刘娜、李晶：《共情的内群体偏爱及群体差异研究综述》，《社会心理科学》2016年第3期。

向世陵：《儒家的仁爱—博爱观念与亲社会行为》，《中国哲学史》2016年第3期。

徐向东：《进化伦理学与道德规范性》，《道德与文明》2016年第5期。

黄玉顺：《论阳明心学与现代价值体系——关于儒家个体主义的一点思考》，《衡水学院学报》2017年第3期。

冯月季：《言语行为理论：米德与牛津学派的比较研究》，《重庆工商大学学报（社会科学版）》2017年第4期。

李义天：《情境主义挑战为什么不成功？——基于现代美德伦理学立场的辨析与回应》，《哲学动态》2018年第5期。

陈乔见：《从恻隐心到是非心：王阳明良知说对儒家性善论的凝练与发展》，《浙江社会科学》2018年第6期。

姚新中：《比较哲学的"第三条路线"——一个方法论的讨论》，《哲学动态》2018年第1期。

姚新中：《挑战与回应：儒家传统思想与现代男女平等》，《船山学刊》2018年第1期。

王觅泉：《人性善恶与仁义内外——重审孟告之辩的两个主题及其关系》，《中国哲学史》2018年第2期。

温芳芳、佐斌：《最简群体范式的操作、心理机制及新应用》，《心理科学》2018年第3期。

姚新中：《应用儒学的兴起——儒学创新发展的趋势与愿景》，《孔子研究》2018年第4期。

张倩、陈林林、杨群：《审判决策过程中的面孔特征效应》，《心理科学进展》2018年第4期。

高海波：《朱子"中和旧说"探析》，《哲学研究》2018年第7期。

王觅泉、姚新中：《理性主义道德心理学批判—乔纳森·海特与社会直觉主义》，《学术交流》2018年第11期。

王觅泉：《理学性善说的困难与戴震的自然主义解释》，《孔子研究》2019年第1期。

王觅泉：《重提儒家心性论的现代化课题》，《管子学刊》2019年第3期。

张庆熊：《孔德和涂尔干论社会研究中的本体论——从拒斥到发掘其科学意蕴》，《复旦学报（社会科学版）》2019年第4期。

姚新中、张燕：《两种情感主义的"心学"理论——斯洛特与王阳明比较研究》，《中国人民大学学报》2019年第6期。

陈少明：《"做中国哲学"再思考》，《哲学动态》2019年第9期。

胥博：《论康德定言命令在推导实际义务方面的有效性》，《道德与文明》2020年第1期。

姚新中、隋婷婷：《当代社会心理学视域下的知行合一》，《江苏社会科学》2020年第1期。

王觅泉：《阳明学的本体—工夫悖论与其教训》，《孔学堂》

2020年第4期。

三、英文著作类

Behe, Michael J. *The Edge of Evolution: The Search of the Limits of Darwinism*. New York: Free Press, 2007.

De Waal, Frans. *Good Natured: The Origins of Right and Wrong in Humans and Other Animals*. Cambridge, MA: Harvard University Press, 1996.

———— *Primates and Philosophers: How Morality Evolved*. Edited by Stephen Macedo and Josiah Ober. Princeton: Princeton University Press, 2006.

Flanagan, Owen, Hagop Sarkissian, and David Wong. "Naturalizing Ethics." *In The Evolution of Morality: Adaptations and Innateness*. Vol. 1 of *Moral Psychology*. Edited by Walter Sinnott-Amstrong. Cambridge, MA: MIT Press, 2007.

Goodall, Jane. *Through a Window: My Thirty Years with the Chimpanzees of Gombe*. Boston: Houghton Mifflin Company, 1990.

Sherif, Muzafer et al. *The Robbers Cave Experiment: Intergroup Conflict and Cooperation*. Middletown: Wesleyan University Press, 1988.

四、英文期刊类

Brensilver, Matthew. "Letter to the Editor: Response to 'A Systematic Review of Neurobiological and Clinical Features of Mindfulness Meditations.'" *Psychological Medicine* 41, no. 3 (2011): 666–668.

Brosnan, Sarah F., and Frans B. M. de Waal. "Monkeys Reject Unequal Pay." *Nature* 425, (September 2003): 297–299.

Church, Russell M. "Emotional Reactions of Rats to the Pain of Others." *Journal of Comparative and Physiological Psychology* 52, no. 2 (1959): 132–134.

Greene, Joshua D. et al. "An fMRI Investigation of Emotional Engagement in Moral Judgment." *S cience* 293 (September 14, 2001): 2105–2108.

Haidt, Jonathan. "The Emotional Dog and Its Rational Tail: A Social

Intuitionist Approach to Moral Judgment." *Psychology Review* 108, no. 4 (2001): 814–834.

Hamilton, W. D. "The Genetical Evolution of Social Behaviour. I." *Journal of Theoretical Biology* 7, (1964): 1–16.

———. "The Genetical Evolution of Social Behaviour. II." *Journal of Theoretical Biology* 7, (1964): 17–52.

Kabat-Zinn, Jon. "Mindfulness-Based Interventions in Context: Past, Present and Future." *Clinical Psychology: Science and Practice* 10, no. 2 (2003): 144–156.

Langford, Dale J. et al. "Social Modulation of Pain as Evidence for Empathy in Mice." *Science* 312 (June 30, 2006): 1967–1970.

Nickerson, Raymond S. "Confirmation Bias: A Ubiquitous Phenomenon in Many Guises." *Review of General Psychology* 2, no. 2 (1998): 175–220.

Trivers, Robert L. "The Evolution of Reciprocal Altruism." *The Quarterly Review of Biology* 46, no. 1 (1971): 35–57.

Ross, Lee. "The Intuitive Psychologist and His Shortcomings: Distortion in the Attribution Process." *Advances in Experimental Social Psychology* 10 (1977): 173–220.

Schnall, Simone et al. "Disgust as Embodied Moral Judgment." *Personality and Social Psychology Bulletin* 34, no. 8 (2008):1096–1109.

Segal, Zindel V. et al. "Antidepressant Monotherapy vs Sequential Pharmacotherapy and Mindfulness-Based Cognitive Therapy, or Placebo, for Relapse Prophylaxis in Recurrent Depression." *Arch Gen Psychiatry* 67, no. 12 (2010): 1256–1264.

Turiel, Elliot, Susan. Veronikas, and Michael Shaughnessy. "An Interview with Elliot Turiel." *North American Journal of Psychology* 6, no. 2 (2004): 275–280.

Valdesolo, Piercarlo, and David DeSteno. "Manipulations of Emotional Context Shape Moral Judgment." *Psychology Science* 17, no. 6 (2006): 476–477.

Wason, P. C. "On the Failure to Eliminate Hypotheses in a Conceptual Task." *Quarterly Journal of Experimental Psychology* 12, no. 3 (1960): 129–

140.

Wechkin, Stanley, Jules H. Masserman, and William Terris Jr. "Shock to a Conspecific as an Aversive Stimulus." *Psychonomic Science* 1, no. 1 (1964): 47–48.

Wheatly, Thalia, and Jonathan Haidt. "Hypnotic Disgust Makes Moral Judgments More Severe." *Psychological Science* 16, no. 10 (2005): 780–784.

Yao, Xinzhong. "Joy, Wisdom and Virtue—The Confucian Paradigm of Good Life." *Journal of Chinese Philosophy* 45, no. 3–4 (2018): 222–232.

———. "Philosophy of Learning in Wang Yangming and Francis Bacon." *Journal of Chinese Philosophy* 40, no. 3–4 (2013): 417–435.

附录一 社会直觉主义及其对理性主义道德心理学的批判

　　道德判断是道德心理学关注的核心课题之一。人是通过何种心理过程做出了道德判断，对此有不同的解释。在哲学和心理学上长期占统治地位的理性主义观点认为，道德判断是理性推理[①]的结果。以苏格兰道德感学派为代表的哲学家则认为，道德判断根源于情感，而理性推理只是用来澄清相关事实和概念的工具。晚近还有心理学家主张道德判断的双重心理机制，即理性推理和情感都可能在道德判断中发挥作用，它们会导致不同类型的判断，后果主义判断与理性推理相关，而义务论判断与情感相关。[②]

　　美国心理学家乔纳森·海特在一篇题为《情感之狗和理性之尾》[③]的文章中，提出了他的道德判断心理学理论：社会直觉主义，强调日常道德判断的直觉基础和道德认知过程的社会性，指出推理（reasoning）在日常道德判断形成过程中因果作用（causal role）的有限性，事后性（post hoc）、偏倚性（biased）。社会直觉主义直接反对理性主义，与道德感学派和双重心理机制学说虽有亲缘性，但社会直觉主义的出发视角，是心理学意义更加明确的直觉—推理这一快一慢、一热一冷两种认知方式之分，而不是较为模糊的（哲学上的）情感—理性或（心理学上的）情感—认知之分。较之道德感学派，社会直觉主义综合了当代社会心理学、文化心理学、进化心理学以及人类学、灵长类动物学等多学科领域关于直觉、情感、推理、判断等社会认知过程的研究成果，因此具有更广泛和深厚的经验基础。而较之双重心理机制学说，社会直觉主义更加细致地分疏

---

① 作为动词的 reason 及其名词形式 reasoning 通常被翻译为"推理"，但这个译法可能造成误解。因为说起"推理"我们联想到的往往是逻辑推理，或者对事实链条的推理，但这些不能涵盖 reasoning 的全部内容。例如在诸多考虑中反思权衡作出决定，也是一种 reasoning，但是称之为"推理"似乎又不合汉语习惯。此点关涉 reasoning 的具体内容和形式，后文还将论及。出于方便和统一的考虑，我们还是沿用了"推理"这个译法，作为补救，我们提请读者注意"推理"之"推"除了"推导"，还可能有"推敲""推求"等义。

② 参见 Joshua D. Green, "The Secret Joke of Kant's Soul," in *The Neuroscience of Morality: Emotion, Brain Disorders, and Development*, ed. Walter Sinnott-Amstrong, vol. 3 of *Moral Psychology* (Cambridge, MA: MIT Press, 2008), 35–79；对 Greene 思想的一个简要评述，参见王觅泉、姚新中：《约书亚·格林与道德判断的双重心理机制》，《哲学动态》2014 年第 9 期。

③ Haidt, "The Emotional Dog and Its Rational Tail." 海特后来称，文题中是为了与 rational 押韵才用 emotional 一词，虽然情感往往是直觉性的，但并不是所有的直觉都是情感或有情感成分。严格说来海特想探讨的不是情感，而是直觉。"emotional"虽然押韵，但是牺牲了准确。参见 Johnathan Haidt and Frederick Bjorklund, "Social Intuitionists Reason, in Conversation," in *The Cognitive Science of Morality: Emotion and Diversity*, ed. Walter Sinnott-Amstrong, vol. 2 of *Moral Psychology* (Cambridge, MA: MIT Press, 2008), 250–251.

不同机制的权重、特征及相互关系，因此更为详备。

社会直觉主义理论提出后，在心理学界引起了广泛的回响。[①]特别是理性主义的同情者，举出推理在道德判断中发挥因果作用的种种情形，批评社会直觉主义贬低了推理的地位。在辩论往还中，海特也在不断澄清、剖白社会直觉主义的立意和要点，展现了该理论强韧的包容性与解释力。推理在日常道德判断中究竟如何发挥作用，应该占据何种地位？是攻辩交锋的核心问题。经过新世纪以来十数年的传布，社会直觉主义已经成为一种颇有影响力和代表性的道德判断心理学理论。国内学界虽曾有所引介，[②]但是对其中蕴含的问题尚缺乏深入的挖掘和探讨。本文拟择要评述社会直觉主义及其受到的批评和给与的回应。对日常道德判断之心理过程的探索，影响我们对人类道德，以及人类作为道德主体的尊严的理解，也对道德哲学的工作方式和道德教育有基础性意义。

认知革命、情感革命和双系统

社会直觉主义诞生有两个重要的心理学史背景。

首先从大的方面看。20世纪60年代，科尔伯格（Lawrence Kohlberg，1927—1987）引领了道德心理学的"认知革命"（cognitive revolution）。科尔伯格认知学派信奉理性主义哲学，聚焦于以推理为核心的道德能力及其发展规律。他们运用的典型方法是围绕道德两难情境的问答，通过观察处于不同道德发展水平的儿童在问答中表现出来的推理方式，归纳道德认知发展的一般阶段规律。20世纪80年代，科尔伯格的女弟子吉利根（Carol Gilligan）指出道德能力存在性别差异，在女性道德能力中情感占据重要地位，起而批评认知学派过于注重推理而忽视了情感。[③]约略同时，心理学重新发现和承认情感的重要性，兴起了一种针对"认知革命"的"情

---

① 根据"百度学术"检索的结果，截至 2018 年 8 月 12 日，仅《情感之狗与理性之尾》一文已被引用高达 3684 次。

② 一个较详确的引介，参见贾新奇：《论乔纳森·海特的社会直觉主义理论》，《道德与文明》2010 年第 6 期。

③ 参见 Carol Gilligan, *In a Different Voice: Psychological Theory and Women's Development* (Cambridge, MA: Harvard University Press, 1982).

感革命"（affective revolution）趋势。但是，在20世纪末海特开展工作的年代，关于道德判断的心理学研究仍然受到认知学派的深重影响，"理性主义仍然占据统治地位，好像存在一种共识，认为儿童在日常推理的过程中自己创造出道德标准，道德就是类似性格的认知能力和一套关于道德标准的知识结构，存在于个体心智当中"[①]。海特感到道德心理学的这种局面亟待革新。

从较小的方面看，20世纪90年代以来，人类认知和行为的自动性（automaticity）一面日益受到心理学的严肃关注和研究，双加工模式（dual-process model）得到广泛认同。按照这种模式，人类认知和行为可以由两个不同的系统实现。系统I在进化史上更加古老，无需认知注意即可自动快速运作，整体性地处理信息。系统II在进化史上较年轻，需要有意识控制和投入注意力，分析性地、一步一步地推理出结果。[②]我们日常生活中很多事情都是由系统I无意识地处理的，它的好处是快捷省力，大多数时候它也基本胜任其事。但是系统I缺乏自主性和灵活性，如果情境特殊或者发生变化，它可能无法准确因应，这时候就需要动用系统II来主动寻找处理办法。这一双系统模式在人类许多领域的认知和行为中都能普遍地观察到，成为晚近心理学中广受承认的一个基本框架。

以上是海特提出社会直觉主义的一正一反两个背景。他认为，"道德心理学亟待革新，从认知革命的影响中走出，经过20世纪80年代的情感革命，进入20世纪90年代开启的自动性和双加工模式的时代"[③]。社会直觉主义反对道德心理学领域积习深重的理性主义，它受到人类认知和行为双系统现象的启发，试图揭示道德判断的双系统模式，因此尤其注意直觉暨自动性在其中的作用。

---

① Haidt, "The Emotional Dog and Its Rational Tail," 816.

② 参见卡尼曼：《思考，快与慢》，胡晓姣等译，中信出版社 2012 年版；Jonathan St. B. T. Evans, "Dual-Processing Accounts of Reasoning, Judgment, and Social Cognition," *Annual Review of Psychology* 59, no. 1 (2008): 255–278.

③ Jonathan Haidt, "The Emotional Dog Does Learn New Tricks: A Reply to Pizarro and Bloom (2003)," *Psychological Review* 110, no. 1 (2003): 197.

"直觉之狗"摇动"理性之尾"

海特说，道德心理学的最重大课题中，有两个分别是：（1）道德信念和动机从何而来？（2）道德判断如何工作？[1]前者涉及道德认知的实质内容，后者涉及道德认知的心理过程，社会直觉主义首要面对的是后者。社会直觉主义主张日常道德判断是基于直觉做出的，只有在必要时，推理才事后出现，为已经形成的判断提供辩护，在辩护中，它有时候甚至编造本不成立的理由。所以，推理是有所偏倚的，甚至仅仅只是一种"粉饰"。以上模式突出地体现在海特称之为"道德词穷"的现象中。

在海特等人精巧设计情节的一些判断题目中，被试很快就做出判断，但是在主试将他们给出的理由一一推翻之后，被试哑口无言，然而仍不愿意因此放弃最初的判断，海特称这种现象为"道德词穷"。一个典型的题目情节设计如下：一对兄妹在旅行中突发奇想，在采取了足够安全措施的情况下，尝试发生只此一次的性关系，问被试这样做是否可行。多数被试很快做出判断：这样做是错误的。但是被问及理由时，他们给出的理由（例如很多被试说，这样做可能会生下有严重缺陷的孩子）在题目情节中已经事先被有意地排除了。在主试一次一次地推翻所有这类理由之后，仍有很多被试虽然面露尴尬之色，但不改最初判断，只是说，我不知道，但那样做就是错的。

海特认为，被试是在对乱伦性关系的直觉性的强烈厌恶之情的驱动下，对兄妹二人所为做出否定性道德判断的。当被问及理由时，他们才为了辩护自己的判断去寻找理由，可见推理的事后性和偏倚性。而他们找到的理由在题目情节中已经被排除掉，因此是不相干的。这说明推理为判断提供的辩护只是站不住脚的"粉饰"。即使理由不成立也仍不放弃判断，这说明理由对判断形成没有发挥因果作用。所以，推理不像理性主义认为的那样，抓住或发明道德真知（moral truth）以形成道德判断。海特将推理的角色比喻为律

---

① Johnathan Haidt and Fredrik Bjorklund, "Social Intuitionists Answer Six Questions about Moral Psychology," in *The Cognitive Science of Morality: Emotion and Diversity*, 181.

师，它是直觉的代理人，不像法官是为了寻求真相和正义，律师是对当事人利益负责，为之提供服务的。

海特认为在日常道德判断中直觉和推理的角色是普遍如此的。在经验研究的基础上，海特提出了社会直觉主义的完整模式，如图所示：[1]

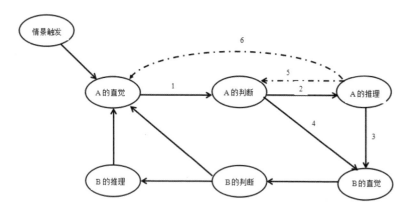

海特将"道德直觉"（moral intuition）界定为："对人之品格或行为的评价性感受（好—恶、善—恶）在意识或意识边缘突然出现，而觉察不到经历过寻找和权衡证据、推导结论等步骤。"他将"推理"（moral reasoning）界定为"转化（transforming）关于被判断者的所予信息来得出道德判断的有意识心智活动"。界定推理的关键在于，它是有步骤的，而且至少有些步骤是有意识地进行的。[2]海特的上述界定只抓住两种心理过程最基本的形式特征，直觉和推理对应双系统模式中一快一慢、一热一冷两种认知方式。

社会直觉主义图示中有6条标号的带箭头连线，表示直觉、推理和判断之间的6种因果关系。心理学研究表明，人类心智总是在评价，在按照好—坏维度判断自己所遭遇情境中的诸种因素，这种评价经常是自动的、情感性的，蕴含着趋或者避（approach-avoid）的态度和行动方向。可以设想，这种自动评价-决策机制对人类的早期生存是至关重要的。"关于这种不可逃避的情感心智（inescapably

① Haidt, "The Emotional Dog and Its Rational Tail," 815.

② Haidt and Bjorklund, "Social Intuitionists Answer Six Questions about Moral Psychology," 188. 这里海特修改了他最初在《情感之狗和理性之尾》一文中对直觉的界定，因为先前的界定将直觉和判断混为一谈，使社会直觉主义模式中的连接1"直觉判断"变得没有必要。

affective mind）的观点，是社会直觉主义的基础。"[1]情境触发评价性直觉，随之导致判断在道德领域也大体如是，连接1"直觉判断"代表这个过程。直觉只是将结果呈现在我们意识中，至于它是因为何种因素产生了这一反应，我们可能浑然不知。在直觉导致判断之后，被问及理由时，我们也无法准确援引背后的心理过程来予回应，但人又有一种自我辩护的倾向，推理经常是在判断形成之后，去搜寻与己方一致的证据和理由，连接2"事后推理"（post hoc reasoning）代表了这个过程。

日常生活中个人通过推理改变自己直觉和判断的情况很少，但是不可避免地会受到社会道德话语影响。他人的推理可能将我们带到一个新视角中去理解原来事物，从而形成新的直觉，这就是连接3代表的"推理说服"（reasoned persuasion）。推理劝说不是单纯凭借逻辑的力量，如果没有触发直觉的转变，劝说是很难成功的。另一方面，人有一种甚至是不自觉的合群心理，容易受到社会力量（social force）的影响。有时我们友邻的一个判断本身，无需进一步推理，就能直接影响我们对同样事物的态度和看法，这是连接4代表的"社会劝说"（social persuasion）。连接3和4是社会直觉主义的"社会部分"。海特特别强调，道德认知不是在个体心智当中孤立地发生的，道德的功能是促进不同的个体在社会中更好地生存和合作，因此道德认知也需要放到社会互动中去理解。以上4个连接是社会直觉主义的核心部分。

虽然推理在个人日常判断中通常不起因果作用，但这不是绝对的。有一些特殊的情形，例如情境未能触发鲜明的直觉，或者像哲学家那样有运用推理的能力和习惯，在这些情形中，还是可能通过推理形成判断，连接5"推理判断"（reasoned judgment）代表了这一过程。例如彼得·辛格（Peter Singer）通过功利主义原则推出如下结论：一头健康的黑猩猩比起一个永无意识的无头症（acephalic）人类婴儿更值得获得保护。这个结论可能违背了很多人的直觉，推理判断在日常道德判断中也并不常用。另一方面，个人也可能运用推理获得新的直觉，典型的方法如设身处地地换位思考，这个过程即连接6代表的"个人反思"（private reflection）。通过个人反思可

[1] Haidt and Bjorklund, "Social Intuitionists Answer Six Questions about Moral Psychology," 187.

能使我们从不同的视角看待事物，形成几个相互冲突的直觉，结果可能是听从最强的那个直觉，或者有意识地运用一些原则来取舍决断。在理性主义模式中，体现推理在道德判断中因果作用的连接5和6是核心，但是在社会直觉主义模式中，体现道德判断直觉性和社会性的前4个连接是核心，5和6是反而只是补充性的，因此图示中前者是实线，后者是虚线。[①]

海特认为，"研究表达出来的推理，比研究情感和直觉要容易，但是推理可能只是被狗摇动的尾巴。道德直觉和情感才是狗本身，例如同情和爱（就积极道德而言），羞耻、愧疚、后悔以及情感性的自我管理能力（就消极道德而言）。狗尾巴之所以值得研究，是因为狗非常频繁地用它来交流。相似的，道德推理之所以值得研究，也是因为人们频繁地用它来交流。但是，要理解人类道德如何工作，将注意力从道德推理研究转移到直觉和情感过程研究是更可取的"[②]。在社会直觉主义看来，是"直觉之狗"摇动"理性之尾"。据此海特反对我们道德生活中蔓延的两种错觉，一种是"尾巴摇狗错觉"（wag-the-dog illusion），即认为我们的道德判断（狗）是由推理（尾巴）驱使的。另一种是"摇别的狗的尾巴错觉"（wag-the-other-dog's-tail illusion），即指望通过驳倒对手的论证使之改变心意，这就像指望硬摇狗的尾巴可以使它高兴一样。狗高兴才摇尾巴，不是摇尾巴使它高兴。[③]

总而言之，社会直觉主义强调日常道德判断中直觉的首要性（intuitive primacy）（连接1），揭示出推理的事后性、偏倚性以及"粉饰"行为（连接2），但仍然承认推理（及判断）在社会互动中可以对他人的道德认知发挥因果作用（连接3和4），另外，它也为理性主义模式在一些特殊的情境和主体那里保留了一块地盘（连接5和6）。

---

① Haidt, "The Emotional Dog and Its Rational Tail," 818–819; Haidt and Bjorklund, "Social Intuitionists Answer Six Questions about Moral Psychology," 186–196.

② Haidt, "The Emotional Dog and Its Rational Tail," 825.

③ Haidt, "The Emotional Dog and Its Rational Tail," 823.

"理性之狗"驯服"直觉之尾"？

　　社会直觉主义对理性主义提出了直接的挑战，也可能对一般人心目中的道德行动者形象造成了冲击，这自然会引起理性主义的同情者反驳。这些反驳者往往并不否定道德判断的直觉性这一点，他们对社会直觉主义最主要的不满，在于它对推理的降格处理，他们指出推理在道德判断中发挥因果作用的种种方式，试图为推理重新正名。

　　首先，即使推理往往是事后性的，而且确实有为己方已经形成的判断辩护的倾向，但是它并不因此就一定是"粉饰"，而是也可能澄清直觉判断背后的理由，发现事物中可能影响判断的其他因素，改善今后对同类事物的判断。可以与如下审美判断情形做类比。[1]一个人看见一幅画，最初的直觉是喜欢，判断这是一幅不错的画。人们经常并不清楚而想去弄清楚，一幅作品里究竟是什么特质导致了自己的直觉和判断。这当然是一种事后推理，而且是为了辩护自己最初的判断，但是这并不妨碍它成为一种真诚的寻找理由的活动。这也像一个科学家为了验证自己直觉式的假说而去寻找证据，他的工作也完全可能是遵循客观科学标准的。例如这个人可能发现，他第一眼喜欢上这幅画，只不过是因为画中景色勾起了美好的童年回忆，但事后推理发现，这幅画的笔法也非常高妙。后面这个理由虽然不是导致最初直觉和判断的原因，但是它澄清了绘画作品对我们直觉和判断构成影响的一个重要感知因素，为未来的欣赏活动和审美判断提供了有价值的线索。或者，事后推理也可能发现，这幅画除了描绘的景色之外，在艺术层面是非常平庸的，因此这个人改变最初的判断，或者至少打个折扣：仍然喜欢这幅画，但知道这种喜欢与真正的审美价值无关。

　　反驳者试图通过这个审美类比表明，事后的、偏向确证的（biased toward confirmation）推理，也仍然可能发现真正的理由，对

---

[1] 海特认为，"道德直觉是苏格兰哲学家们谈论的那种心理过程，类似于审美判断中的心理过程。一个人看见或者听见一个社会事件，立即感觉到认同还是不认同"。"The Emotional Dog and Its Rational Tail,"818.

已经形成的，乃至未来的判断发生有意义的影响。"直觉事实上可以算作一个两步道德推理过程——做出一个直觉判断，然后尝试寻找理由来支持它的第一步。这个过程可以不断延伸，罗尔斯的'反思平衡'（reflective equilibrium）法可以视为一个例子，即在普遍原则和特殊判断之间相互检验，往复调整，到达平衡。"推理在这个"反思平衡"的过程中，可以发挥"抽绎、辩护和检验普遍道德原则"的作用，[1]这无疑也会改善我们的直觉和判断。

第二，推理不仅可以在事后发挥作用，而且可以事先干预从直觉到判断的过程，甚至干预直觉形成本身，并为"刻板印象"的心理学研究提供了一些这方面的证据。人对特定类别的事物常常有一些"刻板印象"（stereotypes），在遭遇这些事物的时候直觉性地表现出来。例如，内隐联想测试（Implicit Association Test，IAT）表明，人们对非裔人士常常不自觉地抱有诸如懒惰、攻击性强等刻板印象，并很自然地影响了对他们的判断，这支持了社会直觉主义模式中的连接1"直觉判断"过程。但是，一些研究刻板印象的心理学实验表明，可以通过各种方式阻断刻板印象直觉与判断之间的关联。例如，当被试被告知自己在种族内隐联想测试中的表现，显示他带有某种程度的种族歧视后，在接下来的实验任务中，他们会有意识地控制自己的直觉态度，甚至有点矫枉过正，对被歧视种族表现更高水平的好感。另有实验表明，这种对种族歧视性刻板印象的有意识控制，久而久之能够达到相当"自动化"的程度。[2]除此之外，推理还可以通过有意识地选择所暴露的情境来"教育"直觉，即尽量接近能够触发同情等积极反应的情境，而避免相反的情况。例如，多接触非裔优秀分子，或者修一门由非裔教授主持的关于种族主义的课程等手段，已被验证能够有效减轻对非裔人士的隐性负面态度。也就是说，社会直觉主义的反驳者认为，推理能够对直觉反应构成一种第二序的控制（second-order control），从而对后者做

---

[1] Patricia Greenspan, "Confabulating the Truth: In Defense of 'Defensive' Moral Reasoning," *Journal of Ethics* 19, no. 2 (2015): 105–123, 121–122.

[2] Cordelia Fine, "Is The Emotional Dog Wagging Its Rational Tail, or Chasing It? Reason in Moral Judgment," *Philosophical Explorations* 9, no. 1 (2006): 84–98.

出权衡和取舍。①推理或者是在直觉判断形成之后反思检省，以确认或改善判断，或者在事前对直觉进行权衡取舍再形成判断，这符合理性主义者对道德行动者及"真正"的道德判断的典型设想。②

第三，由前两点可以推知，道德判断虽然经常是基于直觉，但这只是就单次判断而言，如果将观察的眼光从单次判断扩展到道德认知的连续发展过程，就有可能发现，在这次判断中发挥作用的直觉受到了之前推理的影响，因而包含了理性的成分。有学者主张一种"形态学的理性主义"（morphological rationalism），认为道德原则有可能不需要被主体有意识地表象（represented）即可在主体的判断中发挥作用，"道德判断中的信息被包含在（embodied）典型个体的认知系统的稳定结构中，这种形态学地（morphologically）被包含的信息在特殊道德判断行程中发挥因果作用。这种作用是通过'程序化'（proceduralization）的方式发生的——这些原则自动地运作"③。以这种方式把握道德原则，是一种潜移默化的"能力之知"（know-how）。因此，直觉虽然在形式上是简单的，但是其内容并不一定简单，道德判断的直觉性、自动性与其合理性（rationality）并不必然矛盾。推理的作用不一定体现在作为每一个道德判断的直接决定原因上，而是体现在一个较长过程中去反思、调整和教化我们的道德直觉，日常道德判断大多是基于这种经过教化的直觉，一种已经成为"第二本性"的习惯做出的。④

抓住"直觉之狗"

社会直觉主义认为，日常道德认知的基本图景是"直觉之狗"摇动"理性之尾"。但是其批评者多认为海特过分贬低了推理的作

---

① David A. Pizarro and Paul Bloom, "The Intelligence of the Moral Intuitions: Comment on Haidt (2001)," *Psychological Review* 110, no. 1 (2003): 193–196.

② Jeanette Kennett and Cordelia Fine, "Will the Real Moral Judgment Please Stand Up? The Implications of Social Intuitionist Models of Cognition for Meta-ethics and Moral Psychology," *Ethical Theory and Moral Practice* 12 (2009): 77–96.

③ Terry Horgan and Mark Timmons, "Morphological Rationalism and the Psychology of Moral Judgment," *Ethical Theory and Moral Practice* 10 (2007): 279–295, 279.

④ Hanno Sauer, "Educated Intuitions. Automaticity and Rationality in Moral Judgement," *Philosophical Explorations* 15, no. 3 (2012): 255–275.

用，他们认为推理能够在直觉判断事后、事前乃至整个道德认知持续发展的反馈循环（feedback loops）过程中发挥因果作用。对此，社会直觉主义可以给出如下几点回应：

首先，社会直觉主义并没有完全否定推理在道德判断中的作用，它的6个连接中，有4个是推理连接，包括事后推理、推理劝说、推理判断和个人反思，而且后3个对道德判断具有因果作用。[①]社会直觉主义强调的是，推理较少在社会互动之外孤立地发生。因为除了哲学家，一般人在日常道德判断中较少会主动去寻找和权衡可能存在的异见，而总是倾向于（甚至可能编造子虚乌有的理由来）辩护、确证自己的态度和观点，所以我们需要其他人来帮我们看到事情的不同方面。例如，假如没有心理学家揭示出我们不自觉的种族刻板印象，被试就不太可能有意识地运用推理去控制自己的相关直觉及判断。进一步地，假如没有民权运动将种族不平等问题鲜明地摆上桌面，一般白人恐怕也不会主动去反思和调整自己对非裔人士的态度。这种道德观点的变化不是在个体心智中孤立降临的良心发现，而是在社会道德话语的相摩相荡中才逐渐实现的。社会直觉主义也主张道德认知在一个反馈循环中不断发展，但同时强调这个反馈循环是跨主体的社会互动过程。

海特说："社会直觉主义模式的要点，是将道德判断研究的焦点从个体思维上拉出来，扩展到社会世界——在社会世界中，随着人们说长道短、互相争论和讲理，道德判断产生和变化。"[②]虽然，社会直觉主义对个体道德心智之偏蔽和道德之社会性的揭示与强调，看似卑之无甚高论，但是在道德心理学以及道德哲学的研究中，这些常识并未被充分认知和贯彻，社会直觉主义对此有其纠偏作用。

除了主张连接5"推理判断"和连接6"个人反思"等推理过程只在一些较特殊的情境中才发挥作用，社会直觉主义还认为，即使推理发挥作用，也不是以理性主义者设想的那种方式发挥作用。就"个人反思"而言，它涉及从不同视角看待一件事情，并在由此产生的相冲突的直觉中做出决定。从海特对推理所做的形式化界定而

---

① Haidt, "The Emotional Dog and Its Rational Tail," 828.

② Haidt, "The Emotional Dog Gets Mistaken for a Possum," 283.

言，这个过程涉及有意识地实施的步骤，是一种推理。但海特说，"所有的道德推理可能都涉及直觉过程"，"感觉像是推理的过程，实际上是帮助直觉（冲动、本能）更好地履行它们职能的方式：我们考虑一个决定涉及的种种问题和意义，在这个过程中，有意识的和无意识的、情感的和'理性的'过程共同作用，使我们感觉（feel）出最好的答案。……推理需要情感性的输导机制（affective channeling mechanism）。……个人反思是一种推理，但不是科尔伯格和理性主义者形容的那种推理"。"这种推理不是哲学家会看重的逻辑的、不动情感的推理，而更像是在不同的选项之间权衡，感觉（feeling）在其中起了关键作用。"[①]

海特经常引用休谟"理性是激情的奴隶"一说，在他看来，在个人反思中真正起决定作用的仍然是（情感性的）直觉，推理只不过在直觉输出过程中起辅助作用的工具。如果海特将这种立场贯彻到底的话，他就应当不会再说，连接5"推理判断"是凭借"纯粹的逻辑力量"。[②]例如，辛格关于一个永无知觉的无头症人类婴儿和一只健康黑猩猩谁更值得保护的观点，应当不完全是功利主义原则的逻辑推导，而是有与之相应的直觉基础，如果没有这种直觉基础，"纯粹的逻辑力量"是无法使人真正达到这种态度的。当理性主义者强调推理可以对直觉和判断实施某种第二序的控制时，社会直觉主义会追问，这种控制究竟是如何发生的？如果背后真正起决定作用的仍然是直觉，理性主义者的批评就落空了。[③]

既然推理本质上只能输导直觉，而不能生产直觉，那么即使将观察视角从单个道德判断扩展到道德认知持续发展的反馈循环中，也不能为推理挽回地位。推理表面上看起来教化了直觉，但是教化的动机来自直觉，真正对直觉有所损益的力量，也来自其他直觉，而都不是来自推理。至此，一个很自然的问题是，直觉又是从何处来呢？前文提及，海特认为道德心理学重大课题其中之一是"道德判断如何工作？"另一个正是"道德信念和动机从何而来？"因此，除了要在道德判断的认知过程中去抓住"直觉之狗"，社会直

---

① Haidt and Bjorklund, "Social Intuitionists Answer Six Questions about Moral Psychology," 194–195, 201.

② Haidt, "The Emotional Dog and Its Rational Tail," 819.

③ Neil Levy, "The Wisdom of the Pack," *Philosophical Explorations* 9, no. 1 (2006): 99–103.

觉主义还进一步地到进化史中去追溯"直觉之狗"的祖先。在后一个问题上，海特的基本观点是："道德信念和动机来源于一组直觉，进化为它们的发展奠定了基础。这些直觉使关于德行和价值的社会建构成为可能，也适成其约束。"①

海特从五种关于道德系统的著作和大规模的跨文化道德感测试中，确定了6大类道德直觉，它们分别敏感于6类事情：关爱/伤害、公平/欺诈、忠诚/背叛、权威/颠覆、圣洁/堕落、自由/压迫。②这组直觉和人类道德之间的关系，类似于味觉和人类烹饪文化之间的关系。进化使人类普遍具有几种基本味觉，烹饪在此约束之下，与具体文化相结合发展出多样性。当然，这个类比无法精确地描述道德先天性的具体状态（是仅仅只是一个大致的发展方向，还是功能明确的道德模块）及其同后天性之间的关系，但是海特鲜明地反对人性白板论。

结论

面对理性主义的批评，社会直觉主义坚持主张日常道德判断中推理发挥作用的情境有限性，即使推理发挥作用，社会直觉主义对其作用方式也有不同于理性主义的理解。总之，社会直觉主义始终强调日常道德判断中直觉的首要性和基础性，它还鉴别出了一组基本的道德直觉，并将它们的根源追溯到进化史中去。道德认知的基本图景是"直觉之狗"摇动"理性之尾"，只有从进化史、社会互动和具体认知过程等等多个维度抓住了"直觉之狗"，才能真正理解人类日常道德认知。

社会直觉主义诞生于心理学情感革命和双加工模式兴起的背景之下，推动了这一趋势在道德判断心理学研究中的深化和发展。理性主义传统认为，理性是人类灵魂最高贵的部分，是人类尊严之所在，但是经验性心理学研究揭示出的人类行动者形象，与理性主义的设想并不一致。一方面，我们并不是那么理性，有时我们并不清

①　Haidt and Bjorklund, "Social Intuitionists Answer Six Questions about Moral Psychology," 194–195, 181.
②　参见海特：《正义之心：为什么人们总是坚持"我对你错"》，舒明月、胡晓旭译，第137—164页。

楚自己做出决定的心理过程，所以对决定中的不理性缺乏自知之明，还不自觉地为之辩护和"粉饰"。另一方面，我们表现理性的方式也不是理性主义式的，即不表现为在个体心智中孤立地发现和运用原则，做出决定。经过漫长进化出现在我们心智当中的直觉系统本身即具有朴素的合理性，并在社会互动过程中不断调适，理性即体现在直觉系统和这种作为社会共同事业的分布式认知（distributed cognition）中。①社会直觉主义对人类道德认知的看法似乎贬损了人类作为道德行动者的尊严，但毋宁说，它要将对这一尊严的理解奠基于更加真实的人类道德行动者形象之上。

海特的工作主要是心理学的，不过，"哲学家日益认识到，在哲学和心理学之间没有防火墙"。②社会直觉主义为思考一些重要的元伦理学问题提供了新的基础，例如道德事实是否以及如何存在，如何理解道德多元主义，避免相对主义等。海特也基于社会直觉主义对这些问题提出了初步的看法，本文聚焦于社会直觉主义模式本身，其元伦理学意义则俟另文再予专论。

（原文刊载于《学术交流》2018年第11期。作者：王觅泉、姚新中）

---

① Levy, "The Wisdom of the Pack."

② Haidt and Bjorklund, "Social Intuitionists Answer Six Questions about Moral Psychology," 213.

附录二　当代社会心理学视域下的知行合一

　　当代社会心理学研究是一个集社会学、心理学、伦理学、认知科学和哲学于一体的交叉学科，其内涵之一是探究知与行的关系。知行问题也是中国传统认识论和伦理学重点关注的问题。自孔子以降，特别是在孟子、荀子那里，关于学与习、习与知、知与言、言与行等的论述都从不同的方面涉及知行关系，而明代王阳明更是明确提出知行合一的命题，该命题成为阳明心学的核心观点。"知行合一"不仅是哲学伦理思想代表知行关系的一种理想状态，而且是一个实践问题，在道德自律、人际关系、境界培养等现实生活领域具有重要意义。如何理解知与行之间的交互作用？如何在社会活动中实现个体的"知"与"行"的合一状态，走出现实中知行脱节、知易行难、知行不一等困境？这些问题不仅具有理论价值，而且是道德实践中急需解决的难题。本文从当代社会心理学的视角审视其研究成果如何可以帮助我们理解知行关系问题，并将"知行关系"问题代入这一新学科的语境下，在科学实验的基础上探寻阳明知行观在个人与社会层面得以实现的可能路径。

从哲学到社会心理学：知行困境的思考

　　当代社会心理学与传统哲学思辨和伦理论证有不同的研究领域，术语所指也不尽相同，但在知行问题方面却有部分重合的问题域。中国传统知行观中的"知"具有认识论与伦理学的双重含义，既是认知、感知，也包含行的意念。而"行"则是落实意念之行，包含意念、意念之发动、意念之实行等等心理行为、意志行为、动机启动以及从动机到身体行为的过渡。为了方便起见，我们将其大致对应于社会心理学中的认知概念和行为概念。当代社会心理学通过建构各种模型，从实验数据入手，关注知行的心理机制、脑神经机制、个体与环境互动等方面，考察知行一致和不一致的内外原因。社会心理学研究揭示，个体的知与行共存于社会大环境中，不仅受个体与环境、理智与情感、身体与心灵等诸多关系的影响，也受到脑神经状态、所处境遇以及环境多种因素的左右。社会心理学充分利用脑神经科学和实验心理学的发现，提出知与行本身的形成以及它们之间的关系虽然主要取决于认知，但也与特殊情境和所处环境密切相关，为我们探索和思考知行困境、知行何以在现实生活中常常二分等问题提供了更多的视角和方法。

1.知行背离：阿希实验与环境对行为的影响

阿希实验是心理学家所罗门·阿希（Solomon Asch）1956年进行的三垂线实验，旨在探寻社会群体环境中存在的或大脑感受到的压力是否会促使个体做出违背本身认知的行为[1]。这一实验以大学生为受试群体，每组7人，其中1人为真受试者，其余6人为事先安排的实验合作者。实验者每次出示两张卡片，第一张画有标准长度的直线X，第二张画有三条不等长度直线A、B、C，实验者要求受试者判断ABC线中哪一条与X线长度相同，并要求每人轮流大声说出答案。

实验安排真受试者处于倒数第二个位置上。在实验的大部分时间，每人均会说出同样的正确回答，但在几次特定的问答中，实验合作者们会轮流说出同一个错误答案，这时有74%的真受试者违背了本身的认知，说出与群体回答相同的答案。阿希认为这一知行背离的状况是由于个体处在群体一致性的环境中，试图解除自身与群体之间冲突而产生的从众行为（conformity）。这种行为一方面是个体对规范的社会影响（normative social influence）做出的反应，即个体在很大程度上会天然地依从社会所接受的规则，并做出符合社会期望的行为[2]。另一方面，尊重规范并不是从众行为出现的唯一原因，对信息社会影响（informational social influence）的反应也是个体倾向于遵守群体规范的原因之一。这是因为个体的认知范围有限，个体常需以他人为信息来源了解社会与世界各个方面，因此具有从其所属群体成员获取某些确切信息的倾向[3]。

2.知行不一：盖奇案例与脑区研究

社会心理学研究发现，除群体施加于认知的影响外，个体情感的缺失也会导致道德领域中的知行背离。社会心理学对道德认知与

---

[1] Solomon E. Asch, "Studies of Independence and Conformity: I. A Minority of One Against a Unanimous Majority," *Psychological Monographs: General and Applied* 70, no. 9 (1956): 1–70.

[2] Steven Reiss, "Intrinsic and Extrinsic Motivation," *Teaching of Psychology* 39, no. 2 (2012): 152–156.

[3] Herbert C. Kelman, "Compliance, Identification, and Internalization Three Processes of Attitude Change," *Journal of Conflict Resolution* 2, no. 1 (1958): 51–60. 值得进一步探讨的是，受试者在从众时是内心还坚持自己的判断，还是由于受大众影响而怀疑自己的判断。这涉及群体和情境是仅仅影响个体的行为，还是影响其认知的复杂问题。

行为何以脱节问题进行了很多实验。盖奇案例引发了著名的研究。美国工人盖奇在一场爆炸事故中被一根约三英尺的铁棒贯穿头部，经治疗康复后，他的智力、逻辑能力、道德认知、记忆力以及语言能力基本正常，但人们发现他从一个原来非常友善且遵守道德规范的人变成了一个具有侵略倾向并且常做出不道德行为的人①。

安东尼奥·达马西奥（António Damásio）通过对盖奇颅骨的三维图像复原，发现盖奇的大脑两半球下部和内表面的前额叶皮层受到了损伤。通过研究一些与盖奇类似的前额叶受损者，达马西奥发现：他们在认知方面的能力基本正常，不但具有能够分辨善恶并做出正常道德判断的能力，而且在科尔伯格的三水平六阶段道德测试②中也能得到优秀（即达到第五阶段）的评测结果；但是，他们无法做出符合认知的道德行为③。达马西奥认为，这是由于前额叶脑区的损伤影响了受试者在情感和共情方面的能力，个体因而失去了使自己在道德相关事件中实现知行合一的能力④。盖奇案例非常重要，如果我们能更加深入地对其进行分析，也许会对身心关系、知行关系问题得出不同的结论，其中关键是如何看待道德动机在道德认识和道德行为中的地位和作用。内在主义认为真正的道德之知必须是蕴含道德动机的，而外在主义则认为道德之知并不必然蕴含道德动机。对于盖奇是否具备真正的道德之知的问题，学界目前还没有形成一致的观点。

3.知行两难：电车难题中情感与认知的竞争

研究者通过将思想实验与心理学实验相结合的方法对道德之知与道德选择进行了细致的区分，进一步探索情感的变化如何影响个

---

① 参见达马西奥：《笛卡尔的错误：情绪、推理和人脑》，毛彩凤译，教育科学出版社2007年版，第3页。

② 科尔伯格根据受试者在两难情景测验中的结果将人的道德判断水准分为三水平六阶段：前习俗道德（preconventional morality）根据行为具体结果及其与自身的利害关系判断好坏是非，包括两个阶段，即惩罚服从取向阶段和相对功利取向阶段；习俗道德（conventional morality）从社会成员的角度思考道德问题，着眼于社会的希望与要求并遵守和执行社会的规范，包括两个阶段，即寻求认可取向阶段和遵守法规取向阶段；后习俗道德（postconventional morality）以普遍的道德原则作为自己行为的基本准则，能从人类正义、良心、尊严等角度判断行为的对错，并不完全受外在的法律和权威的约束，而是力图寻求更恰当的社会规范，它也包括两个阶段，即社会契约取向阶段和普遍伦理取向阶段。其中，达到后习俗道德水平（第五和第六阶段）的受试者具有较高的道德认知和判断能力。

③ 参见达马西奥：《笛卡尔的错误：情绪、推理和人脑》，毛彩凤译，第31—51页。

④ 参见达马西奥：《笛卡尔的错误：情绪、推理和人脑》，毛彩凤译，第52—59页。

体在道德认知和行为中的统一，如何改变个体道德认知的一贯性，
如何使得个体做出不同于以往认知的判断。在这一研究领域中，他
们采用电车难题（the trolley case）思想实验揭示了知行之间的复杂
关系。电车难题是当代伦理学最知名的思想实验之一，其经典版本
内容是：假设一名电车司机驾驶的电车无法刹车，前方铁轨上有五
名工人。电车司机只有改变轨道，才能让这五人免于被撞死。但备
用轨道上，也有一名工人。那么，是否应该改变轨道撞死一人而救
下五人？在其后来的扩展版本中，有一个版本假设，救这五个人的
唯一方法是把一个大胖子推到铁轨上来阻挡电车。如果以他一人死
亡为代价可以拯救这五个人，那么我们应该如何选择？

　　面对上述两难情境，大部分受试者在第一个问题上采取后果主
义的认知模式，选择舍一人救五人，但在第二个问题上却没有继续
采取后果主义认知模式做出选择，而是转向了义务论的认知模式，
选择宁愿舍弃五人也不去杀害一人。约书亚·格林（Joshua Greene）
认为，这一认知行为差异是由两个问题造成的情感认知冲突带来
的，他将道德两难困境的问题分为"亲身性"（personal）与"非亲
身性"（impersonal）两类①，认为电车难题中的第一个问题是"非
亲身性"的，而第二个问题是"亲身性"的。"亲身性"问题引发
更多的情感变化，因此也影响了人们的道德判断和行为②。在之后的
功能磁共振成像（fMRI）测验中，受试者的情绪相关脑区的活跃特
征证实了格林的假设。在格林之后，乔纳森·海特也通过道德情景
实验研究了情感在道德中的作用，提出情感不仅在道德判断过程中
发挥影响，而且有时会充当道德行为的动机和驱动力③。

　　在此基础上，格林与海特分别构建了道德判断的双加工模型和
道德的社会直觉模型（social intuitionist model）。尽管两人在情感对

---

① "亲身性"与"非亲身性"是约书亚·格林为了区分道德两难问题的类型而提出的分类法，"亲
身性"问题的定义有三个：可能会造成严重的身体伤害；对象是一个特定的人；这种做法造成的
伤害不是由转移对另一个当事人有威胁的事情而引发的。道德两难中不符合"亲身性"定义的问
题则属于"非亲身性"问题。

② Greene, "An FMRI Investigation of Emotional Engagement in Moral Judgment."

③ Jonathan Haidt, "The Moral Emotions," in *Handbook of Affective Sciences*, ed. Richard J. Davidson,
Klaus R. Scherer, and H. Hill Goldsmith (New York: Oxford University Press, 2003), 852–870. 参见王觅
泉、姚新中：《理性主义道德心理学批判——乔纳森·海特与社会直觉主义》，《学术交流》
2018 年第 11 期。

道德的影响方式和影响程度方面有一些分歧，但都认为情感的参与对人的行为特别是道德行为有着极大的影响。约书亚·格林在双加工模型中强调了情感与认知的双重作用，认为人们面临道德情境时会同时激活认知和情感，这两者既相互依赖又相互竞争，最终道德判断或行动的结果取决于情感和认知的竞争结果[①]。乔纳森·海特则在社会直觉模型中将情感认知的关系比喻为"直觉之狗与理性之尾"：道德直觉是快速且自动的无意识情感过程，而道德推理是缓慢审慎的认知加工过程；道德推理过程发生于人们做出直觉道德判断之后，有意识的道德认知对直觉判断进行反思和规范，但往往很难改变由情绪驱动的道德判断和行为[②]。

社会心理学的知行关系探索：知行合一何以可能？

对于知行合一，社会心理学的实验路径量化了环境与情感、情感与认知、认知与行为的研究，揭示出知行之间复杂、动态的关系，提醒我们保持知行一致的困难。这些实验同时使诸多研究者发出"知行合一是否缺乏心理基础？""知行合一是否可能？"等疑问。对此，我们从五个方面来审视当代社会心理学研究与传统阳明心学对于知行合一之困难与可能性的认识。

1.知行联动：一念起即是行

知行合一何以可能？王阳明给出的答案为"一念发动处，便即是行了"[③]，指出心之本体就是知行合一。阳明心学中的知，并非限制在纯认识论意义上的认知，其行也非仅仅是可以客观观察的物理运动。王阳明引用《大学》中的"好好色""恶恶臭"来说明他关于知与行以及知行合一如何可能的见解："见好色属知，好好色属行。只见那好色时，已自好了。不是见了后，又立个心去好。闻恶臭属知，恶恶臭属行。只闻那恶臭时，已自恶了。不是闻了后，别立个心去恶。"[④]在王阳明那里，知与行不仅是连贯的，而且本身就是一个统一体。他认为，意念发动就已经是行了，因此，如果发动

---

① Greene, "An FMRI Investigation of Emotional Engagement in Moral Judgment."

② Haidt and Bjorklund, "Social Intuitionists Answer Six Questions about Moral Psychology," 181–217.

③ 王守仁：《传习录下》，《王阳明全集》卷三，吴光等编校，第96页。

④ 王守仁：《传习录上》，《王阳明全集》卷一，吴光等编校，第4页。

处有不善，就要将这个不善的念头克制掉，"善则存，恶则去"，在行为中趋善避恶。这表明了个体意念的流动对个体行为的直接影响，也说明了知行联动在个体的心理本能中具有可开启性和可触动性。此即为知行合一何以可能的先天基础。

知与行之间、意念与意念发动之间，都并非截然分离的两个领域，而是一个连贯的过程。这一阳明心学的独到理解在当代社会心理学研究中得到了支持和佐证。2003年，哈佛大学社会心理学家丹尼尔·韦格纳（Daniel Wegner）在其白象效应（也称白熊效应）实验中证明了意念与心理行为的直接关系。受试者被要求在脑海中想象一只白色的熊或不要在脑海中想象一只白色的熊。实验结果显示，那些受到指示不要去想白熊的受试者，无法压抑白熊的想法，他们所报告的脑海中浮现白熊的次数是被要求想象白熊的受试者的两倍。韦格纳认为，当个体刻意转移注意力时，思维也开始出现无意识的"自主监视"行为——监视自己是否还在想不应该想的事情，使个体反而无法从根本上放弃对事情的关注[1]。社会心理学常常援引这一效应来解释由于脑海中出现的念头（通常是否定的）自发引出的行为表现。如个体想象不要紧张，却因为念头在内心的投射而引发心理、生理和行为上的紧张表现；个体想象不要失眠，却使得失眠这一念头在认知过程中挥之不去，从而使个体无法正常入眠；等等。这种影响如何产生与消除也受到社会心理学的研究与关注。

2.知行合一：情感、直觉与理性

在阳明心学语境中，近似于直觉之"知"与纯粹的"认知"的语义指称域不同，因为"知行合一"之知本身便是包含心之四端的良知，而"所谓'四端'者皆情也"。王阳明对于情感在知行合一中的重要性早有意识，其提法也与现代社会心理学家异曲同工，认为"无诚爱恻怛之心，亦无良知可致矣"[2]。认知神经科学实验明确了情感在知行过程中的重要地位，不论在约书亚·格林的双加工模型中还是在乔纳森·海特的直觉判断模型中，情感的参与都是行为

---

[1] Daniel M. Wegner and David J. Schneider, "The White Bear Story," *Psychological Inquiry* 14, no. 3–4 (2003): 326–329.

[2] 王守仁：《寄正宪男手墨二卷》，《王阳明全集》，吴光等编校，第990页。

产生的必要条件。王阳明的情虽是良知之基，但他也提出"七情"过盛实为良知之害；而在海特的直觉模型中，尽管情感被比喻为冲刺在前的猎犬，却终需理性之尾进行"反思平衡"，发挥其推理、辩护和检验的作用。单纯放任个体情感直觉的奔腾，对道德事件的判断将出现无法给出理性归因的道德失声[①]，而且直觉的判断方式与事件的情感性好恶判断重合，虽然这一判断过程在多数情况下与道德判断同步，但是很多事件无法单纯依照情感性直觉进行道德判断。在海特所举出的一些道德相关事件中，"吃掉自己的被车撞死的狗""用美国国旗擦洗马桶"等事件能够造成受试者的直觉性情感厌恶，而且能唤起前额叶皮层等情感脑区的激活反应。但是，若要对其进行道德解释和归因，则必须依靠理性认知的力量[②]。格林的双加工模型对理性的作用也有强调。他提出，虽然让个体不追随情感起落并用理性约束行为只是一个不得已接受的（bullet biting）方案，但是重视推理的理性模式在很多情况下仍比单纯的自动情感模式更可靠[③]。阳明心学认为，即便是至情，"天理亦自有个中和处，过即是私意"[④]，须以天理调停适中，方能知行合一。因此，虽然社会心理学对理性有独特的定义，但是其关于直觉、情感与理性在知行合一中作用的理解与阳明心学的思路殊途同归。

3.知行互助：意志力的消磨与增强

在克除不善之念与践行良知的历程中，道德行为同时涉及道德主体在意志力层面的自控与自律。"能克己，方能成己。"[⑤]主体确定知行导向，并据此来支配、调节自己的行动，在这一过程中，道德意志的存在是克服抵御外物之诱、推动行动进度与延续的关键。在社会心理学中，意志力在生理层面上首先表现为一种内驱力，受大脑中巴甫洛夫系统（Pavlovian system）和目标导向系统（goal-directed system）的交互影响。巴甫洛夫系统代表了主体的本能与冲

---

① Haidt, "The Emotional Dog and Its Rational Tail."

② Jonathan Haidt, Silvia Helena Koller, and Maria G. Dias, "Affect, Culture and Morality, or Is It Wrong to Eat Your Dog?," *Journal of Personality and Social Psychology* 65, no. 4 (1993): 613–628.

③ Joshua D. Greene, "Beyond Point-and-Shoot Morality: Why Cognitive (Neuro) Science Matter for Ethics," in *Moral Brains: The Neuroscience of Morality*, ed. S. Matthew Liao (New York: Oxford University Press, 2016), 119–149.

④ 王守仁：《传习录上》，《王阳明全集》卷一，吴光等编校，第 17 页。

⑤ 王守仁：《传习录上》，《王阳明全集》卷一，吴光等编校，第 35 页。

动的反应系统；目标导向系统则是通过有意识地对"响应—结果关联"（response-outcome association）做出反应，使主体做出行动时坚持良知等道德规范，抵御克制巴甫洛夫系统的本能欲求。两个系统在神经递质的影响下彼此竞争，目标导向系统的胜出意味着践行良知在意志力层面的延续，而巴甫洛夫系统胜出则往往意味着主体向私欲的屈服①。在身体机理方面，人类的身体有一种偏爱稳定性的倾向。当行动在意志的推动下使主体迈出预先的舒适区时，身体系统会感受到压力，以至原来的体内平衡无法继续保持，身体会开始响应变化；但是，长时间踏出舒适区，往往伴随着意志力的消磨以及行动的中止。这一现象也被安德斯·艾利克森称为"新年决心效应"②。

对于此类意志不坚的现象，阳明心学提倡经由持续的省察克治等修养功夫增强主体自身的意志力，若以镜喻之，便"如斑垢驳蚀之镜，须痛磨刮一番"③方可恢复光明。社会心理学认为，这一增强过程同时也是生理节奏与神经环路共同作用的结果。主体对自身不断的省察克治对应于心理学层面上不断的试错练习，本质上是一种充分利用大脑和身体适应能力发展和提升新能力的方式，可使大脑中受到磨练的区域发生改变。通过适合生理节奏的持续性试错练习，大脑将以自身重新布线的方式适应这些挑战，构建出新的行动舒适区，减少这些挑战对意志力的消磨。这一过程也在一定程度上减少了主体的压力感受，增加了大脑双系统相关的神经递质5-羟色胺的含量，从侧面提升大脑双系统中目标导向系统胜过巴甫洛夫系统的可能性④。通过这一过程的不断强化巩固，主体便能逐渐增强意志，胜其习气，促进良知的践行。

4.知行协调：环境效应的双重性

知行合一的完整心体不能仅仅具有先天的内在性，必须也具有外在性，而在先天基础上的外化过程必然受到外部环境的浸染。当代社会心理学对此进行了深入而广泛的研究，从而理解知行之间的

① Filip Gęsiarz and Molly J. Crockett, "Goal-Directed, Habitual and Pavlovian Prosocial Behavior," *Frontiers in Behavioral Neuroscience* 9 (May 27, 2015): 1–18.

② 安德斯·艾利克森、罗伯特·普尔：《刻意练习——如何从新手到大师》，王正林译，机械工业出版社 2016 年版，第 207 页。

③ 陈荣捷：《传习录拾遗》，王守仁：《王阳明全集》卷三十三，吴光等编校，第 1178 页。

④ Molly J. Crockett, "Moral Bioenhancement: Neuroscientific Perspective," *Journal of Medical Ethics* 40, no. 6 (2013): 370–371.

相互协调。具体行为都是个体认知与环境交互作用的结果，受到群体变量的影响。但是，外部刺激存在效应饱和与递减的问题，不会恒久无限，而且外部影响本身也绝非彻底的。在前述阿希实验中，74%的受试者会顺从群体选择做出与认知背离的行动，仍有26%的受试者坚持了自己既定的认知，保持了知行一致。根据利昂·费斯廷格（Leon Festinger）的认知协调理论，个体保持知行一致的本能十分强烈，当认知与行动出现背离与失调时，自身会产生焦虑和不适感。为减少焦虑和不适感，寻求认知与行的协调，个体通常会选择三种途径：①改变自身认知；②坚持自身认知；③不改变自身认知，但改变对行动结果的认知①。

选项①以外部认知代替自身认知，归属于集体无意识状态；选项③未改变自身认知，但为减少群体压力，采取了与外部认知一致的行动。这两种选择构成了阿希实验中的74%，也是阳明心学阐发了的知行无法合一的重要原因。知行一致是人之本能，如日月常照，但环境譬如遮蔽日月的浮云，使人丧失真知，"功夫断了，便蔽其知"②，"良知之在此事者，无蔽而得致矣"③。因此，知行合一如何可能的问题就转化为如何去除"知"之昏蔽的问题，必须从内在的心性修为入手，通过发明本心，如孟子提出的那样，"求放心"，即经由内省功夫唤起"真知""良知"的恒照，方能"致良知"，达到知行本体上的合一④。

社会心理学的研究同时还强调了外部环境变量对良知的正向影响。有的研究反向操作阿希实验，去除干扰遮蔽，代入对真知的认可和推崇，受试者的知行一致便自然而然，水到渠成⑤。还有的研究通过行为的前置情境，唤起个体的驱动性情绪，促使个体做出符合认知中具有利他属性的亲社会行为。如艾丽丝·伊森（Alice Isen）

---

① Irem Metin and Selin Metin Camgoz, "The Advances in the History of Cognitive Dissonance Theory," *International Journal of Humanities and Social Science* 1, no. 6 (2011): 131–136.

② 王守仁：《传习录下》，《王阳明全集》卷三，吴光等编校，第94页。

③ 王守仁：《传习录下》，《王阳明全集》卷三，吴光等编校，第91页。

④ "人心是天渊。心之本体无所不该，原是一个天。只为私欲障碍，则天之本体失了。心之理无穷尽，原是一个渊。只为私欲窒塞，则渊之本体失了。如今念念致良知，将此障碍窒塞一齐去尽，则本体已复，便是天渊了。"（王守仁：《传习录下》，《王阳明全集》卷三，吴光等编校，第95—96页）

⑤ 参见傅鑫媛、陆智远、寇彧：《陌生他人在场及其行为对个体道德伪善的影响》，《心理学报》2015年第8期。

的"一毛钱实验"，将一毛钱作为前置情境中波动情绪的变量，意外得到一毛钱的实验参与者中有九成的人会停下脚步帮忙收拾掉落的文件，而没有得到一毛钱的人中仅有一成提供帮助[①]。这一实验表明，情绪和情境变动对人们关于"应该"的观念产生影响，好心情或由于情境变化而导致的认知变化可以促进人们对他人伸出援手，做出亲社会的行为。正是因为认知、行为与环境、情景有复杂的关系，当代社会心理学对情境中的气味、温度、距离、方位、洁净度等一系列因素进行了广泛的研究，发现这些环境变量能够在不同程度上影响人们的认知图式和内隐情感，并对人们的行为产生进一步的影响[②]。

5.知行功夫：自验期望与飞轮效应

知行合一的习惯养成并非一蹴而就的，需要存心养性的持久功夫。社会心理学认为，这一过程的良性发展首先始于个体对情境的知觉形成正向的自我期望或标签。自身知行一致的期望和标签具有定性导向作用，对个体认知行为的自我认同有强烈的影响，由之而引发的积极性反馈，会使个体对该情境的知觉产生适应这一期望或标签的效应，使期望变为自验的真实，如罗森塔尔实验中受到更高正向期望的学生更易将期望转化为现实[③]。

这一转化过程不是线性且均速的。阐发飞轮效应的吉姆·科林斯（Jim Collins）将自验期望实现的过程类比为飞轮的转动。飞轮最初需要的能量是巨大的，推动飞轮也是艰难的，必须持久反复地推动。这一艰难持久的过程，便如阳明心学在推进知行合一时通过功夫再现心体的过程。王阳明曾说："诸君功夫最不可助长。上智绝少，学者无超入圣人之理。一起一伏，一进一退，自是功夫节次。不可以我前日用得功夫了，今却不济，便要矫强，做出一个没破绽的模样，这便是助长，连前些子功夫都坏了。"[④]在认知神经科学领域中，这一功夫修养的时间长度可类比为技能的练习和养成时间，

---

① Alice M. Isen and Paula F. Levin, "Effect of Feeling Good on Helping: Cookies and Kindness," *Journal of Personality and Social Psychology* 21, no. 3 (1972): 384–388.

② 参见彭凯平、喻丰：《道德的心理物理学：现象、机制与意义》，《中国社会科学》2012年第12期。

③ 参见马欣、魏勇：《家长教育期望中的"罗森塔尔效应"循环模型探析——基于CEPS的模型检验》，《新疆社会科学》2017年第1期。

④ 王守仁：《传习录下》，《王阳明全集》卷三，吴光等编校，第101页。

其与大脑特定神经通路的形成时间同步，是促进神经纤维外层包裹上髓鞘，增加信息在神经纤维中传导的速度和精确度的过程①。根据安德斯·埃里克森（Anders Ericsson）提出的"一万小时定律"，技能养成是一个长时性的过程，即便努力地"刻意练习"，这一过程也至少需要一万小时②。虽然技能养成需要长期的过程，但科林斯提出，随着飞轮一圈一圈转动，在达到某一临界点后，飞轮的重力和冲力会成为推动力的一部分，这时，无须再费更大的力气，飞轮仍旧会快速、不停地转动③。用阳明心学关于知行功夫的话来说，这便是积累日久而功夫到了的时候。

社会心理学与阳明心学的互补与互鉴

研究知行不一的影响因素，探寻如何使人们在日常行为中能够克服知行背离，做到知行合一、为善去恶，这是阳明心学与当代社会心理学所共同关心并试图解决的问题。面对这一问题，参考儒家传统，反躬自省寻求解答是一个可行的方法，而借鉴当代西方社会心理学中的思想、方法和路径则可以重构知行合一的话语体系，为我们重新理解如何在当代语境下实现知行合一探索出新的路径。

"知"与"行"作为认识和改造世界的两个必需要素，贯穿于个体与社会生活的各个层面。阳明心学"知行合一"之说有其普遍性，虽历经世代转换，但不失其恒久价值。同时，我们也应看到，"知行合一"是阳明心学针对程朱理学以降"士风衰薄""学术不明""知行分作两件事"之风而提出的补偏除弊之法，有其特殊的时代背景和语境，而其观点如"一念起便是行""致良知"等也在现代语境中逐渐缺乏实践意义，甚至被认为是形而上的玄思，与实际生活相距甚远。

古老的知行合一命题亟需语境转换和重新诠释，而作为交叉学

---

① Bruce Perry, "Childhood Experience and the Expression of Genetic Potential: What Childhood Neglect Tells Us about Nature and Nurture," *Brain and Mind* 3 (April 2002): 79–100.

② K. Anders Ericsson, Ralf Th. Krampe, and Clemens Tesch-Römer, "The Role of Deliberate Practice in the Acquisition of Expert Performance," *Psychological Review* 100, no. 3 (1993): 363–406.

③ Timothy D. Kanold, "The Flywheel Effect: Educators Gain Momentum from a Model for Continuous Improvement," *Journal of Staff Development* 27, no. 2 (2006): 16–21, 70.

科的社会心理学关于认知和行为机制的研究、对知行关系的探索，不仅可以为知行合一提供新解释，而且能够对其进行实验检验和科学性的论证。基于社会心理学视角和话语体系重新厘清和解释阳明心学的相关概念、观点，在当代科学论证与实验过程中对其进行扩展和话语重构，是推动阳明心学"知行合一"的思想嵌入现代语境和社会实践，回答新时代的新问题的一个有效途径。

此外，日新月异的社会心理学和认知神经科学，对原有的知行合一思想也提出了心理、认知、意识等层面上的种种新的疑问和思考。通过引入心理认知、环境、生理基础等变量，社会心理学可以使阳明心学的"知行合一"思想在动态系统中得到重新表述和验证。这一动态系统被勒温总结为一个多变量公式：$B=f(LSp)=f(P^* E)$。

勒温提出人作为一个场（field），其心理活动在一种生活空间里发生。在这一生活空间中，一个人的行为（B）取决于个体（P）和他的环境（E）的相互作用（由函数f表达），随着人的心理意识与环境这两个因素的变化而变化[1]。在这一联动系统当中，"知行合一"的过程在心理生理层面的物理广延上可被具象化。社会心理学通过评估身体构造、身体状态、感觉运动系统等生理因素对认知及行为的塑造和影响，接连起认知行为与脑神经基础之间的因果同步性关系，发现认知、思维、判断、推理、情绪和行动的一体的过程，验证并细化了知行实践的具体步骤。虽然道德认知、行为以及知行合一不能简单还原为生理心理要素的相互作用，但社会心理学关于良知良行如何从一念而起，作为助力的意志在心理生理的层面如何被消磨、延续与强化，情感与理性认知如何在竞争中构建良知，环境影响的生发与其效应的饱和，知行习惯养成有怎样的时间节律等的研究，还是为我们理解和解释伦理学的"知行合一"提供了系统化、数据化的实践参照，也为我们在现实生活中消除知行背离、促进知行合一提供了一定的科学论证和践行指南。

进而言之，社会心理学不仅可以为阳明心学的知行合一等思想提供单向的语境重构，而且可以与阳明心学进行路径、方法、目标

---

[1] Kurt Lewin, "Frontiers in Group Dynamics: Concept, Method and Reality in Social Science; Social Equilibria and Social Change," *Human Relations* 1, no. 1 (1947): 5–41.

等方面的双向互动与交汇。如何理解和落实知行合一，既是哲学问题也是社会心理学问题。发明本心、自省内求是阳明心学对实现知行合一提出的理解视角和解决方案，而观察变量、证伪假设则是社会心理学的必然路径。这两者虽然在诸多方面泾渭分明，但在当代研究中不应是两条相望却不相交的平行线。寻找、分析并重新解释两者路径的交汇、视域的融合和论证的互补，不仅可以提升各自的内在价值，而且是实现创新突破的共同出路。

具体而言，当代社会心理学与阳明心学可以在以下三个方面实现互补、互鉴。在视角方面，实验心理学侧重于可观察、可调控、可重复的实验变量，主要以"第三人称"（the third-person）式的描述性视角计量个体知行与环境、情绪等因素的交互关系[1]，具有基础性和可见性，可以为知行合一在个体生活中的实现提供指导和支持。但个体的内心体悟作为存于主观体验中的第一人称事件（first-person events），无法被实验视角的"第三人称"全然还原。如果借助阳明心学凝神致志、向心内求的路径，则有助于飞越人称视角的解释鸿沟，生知安行，功到自然。在研究方法方面，哲学思潮中饱含对知行合一因果性和规律性的体悟，可以成为社会心理学理论假设与实验思路的理论与灵感来源，有助于建构知行合一与社会群体的实践对接；而社会心理学的模型建构、数据收集、个案分析等方法则可以为知行合一的哲学论证提供数据化和具象性的支撑。在研究的目标方面，实验心理学虽然道出了阻碍知行合一的种种因素，但其目的绝非否定知行合一的可能性。很多心理学家对知行合一都抱持与王阳明同样积极的态度，认为明确行为背后的生活环境、认知情感等要素的作用是深化思考、推动个体走向知行合一的关键。有些社会心理学家明确提出，虽然人可能是生活环境、先天因素和自身生化反应操作下的木偶，"但这也意味着你有机会可以抓住缠在身上的绳索……识破思想情感的种种表象，可以让我们更加明智地度过一生"[2]。

当代社会心理学的多维度多层次发展为我们理解阳明心学的知

---

[1] Tom Froese and Shaun Gallagher, "Phenomenology and Artificial Life: Toward a Technological Supplementation of Phenomenological Methodology," *Husserl Studies* 26, no. 2 (2010): 83–106.

[2] 哈里斯：《自由意志：用科学为善恶做了断》，欧阳明亮译，浙江人民出版社 2013 年版，第 76 页。

行合一命题提供了新的视角和进路，有助于明辨阳明心学语境中知行合一的外部烦扰之源并建构出有效的实践途径。对知行合一如何在当代语境和生活实践中得以实现的问题的回答，既是哲学思考的必然，也是促进心理健康、社会和谐的必需。传统知行合一理念由于增加当代心理学的解释而得以实质化、具象化和个体化，而社会心理学关于影响知行合一要素的量化研究，则可以从阳明心学关于心身关系、天人关系、情理关系等的诸多论述中汲取灵感，从而形成哲学与心理学交融并举、互助互成的局面，为"知行合一"在当代社会的嵌入与推行增加更多空间与可能性。

（原文刊载于《江苏社会科学》2020年第1期。作者：姚新中、隋婷婷）

附录三　两种情感主义的"心学"理论

——斯洛特与王阳明比较研究

　　理性主义与情感主义的主要分歧之一在于如何看待心灵中理性与情感的关系问题。康德承继苏格拉底、柏拉图以来的理性主义传统，将理性视为知识、伦理规范的唯一合法来源，将情感排除在理性之外；而休谟则承继沙夫茨伯里和哈奇森的情感主义传统，在实践领域以理性为情感的奴隶，把理性完全置于情感之外。近年来，以迈克尔·斯洛特（Michael Slote）为代表的新情感主义力图提供一种更具整合性的心灵观念，不再把理性与情感看作相互分离的两方，而是谋求理性和情感的融合。在新情感主义那里，理性不再独立于情感之外，而是借由情感获得了新的理解和功能。也正因为如此，斯洛特认定中国哲学为情感主义阵营的同盟。在他看来，与西方重视理性和控制性的传统不同，中国哲学重视情感、感受以及他反复提及的"接受性"（receptivity，又译接受力、容纳），拥有情理不分离的"心学"理论。本文从比较的视角来审视两种情感主义的"心学"①，即当代美国哲学家斯洛特的情感主义"心灵"概念与王阳明的"心学"理论，考察两种"心"概念的各自特点及其异同，试图在情感主义视域下为重新理解斯洛特的心灵理论与王阳明的心学开拓更大的空间。通过比较研究我们可以看到，斯洛特整合情感与理性的努力虽然取得了一定的成效，但由于其过于强调心的情感属性与功能而出现了一些偏颇，他的心灵概念与中国哲学中尤其是王阳明的心学理论虽然有很大的共鸣，但也呈现出诸多的差异。

斯洛特的心灵概念及其偏颇

　　斯洛特对"心"或"心灵"概念做出了全面、彻底的情感主义解释，构建了一种关于"心"的属性、构成、活动、功能的完整理论。在《道德情感主义》（2010）一书中，他基于移情（empathy）来阐释道德，把伦理学的全部术语都解释为移情作用下的情感属性概念。在规范伦理学层面，他持有移情关怀伦理学的立场，认为只有纯粹出自移情关怀这种情感反应的行为才是道德的，而其他德性

---

① 本文所使用的"心学"是在广义上指关于"心"（mind, heart）的概念和理论，与阳明心学之狭义的"心学"有交叉、互鉴，但并非完全相等同。

皆可以还原为移情关怀。正义同样奠基于移情，因为"制度、法律以及社会风尚和社会实践，如果能够表现出负责创造并维护它们的那些人（或绝大部分人）的移情关怀动机，那么它们就是正义的"[1]。理性主义者依据"自主性"来理解"尊重"，斯洛特则将尊重理解为对他人的观点和情感的充分移情，从而使尊重成为一种基于情感反应的关系性概念，而孩童的自主能力则在被尊重、被移情关怀的前提下生发出来。在元伦理学层面，道德判断同样是移情作用下的情感反应。关怀行为之所以在道德上是对的或善的，在于旁观者对行为者移情关怀的移情，即"二阶移情"，道德赞许表现为观察者被行为者的温暖举动所温暖的感受。可见，通常与理性相关的自主性、正义概念以及通常被看作认知的道德判断都被纳入情感范围。除伦理学之外，斯洛特最后还补充了与认知活动相关的情感主义解读：对他人观点的移情是保持认知上客观性的必要条件，情感是理智合理性的重要部分。而如果他人的观点可以成为移情的对象，那么就意味着并不存在纯粹理智的信念。[2]在《从启蒙到接受性：反思我们的价值观》（2013）一书中，斯洛特从接受性角度肯定情感在价值中的核心作用，认为移情是接受性德性的根基。他认为，启蒙过于强调理性和合理性，以慎思、认知性控制、自主性为好生活图景的主要构成要素，忽视了情感在价值中的核心作用，而要弥补这一点，就需要更好地理解和提升接受性价值或德性。斯洛特呈现的接受性概念以移情为根基，是一种对他人观点和情感、对生活、对环境的接受性态度，从而具有情感色彩。接受性与主动性（activity）、被动性（passivity）相区别，既是拒绝想要完全控制生活的欲望，又是对世界的主动回应。接受性首先作为认知德性而存在，即客观地、宽容地对待他人观点，斯洛特称之为"思想开放"。他认为，认知活动所需要的思想开放中德性是情感属性的，是对他人观点的移情，包含着对他人观点的一种支持、赞赏性的（favorable）态度，即在移情他人观点的同时感受到了他人对自身观点的支持性感受。当然，接受性的重要作用也扩展到了实践领域，斯洛特的伦理学正是基于移情和接受性的关怀伦理学。

---

[1] Michael Slote, *Moral Sentimentalism* (New York: Oxford University Press, 2010), 125.

[2] Slote, *Moral Sentimentalism*, 147–148.

通过把认识论情感主义化，斯洛特提出了他的新情感主义心灵理论。在《一种情感主义的心灵理论》（2014）一书中，他从认知德性（思想开放）包含着情感谈起，认为思想开放需要对他人观点具有一定程度的同感或同情（sympathy）。①认知德性或恰当地认识他人观点的过程本质上是一个情感机制，其结果也属于一种由移情而来的同感，此同感源于原来信念所内含的情感，又借助移情得以传递到具有认知德性的人的信念中。"信念"本身包含情感，信念是以支持的态度看待事物的方式，而支持一个信念包含着一种喜欢的情感。"持有一个信念，支持以某种方式而非其他方式看待事物，包含着一种感受或情感，就如同喜爱一个正直的候选人或一个孩子超过其他人所包含的感受或情感一样。"②此外，"目的—手段"的思考和行为模型也说明信念不只是纯粹的心灵符合世界方向的认知状态，而是包含世界符合心灵的情感状态，因为信念只有如此才不与目的完全隔绝，才能与欲望发生相互作用并以此来解释行为的可能性。③

在该书的结尾，斯洛特指出，他想表达的是"信念不仅包含情感，而且本身就是一种情感"④，与认知主义者以情感为信念的做法形成鲜明的对比。他以信念为情感就是要把情感因素放进对知识的合理性辩护之中，使所有对合理信念的辩护都成为对合理情感的辩护。而这种在辩护信念中包含的情感因素，他称之为接受性。接受性不仅仅指我们能够对他人观点尤其是与自己相对的观点保持思想开放，通过移情来公正地对待他人观点，而且是对日常知觉信念的辩护来源，因为对关于外在世界的知觉信念的辩护依赖于接受性，是对我们感官的信任，这也是一种接受性和开放性。在哲学思考中我们可以认真对待笛卡尔式的怀疑，然而，若在生活中也处处怀疑我们知觉到的事物和人际关系，比如友谊，只能是一种不理性的认知态度，会对人际关系和生活带来负面效应。斯洛特认为，在认知和生活中真正合理的做法是接受正在发生的一切，除非有具体的理由引发质疑，合理的信念正是建基在接受性之上。他从接受性的角

---

① Michael Slote, *A Sentimentalist Theory of the Mind* (New York: Oxford University Press, 2014), 16.
② Slote, *A Sentimentalist Theory of the Mind*, 20.
③ Slote, *A Sentimentalist Theory of the Mind*, 58.
④ Slote, *A Sentimentalist Theory of the Mind*, 180.

度来肯定情感在认知合理性和实践合理性中的根本性作用，人类需要有一种接受生活和情感中的一切、接受自己的知觉的能力。①

在其著作《道德情感主义》《从启蒙到接受性》《一种情感主义的心灵理论》中，斯洛特呈现了与西方传统理论不同的心灵概念：把情感看作是普遍存在于所有心灵状态的要素，而且情感在心灵中居于根本性地位。这一彻底的情感主义理解必然导致绝对的情感主义心灵概念。我们一般认为信念和欲望是心灵中的两种状态，前者是心灵符合世界的认知状态，后者是世界符合心灵的意欲状态。而在斯洛特那里，所有的心灵状态包括信念都成为情感状态，如果说欲望与信念之间存在差异，那也只是程度上的而非质上的，前者更接近纯粹的情感，后者则包含更多认知因素。斯洛特不仅直接使用中国哲学中的"心"来论证自己的彻底情感主义，而且引入阴阳（*yin-yang*）概念，认为阴阳都是情感的属性，以阴阳互补为心之本质。他提出，阴阳是互补性概念，是心的本质结构、必要基础，也是所有心灵状态的内在结构。"阴"是接受性，代表着同情他人感受和观点；对未来保持开放态度，而不是非理性的焦虑，提前计划一切；接受世界的美丽与丰富，而不是主导或控制。而"阳"与"阴"互补，是指向性的主动意图（directed active purpose），也称为指向性（directedness）、主动性、控制力。②阴阳概念富有解释力，成为斯洛特情感主义理论的哲学基础。他以阴阳来解释同情这种情感：阴（接受性）在于以直接的方式感受、接受他人的痛苦；阳（指向性）是指具有减轻他人痛苦的动机，即助人的动机。阴阳的互补性意味着前者存在，后者必然存在，两者不可分，而移情导致同情的过程就是阴阳互补的必然过程。前者是移情地接受他人感受的情感反应，而后者则是更为明显的情感或动机，通常被称为同情或怜悯。他在阴阳思想中虽提出了不同于接受性的主动性，看似要实现在接受性与主动性／理性控制之间的平衡，其实阴与阳都不过是情感的属性而已。他在《认识论的阴与阳》一文中指出，知觉之阴的一面是接受性的态度，阳的一面则可追溯到作为欲望的好奇心。环顾四周的人实际上是在吸收周围环境中的一

---

① Slote, *A Sentimentalist Theory of the Mind*, 193—200.
② 参见迈克尔·斯洛特：《阴／阳认识论》，白熙杰译《哲学分析》2017 年第 3 期。

切，这种主动的 "吸收"是我们的欲望，即我们的好奇心或者探索心在知觉背后起作用。[①]一般来说，除却自主性／控制力、知觉，推理常被归之于理性对象。然而，在斯洛特的情感主义"心学"中，认知与行为的合理性来自情感，道德行为动机和道德判断都来自情感，心灵的信念和欲望都是情感，知觉、推理也依赖情感，阴阳中阴作为接受性、阳作为指向性的主动意图皆为情感属性。如此，理性以及理性的产物在心灵状态中就无处安放，理性与情感的可分辨性也无从谈起。所以，斯洛特的情感主义心学不仅把情感放在了心灵的核心位置，而且把所有心灵要素都还原为情感，所谓理性和合理性只能通过情感才能得以解释和说明。

情感主义视域下的阳明心学

斯洛特认为他的心概念与中国传统哲学中的心概念一致，但由于中国的语言并不区分情感与理智，而是直接把情感与理智的不可分离作为预设，因此，他认为自己的理论可以在情感与理智可区分的前提下为中国思想中情感相融的预设提供哲学论证。[②]其实，中国哲学中有区分且融合理智和情感的传统，而最具代表性的就是王阳明的"心学"。[③]王阳明致力于克服"理学"所面临的心与理分离的问题，他通过"心物一体""心即理""知行合一"等一元论主张[④]，意图克服二元论的宇宙观、心灵观，将理智和情感统一在心体之中。在某种意义上，王阳明和斯洛特做出了相似的努力，将他们之前的主流思想传统中分离的情与理融合起来，构建了一个情理不分离的整体"心学"。当然，王阳明与斯洛特的思想既相似又有差异，相似点提供了对话的可能性，而差异性或可为阐释心概念提供新的启发。在情感主义视域下，王阳明的心学与斯洛特的心学有

---

① 参见迈克尔·斯洛特：《认识论的阴与阳》，李家莲译，江畅校，《湖北大学学报（哲学社会科学版）》2015 年第 6 期。

② Slote, *A Sentimentalist Theory of the Mind*, 85–86.

③ 把王阳明作为比较对象是因为王阳明一般被看作中国哲学中情感主义流派的代表人物，因而与斯洛特的情感主义理论具有一定相通性，而且在斯洛特待出版的《阴阳哲学》（The Philosophy of Yin and Yang）一书中也借鉴了王阳明的思想。

④ Carsun Chang, *Wang Yang-Ming: Idealist Philosopher of Sixteenth-Century China* (New York: St. John's University Press, 1962), 33–43.

许多相似之处。在道德理论上，王阳明和斯洛特一样强调移情和自然情感的道德价值。王阳明虽然没有直接使用移情概念，也没有讲移情关怀，但他关于人对他人、万物的怜悯之情或恻隐之心的论述显然包含着移情概念。"是故见孺子之入井，而必有怵惕恻隐之心焉，是其仁之与孺子而为一体也。孺子犹同类者也，见鸟兽之哀鸣觳觫，而必有不忍之心焉，是其仁之与鸟兽而为一体也。鸟兽犹有知觉者也，见草木之摧折而必有悯恤之心焉，是其仁之与草木而为一体也。草木犹有生意者也，见瓦石之毁坏而必有顾惜之心焉，是其仁之与瓦石而为一体也。"[1]在王阳明看来，这种万物一体之感就是"仁心"，是天性赋予我们的自然情感，由此才会为其他人或物的险境动心动情。这显然和斯洛特所讲的因移情而关怀的看法具有很大的相似性。道德的根基是一种一体感或相通的可能性，这种一体感对王阳明而言是与万物一体的感通，在斯洛特那里则是人对有情众生的感同身受。王阳明认为"仁"首先表现为人对父母、兄弟之爱，再拓展为其他道德内涵。父母和孩子的爱、兄弟之间的友好相处是人性的初始，就像植物世界的嫩芽，这些最先醒来的爱之后会扩展为涵盖所有同类的爱，成为道德伦理之本。这又与斯洛特重视亲子之爱等自然德性的观点一致。斯洛特重视的是移情激发的关怀，具体表现为仁慈、怜悯、亲子之爱等自然情感，王阳明的道德之"心"是恻隐之心这样的情感之心，仁爱为其根本要义，人的道德反应由此打上了情感印记。

在信念具有情感属性和驱动性方面，斯洛特的观点与王阳明的知行合一理论亦具有明显的相似性。"未有知而不行者。知而不行，只是未知。圣贤教人知行，正是要复那本体，不是着你只恁的便罢。故《大学》指个真知行与人看，说'如好好色，如恶恶臭'。见好色属知，好好色属行。只见那好色时已自好了，不是见了后又立个心去好。闻恶臭属知，恶恶臭属行。只闻那恶臭时已自恶了，不是闻了后别立个心去恶。"[2]我们从中可以看到，知与行同时发生且为一体，因为"见好色"与"好好色"，即认知好色

① 王守仁：《大学问》，《王文成公全书》卷二十六，王晓昕、赵平略点校，中华书局2015年版，第1113页。
② 王守仁：《传习录上》，《王文成公全书》卷一，王晓昕、赵平略点校，第4—5页。

（知）与喜爱好色（行），同时发生而且是一件事。这里的知行一体其实质是信念与情感的一体，因为知包含了行的要素，阳明所说的 "行" 主要指的是情感、欲念。某件事物是对的、好的就是我们对它的喜爱，反之亦然，认知判断（知）与伦理喜爱（行）同时发生且为一件事。与之相似，在知行合一上，王阳明也说 "一念发动处便是知，亦便是行"，此处以意念为知，包含在知中的行为因素是行动意向。他又说："欲食之心即是意，即是行之始矣。"①此处他以欲望为知，包含在知中的行为因素是欲望、意欲。王阳明的知行合一是以知为 "意"（意图、意向），意一为好恶之情，一为欲望。②王阳明以知善与行善（向善）为一体，在知行合一理论中把知看作与情感、欲望或意念一体的做法，与斯洛特情感主义心学的信念理论有很大的相似性。斯洛特认为，信念具备情感属性，即我们的支持性情感、道德判断本身是一种情感反应，因为我们的道德赞许表现为对善行的温暖感觉。知行合一不仅标志着信念的情感属性，而且显示出知行之间的必然联系。王阳明认为知而不行只是未知。斯洛特肯定信念与欲望／目的之间总是存在潜在的关联，而在其阴阳哲学中更是把信念与行为看作必然关系：一旦行为者通过移情充分觉知到他人所处的境况，这种知就必然生发出帮助他人这种行为动机，知与行是阴阳之间即接受性与主动性之间的必然关系。③由此，王阳明想说的是，良知不仅具有是非、善恶判断功能，也具有好善恶恶的情感功能，甚至具有为善去恶的行动意向，因而良知既可以知理又可以行理。知行合一预设了心的整体性状态，即良知之心是知、情、意的合体，知中有情、意，因而才能知行合一。这与斯洛特认为信念包含情感和行为驱动力的观点虽有差异，但亦有很大相似性。

在知觉方面，斯洛特将知觉与好奇心、欲望关联，与王阳明关于 "身心一体" 的观点相似，都是在肯定认知主动性。斯洛特认为

---

① 王守仁：《传习录上·答顾东桥书》，《王文成公全书》卷二，王晓昕、赵平略点校，第 51 页。

② 参见方旭东：《意向与行动——王阳明 "知行合一" 说的哲学阐释》，《社会科学》2012年第 5 期。

③ 斯洛特的阴阳概念已与中国思想中原有的阴阳概念有很大不同，阴阳在王阳明那里主要指静与动。本文并不认为王阳明与斯洛特以同样的方式使用阴阳概念，也不想从阴阳入手来说明两者的理论相似性，而是认为两者都肯定知行之间的必然关系，对心的理解也有其相似性。

知觉的背后是好奇心，强调人在知觉上的主动性或阳的一面。王阳明在谈论身心关系时有相似的观点，感官的运作被其看作心的运作，而心代表了人的主动性和可掌控性。视、听、言、动完全是心的工作，眼睛在看其实是心在看，耳朵在听其实是心在听。所有感官活动都成为心之主动倾向的展现，而正因为心之倾向本身有善恶之分，所以感官活动才具有道德色彩。肉身自我需要在"真我"的主宰下，使视、听、言、动皆成为天理的运行。可见，知觉活动是包含心之倾向性的活动，并非是完全被动地接收外在信息的过程。这也是为何斯洛特认为知觉活动的背后是好奇心这样一种主动的探求在起作用的原因。只是王阳明强调的是感官活动的道德色彩，而斯洛特关注的是好奇心这种情感的作用。

斯洛特和王阳明一样都肯定心灵的整体性，并肯定心灵的整体与世界的整体性有一定关联。斯洛特不仅以阴阳解释心灵，更以阴阳解释心灵之外的世界，认为事物的运动也具有接受性和目标指向性，试图为心灵的阴阳属性及其情感主义特质提供更广阔的背景，但他仅仅承认了心灵与自然界同构，即都具有阴阳属性，肯定世界与心灵秩序的一致性。王阳明则持有"心外无物""万物一体"的一元宇宙观，并以此作为知行合一、身心一体等理论的根基。

在呈现两者相似性的同时，我们也可以清楚地看到王阳明与斯洛特在理论上的差异。

首先，是否以宇宙观作为整个心学的基础构成斯洛特与王阳明心学的根本性差异。在王阳明的宇宙观之下，心已经成为容纳宇宙整体的存在。他说："身之主宰便是心，心之所发便是意，意之本体便是知，意之所在便是物。如意在事亲，即事亲便是一物……所以某说无心外之理，无心外之物。"[①]王阳明释"物"为"事"，指出意念之所在便是物或事，做事之理在你我心中而不在事中。比如对于"侍亲"这一物而言，孝之理在侍亲之人的心中而不在父母身上。王阳明不仅在伦理层面上主张"心外无物"，而且强调万事万物皆不外在于心："人的良知，就是草木瓦石的良知。若草木瓦石无人的良知，不可以为草木瓦石矣。岂惟草木瓦石为然？天地无

---

① 王守仁：《传习录上》，《王文成公全书》卷一，王晓昕、赵平略点校，第7页。

人的良知，亦不可为天地矣。"①简言之，没有人的良知之心，植物、石头甚至宇宙都无法存在。可以说，万物只能作为心的对象而存在，宇宙是心所建构的意义世界。显然，斯洛特虽然也突出情感的重要性，但不曾赋予人心作为宇宙根基的重要地位。

正是因为"心外无物""心外无理"，所以"知行合一""身心一体""天人合一"，王阳明心学一元论构成心之内部整体性的基础，这也是斯洛特的心学中所缺乏的理论支撑。"心外无物""心外无理"的心学一元论必然导致认知践行的一元论，认知理即践行心中之理，故"知行合一"。因为既然心外无物无理，那么"格物"不再是认知外物的活动，而是把自己的良知运用到不同对象上的一个由内而外的实践过程，即所谓的"致良知"过程。所以说，"万物一体"既是王阳明整个思想体系的基本假设，又是他对理想境界的描绘，为阐述"仁"或恻隐之心提供了基础。万物一体描绘了一个无私欲因而无人我之分的天人合一理想境界，即仁的状态。"夫人者，天地之心。天地万物，本吾一体者也，生民之困苦荼毒，孰非疾痛之切于吾身者乎？不知吾身之疾痛，无是非之心者也。"②仁者有万物一体之念，则他人他物之苦如疾病痛在我身，则有怜悯之情。

其次，王阳明的心学在内容上也与斯洛特的大不相同。王阳明没有区分道心与人心，但是他在"心"概念内部区分了两种情感——纯粹情感与经验情感，同时又试图以前者统摄后者。王阳明以形而上的"四端之情"为理为性，同时与"七情""欲望"等经验性的情感和欲望区分开来。前者是纯粹的道德情感，是理，也是"真我"；后者则是个体性的，为感性情感和欲望。王阳明以前者为个体的心的规定性，为七情达到适度的外在标准。而知行合一是去除个体性的私欲之后致良知的过程，去除私欲实际上就是否定个体性，用"真我"统摄经验性的情感和欲望。但是，在斯洛特的思想中则没有类似的表述，他不曾在人心中标示出纯粹情感、真我等因素，道德情感只是诸多合理／好的情感中的一种，是移情反应的一种，是对他人状况的接受性和主动回应；不只存在道德情感，许

---

① 王守仁：《传习录下》，《王文成公全书》卷三，王晓昕、赵平略点校，第133页。
② 王守仁：《传习录中·答聂文蔚》，《王文成公全书》卷二，王晓昕、赵平略点校，第98页。

多非道德欲望（比如失火时的求生欲望）也是合理的情感，也具有接受性和主动性这种阴阳结构①；合理的情感并不属于"真我"，它们和其他情感一样都属于人的自然情感，并不别有优越性。以纯粹情感统摄经验情感是一种理想状态，在现实层面，当心受到私欲遮蔽时仍可能出现二者的分离，王阳明似乎以这种方式认可了理（纯粹情感）与情（经验情感）的区别和分离的可能。当王阳明以"万物一体""知行合一"等来阐释认知中的情感要素时，他预设的都是本然状态或理想状况。在现实中，若私欲妨碍，则良知无法运行，人与万物、知与行、心与理就会处于分离状态。

王阳明对良知与意的区别正是对本然与实然之别的说明："意与良知当分别明白。凡应物起念处，皆谓之意。意则有是有非，能知得意之是与非者，则谓之良知。"②包含在"意"中的欲望、情感、行为意向区别于"良知"，很可能个体在某种情形下既没有真知，也没有真诚而良善的意志，更无从谈及善行。所以，对于王阳明而言，一方面，心灵的统一有本体论的依据和可能性；另一方面，个体还需要通过主观努力才能发挥良心的功用，实现心灵层面的情理融合。而在斯洛特那里，心灵中的信念（甚至是错误的信念）总包含支持性、喜爱的情感，他并不曾将信念包含情感的状态或者心灵整合的状态称为一种应然状态和道德状态。最后，王阳明虽然认可信念的情感属性并以良知为知情意的合体，但是良知中关于理的先天知识或者说心的认知功能被放在了突出位置。这一点在说明知行之间的必然关系时显现出来。当斯洛特把道德行为看作由知到行的必然过程时，他强调的"知"并非道德判断在内的规范性判断，而是对他人处境的感知。在他看来，一旦行为者通过移情充分觉知他人所处的境况，就必然生发帮助他人的行为动机，这就是移情关怀发生的过程。斯洛特虽然承认道德判断的驱动力，但一般不以道德判断之知为行为动机的产生来源。与之不同，王阳明的知善与行善一体，则旨在说明道德判断（规范之"知"）在实践中的驱动力，由此得以突出良知的是非判断能力。可以说，在"见好

---

① 参见迈克尔·斯洛特《阴阳的哲学：一种当代的路径》（中英对照本）的第三章"行动理由的阴阳"，（王江伟、牛纪凤译，商务印书馆 2018 年版）。
② 王守仁：《答魏师说》，《王文成公全书》卷六，王晓昕、赵平略点校，第 263 页。

色"之知中已然包含那个事物是美丽的价值判断，喜爱这个事物的人判断它是美丽的或有价值的而喜爱它，而不只是看到这个事物就喜爱它；做出道德行为之人不是看到他人的不幸处境就生发助人动机，而是知道自己应该去做什么才生发助人动机。换言之，王阳明的良知是包含是非判断在内的规范性判断，这也是黄勇认为王阳明的良知更接近"命题性知识"而非"能力之知"的原因。①我们甚至可以说，"恻隐之心"对人与物的感知是一种纯粹情感，更是对心中之理的认知，以道德判断为动机偏离了具有自发性的自然情感。如此，王阳明虽然重视情感在心中的作用，但显然不再是斯洛特意义上的情感主义者。

两种情感、两种"心学"

斯洛特与王阳明在"心"概念上的相似性与差异性并存。王阳明肯定"仁"为根本性的道德情感，以情感统摄心灵整体，知行合一肯定信念具有情感属性，身心一体则肯定心在知觉等活动中的主动性，这些都与斯洛特的情感主义心理论具有很大的相似性。但是，我们同样看到了差异性：王阳明的心的整合获得了心宇宙论的支持，斯洛特则难以提供这样的理论根基；王阳明区分纯粹情感与经验情感，斯洛特则未曾作出这样的区分；王阳明试图以纯粹的道德情感（理）统摄经验情感（情），而知行合一就是前者统摄后者的理想状态，这似乎说明理与情在现实中分离的可能性，而斯洛特则不承认存在情感与理智分离的情况；虽然良知是知情意的统一体，但王阳明尤其突出良知在判断是非上的认知能力，甚至可能因此减弱恻隐之心的情感属性，如此也与斯洛特将认知均还原为情感而忽视认知的做法有很大区别。

究其根源，作为情感主义者，斯洛特与王阳明之间的真正差别在于经验与先验路径上的不同。斯洛特试图通过经验情感统摄人的心灵，统一信念与情感、知与行，力图在人与人、人与物之间建立连接。情感渗透在所有心灵活动当中，道德、认知都成为情感功能

---

① 参见黄勇、崔雅琴：《论王阳明的良知概念：命题性知识，能力之知，抑或动力之知？》，《学术月刊》2016 年第 4 期。

显现的领域。虽然心灵与自然都是阴阳属性的，但是自然世界依然外在于人心。这个经验世界是一个心物二元、身心二元的经验世界，因此，认知是一个指向外界的过程，心灵内部难免有认知与非认知因素，前者似乎只是在复现外界的原则，而与人的情感、欲望功能不同质且有很大的距离。斯洛特统一两种心灵要素的方式是尽可能把朝向外界的认知因素都打上人的情感或欲望的印记：世界是欲望（好奇心）的对象，认知世界由欲望驱动；我们接受知觉经验，而非被动感知；我们形成的信念是情感属性的，标示着我们所喜爱的、所选择的世界图景；我们对他人信念的合理态度是一种理智同情。这种把其他心灵活动还原为情感的努力既是为了整合心灵的不同功能，也是力图建立人与外界的连接。然而，这种连接的建立却是以心概念的内容单一化为情感功能作为代价的。

王阳明的情感主义路径则是先验性的，良知之心和世界图景具有超越的维度，其理论侧重于本体论的层面。[①]他用于统摄心整体的是先验的、纯粹的道德情感，是作为心本体的情感，即"仁"。纯粹情感不仅统一情感，是经验情感的规定性来源，而且统一整个世界，内含所有事物的原则，是"万物一体"的理想状态。人与他人、与他物本是不同身体、相互分离，但仁者与他人、他物一体，故可感知他者痛苦如自身痛苦，可怜悯他人、他物。去除私欲之后，则整个世界是一个大"我"，即纯粹的作为仁的情感之心。在王阳明那里，心灵的统一性与世界的统一性相互支撑，世界是一个"天人合一"的整体性的世界，万物都因良知而存在且有意义，皆与心灵相关联。因此，王阳明不是通过把外物纳入情感范围来肯定心中不同功能的融合、人与世界的连接，而是认为人与世界万物本为一体，不存在心与物的二元论，不需要弥合心灵中认知因素与非认知因素之间的鸿沟。上述差异也必然导致他们在对认知的理解上的差异。斯洛特试图将外物纳入人心并建立与外界的连接，这就是一个认知与行为的过程。而在王阳明那里，认知外物其实是良知的自我认知，这种认知没有外在于心的事物作为对象，没有主客的对立，也不需要融合二者，而且良知中知行本为一体，知善与行善为

---

① 如文中所述，王阳明的情感主义理论侧重本体论层面，但我们认为这不构成王阳明与斯洛特无法对话的理由，反而提供了一种以阐述情感为主导的心整体理论的根基。

一体，并不考虑在目标—手段行为模型中信念去服务或者寻找潜在的欲望的问题。同样，两者在对人与人的关系的理解上也有很大差异。斯洛特致力于描绘一个关系性的甚至是整体性的世界，肯定人与人的情感关联，移情是一个连接主体与他人的机制。但我们可以看到，移情是一种经验性的心理机制，它建基于人的心灵与其他心灵的相似性，它虽然肯定经验性的道德情感，但难以超越经验性情感所带有的差等、偏颇。而王阳明的"仁"这一纯粹的情感，它感通万物，但并不是基于相似性或某种心理机制。"仁"在经验世界里体现为亲亲之情，有远近亲疏之别，但"仁"同时是超越个体差异的万物一体感，这种先验情感作为经验之心的本体根基和终极目标，统摄经验性的道德情感来保证心的整体性。

（原文刊载于《中国人民大学学报》2019年第1期。作者：姚新中、张燕）

后记

在学术研究和应用推广层面，当代社会心理学与阳明心学已经各自形成了丰富曲折的学科发展史，也是新见层出不穷的两大思想高地，既需要从古今的时间维度来把握，也应该从中西的空间维度来研究。本书所取得的成果主要是通过双重诠释路径而达到的，既要在新的语境中理解阳明心学并应用该框架去关照当代社会心理学的一些重要理论，也要通过理解、消化和诠释当代社会心理学的一些基本原理、主要实验、解释框架，并以此为工具或抓手来从一个新的视角重新审视或重构阳明心学中最重要的概念、命题和观点。我们之所以能够从两者的结合、连接与比较之中取得一些心得、获得一些启发，那是因为我们吸收和消化了在这两大研究领域已经取得的成果。这些成果不仅使我们在重新挖掘丰富的原始资料过程中受益匪浅，也让我们在选取研究方法和路径中得以汲取并运用晚近研究的一些新发现、新理解或新建构。在阳明心学研究领域，我们特别注意到当今中国哲学界知名学者如郭齐勇、陈来、杨国荣、张学智、董平、吴震、陈少明等人的研究成果，他们在宋明思想研究方面的诸多新见，他们关于阳明心学内涵与方法的边界界定，他们对于重新书写中国哲学史的构思，他们对于中国哲学经典世界的探讨，都使我们得到不少的启发与警示。在当代社会心理学领域，我们受惠于当代心理学大师，如勒温、菲利普·津巴多、米尔格拉姆、乔纳森·海特等，他们的实验论证、理论推理和假设启发了我们的思路，正是通过把握他们的研究、实验和解释，我们发现了一些理解阳明心学特定思想的新视角或重新解释阳明心学特定概念的新途径。国内在心理学、社会心理学方面的研究成果，特别是周晓虹、方文等学者关于当代社会心理学发展史的介绍，有助于我们厘清当代西方社会心理学的发展脉络并发掘出社会心理学与阳明心学之间可能的关联，他们的阐述和分析为我们从新的视角来关照阳明心学提供了便利，昭示了诸多可以借鉴、使用的资料与方法。

本书的一些初步想法形成于2012年—2013年，而整体构思与写作则自2017年始，历时六载余，王觅泉博士作为书中主要部分的执笔人，对其内容进行了几次增删与修改。在不同阶段，我们也与其他项目参与者如中国海洋大学的张燕博士、北京大学的隋婷婷博士等进行了不同形式的学术合作，这些合作的成果和我们的其他阶段性论文都已经发表在一些重要的国内学术期刊上，如《哲学动态》《学术交流》《江苏社会科学》《中国哲学史》《中国人民大学学报》《孔学堂》《孔子研究》《哲学分析》等等。在项目研究的推进过程中，我们受惠于上述学术合作者和各学术期刊社的大力支持，对此我们表示深深的谢意。在已经发表的论文中有三篇——《社会直觉主义及其理性主义道德心理学的批判》（原文刊载于《学术交流》2018年第11期，作者：王觅泉、姚新中）、《当代社会心理学视域下的知行合一》（原文刊载于《江苏社会科学》2020年第一期，作者：姚新中、隋婷婷）、《两种情感主义的"心学"理论——斯洛特与王阳明比较研究》（原文刊载于《中国人民大学学报》2019年第一期，作者：姚新中、张燕）分别从不同的视角，研究当代西方社会心理学、比较心理学、西方哲学与阳明心学，与本书正文的讨论既有直接的关联，又呈现出不同的视角和内容，因此列在本书正文的后面作为三篇附录，以期对有关章节的论述进行补充和扩展。

在即将完稿并交付出版之际，我们对于贵阳孔学堂文化传播中心和贵州省社科规划办表示深深的谢意。2017年我们提交了这一研究的申请，有幸获得批准立项，被列为由贵阳孔学堂与贵州省社科规划办联合设立的2017年贵州省哲学社会科学规划国学单列重大课题，题目为"阳明心学与当代社会心理学"（批准号17GZGX06）。在一定意义上可以说，没有他们独具慧眼批准设立这样的一个课题以及随后的多方位支持，我们不可能顺利完成这一具有跨学科、跨领域、跨时代特质的科研项目，并取得目前的成果。

虽然我们力求完整准确地呈现对阳明心学与当代社会心理学的理解，尽可能为我们的见解提供合乎逻辑的论证，但局限于我们的认知水平和理解框架，其中可能会有不少值得商榷的地方。我们希望本书的出版能引发学界对阳明心学与当代社会心理学之间关系更为深入的讨论，进一步加深我们对这些复杂而深刻的问题的认识与研究。我们衷心感谢孔学堂书局将此书列入《阳明文库》给予出版的支持，使其得以展现在读者的面前。

2023年12月